『十三五』国家重点出版物出版规划项目

长江三峡工程文物保护项目报告 乙种第三十八号

重庆市文物局 重庆市水利局 主编

开县故城

2006～2008年考古发掘报告

中山大学人类学系 宜昌博物馆 编著

科学出版社

内 容 简 介

本书是为配合三峡库区建设于2006～2008年三次对重庆开县故城遗址进行考古发掘的专题报告。开县故城遗址主要包括东汉、唐代、宋代、元代、明代、清代和中华民国几个时期的遗存，其中东汉遗存仅一座残砖室墓，唐代和元代仅少量陶瓷器残片，宋代、明代、清代和中华民国是遗存丰富的时期，在这几个时期的遗存中，遗迹现象比较简单，遗物比较丰富，尤以瓷器精美。本报告详细介绍了三年发掘的收获，并将考古发掘成果与地方文献结合，对开县的历史沿革做出考证。

本书适合从事文物考古研究和地方史研究的学者及高等院校相关专业师生阅读、参考。

图书在版编目（CIP）数据

开县故城：2006～2008年考古发掘报告 / 中山大学人类学系，宜昌博物馆编著.—北京：科学出版社，2022.10

（长江三峡工程文物保护项目报告. 乙种第三十八号）

“十三五”国家重点出版物出版规划项目

ISBN 978-7-03-072993-4

Ⅰ. ①开… Ⅱ. ①中… ②宜… Ⅲ. ①文化遗址–发掘报告–开县–2006-2008 Ⅳ. ①K878.05

中国版本图书馆CIP数据核字（2022）第160021号

责任编辑：樊 鑫 / 责任校对：王晓茜
责任印制：肖 兴 / 封面设计：陈 敬

科 学 出 版 社 出版
北京东黄城根北街 16 号
邮政编码：100717
http://www.sciencep.com

中国科学院印刷厂 印刷

科学出版社发行 各地新华书店经销

*

2022年10月第 一 版 开本：880×1230 1/16
2022年10月第一次印刷 印张：14 插页：45
字数：400 000

定价：328.00元

（如有印装质量问题，我社负责调换）

"13th Five-Year Plan" National Key Publications Publishing and Planning Project

Reports on the Cultural Relics Conservation in the Three Gorges Dam Project

B(site report) Vol.38

Cultural Relics and Heritage Bureau of Chongqing

Chongqing Water Resources Bureau

Gucheng Site in Kaixian County: The Archaeological Excavation Report of 2006-2008

Department of Anthropology, Sun Yat-sen University

Yichang Museum

Science Press

长江三峡工程文物保护项目报告
乙种第三十八号

《开县故城——2006～2008年考古发掘报告》编委会

主　　编

许永杰　刘继东

副　主　编

刘业沣　吴义兵　周　昊　霍东峰

项目承担单位

中山大学人类学系

宜昌博物馆

目　　录

插图目录

图版目录

第一章　前　　言

第一节　地理位置与自然环境[1]

一、地 理 位 置

开县[2]全境地处长江北岸，大巴山南坡与川东平行岭谷的结合地带，地理坐标在北纬30°49′30″～31°41′30″与东经107°55′48″～108°54′之间。开县位于四川盆地东缘，重庆市东北部，万州区北部。开县东邻巫溪、云阳，南临万州，西连开江，北接城口、宣汉。这里是重庆市区通往巫溪、城口的必经之地。县城所在地距万州区78公里，距云阳新县城70公里，距重庆（经开江县任市镇）300多公里，距巫溪县198公里，距城口县240余公里，距四川省达州市160公里。县境呈东北—西南走向，形状近似甜橙叶。最长120公里，最宽50公里，总面积3969.89平方公里。

开县四面环山，疆界大多由山岭构成，自然界线分明。自明洪武六年（1373年）降州为县，迄今600余年，疆域四至基本没有大的变动。

开县故城遗址所在地汉丰镇位于县境中部，是县政治、经济和文化中心。东河与南河在镇东南交汇，遗址所在为两河交汇处的一级阶地，海拔170米，两河交汇下流为彭溪河（亦称小江），彭溪河下流注入长江（图一）。

故城遗址所在的河边一级阶地是人类理想的居住地，多年的文物考古工作在这一区域发现大量秦汉至明清时期的遗址（图二）和墓群（图三）。

二、自 然 环 境

开县历经印支、四川两次地质运动，造成地质构造和展布十分复杂，成土母质分布零乱，各地差异很大。

开县地貌由于地壳受强烈挤压和水系的不断侵蚀截割，形成了境内山地、丘陵、平原三种地貌类型，中山漕谷、低山岭谷、坪状低山、深丘、中丘、浅丘、平原七个地貌单元。全县平原、丘陵、山地并存，以山地为主，占63%；次为丘陵，占31%；少量平坝，占6%。大体是“六山、三丘、一分坝”的地貌特点。

---

① 本节写作主要参考书为四川省志开县志编纂委员会：《开县志》，四川大学出版社，1990年。

② 2016年，国务院批复同意撤销开县，设立重庆市开州区。本报告所涉考古发掘活动均在2016年之前，故本书行文还沿用开县旧称。

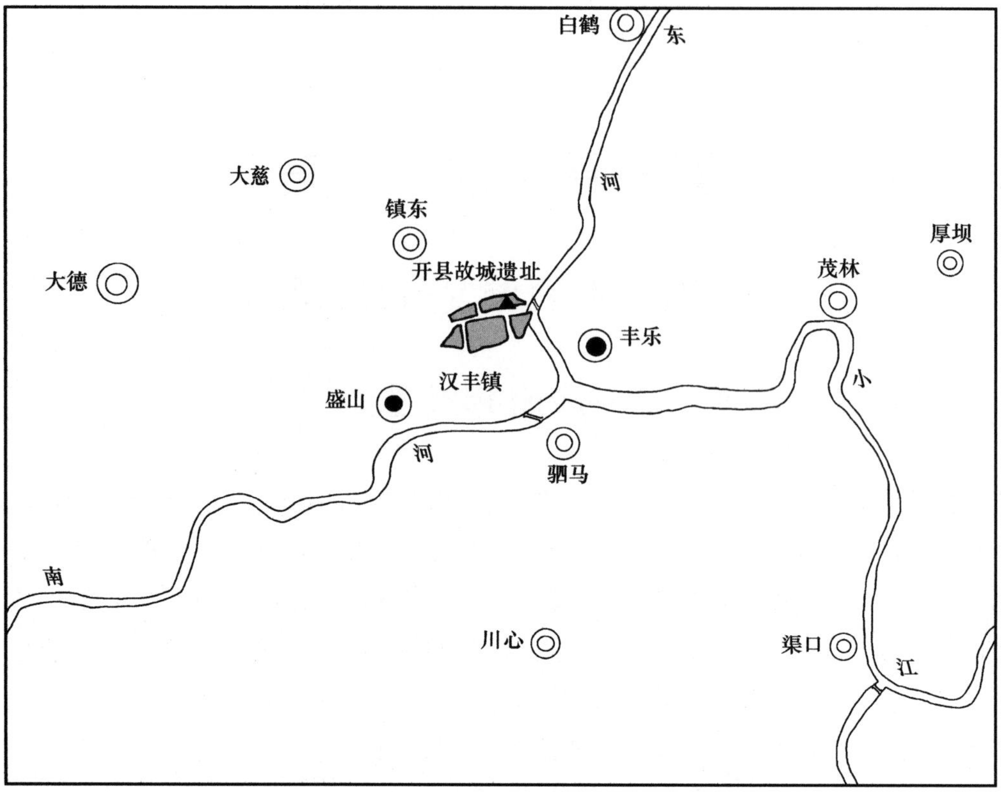

图一　开县故城遗址位置图

图二　开县故城附近遗址分布图

（注：此图所标遗址为2010年前开县文管所掌握情况）

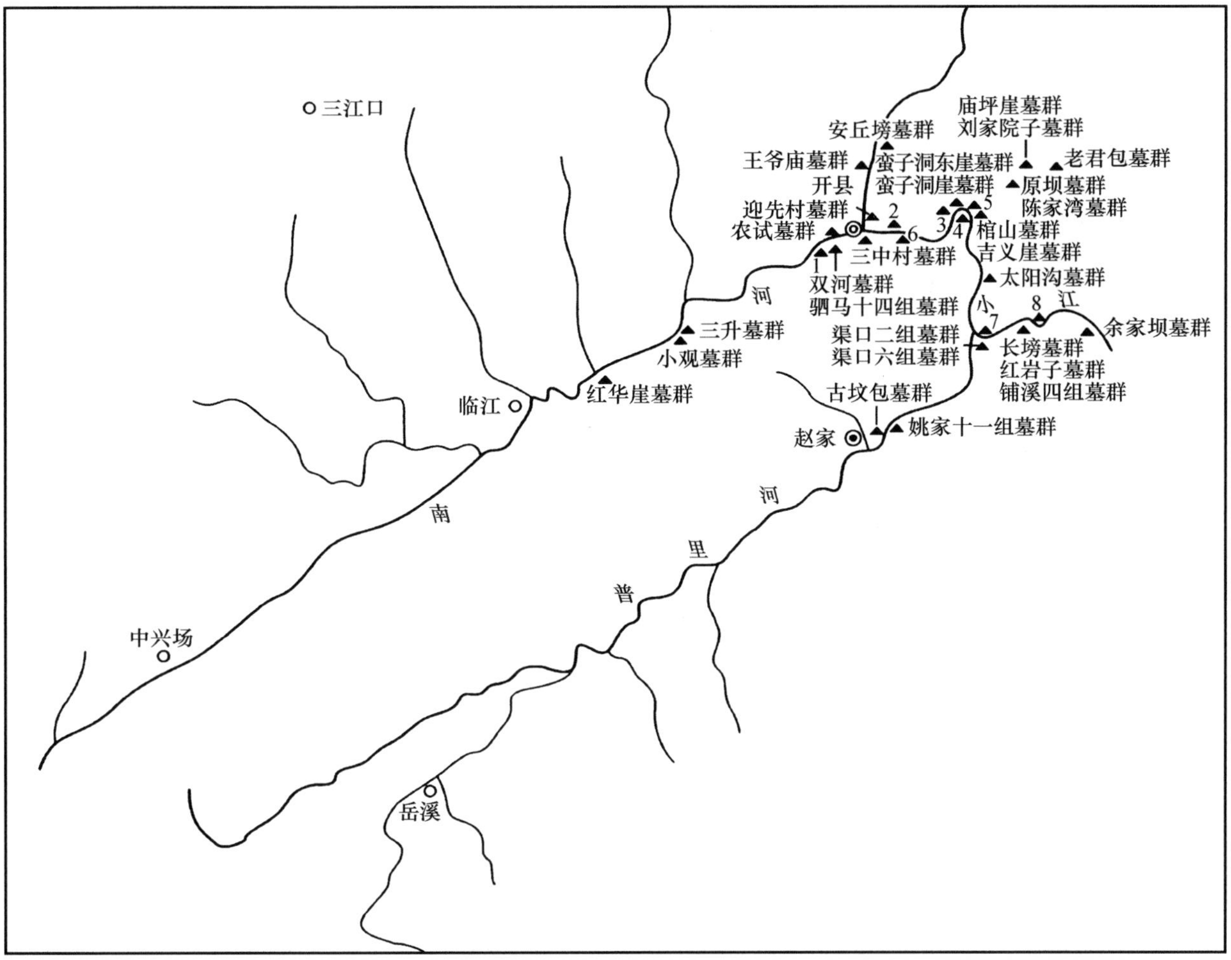

图三 开县故城附近墓葬分布图

（注：此图所标墓葬为2010年前开县文管所掌握的情况）

遗址所在的汉丰镇北倚盛山，南邻南河，东濒东河，地势略呈西北高东南低，经历代开垦定居，今地表已较平坦。盛山，又称凤凰头，山势巍峨，风景秀丽，曾多有庙宇、塔楼等古迹，唐开州刺史韦处厚有“盛山十二景诗”。南河，古名开江、临江、彭溪，为山溪性河流，河床泥沙厚垫，洪水为患频繁，20世纪60年代前可通行木船，丰水期可上溯至铁桥镇。东河古名巴渠、清江、叠江，近代亦称东里河，为常年性通航河流，丰水期木船可上溯至红园乡。

开县处于四川盆地东部温和高温区内。年平均气温18.5～10.8℃，低高差7.7℃。年积温6775～4224℃。全年气温≥10℃的积温为6052～3220℃，时间达191～277天，无霜期长，多年平均为180～306天。

开县冬半年处于东南下的内陆干冷环流控制，少雨；夏半年受南方海洋暖湿气流影响，多雨。年平均降水量为1221.7毫米，春季331.3毫米，占27%；夏季502.5毫米，占41%；秋季333.3毫米，占27%；冬季54.6毫米，占4%。

开县多年平均日照时数为1463.1小时，较长江流域同纬度地区要少500～700小时。日照时数一年中最多月份为7～8月，平均200小时以上；最少月份为12月至次年1月，平均54小时。

开县空气相对湿度年平均为80%，一年中两头大中间小。8月份为73%，属最低值；11、12

月份为85%，属最大值；1、10月为84%，属次大值；其余各月为75%～80%。

开县地表温度的变化趋势，一年中呈中间高两头低状态。7月为33.5℃，1月为7.4℃，12月为9.2℃。冬季，地表平均温度为8.7℃；春季逐渐回升达20.2℃；夏季最高，达31.7℃；秋季开始下降，平均为26.3℃。

开县属亚热带阔叶林区，境内植物种类繁多，资源丰富，仅森林木本植物，初查有76科302种，这些森林植物按照生态特性，随着海拔的升高，依次组合为亚热带常绿阔叶林、常绿与落叶混交林、亚高山针叶林，植被地带性十分明显。

开县在动物分区上属于四川东部森林、灌丛、草坡、农田动物区。全县除北部山区和南山、铁峰山、大梁山保存有一定的森林植被外，其余多已开辟为农田。森林动物，特别是大型动物已无法适应，显著减少，有的已经绝迹（如虎、豹、熊等）。

第二节 建置沿革

开县境内设治始于战国。（晋）常璩《华阳国志》卷一《巴志》：“周慎王五年（公元前316年），蜀王伐苴侯，苴侯奔巴，巴为求救于秦，秦惠文王遣张仪、司马错救苴，巴遂伐蜀灭之。仪贪巴苴之富，因取巴，执王以归，置巴郡及汉中郡。”

秦汉两代因巴郡建制。《汉书》卷二十八《地理志》，“巴郡，秦置。属益州，县十一：江州、临江、枳、阆中、垫江、朐忍、安汉、宕渠、鱼复、充国、涪陵。”《后汉书》卷二十三《郡国》：“巴郡，秦置。江州、宕渠、朐忍、阆中、鱼复、临江、枳、涪陵、垫江、安汉、平都、充国、宣汉、汉昌。”（雍正）《四川通志》卷二《建置沿革》：“梁山、万县、云阳、开县皆朐忍地。”

开县设县始于蜀汉。《华阳国志》卷一《巴志》：“建安二十一年（216年），以朐忍、鱼复、汉丰、羊渠、巫、北井六县为固陵郡。”同卷又记：“汉丰县，建安二十一年置，在郡西北彭溪源。”今开县县治所在仍名“汉丰镇”。

以“汉丰”名县，延至晋、宋、齐、梁。《晋书》卷一四《地理志》，“巴东郡，汉置。统县三：鱼复、朐䏰、南浦”。（清）顾祖禹《读史方舆纪要》卷六十九《夔州府·开县》：“汉朐忍县地，后汉建安末析置汉丰县，三国汉属巴东郡。晋废，后复置，仍属巴东郡，宋、齐因之。梁仍曰汉丰县，西魏改永宁。”《宋书》卷三七《地理志》，“巴东属梁州。领县七：鱼复、朐䏰、新浦、南浦、汉丰、巴渠、黾阳”。其新浦、巴渠为于原汉丰县境新设县，（宋）乐史《太平寰宇记》卷一百三十七《山南西道·开州》万岁县条：“亦朐䏰之地，蜀为汉丰之地，宋武帝又于此分置巴渠县，属巴东郡。”新浦县条：“亦朐䏰之地，蜀为汉丰县地，宋武帝永初中分汉丰县于今县西北七里置新浦县，属巴东郡。”《南齐书》卷一五《地理志》：“巴东郡。鱼复、朐䏰、南浦、聂阳、巴渠、新浦、汉丰。”

至西魏或北周，汉丰县改称永宁县。《隋书》卷二九《地理志·巴东郡》盛山条：“梁曰汉丰，西魏改为永宁。”《太平寰宇记》卷一百三十七《山南西道·开州》开江县条：“本汉朐䏰县地，蜀先主建安二十一年于今县南二里置汉丰县，以汉土丰盛为名，至后周武帝改汉丰为永宁县”两书所记汉丰改永宁时代不同，成书于五代的《旧唐书》所记与北宋《太平寰宇记》同，而清《读史方舆纪要》则从《隋书》说。刘宋之巴渠县改为万岁县，仍设新浦县，两县所属郡则有变更。《太平寰宇记》卷一百三十七《山南西道·开州》万岁县条：“后周天和元年分巴东郡置万安郡，改巴渠为万岁县。”新浦县条：“后魏恭帝三年于县置开江郡，领新浦一县。周武帝天和五年改开江郡为江会郡。建德五年郡废，以县属周安郡。”

隋代永宁县改称盛山县。《隋书》卷二九《地理志·巴东郡》：“盛山，梁曰汉丰，西魏改为永宁，开皇末，曰盛山。”《太平寰宇记》卷一百三十七《山南西道·开州》记之较详：“开皇三年（583年）又罢周安、万安郡，乃以万安、永宁二县及废周安郡之西流、新浦二县共四县属开州；十八年（598年）改永宁为盛山县。大业二年（606年）废开州。义宁二年（618年）于盛山县置万州，仍割巴东郡之新浦、通川郡之万世、西流三县来属。”

唐代沿设开州。《旧唐书》卷三九《地理志》，“开州，隋巴东郡之盛山县。武德元年（618年），改为开州，领四县。贞观（627～649年）初，省西流入盛山。天宝元年（742年），改为盛山郡。乾元元年（758年）复为开州。旧领县三：盛山、新浦、万岁”。盛山、万岁二县于唐代设置小有变更，其事载于《太平寰宇记》。《山南西道·开州》开江县条：“隋开皇中改永宁为盛山县。广德元年（763年）又改为开江县”；《山南西道·开州》万岁县条：“宝历（825～827年）中，节度使裴度奏废之，以其地并入开江，寻又置。”

五代十国时期沿袭唐代建置。（宋）欧阳忞《舆地广记》卷三十三《夔州路》开州条，“唐武德元年曰开州。天宝元年曰盛山郡。前蜀、后蜀因之。今县二：开江县，清水县，唐贞观二十三年（649年）更名万岁，宝历元年省，寻复。皇朝改曰清水。”另，开江县条下载有新浦县，“故新浦县，宋置，属巴东郡。后周立周安郡，隋开皇初郡废，属巴东。义宁二年来属，唐因之。皇朝庆历四年（1044年）省入。”据此可知，前蜀、后蜀之世，开州另有开江、新浦、万岁三县。

宋代设开州，隶属夔州路，领开江、清水二县。《宋史》卷八九《地理志·夔州路》，“开州，盛山郡，县二：开江，庆历四年，废新浦县入焉；清水，旧名万岁县”。

元代仍设开州，隶属夔路，领县废。《元史》卷六〇《地理志·夔路》：“开州，唐改为盛山郡，又复为开州。宋及元皆因之。”

明代降开州为开县，隶属夔州府。《明史》卷四三《地理志·四川》，“夔州府元夔州路，属四川南道宣慰司。洪武四年（1371年）为府。九年四月降为州，属重庆府。十年五月直隶布政司。十三年十一月复为府。领州一，县十二：奉节、巫山、大昌、大宁、云阳、万、开（元开州。洪武六年八月置，九月降为县）、梁山、新宁、建始、达州、东乡、太平”。

清代开县属四川省川东道夔州府。（雍正）《四川通志》卷二《建置沿革》，开县“明洪武四年仍为开州，七年改州为县（按：与上文所引《明史·地理志》所记不同），属夔州府。皇清因之”。（咸丰）《开县志》卷二《建置》，开县“国朝因之。编户三里：曰东里、曰江里、曰浦里”。

中华民国时期开县属四川省东川道。民国二十四年（1935年），川政统一，改属四川省第九行政督察区（治今重庆市万州区）所辖。

第三节 发掘概况

一、项目背景

1992年4月3日，第七届全国人民代表大会第五次会议通过了兴建长江三峡水利枢纽工程的决议。三峡工程是一项跨世纪的宏伟工程，受到世人的瞩目。

兴建三峡工程的决议通过以后，根据国家文物局的统一部署，四川省文化厅组织进行了三峡工程淹没区的文物普查。1993年12月至1994年5月，山东大学历史系和河南省古代建筑研究所受国家文物局和三峡工程库区文物保护规划组的委托，分别对开县三峡工程淹没范围的地下、地面文物进行了全面和深入的调查，并有重点地对部分文物进行了勘探、发掘和测绘等工作。1995年4月至5月，四川省文物考古研究所受三峡工程库区文物保护规划组的委托，对开县三峡工程移民迁建区进行了调查与勘探。

按照三峡工程库区文物保护规划组的要求，山东大学历史系、河南省古代建筑研究所、四川省文物考古研究所分别编制了开县三峡工程淹没区和移民迁建区地下、地面文物保护的初步规划。三峡工程库区文物保护规划组在此基础上，经过对全库区受影响文物保护规划的统筹、协调，并广泛征求各方面意见，最终形成了《四川省开县文物古迹保护规划报告》。

开县县城所在的汉丰镇遗址——开县故城遗址被列入《四川省开县文物古迹保护规划报告》的重点发掘项目。开县县城——汉丰镇动迁前和动迁后的景象，参见图版一。

二、发掘过程

开县故城遗址是三峡重庆库区地下文物抢救性发掘A级项目，被认定为历史时期遗址。

受重庆市文物局三峡工程领导小组办公室委托，中山大学人类学系、宜昌博物馆联合组成开县故城遗址考古队，在开县文物管理所协助下，从2006年开始对开县故城遗址进行抢救性发掘工作，2007年和2008年又连续两年进行抢救性发掘，前后历经三年三次抢救性发掘。开县故城遗址由于与当代县城——汉丰镇重叠，全部为当代建筑覆盖，2006年开始发掘工作时，新县城尚在建设中，旧县城的搬迁工作尚未启动；2007年和2008年的继续工作是与县城的搬迁同步进行的，所以考古发掘的选址、布方是在搬迁的建筑缝隙中进行的，第一年的发掘只能选定在最早动迁的县政府大院的建筑废墟上，第三年工作时也只是县体育场的空地最为宽敞；而发掘工作更是在钢筋水泥建筑的废墟上实现的，一些建筑的基础甚至深入地下2米左右，对地下考古遗存造成严重的破坏，同时严重地影响了遗迹的清理和遗物的提取，冲击钻、重锤、钢锯都成为考古发掘的常规工具。工作的难度之大是此前未遇的。三年三次抢救性发掘共勘探60000平方米，发掘10米×10米探方116个、5米×5米探方12个、4米×2米探沟两条，共完成发掘面积11916平方米。

2006年2月18日，开始对开县故城遗址进行第一次抢救性考古勘探和发掘，工作至2006年4

月20日结束，历时60余天，完成规定的60000平方米勘探面积和3000平方米发掘面积。本次发掘分两个掘区进行，第Ⅰ掘区选定在人民路南侧县政府大院内中心部位，共布10米×10米探方16个，受当代建筑基础制约，南北（大略方向）4排，东西（大略方向）4列（图四；图版二，1）。第Ⅱ掘区选定在临近南河与东河交汇处的环城路与横街子之间，共布10米×10米探方14个（图五），因地形布成南北2排，东西7列。两个掘区实际发掘面积约3000平方米。本次发掘共清理灰坑4个、房址2座，获得大量遗物标本，时代为宋代至明清。本次发掘领队为许永杰，执行领队为刘继东，主要业务人员有李孝配、乔峡、吴义兵、周昊、刘文渐、许卫国、侯清伟、刘晓伟、王超等。

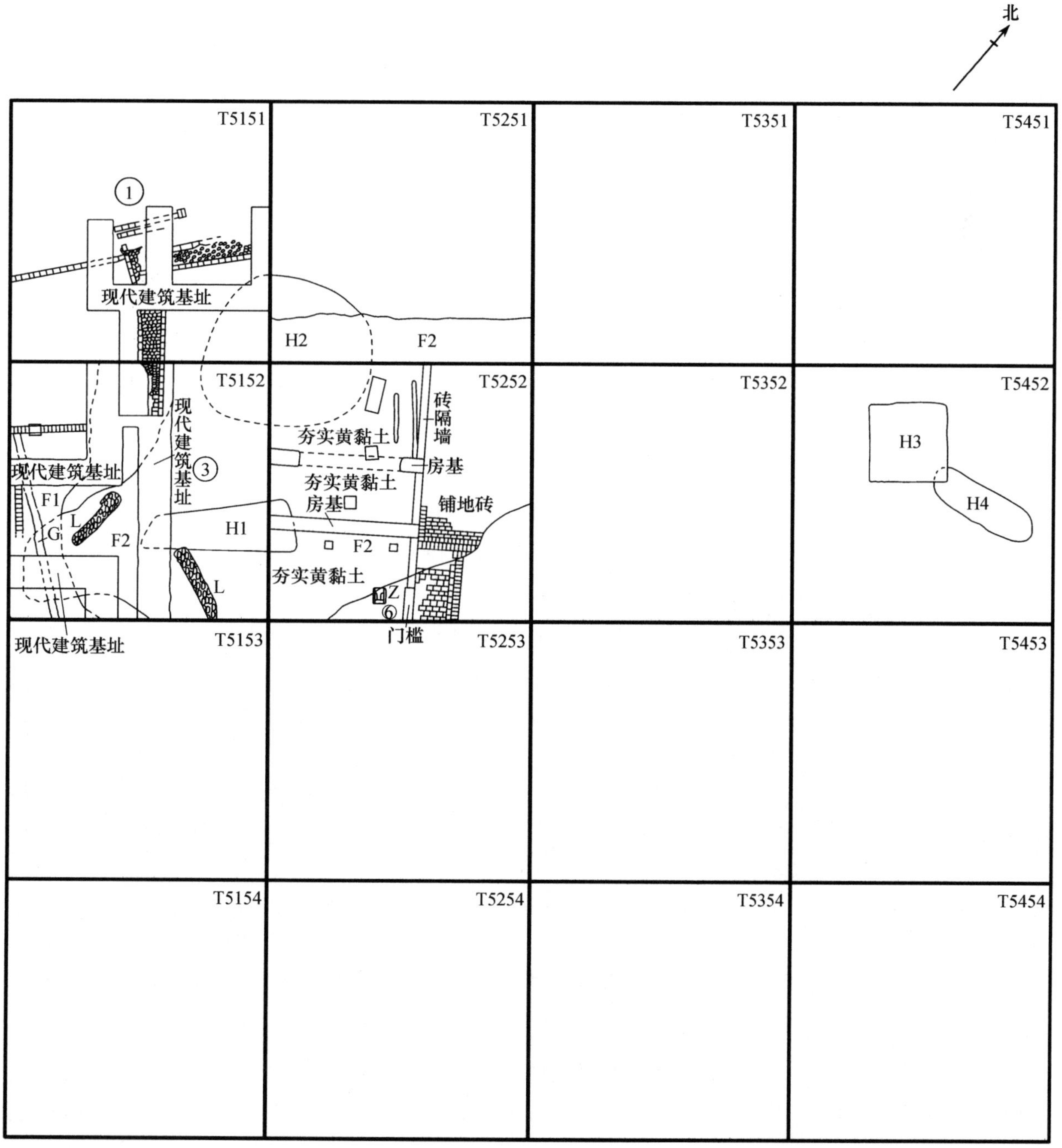

图四　第Ⅰ掘区探方平面图

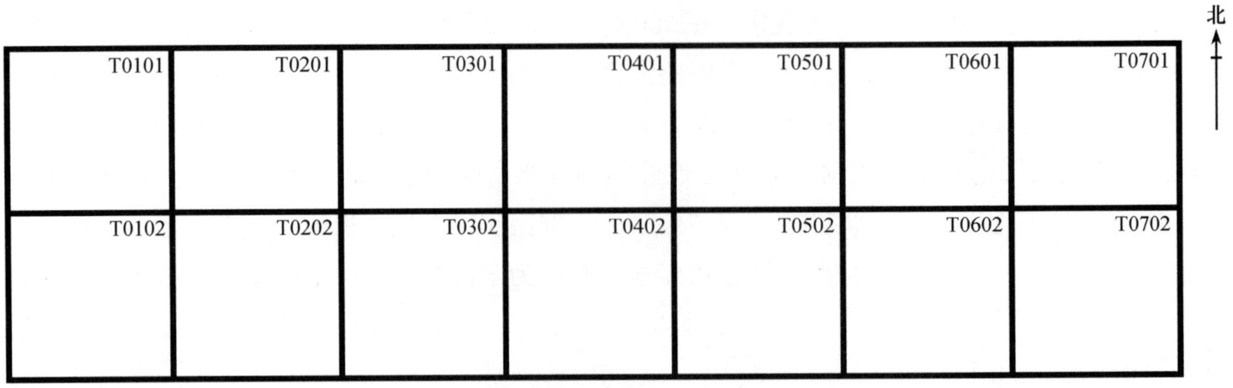

图五 第Ⅱ掘区探方平面图

2007年4月11日，开县故城遗址考古队对该遗址进行第二次抢救性考古发掘，工作至2007年6月28日结束，历时80余天，完成规定的5000平方米发掘面积。本次发掘分两个掘区进行，第Ⅲ掘区选定在环城路与东街之间的汉丰镇第一小学院内，共布10米×10米探方24个，因地形布成南北8排，东西3列。其中ⅢT11、ⅢT12两探方位置为两株巨大的黄桷树所占，因黄角树为保护树木，未做发掘，实际发掘22个探方（图六；图版二，2）。第Ⅳ掘区选定在人民路与西街之间的开县公安局院内，共布10米×10米探方28个，南北7排，东西4列（图七；图版三，1）。两个掘区实际发掘面积5000平方米。共发掘、清理灰坑12个、房屋11座，获取大量遗物标本，遗存的主体时代为明清时期。本次发掘领队为许永杰，执行领队为刘继东，主要业务人员有吴义兵、周昊、刘文渐、陈彤、张荣良、朱强、李付平、侯清伟、许卫国、陈俊华、曹株铭等。

2008年3月1日，开县故城遗址考古队对该遗址进行第三次抢救性考古发掘，工作至2008年5月23日结束，历时80余天，完成规定的4000平方米发掘面积。本次发掘分为四个掘区进行，第Ⅴ掘区选定在人民路北侧的县体育场内，共布10米×10米探方5个，一字排列（图八；图版三，2）；第Ⅵ掘区选定在人民路南侧与西街北侧的县政府之南与县公安局之东，搬迁后的空地大抵呈东西向长方形。由于搬迁，拆除的大量当代建筑材料及废弃的当代生产生活垃圾堆放在该区，加上掘区地表全部为水泥地面，使得发掘工作艰难异常。为了避开当代建筑给发掘造成的困难，并根据地形布置这一掘区的探方方向，共布10米×10米探方25个，南北4排，东西5列，南排西端1个，在10米×10米西侧布5米×5米探方12个，南北6排，东西2列（图九；图版四，1）；第Ⅶ掘区选定在人民路与外西街之间，这里是第五小学的操场，北与开县交通运输公司隔街相望。为了避开当代建筑给发掘造成的困难，并根据地形布置这一掘区的探方方向，共布10米×10米探方6个，南北3排，西2列（图一○；图版四，2）；第Ⅷ掘区选定在人民路与内西街之间的县委大院附近，此区挖掘的目的是为了了解城墙的结构和筑法，照顾到与现存城墙的垂直关系，所开探沟的方向为340°，共开4米×2米探沟两条，东西并列，相距5米（图一一；图版四，3）。另外，对位于第Ⅰ掘区政府大院内北侧的北城门进行了简单清理、记录和测绘（图版五，1）。本次实际发掘面积3916平方米。共发掘、清理墓葬1座、灰坑16个、房屋3座、水池1个，获取大量遗物标本，遗存时代为东汉、唐至明清时期。本次发掘领队为许永

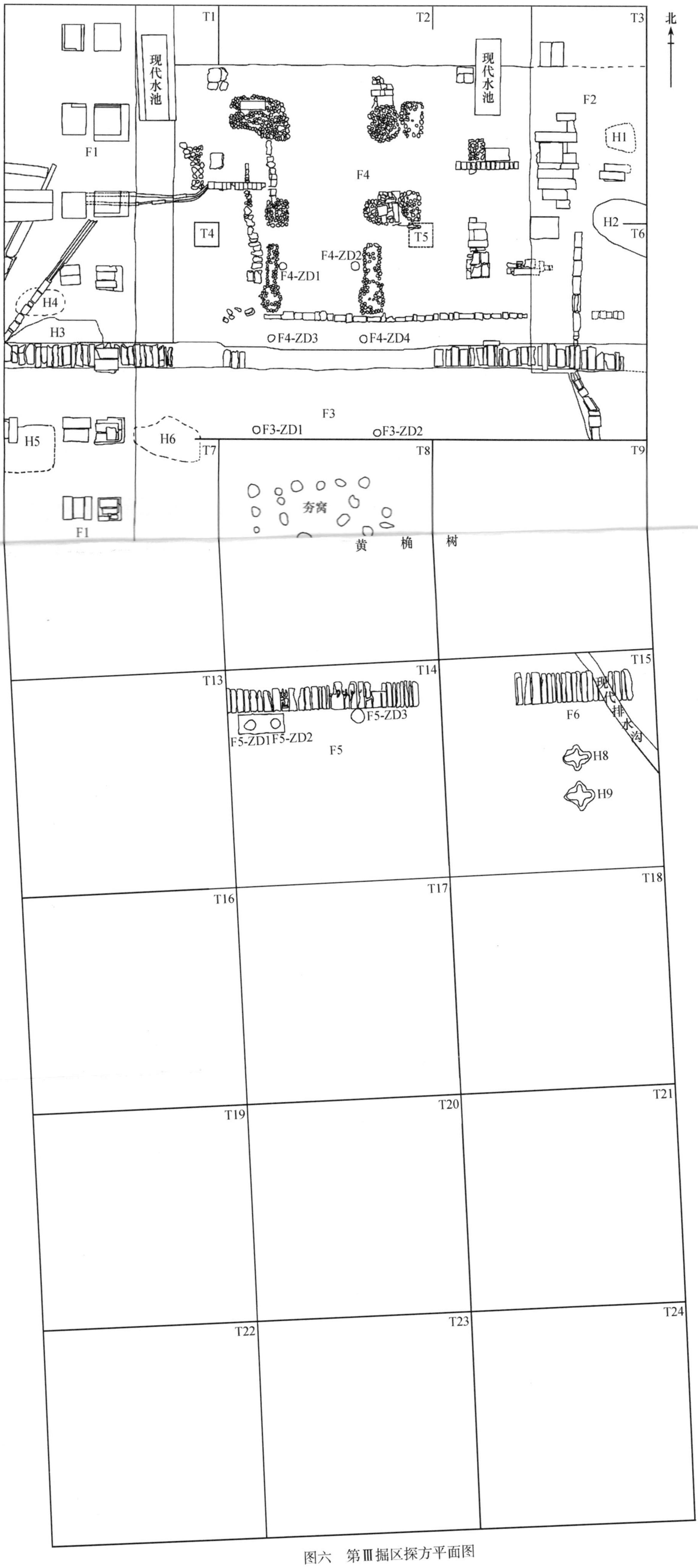

图六　第Ⅲ掘区探方平面图

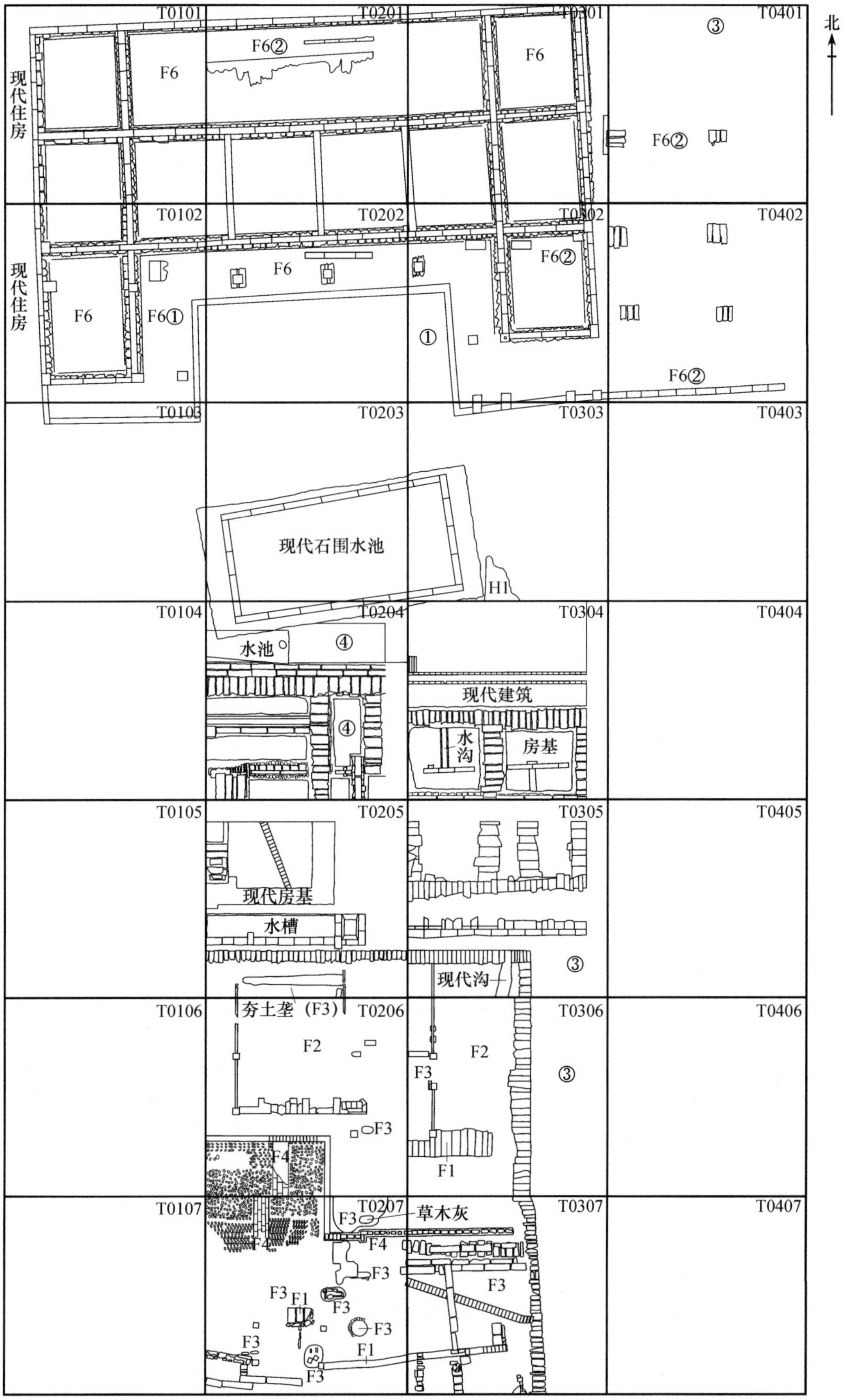

图七 第Ⅳ掘区探方分布图

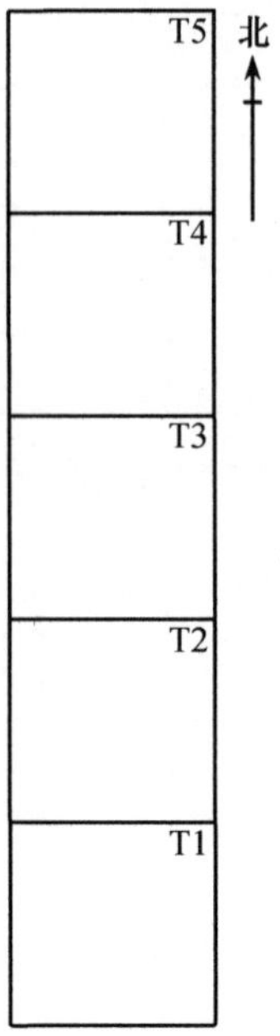

图八 第Ⅴ掘区探方分布图

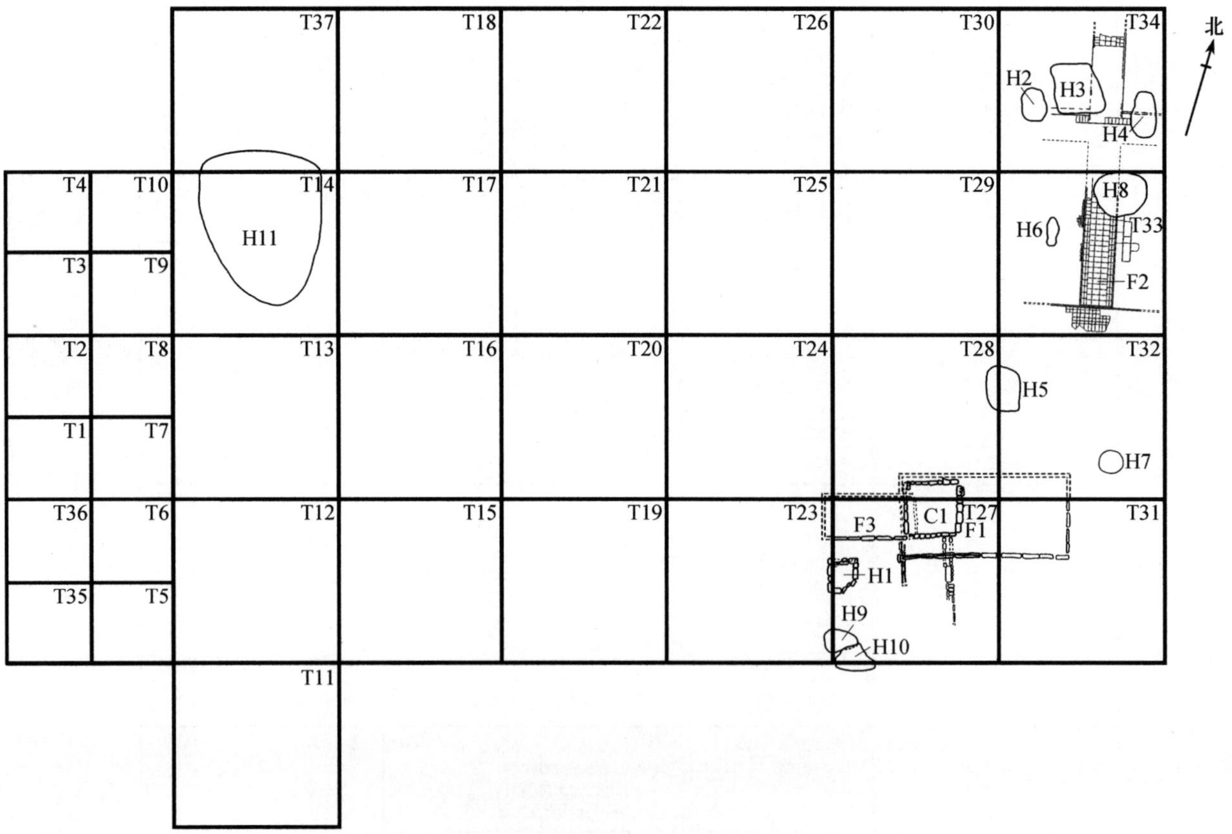

图九 第Ⅵ掘区探方分布图

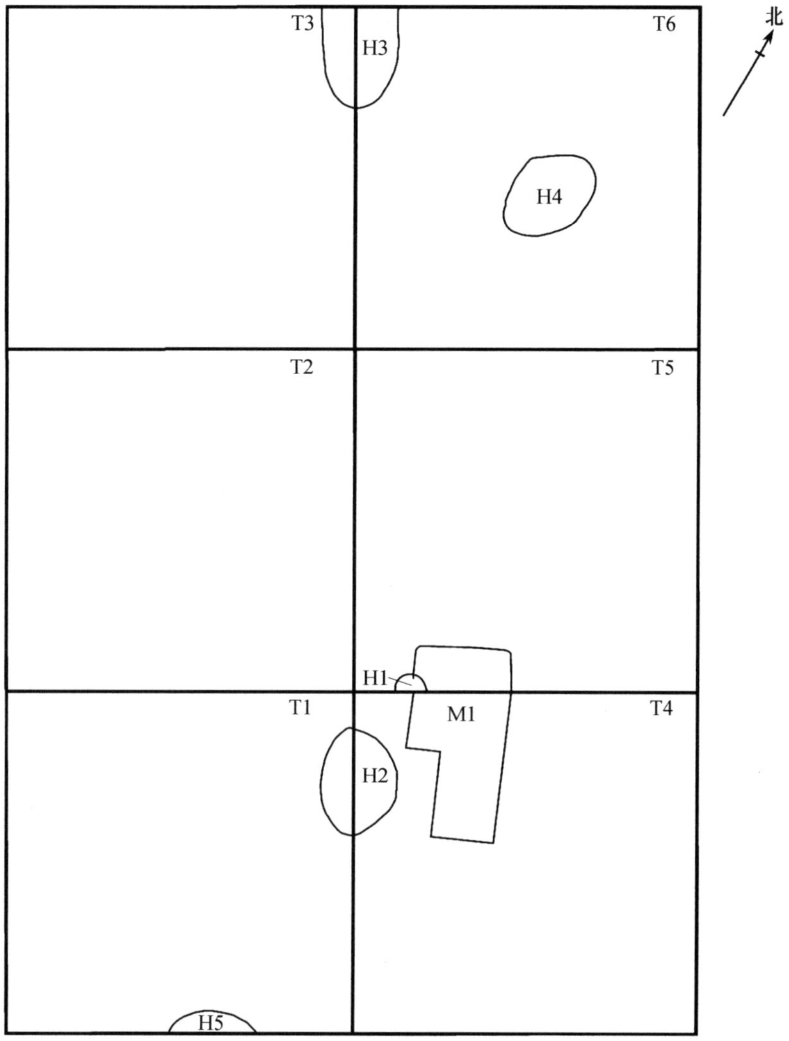

图一〇 第Ⅶ掘区探方分布图

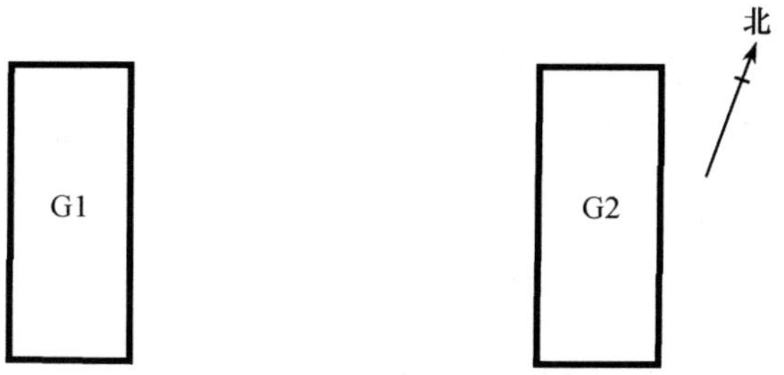

图一一 第Ⅷ掘区探方分布图

杰，执行领队为刘继东，主要业务人员有吴义兵、霍东峰、刘业沣、陈中喜、侯清伟、许卫国、陈俊华、曹株铭、李胜利等。

以上诸掘区于故城遗址的分布位置见图一二。

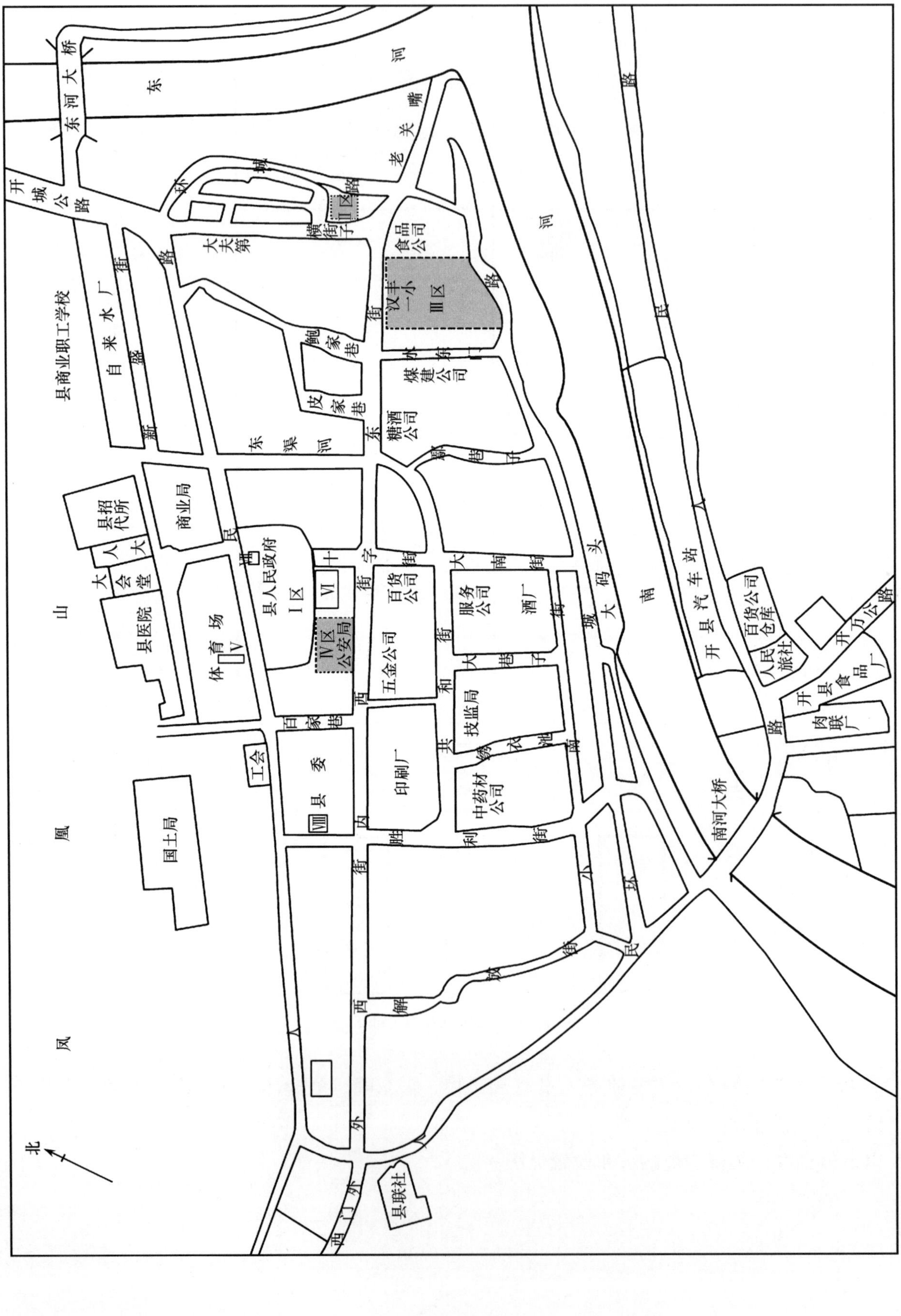

图一二　开县故城遗址布方位置图

三、室内整理和报告编写

开县故城遗址的资料整理工作是每年度发掘工作结束后进行的，由每次参加发掘工作的业务人员完成。

报告编写的工作是2008年9月开始的，因人员变动等原因，编写工作分为两个阶段：第一阶段开始于发掘工作结束至2010年10月，由主要业务人员分头撰写各自负责的部分，并完成报告的初稿；第二阶段是2021年6月至12月，由报告主编对初稿做通纂。主要参加人员有许永杰、刘继东、刘业沣、吴义兵、霍东峰、周昊、彭学斌等。报告编写的具体分工是刘继东执笔第一章前言，吴义兵执笔第二章层位堆积与遗址分期、第三章遗迹介绍、第四章遗物介绍中的汉代、唐代、宋代、元代遗物，周昊执笔第四章遗物介绍中的明代和民国时期的遗物，霍东峰执笔第四章遗物介绍中的清代遗物、建筑构件和其他遗物，许永杰执笔第五章结语。许永杰、刘继东、刘业沣对初稿做通纂，完成定稿。重庆中国三峡博物馆彭学斌参与了出土瓷器的年代和窑口认定；四川大学历史文化学院原海兵对人骨进行体质人类学观察，并写出鉴定报告；吉林大学考古学院陈全家对动物遗存进行观察，并写出鉴定报告；南越王博物院刘业沣对南宋《开州府守廨题名记》石碑做出考释。器物拼对、修复、拓片是由李胜利、陈俊华、曹株铭完成的；遗迹、遗物绘图是由董文斌、周亚威、徐欣、廖薇、陈亮吉等完成的；器物照相是由宜昌市博物馆秦卫亚完成的。

本次发掘工作得到了重庆市文物局三峡工程领导小组办公室[①]、重庆市文物考古所、开县文化广播电视局、开县文物管理所的大力支持。三峡办主任、重庆中国三峡博物馆王川平馆长，三峡办地下项目负责人、重庆市文物考古所邹后曦所长亲自到工地慰问和视察工作。开县文物管理所刘文渐、王永威在后勤保障、文物保管等方面付出诸多劳作。广东省文物考古研究所卜工副所长、宜昌博物馆王志琦馆长、复旦大学文博系高蒙河教授、山西大学考古学系李君教授也到工地考察，对发掘工作提出宝贵意见。

科学出版社编辑樊鑫为本报告的出版付出辛勤劳作。

在此一并表示感谢。

① 本段所涉单位名称以当时发掘时名称为准，不另行标注因机构调整、更名后的新名称。

第二章 层位堆积与遗址分期

第一节 层位堆积

开县故城遗址各掘区的层位堆积情况有所区别，不可简单按层位序号对应遗存性质和年代，具体认识可以从各掘区的典型剖面入手。

一、典型剖面举例

以下所举剖面，对于说明各掘区的层位堆积具有典型性。

（一）ⅠT5252西壁剖面

ⅠT5252位于第Ⅰ掘区的中部偏西，东与ⅠT5352相邻，南与ⅠT5253相邻，西与ⅠT5152相邻，北与ⅠT5251相邻。探方内文化堆积较厚，最厚处自地表至浅黄色的生土为200厘米；遗迹现象较为复杂，堆积单位包含物丰富，其中F2出土灰砂岩《开州守廨题名记》石碑一通，ⅠH1出土大量清代中期的青花瓷器。文化堆积自上而下分为6层。

第①层：地表废弃堆积土。厚40～50厘米。夹杂大量建筑和生活垃圾，并有少量青花瓷片等。

第②层：红褐土。厚20～35厘米。质地较为松散，包含瓷碗、砖瓦的残片等。瓷片上多有青花、矾红彩和粉彩，另有少量白釉瓷片，青花釉色发蓝。

第③层：灰黑土。厚25～30厘米。质地疏松，内含瓦片、兽骨，出土较多青花瓷片等。瓷片上有灵芝、盘肠、“乾隆年制”四字青花篆书印章的纹饰或底款。可辨器形有碗、器盖等。此层下开口的遗迹有ⅠH1。

第④层：灰褐土。厚50～60厘米。质地疏松，包含大量瓦片、砖块，出土较多青花瓷片等。有“宣德年制”、“成化年制”、“□堂佳器”的底款。可辨器形有碗、勺、杯等。

第⑤层：黄褐土。厚20～30厘米。质地疏松，包含大量瓦片、砖块及青花瓷片等。有的瓷片底有“成化年制”、“玉堂佳器”的款识；器心有草书“福”字双圈纹。可辨器形有碗、铜镜等。此层下开口的遗迹有ⅠF2。

第⑥层：黄灰土。厚20～30厘米。质地松软、细腻，包含少量青瓷片、白瓷片等。有的器物外壁上刻莲瓣纹。可辨器形有碗、碟等。开口在第⑤层下的ⅠF2在ⅠT5252中全部压在该层之上。

此层下见生土（图一三）。

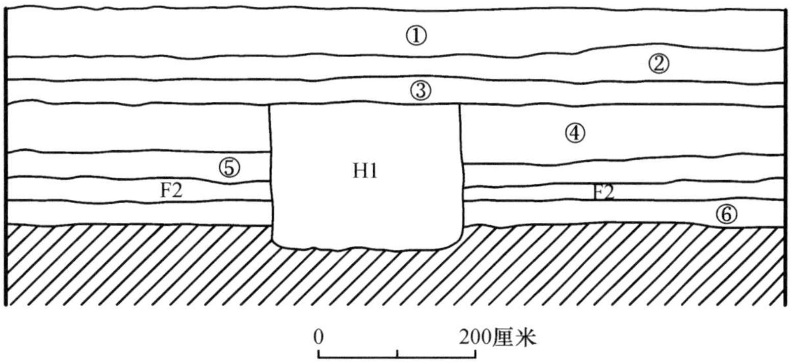

图一三　Ⅰ T5252西壁剖面图

（二）ⅡT0101东壁剖面

ⅡT0101位于第Ⅱ掘区西北部，东与ⅡT0201相邻，南与ⅡT0102相邻。掘区地表略呈北高南低状，文化堆积较薄，最厚处自地表至生黄土为125厘米；没有遗迹现象，包含物不丰富。文化堆积自上而下分3层。

第①层：地表废弃堆积土。厚30～45厘米。质地坚硬，包含大量建筑垃圾及植物根茎等。

第②层：黄褐土。厚25～35厘米。质地松散，包含少量瓷片、砖瓦。

第③层：浅灰土。厚20～45厘米。质地松软，包含少量青花瓷片、砖瓦片。

此层下见生土（图一四）。

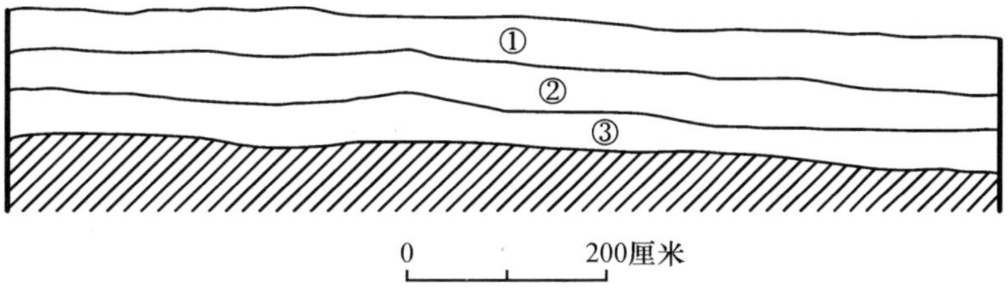

图一四　ⅡT0101东壁剖面图

（三）ⅢT4南壁剖面

ⅢT4位于第Ⅲ掘区的西北部，北与ⅢT1相邻，东与ⅢT5相邻，南与ⅢT7相邻。探方内文化堆积较厚，最厚处自地表至浅黄色生土为240厘米；遗迹现象复杂，堆积单位包含物丰富，文化层、房址、灰坑中出土完整或可复原大量瓷器等遗物。文化堆积自上而下分5层。

第①层：地表堆积层。厚10～15厘米。质地紧密，包含有砂石和砂浆浇筑的混凝土地面、房基和垫土等杂物，并包含少量青花瓷片、缸胎釉陶片等。

第②层：深灰土。厚35～45厘米。质地紧密，主要为炭渣、黄沙、石灰形成的混合杂土。包含大量瓷片、砖瓦等杂物。出土陶瓷器可辨器形有碗、盖、杯、钵等。此层下开口的遗迹有ⅢF1，ⅢF1房基内含有较多石条、砖瓦等建筑材料。

第③层：灰黄土。厚10～25厘米。质地紧密，包含有大量炭渣、黄沙、石灰等，包含大量青花瓷片等。陶瓷器可辨器形有碗、杯、盖等。

第④层：灰黑土。厚20～40厘米。质地疏松，包含大量砖块、瓦片、青花瓷片、釉陶片等。陶瓷器可辨器形有杯、碗、盘、罐等。此层下开口的遗迹有ⅢF3。

第⑤层：黄褐土。厚25～35厘米。质地疏松，包含少量红烧土粒、瓦、砖块及青花瓷片等。陶瓷器可辨器形有碗、器盖等。在本探方内，该层叠压在ⅢF3房基下，此层下开口的遗迹有ⅢH5、ⅢH6。

此层下见生土（图一五）。

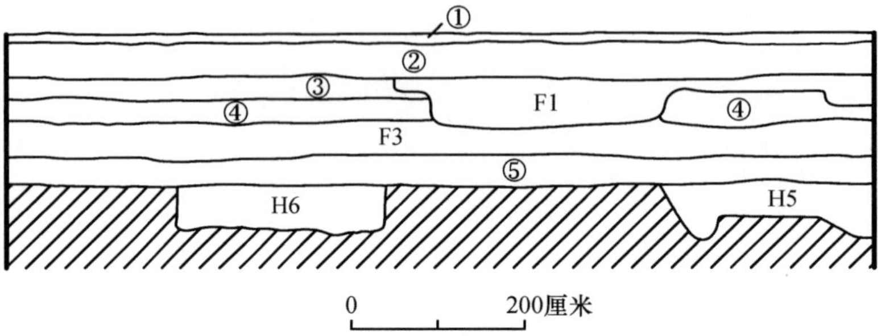

图一五　ⅢT4南壁剖面图

（四）ⅣT0307西壁剖面

ⅣT0307位于第Ⅳ掘区的南端偏东，东与ⅣT0407相邻，西与ⅣT0207相邻，北与ⅣT0306相邻。探方内文化堆积厚，最厚处自地表至浅黄色生土为250厘米，遗迹现象复杂，共发现四处房址，且叠压打破关系较多；堆积单位包含物丰富，文化层及房址复原多件瓷器。文化堆积自上而下分4层。

第①层：地表堆积层。厚75～150厘米。有混凝土地面、垫土、砂石料、现代房基等杂乱堆积，出有大量现代的化工产品遗物。表面平整，经过人工修整。包含有卵石、砖瓦碎片、青花瓷片和石灰颗粒等。

第②层：灰褐土。厚10～75厘米。质地较紧密。包含大量瓷片、砖瓦等。瓷片多青白釉，用青花、粉彩绘纹。可辨器形有碗、杯、勺等。此层下开口的遗迹叠压打破关系比较复杂，有ⅣF1、ⅣF2、ⅣF3、ⅣF4四座房址，其中ⅣF1打破ⅣF2，ⅣF1、ⅣF2打破ⅣF3，ⅣF3打破ⅣF4。

第③层：灰黑土。厚20～55厘米。质地疏松，包含有炭渣、卵石、石灰颗粒、砖瓦碎片和青花瓷片等。可辨器形有杯、碗等。该层与第②层之间全为四座房址堆积，其中ⅣF1、ⅣF3叠压该层，ⅣF2、ⅣF4墙基打破该层。

第④层：黑土。厚45～55厘米。质地较疏松，包含有砖块、瓦片、青花瓷片、釉陶片等。可辨器形有杯、碗、罐等。

此层下见生土（图一六）。

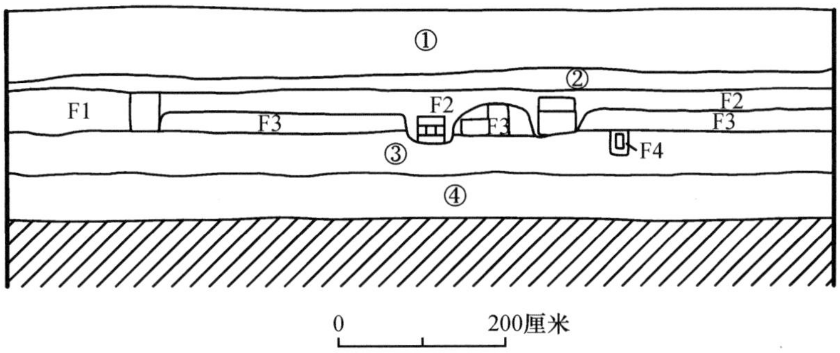

图一六　ⅣT0307西壁剖面

（五）ⅤT5东壁剖面

ⅤT5位于第Ⅴ掘区的最北部，南与ⅤT4相邻。文化堆积不厚，最厚处自地表至生黄土为180厘米；没有遗迹现象，包含物不丰富。文化堆积自上而下分2层。

第①层：现代广场垫土。厚100～105厘米。质地紧密，包含大量建筑垃圾、石块、砖头等。

第②层：红褐色黏土。厚70～75厘米。质地紧密，包含少量植物根茎。包含瓷碗、陶砖瓦的残片等。

此层下见生土（图一七）。

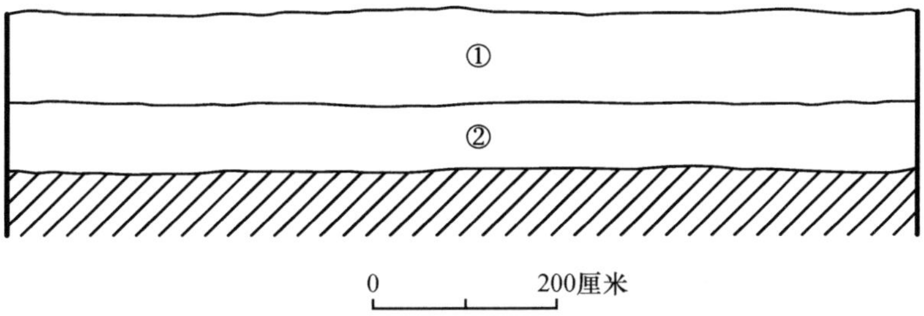

图一七　ⅤT5东壁剖面图

（六）ⅥT27西壁剖面

ⅥT33位于第Ⅵ掘区的东端中部，东与ⅥT31相邻，西与ⅥT23相邻，北与ⅥT28相邻。探方内文化堆积厚，最厚处自地表至浅黄色生土为280厘米。遗迹现象复杂，其中ⅥH1、ⅥH9、ⅥF1、ⅥF3等遗迹复原较多瓷器。文化堆积自上而下分4层。

第①层：地表堆积层。厚65～100厘米。质地疏松，包含有近代建筑废弃的砖头、瓦片、石灰颗粒、瓷片等。此层下开口的遗迹有ⅥH1。

第②层：灰黑土。厚25～70厘米。质地疏松，包含物有砖头、瓦片、瓷片等，瓷片有青花、矾红彩、红彩，可辨器形有碗、盖、杯等。

第③层：灰褐土。厚35～80厘米。质地较紧密，有一定的黏性和较大的湿度，有较多细小的红烧土颗粒，包含大量砖瓦残片、青花瓷片等。可辨器形有碗、盘、杯、碟等。此层下开口的遗迹有ⅥH9、ⅥF1，ⅥF1叠压ⅥF3。

第④层：浅黄土，厚20～50厘米。质地疏松，包含大量的灰色板瓦、筒瓦残片、青瓷片、白瓷片等。可辨器形有碗、盏等。

此层下见生土（图一八）。

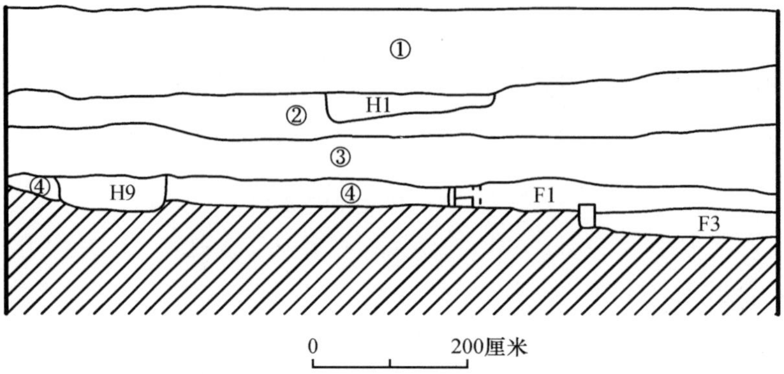

图一八　ⅥT27西壁剖面图

（七）ⅦT5南壁剖面

ⅦT5位于第Ⅶ掘区的东侧中部，南与ⅦT4相邻，西与ⅦT2相邻，北与ⅦT6相邻。探方内文化堆积厚，最厚处自地表至浅黄色生土为190厘米；遗迹现象较复杂，单位包含物丰富，其中ⅦH1等灰坑复原多件瓷器，ⅦM1出土陶器、铜钱、琉璃器等较多随葬品。文化堆积自上而下分3层。

第①层：地表堆积层。厚40～70厘米。质地疏松，包含大量近代建筑废弃物、砖头、瓦片，少量青花瓷片等。此层下开口的遗迹有ⅦH1。

第②层：此层于本探方的南部缺失。

第③层：黄灰土。厚20～55厘米。质地较紧密，有一定的黏性。包含有较多的瓷片、陶片等。可辨器形有碗、板瓦、罐等。此层下开口的遗迹有ⅦM1。

此层下见生土（图一九）。

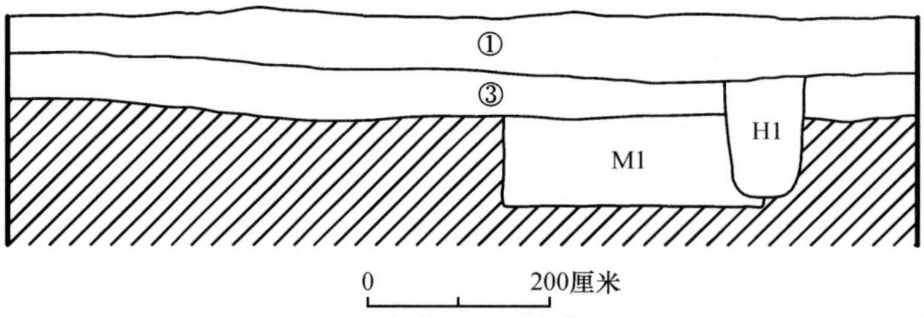

图一九　ⅦT5南壁剖面图

（八）ⅧG1北壁剖面

ⅧG1和ⅧG2属于第Ⅷ掘区，位于原开县故城内城墙西城垣北段。此处的城垣原保存较好，县城在搬迁过程中动用大型机械施工对其造成严重破坏。2008年度发掘时，地表仅存两小段城垣。本次发掘将两条探沟布置在两段城垣的南侧，意在对城垣有较全面的了解。城墙自墙顶至浅黄色生土为500厘米，自上而下可分4层。

第①层：近现代堆积层，厚100～150厘米。由浅灰色板结土筑成，含有近现代砖瓦碎块、小石块、石灰等。

第②层：浅黄色土，厚260～300厘米。质地紧密，十分坚硬，有大量夯窝，土层纯净，包含较多不规整的小黄砂岩和青石条，此外间或有少量的细小瓷片等。

第③层：灰褐色土，厚20～30厘米。质地紧密，坚硬，有大量的夯窝，包含有大量的碎砖石、青花瓷片等。

第④层：浅褐色土，厚80～100厘米。质地紧密，十分坚硬，包含较多的瓷片和少量陶片等。

此层下即见浅黄色生土（图二〇；图版五，2）。

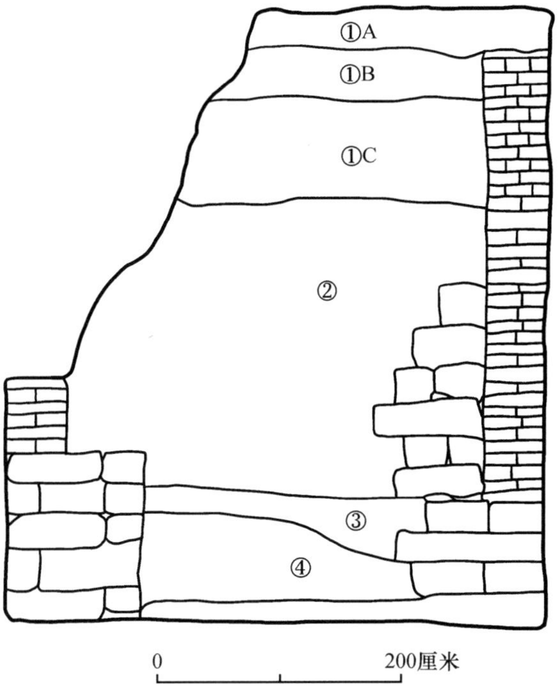

图二〇　ⅧG1西城墙北壁剖面图

二、堆积概况

上文从八个掘区各选出一个探方的剖面作为典型剖面介绍，从中可以了解开县故城遗址各掘区文化堆积的一般情况，也可以看出各掘区的文化堆积在层位数、堆积内涵、遗迹形式等方面存在较大差异，认识到各掘区地层堆积的年代和文化性质不可以简单用层位序数、堆积载体的质地颜色等加以衡量和认定。

在八个掘区中，第Ⅱ掘区位于遗址的边缘部位，堆积载体薄，堆积层位少，遗物贫乏，没有发现遗迹现象，缺少清代以前的遗存。第Ⅴ掘区位于县体育场内，由于当年平整场地，对遗址地表造成较大破坏，形成厚厚的当代地表堆积，第②层堆积虽厚，但年代晚，遗物少，没有发现遗迹现象。第Ⅷ掘区的两条探沟是对故城西城墙的解剖，清理的是城墙不同时代的堆积。第Ⅰ、第Ⅲ、第Ⅳ、第Ⅵ、第Ⅶ掘区位于遗址的主体部位，堆积载体较厚，堆积层位较多，出土遗物较丰富，遗迹现象较理想。

由于汉丰镇历代居民活动频繁，对早期形成的文化堆积破坏严重，晚期形成的堆积单位中，往往包含有大量早于该时期的各时期的文化遗物。下文在介绍各堆积单位的出土遗物时，将不同时期的遗物一并介绍，同时指出其所属年代。

结合出土遗物、遗迹现象对各掘区文化堆积作以概述。

（一）第Ⅰ掘区

该区位于开县旧县城县政府大院内，2006年第一次发掘进场时，这里的政府办公楼已拆除，但是地表之上堆积着大量的建筑废弃物及各种现代生产生活垃圾，周围还有大量的现代建筑。废弃堆积之下是办公楼的水泥地面，平整但更坚硬。所布16个探方互相连接，层位相同。遗迹现象比较丰富。该掘区的文化堆积属于宋代至明清时期，自上而下共有6层堆积。

第①层：地表堆积土。厚40～50厘米。此层分布均匀，各探方厚度相差无几，夹杂大量当代建筑垃圾和生活垃圾、大块废石和水泥块。出有少量陶器、瓷器残片。

第②层：红褐土。厚20～35厘米。此层分布均匀，各探方均有分布，质地较为松散，包含大小石块和瓷器残片、砖瓦碎块等。出有中华民国元年铸造的四川银币，清代铜钱乾隆通宝；部分瓷器底部有矾红“同治年制”印章款，青花“大清乾隆年制”印章款、“嘉庆年制”印章款、“永庆堂制”堂名款等，瓷片上多有青花、矾红彩和粉彩图案，青花瓷釉色发蓝，另有少量白釉瓷片。完整或可复原的器物有莲瓣纹青白釉碗、卷草龙纹青白釉碗、底款“德”字青白釉碗等。此层下开口的遗迹有ⅠF1。

第③层：灰黑土。厚25～30厘米。此层分布均匀，各探方均有分布，质地疏松，内含较多瓦片、兽骨。出有清代铜钱道光通宝、嘉庆通宝、乾隆通宝、雍正通宝和康熙通宝等；出土较多青花瓷片，瓷片上有灵芝、盘肠等图案，“乾隆年制”青花篆书印章的底款。完整或可辨识器形的器物有底款“大明成化年制”外壁缠枝花卉青白釉碗、寿桃双圈纹青白釉碗、粉彩花卉植物纹茶碗盖、白釉纽面青花篆书“大清乾隆年制”茶碗盖等。此层下开口的遗迹有ⅠH1。

第④层：灰褐土。厚50～60厘米。此层分布均匀，各探方均有分布，质地疏松，包含大量瓦片、砖块、青花瓷片等。出有Bd型青花曲腹大碗、豆青盏、白釉大盘及底款“乾隆年制”残碗底等清代遗物，“成化年制”、“宣德年制”、“□堂佳器”底款的瓷器等明代遗物。完整或可辨识器形的器物有篦点水草纹青白釉碗、外腹“金榜题名”款青白釉碗、盘心鱼纹青白釉碟、白釉斜直腹杯、酱黄釉陶罐等。

第⑤层：黄褐土。厚20～30厘米。此层分布均匀，各探方均有分布，质地疏松。出有汉代八向连弧纹铜镜，明代“成化年制”、“宣德年制”、“富贵佳器”、“万福攸同”等款识的瓷器及泥质灰陶板瓦、筒瓦、夹砂灰陶花卉纹和兽面纹瓦当、夹砂灰陶兽形脊饰等建筑构件。完整或可辨识器形的器物有宋代青白釉碗、青釉高足碗、青黄釉盘等。此层下开口的遗迹有ⅠF2。

第⑥层：黄灰土。厚20～30厘米。此层分布均匀，各探方均有分布，质地松软、细腻。出有北宋崇宁通宝、景德通宝和唐代开元通宝等钱币；完整或可辨识器形的器物有宋代B型白釉瓷碗、白釉瓷盘、A型及B型白釉小平底碟、Ab型青白釉碗、青釉碗等，有的器物外壁上刻莲瓣纹。此层下开口的遗迹有ⅠH2、ⅠH3、ⅠH4。

此层下见生土。

（二）第Ⅱ掘区

该区位于开县旧县城的东南部，紧邻东河和南河交汇处，北面不远为环城路。该区文化堆积较薄，文化内涵简单，所布14个探方互相连接，层位相同。缺少遗迹堆积。地层堆积自上而下分3层。

第①层：灰褐土。厚30～45厘米。此层分布均匀，各探方均有分布，质地坚硬，包含当代建筑和生活垃圾以及大量植物根茎。

第②层：黄褐土。厚25～35厘米。此层分布均匀，各探方均有分布，质地松散，包含少量瓷片、砖瓦。出有地方民窑生产的釉陶缸、罐、虎子、鸟食罐等，以近代化工原料为颜料的青花高柄灯、罐、盆、碗、盏、杯等。

第③层：浅灰土。厚20～45厘米。此层分布均匀，各探方均有分布，质地松软，包含少量青花瓷片、砖瓦片。出有器形晚近的香炉、掸筒、花盆、筒形杯、笔洗、虎子等青花瓷片，另有粉彩、矾红彩、五彩等瓷器残片。

此层下见生土。

（三）第Ⅲ掘区

该区位于开县旧城汉丰镇第一小学，东为开县原食品公司，南为环城南路及南河，西为原开县糖果公司，北20米为东街。2006年12月底，开县汉丰镇第一小学整体搬迁至新县城，留出的空地为小学的原操场及小学礼堂和教学楼的旧址。操场中部有两棵古老的黄桷树，树径3米左右，枝叶覆盖近30米，东西并列，东边的树叶为浅黄色的针叶，西边的树叶为绿色的阔叶，当地人传为一雄一雌的神树。1990年版的《开县志》寺庙列表上有“天上宫”，城内耆老讲此地原有清道光年间的“天后宫”，又名福建会馆、妈祖庙，并有石碑，兴建汉丰镇第一小学的时候拆除。该掘区所布24个探方互相连接，层位相同。遗迹现象比较丰富。文化堆积绝大部分是明清时期的遗存，地层堆积自上而下分5层。

第①层：地表堆积层。厚15～60厘米。此层分布均匀，各探方均有分布，以黄桷树为界，北部比南部高20厘米左右；质地紧密，由大量砂石和砂浆浇筑的混凝土地面、房基和垫土经过多次反复的平整形成。包含少量青花瓷片、缸胎釉陶片、铜钱等。该层出土的部分遗物为早于该层堆积时代的遗物，其中完整或者可复原的青花瓷器中的高柄灯、Bb型平顶子口器盖、Ba型撇口腹弧收盏，缸胎器中的Ba型顶部微鼓顶心设纽的器盖、筒形罐，陶器中的双耳罐为民国时期遗物。Ba型撇口腹弧收青花瓷盏、Bb型敞口厚足墙小青花瓷杯、乾隆通宝铜钱为清代遗物。

第②层：深灰土。厚30～50厘米。此层分布均匀，各探方均有分布，质地紧密，主要为炭渣、黄沙、石灰形成的混合土。包含较多的青花瓷片、缸胎釉陶片，少量紫砂、砖瓦、铜钱等。此层出土的完整或者可辨识器形的青花瓷器有A型平顶有纽器盖、盆、Ba型撇口斜弧腹海碗、Aa型敞口弧腹中碗、Ab型敞口斜直弧腹中碗、Ac型敞口斜直腹中碗、Ba型撇口弧腹中碗、Bb型撇口斜弧腹小碗、A型折沿盏、Bb型撇口腹斜直盏、盏托、A型底部未施釉碟、B型底部施釉矾红彩碟、Bc型撇口弧腹小杯等，缸胎器有灯盏、Bb型敛口弧腹圈足和Ca型敞口斜直腹饼足油灯、Aa型顶部内凹无纽和B型顶部微鼓有纽器盖、钵等，均属民国时期遗物。Cb型敞口曲腹大碗、A型折沿中碗、Ac型撇口斜直腹小碗、Bb型撇口腹斜直弧收盏、Aa型豆青釉撇口碟、A型敞口小盘、Ab型撇口厚足墙小杯、Bb型敞口厚足墙小杯、筒形杯、紫砂壶、乾隆通宝铜钱为早于该层堆积时代的清代遗物。此层下开口的遗迹有ⅢF1、ⅢF2、ⅢH1、ⅢH2，其中ⅢF2叠压在ⅢH1、ⅢH2之上。

第③层：灰黄土。厚15～45厘米。此层分布均匀，各探方均有分布，质地紧密，包含有大量炭渣、黄沙、石灰等，含较多青花瓷片，少量缸胎器、砖瓦、铜钱等。此层出土的完整或者可辨识器形的青花瓷器有小杯、Aa型敞口弧腹中碗、Ac型敞口斜直腹小碗、Ab型敞口弧腹大杯和小杯、Bc型撇口弧腹小杯，缸胎器有A型敞口平底油灯、虎子、Ba型顶部微鼓有纽器盖等，均属民国时期遗物。Ca型敞口弧腹中碗、Ac型撇口斜直腹小碗、Ba型撇口腹弧收盏、Cc型敞口直腹弧折收盏、Ab型撇口窄足墙大杯、B型敞口窄足墙大杯、Ab型撇口厚足墙小杯、道光通宝铜钱为早于该层堆积时代的清代遗物。

第④层：灰黑土。厚25～50厘米。此层分布均匀，各探方均有分布，质地疏松，包含物有大量青花瓷片、釉陶片、砖块、瓦片，少量铜钱等。此层出土的完整或者可辨识器形的青花瓷器有Bb型撇口斜直腹大碗、Bb型撇口斜直腹中碗、Ba型撇口腹弧收盏、Cb型敞口腹斜直折收盏、A型斜直腹盏托、Ab型撇口底部无釉碟、Ba型敞口豆青釉碟、Bb型敞口底部无釉碟、Aa型敞口弧腹中盘、A型敞口小盘、Aa型撇口厚足墙大杯、C型折沿大杯、Ab型撇口厚足墙小杯、B型弧形勺，铜钱有乾隆通宝等，均属清代遗物。Cb型敞口腹足分界不明显小碗为明代晚期遗物。此层下开口的遗迹有ⅢF3、ⅢF4、ⅢH3、ⅢH4，其中ⅢF3叠压在ⅢH3、ⅢH4之上，又打破ⅢF4。

第⑤层：黄褐土。厚25～35厘米。此层分布均匀，各探方均有分布，质地疏松，包含物有青花瓷片、陶器，少量红烧土粒、砖瓦块等。此层出土的完整或者可复原的青花瓷器有Ba型撇口腹足分界明显小碗、Ca型敞口腹足分界明显小碗、Cb型敞口腹足分界不明显小碗、Ca型敞口窄足墙大杯、Ca型敞口窄足墙小杯、Cb型敞口厚足墙玉璧底小杯、A型撇口钵、Bb型敞口圈足钵、B型敞口碟等，陶器有陶器盖等，属于明代遗物。此层下开口的遗迹有ⅢF5、ⅢF6、ⅢH5、ⅢH6、ⅢH7、ⅢH8、ⅢH9。

此层下见浅黄色生土。

（四）第Ⅳ掘区

该区位于开县公安局旧址，搬迁后空地范围较大，但地表堆积有大量当代建筑拆除后的废弃垃圾，空地范围呈南北向长方形条状，北部残留部分建筑的墙壁被当地尚未搬迁居民利用修建了许多简易房屋。1990年版《开县志》记载，1957年开县县政府将位于该地的古建筑相国寺移交给开县公安局使用，此墙应为原相国寺的残垣；由该墙向南地面残留多处方形和圆形的柱础石，中间由一个用规整的方石条砌筑的水池，应为相国寺的原放生池；再南为公安局临街的办公大楼旧址。2007年4月至6月，在此布10米×10米正北方向探方28个进行考古发掘，发现该区域的文化堆积绝大部分是明清时期的遗存。遗迹现象比较丰富。该掘区所布探方互相连接，层位相同，自上而下分4层。

第①层：地表堆积层。厚50～220厘米。此层分布均匀，各探方均有分布，西南部几个探方是现代房基，最深达220厘米；质地紧密，由大量砂石和砂浆浇筑的混凝土地面、房基和黄褐色垫土经过多次反复的平整形成。有卵石、砖瓦碎块、青花瓷片和石灰颗粒，包含少量青花瓷片、缸胎釉陶片等。此层出土瓷器中的红彩罐、Aa型敞口斜弧腹青花瓷大碗、Ba型撇口斜弧腹青花瓷大碗、Ba型撇口弧腹青花瓷中碗、Ba型撇口弧腹青花瓷小碗、A型折沿青花瓷盏是早于该层堆积时代的民国时期遗物。而Bb型敞口厚足墙小杯是早于该层堆积时代的清代晚期遗物。

第②层：灰褐土。厚10～75厘米。此层分布较均匀，除西南部几个探方没有分布，其他探方均有分布，质地较紧密。包含大量瓷片、缸胎器、紫砂器、砖瓦等。瓷片上多青白釉，用青花、粉彩绘纹。此层出土的完整或者可辨识器形的瓷器有A型敞口海碗、Ba型撇口斜弧腹海碗、Aa型敞口斜弧腹青花瓷大碗、Ab型敞口斜直腹青花瓷大碗、Aa型敞口弧腹青花瓷中碗、Ab型敞口斜直弧腹青花瓷中碗、Ac型敞口斜直腹青花瓷中碗、Ba型撇口弧腹青花瓷中碗、Bb型撇口斜直弧腹青花瓷中碗、Bc型撇口斜直腹青花瓷中碗、Aa型敞口弧腹小碗、Ac型敞口斜直腹小碗、Ba型撇口弧腹小碗、A型折沿盏、Ba型撇口腹弧收盏、Bb型撇口腹斜直盏、Ca型敞口深腹斜直弧收盏、Aa型撇口斜直腹盘、Ca型敛口斜弧腹盘、Aa型敞口直腹大杯、Aa型敞口斜直腹小杯、Ab型敞口弧腹小杯、Ba型撇口斜直腹小杯、Bc型撇口弧腹小杯、A型圆头勺、Ba型平顶顶心微上凸起的母口器盖等，缸胎器中器形有单把带流罐、Ba型敞口弧腹圈足油灯、Bb型敛口弧腹圈足油灯、Cb型敛口弧腹饼足油灯、Aa型顶部内凹无纽器盖、Ab型顶部内凹有纽器盖、A型单把盘口起流球腹壶等，紫砂器器形有A型高领鸟食罐、B型矮领鸟食罐等，铜器有铜锁芯、铜钥匙等，均为民国时期遗物。A型敞口青花瓷小盘、乾隆通宝铜钱为早于该层堆积时代的清代晚期遗物。此层下开口的遗迹有ⅣF1、ⅣF2、ⅣF3、ⅣF4、ⅣF6，ⅣF1打破ⅣF2，两者都打破ⅣF3，ⅣF3又打破ⅣF4。

第③层：灰黑土。厚20～60厘米。此层分布均匀，除个别探方没有分布，其他探方均有分布，质地疏松，包含物有炭渣、河卵石、石灰颗粒、大量砖瓦碎块和青花瓷片等。此层出土的完整或者可辨识器形的瓷器有Bc型撇口浅腹弧收大碗、Cc型敞口腹外弧大碗、A型折沿盏、Cc型敞口直腹折收盏、Aa型撇口底部有釉碟、Ab型撇口底部无釉碟、Ba型敞口底部有釉粉彩碟、B型盖面弧折盏盖、Ab型敞口斜直腹大盘、B型折沿大盘、B型敞口窄足墙大杯、Ba型敞口窄足墙小杯、Bb型敞口厚足墙小杯、五彩描金格盒，以及乾隆通宝铜钱等，均为清代遗物。该层下开口的遗迹有ⅣH1。

第④层：灰黄土。厚45～55厘米。此层分布均匀，各探方均有分布，质地较疏松，有一定的黏性和湿度，包含有砖块、瓦片、青花瓷片、釉陶片等。此层出土的完整或者可复原的瓷器有Ca型敞口窄足墙大杯、Bb型敞口圈足钵、A型撇口碟、瓷壶、蘑菇形纽器盖等，属于明代遗物。

此层下见浅黄色生土。

（五）第Ⅴ掘区

该区位于开县旧城体育场的中部偏南的位置，开县故城北城垣之外，北面不远处就是盛山。自民国18年起，在这里平整土地，修建规模较大的体育场，使得这里地表平坦开阔。2008年3月，在此布10米×10米探方5个，一字排列，发掘表明此区层位堆积简单，基本为民国以后的现代堆积。缺少遗迹堆积。该掘区5个探方互相连接，层位相同，自上而下分2层。

第①层：当代广场垫土层。厚100～105厘米。此层分布均匀，各探方均有分布，质地紧密，包含大量建筑垃圾、石块、砖头。

第②层：现代广场垫土层。厚70～75厘米。此层分布均匀，各探方均有分布，质地紧密，包含少量民国时期的瓷器和釉陶器残片。

此层下为浅黄色生土。

（六）第Ⅵ掘区

该区位于原开县县政府大院南侧和开县公安局东侧。由于搬迁，拆除的大量当代建筑材料及废弃的当代生产生活垃圾堆放在该区，加上掘区地表全部为水泥地面，使得发掘工作艰难异常。工作开始时，首先清理大量的当代建筑垃圾和生活垃圾，然后使用冲击钻粉碎水泥地面，再后开始布方发掘。堆积为了避开当代建筑给发掘造成的困难，这一掘区的探方布置方向为344°，共布10米×10米探方25个、5米×5米探方12个进行考古发掘，发现该区域的文化堆积绝大部分是宋元明清及民国时期的遗存。遗迹现象比较丰富。该掘区37个探方互相连接，层位相同，自上而下分4层。

第①层：黑褐土。厚65～100厘米。此层分布均匀，各探方均有分布，质地疏松，包含有当代建筑废弃的碎砖、石灰颗粒和瓦片以及瓷片、缸胎器、陶器等生活废弃物。此层内出土的完整或者可辨识器形的瓷器大多为民国时期遗物，瓷器器形主要有Bb型撇口弧腹海碗、Ab型敞口斜直腹大碗、Ac型敞口曲腹大碗、Ba型撇口斜弧腹大碗、Bb型撇口斜直腹大碗、Aa型敞口弧腹中碗、Ab型敞口斜直弧腹中碗、Ac型敞口斜直腹中碗、Ba型撇口弧腹中碗、Bb型撇口斜直弧腹中碗、Bc型撇口斜直腹中碗、Aa型敞口弧腹小碗、Ab型敞口斜弧腹小碗、Ac型敞口斜直腹小碗、Ba型撇口弧腹小碗、Bc型撇口斜直腹小碗、Bd型撇口折腹小碗、Be型撇口直腹小碗、Ba型撇口腹弧收盏、Bb型撇口腹斜直盏、Cb型敞口腹斜直盏、Aa型撇口斜弧腹盘、B型敞口盘、Cb型敛口弧腹盘、Ab型敞口弧腹大杯、Ba型撇口斜直腹大杯、Bb型撇口弧腹大杯、Aa型敞口斜直腹小杯、Ab型敞口弧腹小杯、Ba型撇口斜直腹小杯、Bb型撇口斜直腹弧收小杯、Bc型撇口弧腹小杯、A型圆头勺、B型尖头勺等，缸胎器器形有小瓶、缸口沿残片、盆口沿残片、壶口沿残片、Aa型盘口曲腹鸟食罐、Ab型盘口直腹鸟食罐、Ba型敛口曲腹鸟食罐、Bb型敛口直腹鸟食罐等，紫砂器器形有B型矮领鸟食罐等，陶器器形有器盖等。瓷器中的Cb型敞口曲腹大碗、Ba型撇口腹弧收中碗、Aa型撇口弧腹小碗、Ba型敞口花口小碗、Bb型敞口素口红彩小碗、Ca型敞口弧腹盏、Cb型敞口腹斜直折收盏、B型斜弧腹盏托、A型盖面弧收盏盖、B型盖面折收青花盏盖、Ba型敞口底部施釉粉彩碟、Aa型敞口弧腹大盘、Aa型敞口弧腹中盘、Ba型撇口弧腹中盘、Bb型撇口斜直腹中盘、Ab型撇口窄足墙大杯、Ba型敞口窄足墙小杯、Bb型敞口厚足墙小杯、A型尖头勺、B型弧头勺、节盒、花盆、笔洗等，缸胎器中的盆、单把盘口壶、B型斜直腹油灯等，紫砂器中的高柄鸟食罐、平底鸟食罐、扁体鸟食罐、筒形器等为早于该层堆积时代的清代遗物。Ca型敞口腹足分界明显小碗、Ba型撇口窄足墙中盏、Bb型撇口厚足墙玉璧底蓝釉中盏、Bb型撇口厚足墙玉璧底大杯、Ba型撇口窄足墙小杯、Bb型撇口厚足墙玉璧底小杯、Ca型敞口窄足墙小杯、Cb型敞口厚足墙玉璧底小杯、Cb型敞口腹外弧盘、Ba型敞口卧足钵、A型撇口碟、瓷壶、底部施釉的A型腹足分界明显的圈足和B型腹足分界不明显圈足、底部未施釉的Ab型窄足墙腹足分界不明显圈足及B型厚足墙玉璧底的圈足、盘底、杯底、C型敞口杯口沿、底部施釉的A型盏底、B型撇口盏口沿、单色釉中蓝釉杯口沿、龙泉窑的青瓷碗高足为早于该层堆积时代的明代遗物。而该层出土的湖田窑的Bb型撇口口沿、Aa型高圈足则为宋代遗物。此层下开口的遗迹有ⅥH1、ⅥH8。

第②层：灰黑土。厚25～70厘米。此层分布均匀，各探方均有分布，质地疏松，包含物有陶片、瓷片、砖瓦等。此层出土的完整或者可辨识器形的瓷器Ba型撇口腹弧收大碗、Bb型撇口腹斜直大碗、Cb型敞口曲腹大碗、Ba型撇口腹弧收中碗、Bb型撇口腹斜直中碗、Aa型撇口弧腹小碗、Ab型撇口斜直腹弧收小碗、Ba型敞口花口小碗、Bb型敞口素口小碗、A型折沿盏、Ca型敞口弧腹盏、Cb型敞口腹斜直折收盏、A型斜直腹盏托、C型弧腹盏托、Ba型敞口底部施釉粉彩碟、Bb型敞口底部无釉青花碟、A型盖面弧收粉彩和五彩及青花盏盖、B型盖面折收青花盏盖、Aa型敞口弧腹大盘、Aa型敞口弧腹中盘、Ab型敞口斜直腹中盘、Bb型撇口斜直腹中盘、C型折沿中盘、A型敞口小盘、B型撇口小盘、C型折沿小盘、Aa型撇口厚足墙大杯、Ab型撇口窄足墙大杯、B型敞口大杯、Aa型撇口窄足墙小杯、Ab型撇口厚足墙小杯、Ba型敞口窄足墙小杯、Bb型敞口厚足墙小杯、A型尖头勺、B型弧头勺、格盒、香炉、掸筒、花盆、虎子等，缸胎器注壶、A型弧腹和B型斜直腹油灯等，紫砂器高饼足鸟食罐等，陶器双耳罐等，乾隆通宝、康熙通宝铜钱等均为清代遗物。此外，瓷器中的Aa型折沿腹下弧收中碗、Ca型敞口腹弧收中碗、Ba型撇口窄足墙中盏、C型敞口小盏、Ba型撇口窄足墙大杯、Bb型撇口厚足墙玉璧底大杯、Ca型敞口窄足墙大杯、Cb型敞口厚足墙玉璧底大杯、Ba型撇口窄足墙小杯、Ca型敞口窄足墙小杯、Cb型敞口厚足墙玉璧底小杯、Ba型敞口卧足钵、A型撇口碟、龙泉窑的青瓷盘口沿、底部施釉的A型腹足分界明显的圈足和B型腹足分界不明显的碗圈足、底部未施釉的B型厚足墙玉璧底碗圈足、A型折沿杯口沿、A型底部施釉盏底、A型底部施釉杯底和B型底部未施釉杯底、B型撇口杯口沿、C型敞口杯口沿等，为早于该层堆积时代的明代遗物。而该层出土的湖田窑的Aa型花口圈足盘、Bb型撇口口沿、Aa型高圈足、Ab型矮圈足，其他窑系的Ab型矮圈足，缸胎器中邛窑的A型敞口碗口沿，其他窑系的瓶等，为早于该层堆积时代的宋代遗物。另外，该层下开口灰坑出土的部分青瓷罐口沿、长颈残片为唐代遗物，部分龙泉窑的圈足为元代遗物。此层下开口的遗迹有ⅥH2、ⅥH3、ⅥH4、ⅥH5、ⅥH6、ⅥH7。

第③层：灰褐土。厚35～80厘米。此层分布均匀，各探方均有分布，质地较紧密，有一定的黏性和较大的湿度，有较多细小的红烧斑土颗粒，包含大量砖瓦残片、青花瓷片等。此层出土的完整或者可辨识器形的瓷器A型折沿大碗、B型撇口大碗、Aa型折沿腹下弧收中碗、Ab型折沿腹下折收中碗、Bb型撇口斜直腹中碗、Ca型敞口腹弧收中碗、Cb型敞口腹直收中碗、Ba型撇口腹足分界明显小碗、Bb型撇口腹足分界不明显小碗、Ca型敞口腹足分界明显小碗、Cb型敞口腹足分界不明显小碗、A型折沿大盏、Bb型撇口腹弧收大盏、Bb型撇口厚足墙玉璧底青花瓷及蓝黑釉中盏、Bb型撇口腹下弧收小盏、C型敞口小盏、Bb型撇口厚足墙玉璧底大杯、Ca型敞口窄足墙大杯、Bb型撇口厚足墙玉璧底小杯、Ca型敞口窄足墙小杯、Bc型撇口腹内弧盘、A型撇口钵、Ba型敞口卧足钵、Bb型敞口圈足钵等，单色釉瓷片中蓝釉圈足、蓝釉碗口沿、蓝釉盏口沿、龙泉窑青瓷盘圈足、青瓷盘口沿、青瓷碗口沿、其他窑口碗圈足、碗高足等，青花瓷片中施釉的A型腹足分界明显的圈足和腹足分界不明显的圈足、未施釉的Aa型窄足墙腹足分界明显圈足、Ab窄足墙腹足分界不明显圈足、B型厚足墙玉璧底圈足、盘底、杯底、A型折沿杯口沿、B型撇口杯口沿、C型敞口杯口沿、底部施釉的A型钵、底部施釉的A型盏底、底部未施釉的Ba型窄足墙盏底和Bb型厚足墙盏底、B型底部未施釉厚足墙杯底、C型敞口杯口沿等，均为明代遗物。此外，该层出土的龙泉窑的A型敞口碗口沿外沿加厚、盆口沿、少量圈足为元代遗物。湖田窑的Ba型敞口口沿、Aa型高圈足、Ab型矮圈足、B型饼足、C型平底、器盖，彭州窑的Ba型敞口口沿，龙泉窑的Bc型敛口口沿，涂山窑的Ab型矮圈足、B型饼足，其他窑系的Ab型矮圈足、器柄，缸胎器中邛窑的B型鼓腹壶、B型撇口罐口沿、A型圆唇壶口沿、B型撇口碗口沿、Ab型敛口圆唇罐等，为早于该层堆积时代的宋代遗物。另有青瓷钵口沿为唐代遗物。此层下开口的遗迹有ⅥH9、ⅥH10、ⅥF1、ⅥF2、ⅥF3，其中ⅥH10打破ⅥH9，ⅥF1打破ⅥF3。

第④层：浅褐黄土，厚20～50厘米。此层分布均匀，各探方均有分布，质地疏松。包含少量的灰色板瓦、筒瓦残片、青瓷片、白瓷片等。此层出土的完整或者可辨识器形的瓷器根据口沿可分为A型花口和B型素口两型，根据足部分为a型圈足、b型饼足、c型平底三亚型，其中有湖田窑的Aa型盘、Bb型盘、Ba型盏、Aa型碟、Ac型碟、Bc型洗、A型执壶、Ba型盅，彭州窑的Aa型碗、Ba型碗，耀州窑的Ba型碗、Bb型碗，涂山窑的Ba型碗、Ba型盘、Bb型盏，其他窑系的Ba型两系小罐等。瓷器残片有湖田窑的Ba型敞口口沿、Bb型撇口口沿、Bc型敛口口沿、Aa型高圈足、Ab型矮圈足、B型饼足、C型平底、腹部残片等，有彭州窑的Bb型撇口口沿，有龙泉窑的Bb型撇口口沿，有涂山窑的A型垂腹执壶、Ab型矮圈足，有其他窑系的A型敞口口沿、B型撇口口沿、C型敛口口沿，缸胎器有邛窑的Aa型敛口方唇罐口沿、B型敛口缸口沿、A型圆唇壶口沿和B型方唇壶口沿、C型敛口碗口沿、A型碗圈足、器纽、擂钵等，另出有少量器柄、碟等，景德元宝铜钱及陶器，均为宋代遗物。该层出土的底部有支丁烧痕的青瓷碗底为早于该层堆积的唐代遗物，该层下开口的ⅥH11出土的长沙窑的颈部有酱釉的青瓷执壶口沿亦为唐代遗物。此层下开口的遗迹有ⅥH11。

此层下见浅黄色生土。

（七）第Ⅶ掘区

该区位于第五小学的操场，北与开县交通运输公司隔街相望，操场周边全是堆积如山的当代建筑拆除后的垃圾，操场中间有一个刚刚移走的黄桷树留下的大树窝，其余全为水泥地面，其上堆积着许多石条石板及其他垃圾。工作开始时，首先清理当代建筑垃圾和生活垃圾，然后使用冲击钻粉碎水泥地面，再后开始布方发掘。为了避开残留的当代建筑给发掘造成的困难，这一掘区的探方布置方向为330°，该区域的文化堆积绝大部分是宋元明清时期的遗存。遗迹现象比较丰富。掘区6个探方互相连接，层位相同，自上而下分3层。

第①层：黑褐土。厚40～80厘米。此层分布均匀，各探方均有分布，质地疏松，包含大量当代建筑废弃的砖头、瓦片等，出有少量青花瓷片等。此层出土的完整或者可辨识器形的瓷器有中碗系列的Ba型撇口弧腹碗、Aa型敞口弧腹碗、Ac型敞口斜直腹碗，小碗系列的Ac型敞口斜直腹碗、Bb型撇口斜弧腹碗等，均属民国时期遗物。而小碗系列的Cc型敞口直腹中下部折收碗、Bb型敞口厚足墙小杯、B型勺体前端弧收勺等，为早于该层堆积时代的清代遗物。Ba型撇口斜弧腹中碗、A型折沿小碗、Cb型敞口腹足分界不明显小碗、Ba型撇口窄足墙小杯、Ca型敞口窄足墙小杯、ⅦH5出土的Aa型折沿弧腹盘、Bc型撇口内弧腹盘、Ca型敞口斜直腹盘、Cb型敞口外弧腹盘、底部施釉的A型腹足分界明显的青花圈足瓷片、底部施釉的B型腹足分界不明显的青花圈足瓷片、底部未施釉的Ab型窄足墙腹足分界不明显的圈足瓷片、盘底、B型撇口口沿、底部施釉的A型钵底、底部未施釉的Ba型窄足墙钵底、底部施釉的A型盏底、A型折沿杯口沿、C型敞口杯口沿等，为明代遗物。单色釉中的蓝釉碗圈足为明代晚期遗物。龙泉窑生产的青瓷碗圈足等，为宋代早期遗物。此层下开口的遗迹有ⅦH1、ⅦH5。

第②层：黄褐土。厚15～50厘米。此层在ⅦT4、ⅦT5部分区域缺失，质地紧密，坚硬，有黏性，包含物有碎砖残瓦、以青花瓷为主的瓷片等。此层出土的瓷器完整或可辨识器形的有青瓷碗圈足、底部施釉的A型腹足分界明显的青花圈足、底部未施釉的Aa型窄足墙腹足分界明显的圈足瓷片、B型撇口杯口沿等，均为清代遗物。此层下开口的遗迹有ⅦH2，出土的A型折沿大青花瓷杯、红彩瓷片为明代晚期遗物。而湖田窑的A型花口口沿、Ab型矮圈足是早于该层堆积时代的宋代遗物。该层下开口的遗迹有ⅦH2。

第③层：黄灰土。厚20～80厘米。此层分布均匀，各探方均有分布，质地较紧密，有一定的黏性。包含有较多的瓷片、陶片等。此层出土的完整或辨识器形的瓷器有Aa型折沿腹下弧收中碗、Ab型折沿腹下折收中碗、Ac型折沿腹下直收中碗、Ca型敞口腹弧收中碗、Bb型撇口腹弧收大盏、Ba型撇口窄足墙大杯、Ab型折沿鼓腹盘、Ba型撇口斜直腹盘、Bb型撇口外弧腹盘、Bc型撇口内弧腹盘、Cb型敞口外弧腹盘，ⅦH3出土的Ba型撇口斜直腹大盏、Ba型撇口腹下折收小盏，ⅦH4出土的Bc型撇口内弧腹盘等。瓷器残片有底部施釉的A型腹足分界明显的青花圈足瓷片、底部施釉的B型腹足分界不明显的青花圈足瓷片、底部未施釉的Aa型足墙窄腹足分界明显的圈足瓷片、底部未施釉的Ab型窄足墙腹足分界不明显的圈足瓷片、青花瓷盘底、青花瓷杯底、杯口沿、A型折沿口沿、B型撇口口沿、C型敞口口沿、底部施釉的A型钵底、底部未施釉的Ba型窄足墙钵底、底部未施釉的Bb型厚足墙钵底、底部施釉的A型盏底、底部未施釉的Ba型窄足墙盏底、底部未施釉的Bb型厚足墙盏底、底部施釉的A型杯底、单色釉瓷片有龙泉窑的青瓷碗圈足和青瓷盘口沿等，缸胎器有单把罐、钵口沿、瓮口沿、盆口沿、A型两系小壶、B型无系小壶、平底器、圈足器等，均为明代遗物。此外，该层出土的湖田窑的Aa型花口圈足瓷碗和B型芒口平底内凹洗、彭州窑的Ba型圈足碗、耀州窑的Ba型圈足碗、涂山窑的Ba型圈足碗和Ba型圈足盏、Ba型两系小罐等完整器或可辨识器形的器物为早于该层堆积时代的宋代遗物；湖田窑的A型花口口沿、Ba型敞口口沿、Bb型撇口口沿、Ab型矮圈足、B型饼足、C型平底、B型芒口洗口沿，彭州窑的Ba型敞口口沿、Bb型撇口口沿、Bc型敛口口沿、Ab型矮圈足，涂山窑的A型垂腹执壶、B型鼓腹执壶、器盖、A型敞口口沿、B型撇口口沿、Ab型矮圈足，耀州窑的B型撇口口沿、A型碗圈足等是早于该层堆积时代的宋代遗物；缸胎器中邛窑的Aa型敛口方唇罐口沿、A型直口缸口沿、C型平底罐罐底、A型圈足碗碗底等及其他窑系的矮圈足、罐口沿、瓮口沿、擂钵口沿为宋代遗物。还出土一些泥质灰陶盆口沿、豆柄、豆底足、碟等时代可早至东汉。该层下开口的ⅦM1为一座东汉时期的砖室墓，出有剪轮五铢钱、铜器、釉陶罐、琉璃器等。此层下开口的遗迹有ⅦH3、ⅦH4、ⅦM1。

此层下见浅黄色生土。

（八）第Ⅷ掘区

该区工作的两条探沟虽互不连属，发掘工作时沿城墙西侧清理，将两探沟与城墙西侧清理出可以观察和记录的剖面，两探沟的层位堆积是一致的。本次发掘所选定的西城墙，在发掘工作开始时，由于旧城整体搬迁工作拆除殆尽，所余仅城墙北段的一小部分，且已割裂为两小段。此西城墙整体略呈南北向，高出地表3米左右，东西两面用砖石砌筑。清理后认定该处墙体内文化堆积包括宋、元、明、清几个时期，自上而下可分4层。

第①层：晚近堆积层，厚100～150厘米。由当代水泥覆盖层（①A层）、近现代建筑垃圾（①B层）、浅灰色结板土（①C层）三亚层组成，含有近现代建筑材料砖瓦、小石块、石灰、塑料制品等。浅灰色结板土与近代瓦片应该是以前的城墙上的建筑堆积。

第②层：浅黄色土，厚260～300厘米。质地紧密，十分坚硬，有大量夯窝，土层纯净，包含较多的不规整的小黄砂岩石条和青石条，分布不太有规律，此外间或有少量的细小瓷片等。青花瓷片中的青瓷碗圈足、Ba型撇口腹弧收中碗、Ab型撇口斜直腹弧收小碗、Bb型敞口素口小碗、A型折沿盏等为清代遗物。而青花瓷片中有施釉的A型腹足分界明显的圈足和B型腹足分界不明显的圈足、底部施釉的卧足、A型折沿杯口沿等，缸胎器A型、平底器等为明代遗物。

第③层：灰褐色土，厚20～30厘米。质地紧密，坚硬，有大量的夯窝，包含有大量的碎砖石、青花瓷片。包含物中的青白釉瓷片、青花瓷片中的B型撇口杯口沿、缸胎器等，可认定为明代遗物。该层出土的少量青花瓷片瓷胎较粗，为元代龙泉窑的产品。而青白釉瓷片中的湖田窑的A型花口碗口沿、Bb型撇口碗口沿，涂山窑的Ab型矮圈足器，其他窑口的撇口口沿，缸胎器中邛窑的B型撇口碗口沿、C型敛口碗口沿、器纽等，为早于该层堆积时代的宋代遗物。

第④层：浅褐色土，厚80～100厘米。质地紧密，十分坚硬，包含较多的青白釉瓷片、少量的缸胎器和陶片等。包含物瓷片中有湖田窑A型花口碗口沿、Ab型矮圈足、C型平底器，彭州窑的Ba型敞口碗口沿、Ab型矮圈足器，龙泉窑的器肩部残片，钧窑的Ab型矮圈足器，涂山窑的C型敛口碗口沿等；缸胎器中有邛窑的Aa型敛口方唇罐口沿、B型撇口罐口沿，其他窑系的注、矮圈足、钵口沿、Aa型敛口方唇罐口沿等；陶器有泥质红陶盆口沿、器柄、碟、夹砂灰陶及红陶器底等；还有少量瓦当等建筑材料。出土器物均为宋代遗物。

此层下即见浅黄色生土。

第二节　遗址分期

开县故城遗址文化堆积包括地层堆积和遗迹堆积两种堆积形式，以地层堆积形式为主。堆积有序，包含物年代特征明显。从上节所列举的各发掘区典型剖面及其包含物分析，各掘区的地层堆积数目不一，多者如第Ⅰ掘区，有6层堆积，少者如第Ⅴ掘区，仅2层；各掘区出土遗物的年代也不一致，多者如第Ⅰ掘区，包含有唐代（无堆积单位）、宋代、元代（无堆积单位）、明代、清代、民国和当代遗物，第Ⅶ掘区，包含有东汉、宋代（无堆积单位）、明代、清代、民国和当代遗物，少者如第Ⅴ掘区，仅有民国和当代两个时期的遗物。从整个遗址情况看，虽然有唐代和元代遗物，但无单纯的堆积单位，均出于晚期的堆积单位中。依据层位堆积，结合出土遗物的年代，可以把开县故城遗址的遗存分为东汉、唐代、宋代、元代、明代、清代、民国七个时期（当代遗物不列入）。瓷器是开县故城遗址本次发掘所获遗物中最多者，本遗址的分期主要是以出瓷器单位的层位关系和瓷器形制为主实现的。

一、东汉时期

东汉时期遗存主要包括第Ⅶ掘区M1遗存、第Ⅵ掘区F3出土的部分遗物等。

ⅦM1是一座砖室墓。由于破坏严重，许多器物修复难度很大，出土的陶器以泥质黄褐陶为主，有罐、盆、匜、灯、豆等，器形小，火候低，应是专为随葬用的明器。另有一件蓝色琉璃耳瑱，八枚五铢钱，其中一枚为剪轮五铢钱。从剪轮五铢看，该墓年代应不早于王莽时期。墓砖都是花纹砖，分一般灰色长方形花纹砖和子母口砖两种，花纹都设在一侧，主体纹饰为菱形回纹，这与三峡地区的东汉砖室墓的风格一致。ⅥF3出土有少数菱形回纹的灰砖与ⅦM1的墓砖相同，属于东汉时期的器物，被后期用来建筑房屋。

二、唐宋元时期

（一）唐代

唐代的原生文化堆积单位在所发掘区域都没有发现，只是在晚期的第Ⅵ掘区的③、④层及几个灰坑出有少量唐代的青瓷残片。如ⅥH11出土的长沙窑的A型、B型执壶口沿，ⅥT1④层出土的一件青瓷碗口沿，ⅥT14③层出土的一件青瓷钵的口沿，ⅥT19④层出土的一件底心有支丁烧痕迹的青瓷碗底，ⅥH6出土的青瓷罐底，ⅥH4、ⅥH5出土的器颈部残片等。

（二）宋代

宋代的文化堆积有第Ⅰ掘区的第⑥层、ⅠF2、ⅠH2、ⅠH3、ⅠH4，第Ⅵ的第④层、

ⅥH11，第Ⅷ区的第④层；另外，第Ⅶ区第③层、第Ⅷ区的第③层明代地层堆积中，出土有相当数量的宋代遗物；其他一些晚期堆积单位中也出土少量的宋代遗物。

宋代遗物按质地可分为瓷器、陶器、铜器等，按功能可分为生活用品和建筑材料等，尤以生活用品瓷器为多，瓷器又可分为瓷胎和缸胎两种。

完整或者修复的瓷器主要产自湖田窑、彭州窑、耀州窑、涂山窑等窑口。器形主要有碗、盘、盏、碟、洗、执壶、盅等。瓷器的口沿有花口（A型）和素口（B型）两种样式，底足有圈足（a型）、饼足（b型）和平底（c型）三种样式。湖田窑的Aa型青白釉瓷碗、Aa型和Bb型青白釉瓷盘、Ba型青白釉瓷盏、Aa型和Ac型青白釉瓷碟、Bc型青白釉芒口平底内凹瓷洗、a亚型青白釉瓷执壶、Ba型青白釉瓷盅，耀州窑的Ba型和Bb型印花青瓷碗，涂山窑的Ba型黑釉有红色化妆土瓷碗、Ba型黑釉瓷盘、Ba型和Bb型黑釉瓷盏都是宋代相关窑口的典型器物。

开县故城出土的大量宋代瓷片都是残片，已不能复原，可辨窑口有湖田窑、彭州窑、龙泉窑、钧窑、定窑、涂山窑、耀州窑等，这些残片可分为口沿、器底、器盖、器柄、其他部位残片等。口沿分为A型花口和B型素口两型，a亚型敞口、b亚型撇口、c亚型敛口三亚型；器底分A型圈足、B型饼足、C型平底三型，A型圈足分为a亚型高圈足和b亚型矮圈足两亚型。湖田窑的A型瓷碗花口口沿、Ba型敞口瓷碗口沿、Bb型撇口瓷碗口沿、Bc型敛口瓷碗口沿、Aa型高圈足瓷碗底、Ab型矮圈足瓷碗底、B型饼足瓷碗底、C型平底瓷碗底、B型芒口瓷洗口沿、Bc型平底内凹瓷洗底，龙泉窑的Ba型敞口瓷碗口沿、Bb型撇口瓷碗口沿、Bc型敛口瓷碗口沿，钧窑的Ab型矮圈足，定窑的执壶口沿，涂山窑的A型垂腹执壶、B型鼓腹执壶、Ba型敞口瓷碗口沿、Bb型撇口瓷碗口沿、Bc型敛口瓷碗口沿、Ab型矮圈足瓷碗底、B型饼足瓷碗底，耀州窑的B型碗口沿、Ba亚型高圈足瓷碗底，还有一些其他窑口的口沿、圈足、饼足、器盖等，都是宋代的典型瓷器。

缸胎瓷器涉及的窑口有邛窑及其他窑口。邛窑的B型鼓腹壶、Aa型敞口方唇罐口沿、B型撇口罐口沿、A型直口缸口沿、B型敛口缸口沿、A型圆唇壶口沿、B型方唇壶口沿、A型敞口碗口沿、B型撇口碗口沿、C型敛口碗口沿、C型平底罐罐底、A型圈足碗碗底等都是宋代的典型器物。其他窑系的罐、瓶、注、碟、钵等，则根据共生关系，推测为宋代遗物。

宋代陶器按质地分泥质和夹砂两种，按陶色分灰陶、红陶两种，基本为残片，可辨器形有瓮、盆、注、碟、豆等。

此外，一些瓦当、砖瓦从层位关系及器物形制和风格上看，都是宋代遗物。

故城遗址还出土有宋代的景德元宝及崇宁通宝等铜钱。

（三）元代

元代的原生文化堆积单位在所发掘区域都没有发现，但第Ⅵ掘区第③层、②层、ⅥH4等晚期单位中出土的青釉敞口碗、青釉圈足碗、黄褐釉圈足碗、青白釉圈足碗、青褐釉圈足碗等，为元代瓷器；第Ⅷ掘区第③层出土的瓷胎较粗，气孔较大，釉色青绿，外沿加厚的青花瓷片，为元代龙泉窑的产品。

三、明　代

明代的文化遗存除第Ⅱ和第Ⅴ掘区外，其他发掘区都有堆积单位。出土遗物以瓷片为主，主要为景德镇青花瓷器，少量龙泉窑的青瓷和其他窑口的产品，此外还有部分当地民窑的缸胎器及陶器。根据对景德镇瓷器的已有认识，观察本遗址堆积单位中的出土遗物，明代的考古遗存可以分为早、中、晚三期，早期是指洪武至宣德年间，中期是指成化、弘治、正德年间，晚期是指嘉靖、万历年间以及隆庆以后。

（一）明代早期

没有发现明代早期的典型堆积单位，但第Ⅰ掘区第⑤层、第Ⅵ掘区第③层、第Ⅶ掘区第③层、第Ⅷ区第③层出土的一些青花瓷片，瓷胎气孔较大，釉色发暗，青花泛深绿，具有明代早期的特点。青花瓷中碗系列的Ba型撇口斜弧腹碗、单色釉中龙泉窑的青瓷瓷片、缸胎器中的部分残片都具有明代早期的特点。

（二）明代中期

第Ⅰ掘区第⑤层、第Ⅵ掘区第③层、第Ⅶ掘区第③层、第Ⅷ掘区第②层及第③层出土的许多青花瓷片具有明代中期的特点，可以断定为明代的地层堆积，其中出土的乳虎纹青花碗、蕉叶纹青花碗等，以及第Ⅳ掘区第④层出土的少量青花瓷片都具有明代中期的特点。上举堆积单位中的第Ⅷ掘区第②层、第③层为典型的明代中期文化堆积。这一时期完整和可修复的青花瓷中大碗系列的A型折沿碗，中碗系列的Aa型折沿腹下弧收碗、Ab型折沿腹下折收碗、Ac型折沿腹下直收碗、Ca型敞口弧腹碗，大盏系列的A型折沿盏、Ba型撇口斜直腹盏、Bb型撇口弧腹盏，小盏系列的Ba型撇口折收腹盏，大杯系列的Ba型撇口窄足墙杯，Aa型折沿弧腹盘、Ab型折沿鼓腹盘、Ba型撇口斜直腹盘、Bb型撇口外弧腹盘、Bc型撇口内弧腹盘、Ca型敞口斜直腹盘，Ba型敞口卧足钵等，都具有明代中期青花瓷的典型特点。明代中期的青花瓷片圈足可分为底部施釉和未施釉两类，按腹足分解明显与否分为A、B两型，另有少量底部施釉的卧足残片，口沿可分为A型折沿、B型撇口、C型敞口，缸胎器中的单把罐、许多口沿残片和器底也是明代中期的遗物。

（三）明代晚期

第Ⅰ掘区第⑤层、第Ⅲ掘区第⑤层、ⅢF5、ⅢF6、ⅢH5、ⅢH6、ⅢH7、ⅢH8、ⅢH9、第Ⅳ掘区第④层、第Ⅵ掘区第③层、ⅥH9、ⅥH10、ⅥF1、ⅥF2、ⅥF3、第Ⅶ掘区第③层、ⅦH2、ⅦH3、ⅦH4出土的许多青花瓷片，这一时期完整和可修复的青花瓷中大碗系列的B型撇口碗，中碗系列的Bb型撇口斜直腹碗、Cb型敞口直腹下收碗，小碗系列的A型折沿碗、Ba型撇口腹足分界明显碗、Bb型撇口腹足分解不明显碗、Ca型敞口腹足分界明显碗，中盏系列的Ba型撇口窄足墙盏、Bb型撇口厚足墙玉璧底盏，小盏系列的Bb型撇口腹下弧收盏、C型敞口盏，大杯系列的A型折沿杯、Bb型撇口厚足墙玉璧底杯、Ca型敞口窄足墙杯、Cb型敞口厚足墙玉璧底杯，小杯系列的Ba型撇口窄足墙杯、Bb型撇口厚足墙玉璧底杯、Ca型敞口窄足墙杯、Cb型敞口厚足墙玉璧底杯，Cb型敞口腹外弧盘，A型撇口钵、Bb型敞口圈足钵、A型撇口碟、B型敞口碟等，都是明代晚期的遗物；瓷器残片中单色釉系列的蓝釉圈足和口沿、红彩瓷片属明代晚期遗物；青花瓷残片中圈足可分为底部施釉和未施釉两类，施釉的可分为腹足分解明显和不明显的A、B两型，未施釉的可分为窄足墙和厚足墙的A、B两型，其中厚足墙的玉璧底是明代晚期出现的形制。缸胎器中的鼓腹罐、小壶等，也属明代晚期遗物。

四、清　代

清代与明代遗存一样，各掘区文化堆积尽管不能明确分出每一时期的堆积单位，但是通过包含物的年代学研究，可以区分出年代有别的早、中、晚三期，早期是指顺治到雍正年间，中期是指乾隆年间，晚期是指嘉庆、道光年间及其以后。

（一）清代早期

第Ⅰ掘区第③及④层、ⅠF1、第Ⅲ掘区第④层、ⅢF3、ⅢF4、ⅢH3、ⅢH4、第Ⅳ掘区第③层、第Ⅵ掘区第②层、ⅥH2、ⅥH3、ⅥH4、ⅥH5、ⅥH6、ⅥH7、第Ⅶ掘区第②层、ⅦH1、ⅦH5出土的许多青花瓷片等，具有清代早期的特点，这一时期的铜钱有康熙通宝、雍正通宝。完整或者可修复的青花瓷器有大碗系列的A型折沿碗、Ba型撇口腹弧收碗，中碗系列的Ba型撇口腹弧收碗，小碗系列的Aa型撇口斜弧腹碗，A型盖面弧收盏盖，大盘系列的Aa型敞口弧腹盘，中盘系列的Aa型敞口弧腹盘、Ba型撇口弧腹盘、C型折沿盘，小盘系列的B型撇口盘、Ca型折沿平沿面盘，大杯系列的Aa型撇口厚足墙杯等，青花瓷片有盘底、圈足等。

（二）清代中期

第Ⅰ掘区第③及④层、ⅠF1、ⅠH1、第Ⅲ掘区ⅢF3、ⅢF4、ⅢH3、ⅢH4、第Ⅳ掘区第③层、第Ⅵ掘区第②层、ⅥH2、ⅥH3、ⅥH4、ⅥH5、ⅥH6、ⅥH7、第Ⅶ掘区第②层、ⅦH1、ⅦH5出土的底款有“大清乾隆年制”的青花瓷片，以及乾隆通宝铜钱等，表明这些堆积单位属于清代中期。其中ⅠH1集中出土近60件乾隆年间的青花瓷器。出土的这一时期铜钱乾隆通宝十数枚。这一时期完整或者可修复的青花瓷器有大碗系列的Ba型撇口腹弧收碗、Bb型撇口腹斜直碗、Ca型敞口腹下弧收碗，小碗系列的Aa型撇口斜弧腹碗、Ab型撇口腹斜直腹下弧收碗、Ba型敞口花口碗、Ca型敞口腹弧收碗、Cb型敞口腹斜直腹下弧收碗，Ab型撇口底部未施釉碟，A型盖面弧收盏盖、B型盖面折收盏，大盘系列的Aa型敞口弧腹盘、B型折沿盘，中盘系列的Bb型撇口斜直腹盘，小盘系列的B型撇口盘，大杯系列的Aa型撇口足墙厚杯、B型敞口杯，小杯系列的Aa型撇口窄足墙杯、Ba型敞口窄足墙杯、Bb型敞口厚足墙杯，B型勺体前端弧收勺，花盆等，青花瓷片有盘底、圈足等；单色釉中有豆青釉Ba型敞口底部施釉碟等。

（三）清代晚期

第Ⅰ掘区第③层、ⅠF1、第Ⅱ掘区第③层、第Ⅲ掘区第④层、ⅢF3、ⅢF4、ⅢH3、ⅢH4、第Ⅳ掘区第③层、第Ⅵ掘区第②层、ⅥH2、ⅥH3、ⅥH4、ⅥH5、ⅥH6、ⅥH7、第Ⅶ掘区第②层、ⅦH1、ⅦH5出土的许多青花瓷片，底款有“大清嘉庆年制”、“大清同治年制”，以及嘉庆通宝、道光通宝铜钱等，表明这些堆积单位属于清代晚期。完整或者可修复的青花瓷器有大碗系列的Ba型撇口腹弧收碗、Bb型撇口斜直腹碗、Cb型敞口曲腹碗、Cc型敞口腹外弧碗，中碗系列的A型折沿碗、Ba型撇口腹弧收碗、Bb型撇口斜直腹碗、Ca型敞口腹弧收碗、Cb型敞口斜直腹碗，小碗系列的Aa型撇口斜弧腹碗、Ab型撇口斜直腹下弧收碗、Ac型撇口斜直腹碗、Bb型敞口碗，A型折沿盏、Ba型撇口腹弧收盏、Bb型撇口斜直腹下弧收盏、Cb型敞口腹斜直中下部折收盏、Cc型敞口直腹中下部弧折收盏、盏托，Aa型撇口底部施釉碟、Ab型撇口底部未施釉碟、Ba型敞口底部施釉碟、Bb型敞口底部未施釉碟，A型盖面弧收盏盖、B型盖面弧折盏盖，大盘系列的Aa型敞口弧腹盘、Ab型敞口斜直腹盘，中盘系列的Aa型敞口弧腹盘、Ab型敞口斜直腹盘、Bb型撇口斜直腹盘，小盘系列的A型敞口盘、Cb型折沿沿面内凹盘，大杯系列的Aa型撇口厚足墙杯、C型折沿杯，小杯系列的Aa型撇口窄足墙杯、Ab型撇口厚足墙杯、Ba型敞口窄足墙杯、Bb型敞口厚足墙杯，A型勺体前端尖状勺，格盒，节盒，香炉，掸筒，花盆，筒形杯，笔洗，虎子等，瓷片有青花盘底、圈足、粉彩、矾红彩、五彩等。缸胎器有壶、注、油灯、紫砂壶、鸟食罐等。

五、民国时期

这一时期的文化堆积在各区都有分布，第Ⅲ掘区第③层，第Ⅰ、Ⅱ、Ⅲ、Ⅳ、Ⅴ掘区第②层，第Ⅵ、Ⅶ、Ⅷ掘区第①层都是民国时期的堆积，出土的瓷片以地方民窑的粗瓷为主，青花瓷器上的青花多为化工原料，较多缸胎器、釉陶器等。出土的民国元年四川银币和民国2年四川铜币标明这一时期遗物的年代。完整或者可修复的瓷器有姜黄釉盆，青白釉大碗和中碗、大盘和小盘，青釉A型直腹杯、B型斜弧腹杯，青花瓷有A型敞口直沿盏、B型敞口折沿盏、C型敞口卷沿盏、A型和B型海碗，A型下腹弧收、B型下腹折收、C型斜弧腹和D型曲腹大碗，A型敞口直沿、B型敞口外侈沿中碗，A型上腹内弧下腹外弧收、B型上腹斜直下腹弧收、C型上腹斜直下腹折收、D型斜弧腹小碗，A型弧腹、B型斜弧腹大盘，A型下腹弧收、B型下腹折收小盘，A型直沿、B型折沿碟，A型弧腹、B型斜弧腹杯，釉上绘彩瓷器有盏、小盘、罐和器盖等；釉陶器有盆、擂钵、高柄灯、灯盏、虎子、壶等；陶器有单耳罐、双耳罐、菌状纽器盖、桥状纽器盖、无纽器盖、紫砂鸟食罐、紫砂壶等。

根据上述考古发现的遗迹和遗物情况可知，开县故城遗址从东汉时期开始有了人类活动，但是居民较少；唐代居民增多，活动范围扩大；宋代开始居民剧增，呈现初步繁荣；元代居民减少，呈现衰落；明代居民再度增加，一片繁荣，明代中期基本形成现有城垣，人们活动区域主要在城内，明代晚期开始有少量出城活动；清代继续繁荣，清代中期达到高峰，清代晚期活动范围扩大，并扩建了城垣；民国基本延续了清代的社会生活。

故城遗址各区考古遗存分期对照见表一。

表一　各发掘区层位堆积分期表

掘区 时代	Ⅰ	Ⅱ	Ⅲ	Ⅳ	Ⅴ	Ⅵ	Ⅶ	Ⅷ
民国	②	②	②、③、F1、F2、H1、H2	②、F6	②	H1、H8①		①B
清	F1、③、④、H1	③	④、F3、F4、H3、H4	F1、F2、F3、F4、③、H1		H2、H3、H4、H5、H6、H7、②	H1、H5、②	①C、②
明	⑤		⑤、F5、F6、H5、H6、H7、H8、H9	④		③、F1、F2、F3、H9、H10	③、H2、H3、H4	③、②
唐宋元	F2、⑥、H2、H3、H4					④、H11		④
汉							M1	

第三章　遗迹介绍

开县故城遗址本次发掘所揭露的遗迹现象主要有城墙、房址、灰坑和墓葬4种。

第一节　城　　墙

一、文献记载

1990年版《开县志·县城演变》[①]关于县城城墙有比较详细的记载，摘要如下。

唐武德元年（618年）徙治建城。

城垣明初用灰土版筑而成，较粗陋。

明成化二十三年（1487年）全部改用砖石砌建，墙高一丈二尺。

明正德六年（1511年），重修城垣，开凿护城河，将四面城门增厚加高，并修门楼，分别命名：东曰望仙门，南曰瑞石门，西曰留阳门，北曰盛山门（后填塞）。

清乾隆七年（1742年）重修东、西、南三门楼。

乾隆三十二年（1767年）用砖重修城垣，高一丈二尺，并将门楼增砌加厚。

嘉庆二年（1797年），增建外城，以土筑城墙，向东、南、西三面扩建。

嘉庆十三年（1808年），将土筑外城墙改用条石重修，高一丈二尺。城门5座，东曰“临清门”，南曰“便民门”、“带彭门”，西曰“怡桃门”，北曰“承恩门”。

道光二十三年（1843年），补修内城墙。

咸丰三年（1853年），补修内外城墙、疏浚内外护城河，在城周四角添设炮台。

民国时期，开县城从南渠河到狮子楼一段内城墙，多因年久失修而裂陷、垮塌，东渠河、小西门的内城墙和全部外城墙皆完好无损。

民国31年（1942年），将狮子楼和南渠河处残缺不全的内城墙全部拆除。

1956年扩建环城公路和1957年修筑南河大桥时，拆除嘉庆十三年用条石砌建的外城墙，原内城墙仅存县委和县府后侧一段。

二、工作情况

至本次发掘工作时，故城的大部分城墙因年久失修而裂陷、垮塌或被拆除，仅存内城的两段。一段位于北部，一段位于西部，两段城墙位于2008年发掘的第Ⅷ掘区。本次工作对北城垣

---

① 四川省开县志编纂委员会：《开县志》，四川大学出版社，1990年，第292～294页。

进行了重点调查，对西城垣则在调查的基础上进行了小规模的试掘。本次发掘的第Ⅷ掘区，由开县故城城墙的西城垣局部与北城垣局部两个地点组成，两地直线距离300米左右。

（一）西城垣

西城垣局部是原开县故城内城墙西城垣北段的一小部分，此处的城垣保存较好，整体略呈南北向直线，方向340°，南北残长约13米，东西宽约4.5米，高出地表约3米。墙体的基本筑法是外侧的东西两面用砖石砌筑，墙体的中部填充沙土碎石。县城搬迁过程中，挖掘机等大型机械将城垣从中分为两段，西面地面以上的砖石墙体毁坏严重。因此，从地表以上毁坏的墙体剖面可以看到城墙的内部结构。

试掘清理布5米×2米的探沟两条，方向为340°。

墙体地下部分的东西两面用红砂岩条石平板错缝砌筑，采用糯米加石灰黏结，十分坚固严实。地面以上墙体直接在石条之上砌筑，平砖错缝垒砌，采用糯米加石灰黏结，十分坚固严实。砖墙体深入地下约1米，墙内有部分条石残留（参见图二〇）。

墙体内部填充堆积自上而下可分4层。

第①层：近现代堆积层，厚100～150厘米。由现代水泥地坪（①A层）、近现代建筑垃圾（①B层）、浅灰色结板土（①C层）三亚层组成，含有晚近建筑材料砖瓦、小石块、石灰、塑料制品等。浅灰色结板土与近代瓦片是旧城墙上的建筑堆积。

第②层：浅黄色土，厚260～300厘米。质地紧密，十分坚硬，有大量夯窝，土层比较纯净，包含较多的不规整的小黄砂岩石条和青石条，石条是加固墙体有意放置，分布比较杂乱，间或有少量的细小瓷片等遗物。青花瓷片中的施釉的A型腹足分界明显的圈足和B型腹足分界不明显的圈足、底部施釉的卧足、A型折沿杯口沿、缸胎器有A型平底器器底等为明代中期遗物，此与文献记载的明朝成化年间筑城的情况吻合。而Ba型撇口腹弧收碗、Bb型撇口腹斜直碗残片为清代中期遗物，Aa型敞口弧腹盘、Ab型敞口斜直腹盘、缸胎器的壶及油灯和紫砂壶等残片则为清代晚期遗物。此与文献记载的清代中后期多次维修城墙相合。

第③层：灰褐色土，厚20～30厘米。质地紧密，坚硬，有大量的夯窝，包含有大量的碎砖石、青花瓷片、少量青白釉瓷片和缸胎器等明代遗物。青花瓷片中有B型撇口杯口沿等，青白釉瓷片中的湖田窑的A型花口碗口沿、Bb型撇口碗口沿，涂山窑的Ab型矮圈足器，其他窑口的撇口口沿，缸胎器中邛窑的B型撇口碗口沿、C型敛口碗口沿、器纽为早于该层堆积时代的宋代遗物。该层堆积时代为明代早期，此与文献记载明初用灰土版筑城墙吻合。

第④层：浅褐色土，厚80～100厘米。质地紧密，十分坚硬，包含较多的青白釉瓷片，少量缸胎器和陶片等。瓷片中有湖田窑的A型花口碗口沿、Ab型矮圈足、C型平底器，有彭州窑的Ba型敞口碗口沿、Ab型矮圈足器，有龙泉窑的器物肩部残片，钧窑的Ab型矮圈足器，涂山窑的C型敛口碗口沿等，缸胎器中有邛窑的Aa型敛口方唇罐口沿、B型撇口罐口沿，其他窑系的注、矮圈足、钵口沿、Aa型敛口方唇罐口沿等，陶器有泥质红陶盆口沿、器柄、碟、夹砂灰陶及红陶器底等，还有少量建筑材料瓦当等。该层堆积时代为宋代。

此层下即见浅黄色生土（图二〇、图二一；图版五，2）。

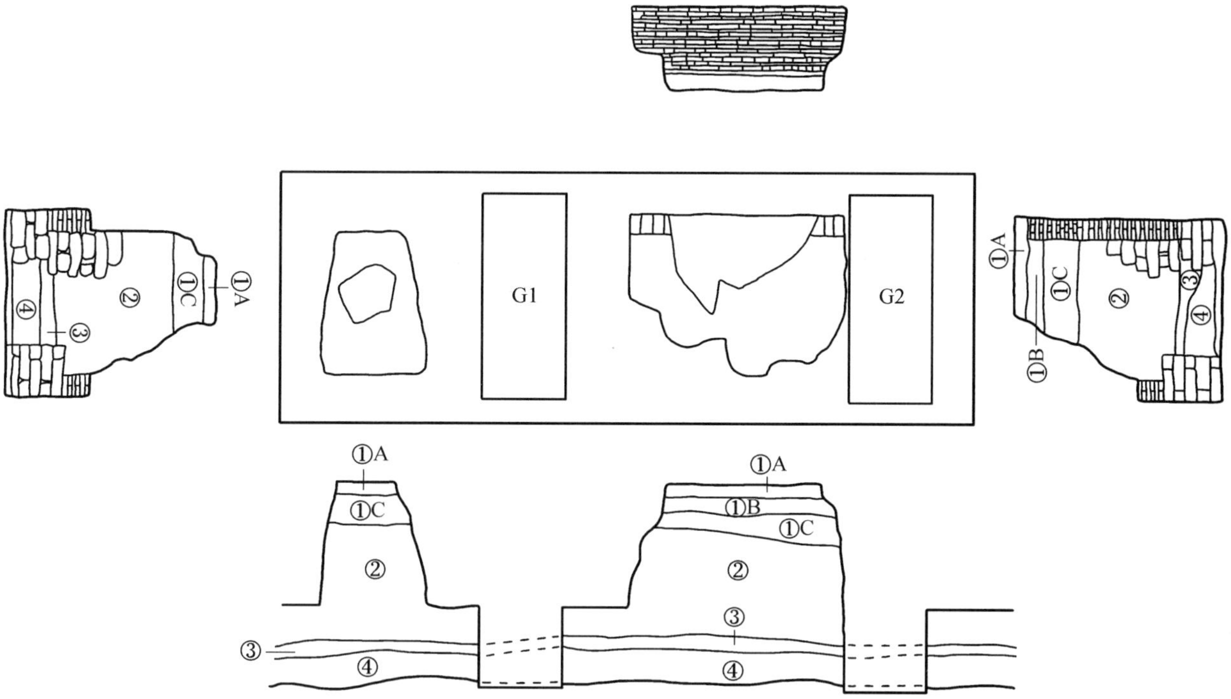

图二一　西城墙结构图

从以上情况可看出现存西城墙是直接在宋代活动面上建成的，始建于明初，明代中期加固，清代多次维修使用，并一直保存至今。

（二）北城垣

北城垣局部位于原开县县政府旧址北面，西北与原体育场隔街相望。故城遗址2008年第三次发掘时，城建部门已经对北城墙进行了拆除，北城墙仅存城门附近的地面建筑。城门上面有一株巨大的黄桷古树，墙体四面都用大型石条严实砌筑，周围堆积着许多现代建筑垃圾（图版五，1）。本次发掘工作将墙体的西面和北面的石条各撤除了一小段；东面将一些堆积的现代建筑垃圾进行了清理，直至地表。由于在南部推出了一个特大型的防空洞，内面有大量积水，深不见底，走向不明，出于安全考虑，没有进行地下考古发掘，只是对现有保存状况进行了实地测绘和记录。

从残存的城墙墙体和基础看，墙体为顶窄底宽状，大致呈东北—西南走向，地面部分东西残长990、宽820～920、残高380厘米。四面都用石条包裹，高出地表380厘米。

东侧中部有一段长300厘米、高300厘米的灰色土台阶向南向上斜着延伸，然后向西循着墙体折转继续向墙体顶部延伸；暴露出的台步仅在东侧可见，有13步，每步宽10厘米左右；南侧上半部为石条包裹，下半部向南的区域有一斜坡状土堆，推测就是原台阶堆积；西侧被石条包裹，其北端局部可见到原墙体的墙面使用灰砖砌筑，北侧的石条大部分被撤除，东端依然被石条包裹，中间暴露出墙体内堆积，西段暴露出残存的原墙体的墙面，为灰砖砌筑。从观察到的现象推测，该区段经过多次修建，原有台阶可至顶部，墙体用灰砖砌筑，后改为石条砌筑，台阶废弃。墙体内层位堆积自上至地表分8层。

第①层：近现代堆积层，厚60厘米左右。由现代水泥地坪、近现代建筑垃圾、灰褐色结板土组成，含有近现代建筑材料砖瓦、小石块、石灰等。

第②层至第⑧层：由灰褐土和大量瓦片堆积而成，方式是一层瓦片一层夯土。每层都有意放置了大量的方形青石条，其中灰褐土较为纯净，质地紧密坚硬，推测为夯筑，瓦片与石条都是为了加固墙体。

第二节 房 址

开县故城遗址的房址发现较多，但是由于后代频繁的城镇建设和城镇生活，对早期堆积造成十分严重的破坏，以及发掘时受制于当代钢筋混凝土建筑，所发现和清理者大多十分残破，甚至不能判别其原有形制，严重地影响了对历代房屋建筑形制和功能的认识。

一、宋代房址

ⅥF3

ⅥF3位于ⅥT27西北部，部分位于ⅥT27北隔梁和ⅥT23东隔梁内。开口于Ⅵ③层下，同时为ⅥF1叠压，打破Ⅵ④层。房址平面呈长方形，石墙基多已破坏，仅保留东西向的南墙石砌墙基一段，残长约400、宽约200、残高35厘米。石墙所用条石规格不一，大者长100、宽20、高30厘米，小者长80、宽15、厚20厘米。墙基东部有一条向南的下水道，剖面近U形，残长220、宽25、深20厘米。水道沟槽以青砖铺底，两侧横置青砖成墙，再用青砖封顶。沟内有松软黑色淤土（图二二；图版六，1）。房内堆积中有板瓦、筒瓦碎瓦片及少量陶瓷器残片。可辨识的陶瓷器包括湖田窑青白釉矮圈足、彭州窑敞口碗口沿、涂山窑敞口碗口沿和饼足碗底、泥质灰陶瓮、盆口沿及各种灰陶瓦件等。

二、明代房址

（一）ⅥF1

ⅥF1位于ⅥT27的东北部，部分向北延伸至ⅥT28东南部。开口于Ⅵ③层下，打破ⅥF3和Ⅵ④层，被ⅥC1叠压。房址平面长方形，东西长约1050、南北宽约600、残高30厘米，为地面式建筑，仅存用条石垒砌而成的房基。条石规格大小不一，长约48～120、宽约20～28、高约20厘米。室内居住面呈黄褐色，平整，质地紧密，厚5～10厘米。室内堆积呈灰褐色，厚10～30厘米（图二三）。房内堆积包含有大量瓦片及少量瓷片，为明代遗物。

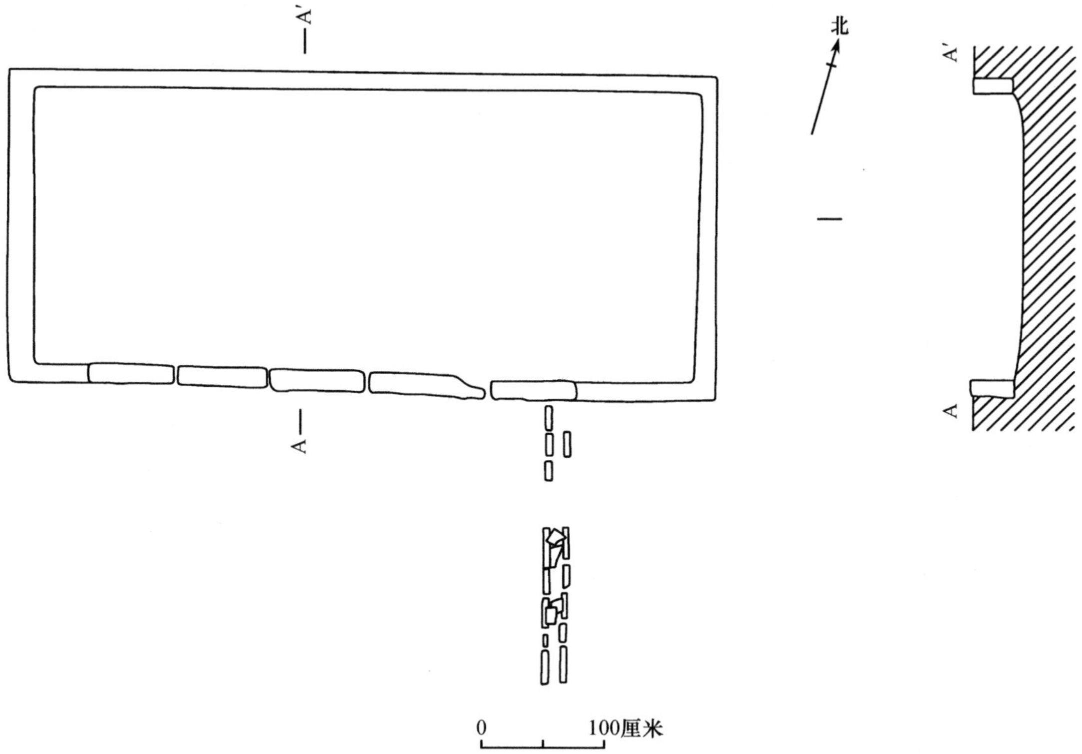

图二二 ⅥF3平、剖面图

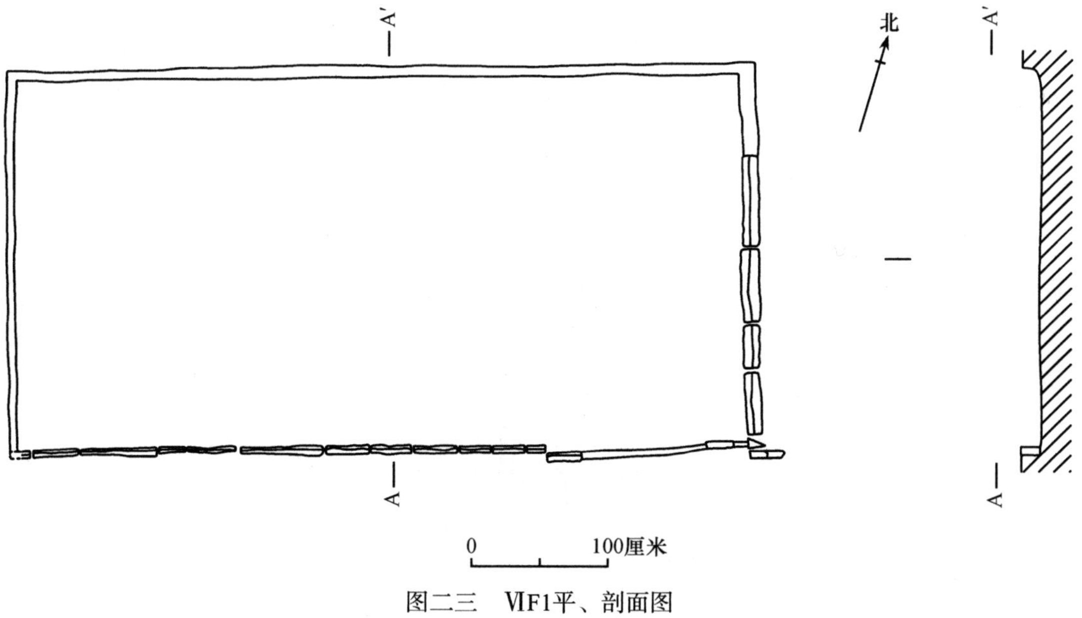

图二三 ⅥF1平、剖面图

（二）ⅥF2

ⅥF2位于ⅥT34和ⅥT33内。开口于Ⅵ③层下，打破Ⅵ④层，ⅥH3、ⅥH4、ⅥH6、ⅥH7、ⅥH8在其上。房址平面呈土字形，该遗迹实为连接房屋与房屋之间的廊道，南北向一条，东西向两条。

南北向道路残长1500、宽175、厚15厘米。路面铺砖南端保存较好，北端保存较差。路面中间稍稍隆起，两侧低平，剖面弧状。中间平铺三排灰砖，两边再各直铺两排灰砖，部分路段两边仅横置一块灰砖，外侧用立砖固定路面铺砖。立砖外西侧部分地段残存有平铺的卵石，东侧部分地段用规格不一的砂石条平铺。灰砖三种规格。一种长25、宽25、厚6厘米，一种长40、宽30、厚6厘米，另一种长35、宽15、厚5厘米。灰砖下有灰色垫土，质地紧密，厚5～10厘米。

北部东西向道路残长370、宽175、厚6厘米，横在南北向道路的南端。路面铺砖保存较少，路面灰砖长35、宽15、厚5厘米。南部东西向道路残长500、宽175、厚6厘米，将南北向过道截断。路面平坦，铺设灰砖保存较多（图二四；图版六，2）。

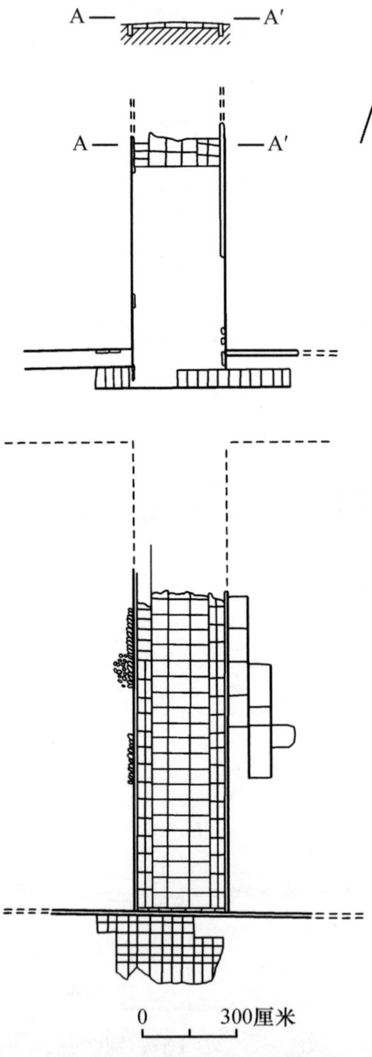

图二四 ⅥF2平、剖面图

三、清代房址

（一）ⅢF4

ⅢF4位于ⅢT1、ⅢT2、ⅢT3、ⅢT4、ⅢT5、ⅢT6内。开口于Ⅲ③层下，打破Ⅲ④层，坐在生土上。

房址平面呈横长方形，西部被破坏。东西残长约950、南北宽约575厘米。南侧墙基和西侧墙基保存较好，宽约30厘米，南墙一道，西墙外有一道外墙，与“主墙”相隔约1米。在挖出的墙基沟槽内铺设石条与石头，石墙基上垒砌长方形青砖。室内中部有隔墙一段，长约130厘米，长方形青砖垒砌。室内保存数处用不甚规则的石板铺设的地面，石板下为坚实的垫土。房屋中部有方形柱础5个，中部和西部的4个基本呈对称分布，东部的1个部分压在隔墙下。柱础边长约100厘米，用石条和石块铺设，周围散落较多的卵石。从残存的隔墙和4个对称的柱础看，此房屋当为多间建筑，进深3间，面阔因东部残缺而不详。南墙外西侧有圆形柱洞2个，直径约45厘米；室内西南部有圆形柱洞2个，直径约45厘米。从这4个对称分布的圆形柱洞分析，由于其跨着南墙，或者为早于此房屋的建筑残留；如果结合西部夹墙以及被隔墙压着的柱础分析，或者此房屋经过一次较大规模的重建。西侧近墙处有东西向排水道一条，宽约20～30厘米，用布纹板瓦铺底，石头砌壁，顶盖板石，穿过外墙，向西延伸约230厘米。室内堆积为灰黑色杂土，质地较为疏松（图二五；图版七）。出土较多石雕建筑构件釉陶屋脊饰件及瓷片等，出土瓷片为清代早期遗物。

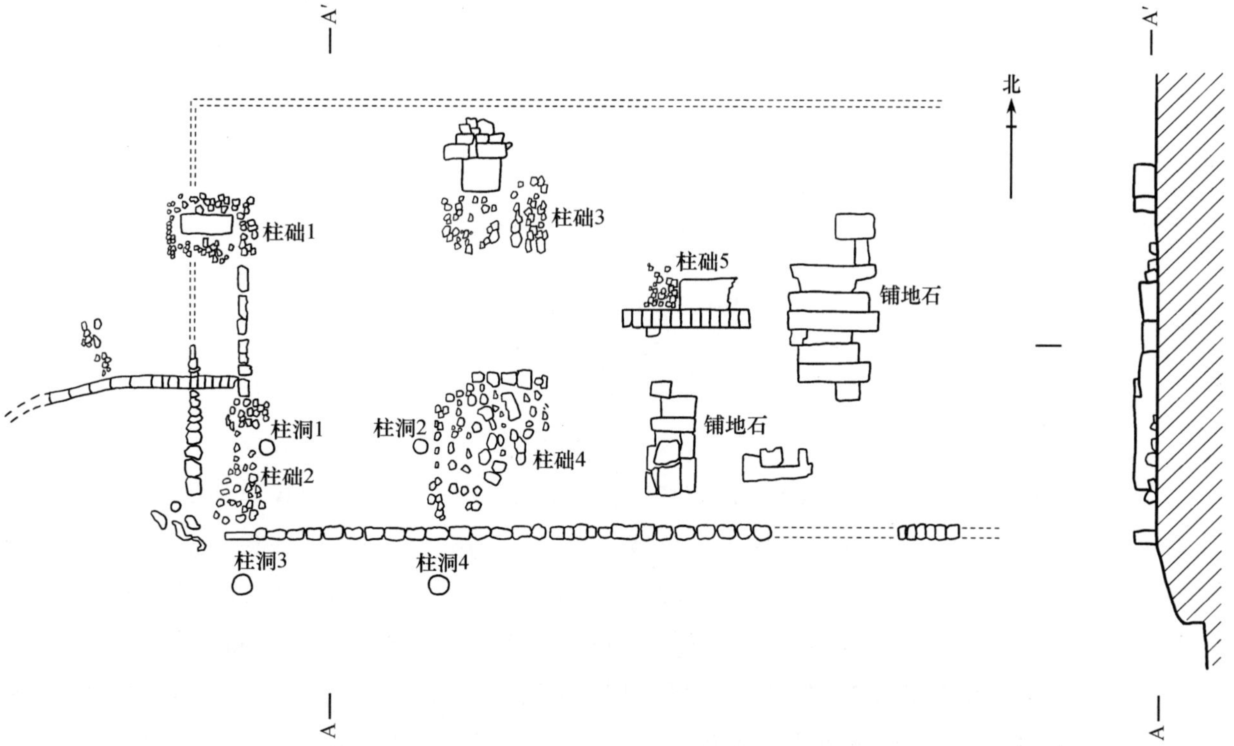

图二五　ⅢF4平、剖面图

（二）ⅣF1

ⅣF1位于ⅣT0207、ⅣT0307内。开口于Ⅳ②层下，打破ⅣF2、ⅣF3。房址整体呈长方形，后期破坏严重，西北部不存。东西残长约1400、南北残宽约200～700厘米。残存的墙体由石条、青砖和土构建，北侧墙体保存较好，上部的长方形石条多在，南侧墙体保存较差，所剩多为石条下的垫土。现存房址分为东西两间，中间隔墙长约450、宽约30、残高约30厘米，为石条垒砌。西间保存较好，东西长约900厘米，宽约500厘米，西南角处有4个方形柱础石，北侧两础石间有一石条铺设的80厘米×120厘米石柱础；房屋的中部有圆形储藏坑，直壁，平底，坑口残存砖砌坑壁，口径70、深22厘米；西南角有一小房间，系用石板包裹土坯建造，长约200厘米，宽约100厘米。东侧房间破坏过半，东西残存约300厘米，南北残存约500厘米，残存墙体为长石条垒砌（图二六）。房屋居室地面光滑平整，质地紧密，呈灰黑色。屋内堆积较多的建筑材料及瓷片，为清代遗物。

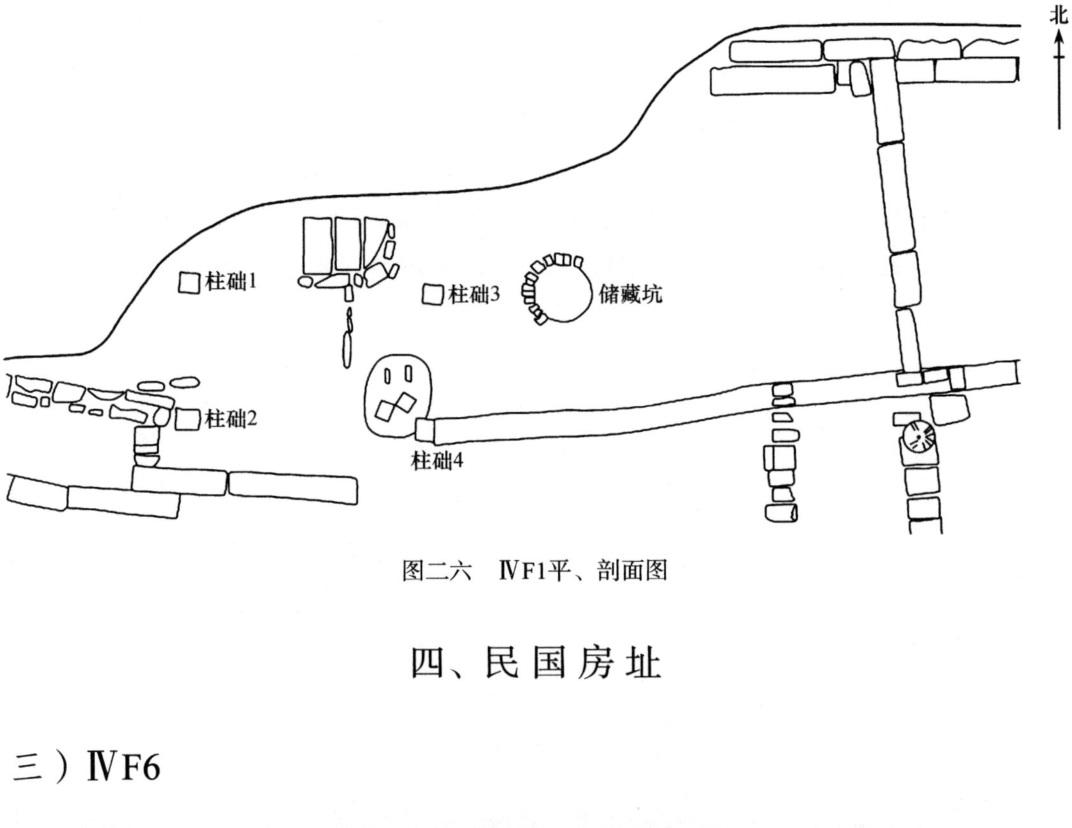

图二六　ⅣF1平、剖面图

四、民国房址

（三）ⅣF6

ⅣF6位于ⅣT0101、ⅣT0201、ⅣT0301、ⅣT0401、ⅣT0102、ⅣT0202、ⅣT0302、ⅣT0402、ⅣT0103内。开口于Ⅳ②层下，打破Ⅳ③层。该房址为沿用至1949年之后的一座民国建筑，平面呈倒凹字形，坐北朝南，方向175°。东西面阔6间，长约2500厘米，南北进深3间，宽约1600厘米。南北3排，北排3间，东西各1小间，室内面积约400厘米×300厘米，中间为1大间，室内面积约3200厘米×300厘米，相当于4个小间；中排6小间，每间面积约400厘米×300厘米；南排2小间，位于东西两端，西间较大，室内面积约500厘米×300厘米，东间较小，室内面积约400厘米×300厘米，缺少中部房间，总房间数为11间。南部沿房间设有回廊，宽约

200厘米，回廊地面系用混凝土铺设而成。南北三排房屋之间的2道隔墙墙体和东西两端房屋的2道隔墙墙体较厚，系用石条构建；中排中间4间房屋的2道隔墙系用青砖构建。东西两侧山墙和背面北墙均保存较好，系用长15、宽13、厚4厘米的薄砖一竖一丁一横砌成空心灌斗墙，砖与砖之间用石灰糯米浆勾缝连接。墙体内外用石灰粉刷成白色。西山墙墙头设马头墙，墙尾设华亭盖，南低北高。南高500、北高600厘米。东山墙墙体仅存北部500厘米，山墙厚30厘米。北墙两侧高、中间底，中间高出部分墙体为弧背滚龙脊。共发现石柱础17个，其中南排东间和西间墙基各4个、回廊墙基4各、回廊地面5个。柱础规格约为长50、宽50、高40厘米，柱础台面粉刷朱砂。推测为梁架式构架。柱础下为石条铺设的房基。基槽宽110、深150厘米。房屋地面分为两层：上层为石灰、黄沙、炭屑混合铺成的三合土，厚7～8厘米；下层为灰褐色垫土，厚约5厘米（图二七；图版八）。

房内堆积出土较多建筑构件和青花瓷器，为民国遗物。

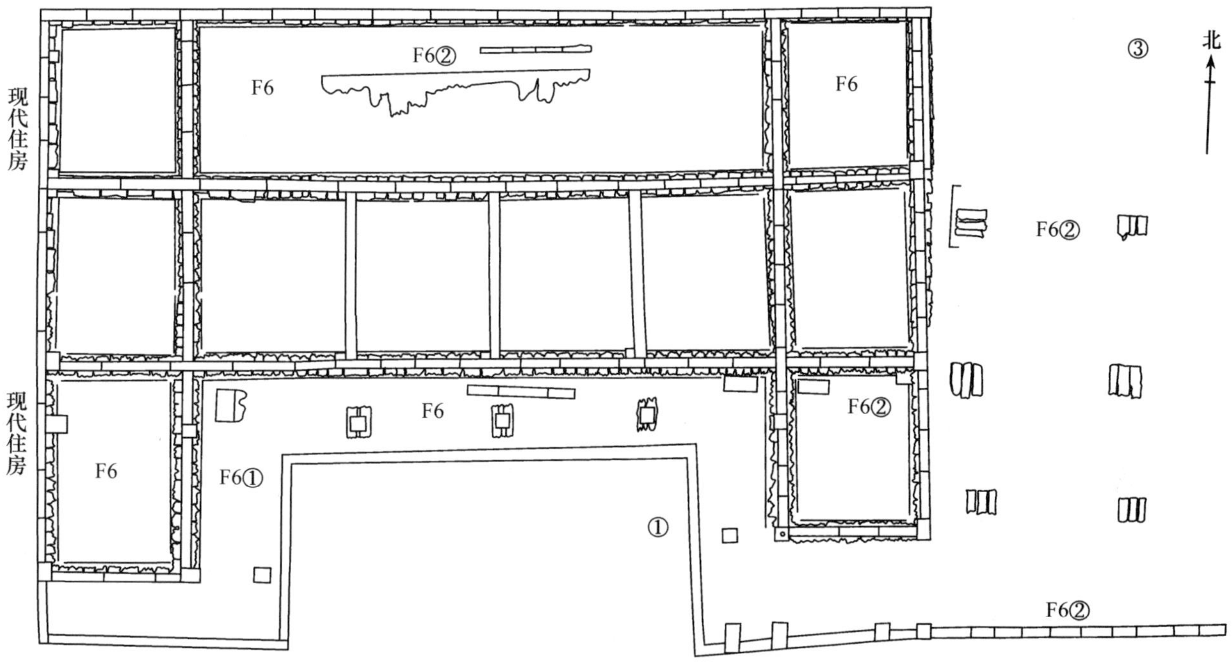

图二七　ⅣF6平面图

第三节　灰　　坑

开县故城遗址的灰坑发现较多，平面形状有圆形、椭圆形、方形、长方形、梯形、十字形、不规则形等，剖面形状有竖井状、锅底状等。

一、宋代灰坑

（一）ⅥH11

ⅥH11位于ⅥT14中部偏北，部分向北延伸至ⅥT14北隔梁及扩方处。开口于Ⅵ④层下，打

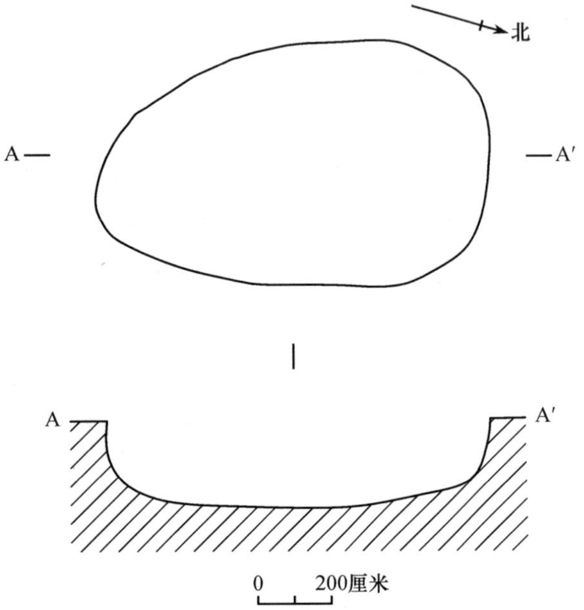

图二八 ⅥH11平、剖面图

破生土。灰坑平面略为椭圆形，斜弧壁，圜底。坑口南北长径约730、东西短径约650、深240厘米（图二八；图版九，1）。坑内填土紧密，呈灰黄色。坑内出土较多遗物，包含大量灰色陶片和少量青白釉瓷片、青瓷片、缸胎器等。陶器器类有筒瓦、板瓦等，瓷片及缸胎器器类碗、执壶、盘、碟、罐、壶等标本40余件。遗有唐代长沙窑的执壶残片。宋代遗物完整或者可修复的瓷器6件，分别为湖田窑青白釉饼足盘1件、青白釉花口圈足碟1件、青白釉圈足执壶1件，彭州窑花口圈足碗1件、素口圈足碗1件，涂山窑饼足碗1件。瓷片标本有湖田窑敞口青白釉碗口沿、撇口青白釉碗口沿、青白釉高圈足、青白釉矮圈足、青白釉器物腹部残片及彭州窑敛口口沿1件、龙泉窑青釉敞口口沿、其他窑口的敛口口沿。缸胎器有邛窑敛口方唇罐口沿、撇口罐口沿、圆唇壶口沿、敞口碗口沿、敛口碗口沿，其他窑口的罐底、碟口沿、器纽等。

（二）ⅠH4

ⅠH4位于ⅠT5452东部中段，部分向东延伸至ⅠT5452东隔梁内。开口于Ⅰ⑥层下，被ⅠH3打破，打破生土。灰坑平面为长条圆形，西北东南向，坑口长约300、宽约105、深125厘米（图二九）。坑内填土为浅褐色细黏土，包含有大量砖块及少量白釉瓷片。

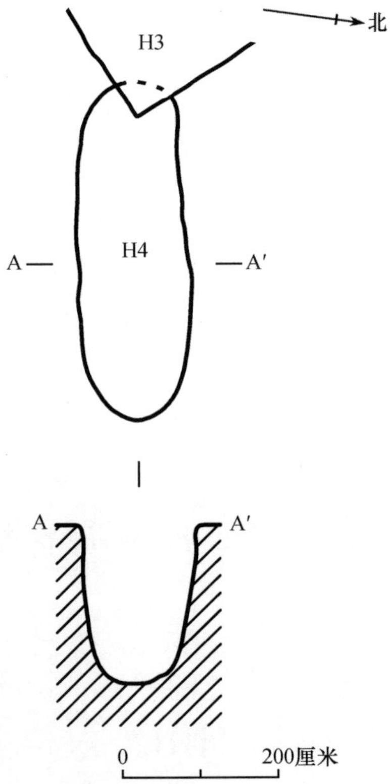

图二九 ⅠH4平、剖面图

（三）ⅠH2

ⅠH2位于ⅠT5251西南部，向西延伸至ⅠT5151，为当代建筑所破坏；向南延伸至ⅠT5252及其西部的ⅠT5152，在ⅠT5152中也为当代建筑所破坏。开口于Ⅰ⑥层下，打破生土。灰坑平面为圆形，剖面为圜状，坑口半径约390、坑深75厘米（图三〇）。坑内填土为松散灰黑土，包含有大量石块、兽骨及草木灰，出土有少量酱釉陶罐片和白釉瓷碗片。

（四）ⅠH3

ⅠH3位于ⅠT5452北部中段及北隔梁中。开口于Ⅰ⑥层下，打破ⅠH4和生土。灰坑平面为方形，坑口边长约300厘米，深约50厘米（图三一）。正方向。坑内填土为深灰色细黏土，包含有大量瓦片，出土有少量宋代黑釉瓷片和白釉瓷片。

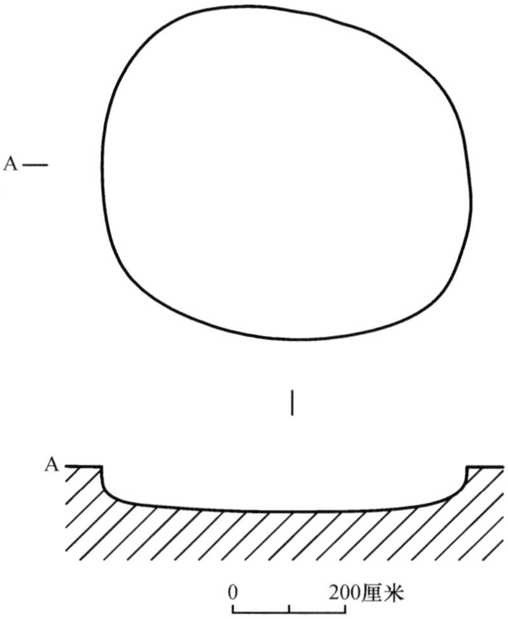

图三〇　ⅠH2平、剖面图

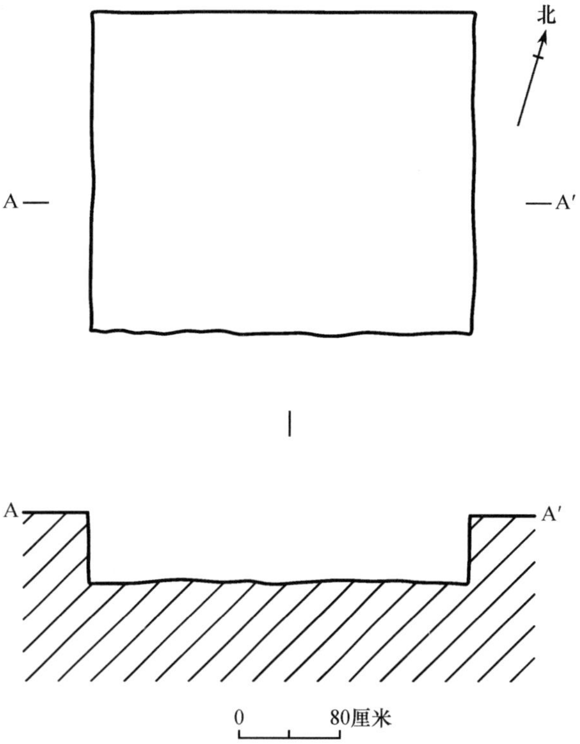

图三一　ⅠH3平、剖面图

二、明代灰坑

明代灰坑平面形状有方形、不规则形、凹边十字形、梨形、椭圆形等。

（一）ⅢH5

ⅢH5位于ⅢT4西南部，部分向南延伸至ⅢT7、向西延伸ⅢT4和ⅢT7探方外。开口于Ⅲ⑤层下，打破生土。灰坑平面略呈方形，斜直壁、底部凸凹不平。坑口边长约410、深约45厘米。填土松软，纯净，呈灰白色（图三二）。出有少量明代青瓷片。

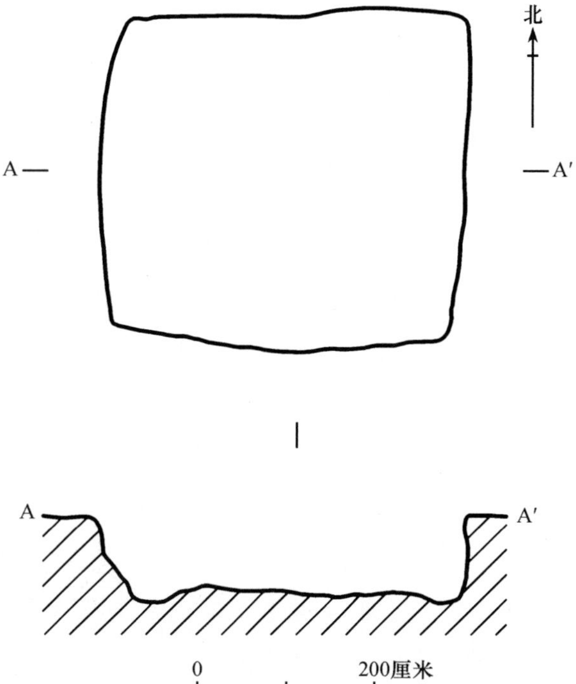

图三二　ⅢH5平、剖面图

（二）ⅢH6

ⅢH6位于ⅢT4东南部，部分向东延伸至ⅢT7内。开口于Ⅲ⑤层下，打破生土。

灰坑平面呈不规则椭圆形，壁较直、底较平。坑口长径约240、短径约50、深约55厘米。填土松软，纯净，呈灰白色（图三三）。出有少量明代青瓷片。

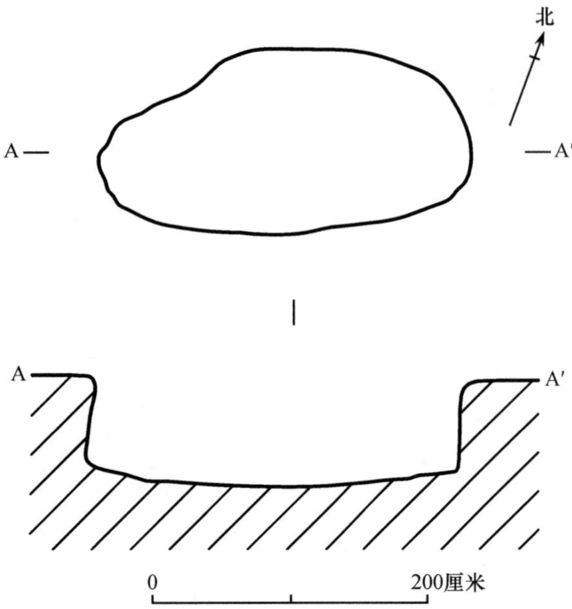

图三三 ⅢH6平、剖面图

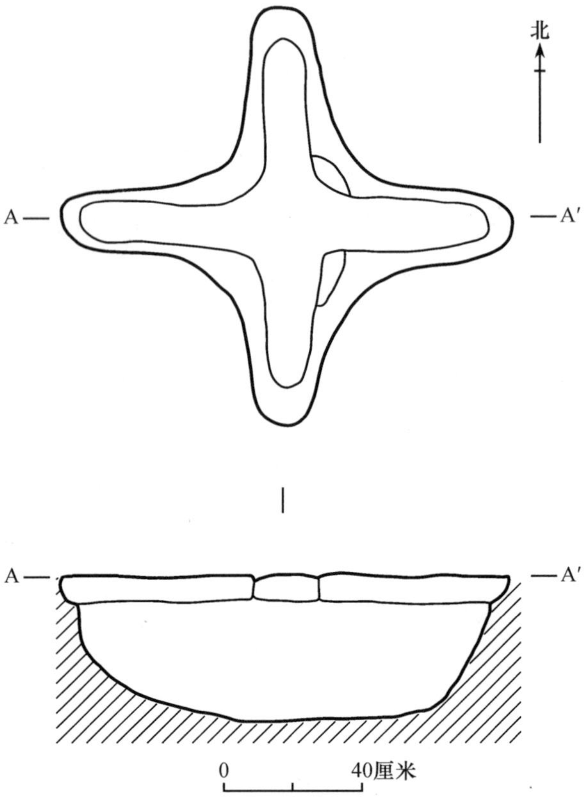

图三四 ⅢH8平、剖面图

（三）ⅢH8

ⅢH8位于ⅢT15中部偏东。开口于Ⅲ⑤层下，打破生土。灰坑平面略呈凹边十字形，弧壁，圜底。坑口东西长约260、南北宽约50、深约42厘米。南北两壁口部中间有脚踩痕。此坑的形制与当地现代居民脚踩研钵及研棒相同，由此推测ⅢH8为放置脚踩研钵的研槽坑。填土松软，纯净，呈灰白色（图三四；图版九，2）。出有少量明代青瓷片。

位于其南部的ⅢH9大小、形制、功能与其相同。

（四）ⅥH9

ⅥH9位于ⅥT27西南和ⅥT23东南部。开口于Ⅵ③层下，打破ⅥH10、Ⅵ④层。灰坑平面呈梨形，西部小，东部大，弧壁、底部略平。坑口长165、宽134、深60厘米（图三五）。填土疏松，呈灰黑色。包含物有瓷片、陶片、动物遗存等。瓷片中多青花绘纹，少量青瓷和蓝釉瓷片，有碗、器座，为明代晚期遗物。

（五）ⅦH2

ⅦH2位于ⅦT4西北、ⅦT1东北部。开口于Ⅶ②层下，打破Ⅶ③层。灰坑平面略呈椭圆形，弧壁、圜底。坑口长680、宽475、深275厘米（图三六）。填土疏松，颗粒较大，呈黄灰色。填土内包含物丰富，主要是瓷片和陶片。瓷片中多青花绘纹，有海马、蕉叶、螭龙、梅花等，器形有碗、杯等。

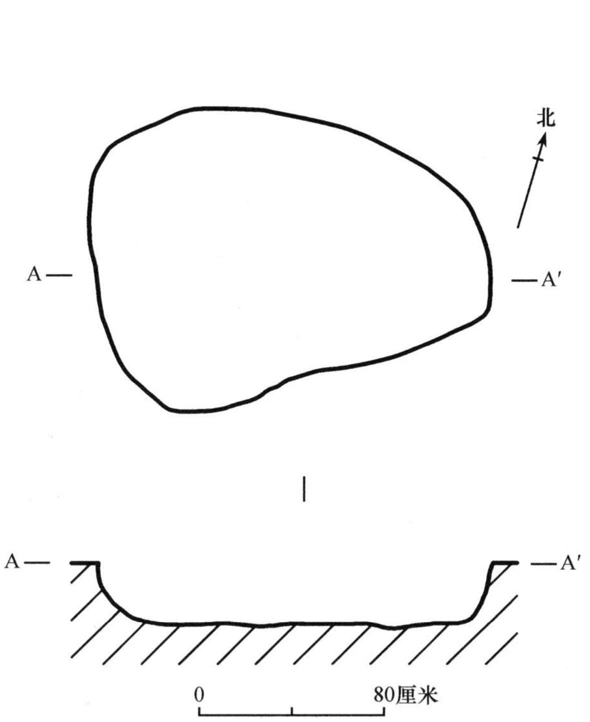

图三五 ⅥH9平、剖面图

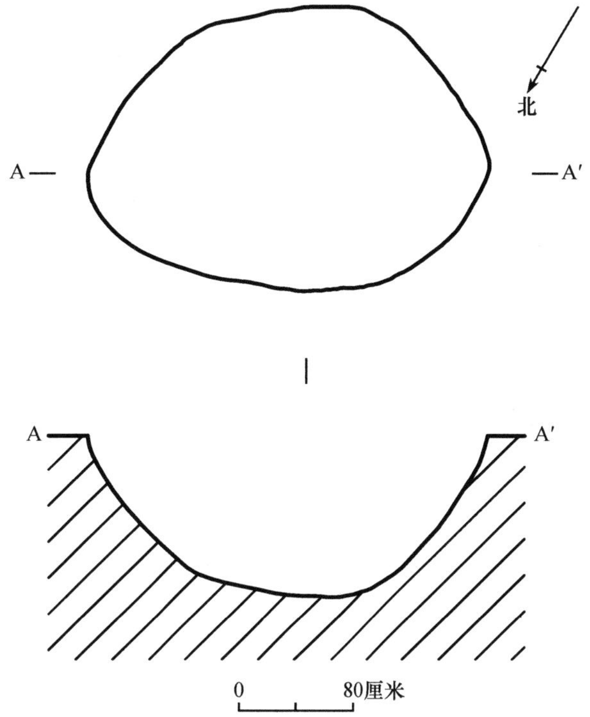

图三六 ⅦH2平、剖面图

三、清代灰坑

清代灰坑平面形状有梯形、椭圆形、斜方形、圆形、圆角长方形等。

（一）ⅠH1

ⅠH1位于ⅠT5252西部和ⅠT5152东部。开口于Ⅰ③层下，打破Ⅰ④层。灰坑平面呈不规则梯形，坑壁斜直，平底。长602、宽120～204、深100厘米。坑内填有较多灰色松软细腻灰烬，夹杂有瓦片、兽骨、砖块等（图三七；图版一〇，1）。

坑内堆积包含有大量青花瓷器，复原和可复原者多达近60件。主要是景德镇产清代民窑瓷器，大多为盘和碗，纹饰有云龙纹、螭龙纹、凤纹、狮戏球纹、阴阳鱼纹、花卉纹、婴戏纹、梵文纹、寿字纹等。盘类大器底部为砂底，碗类部分有底款，内容多为民窑瓷器中常见的花押款。其中ⅠH1：10彩瓷碗底款为三行篆书“大清乾隆年制”。从出土器物观察，该坑为清代中期的灰坑，且使用时间不长。

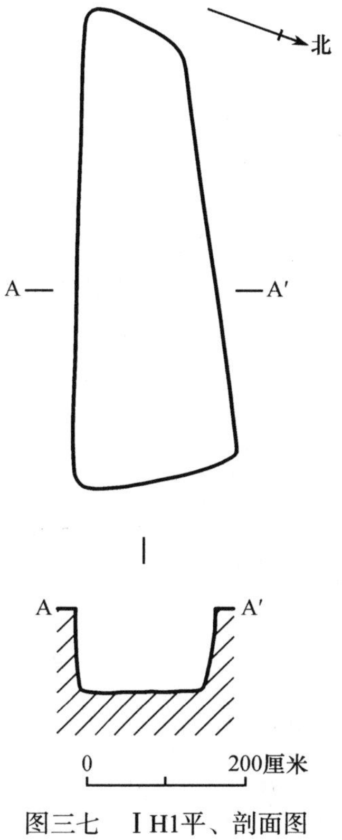

图三七 ⅠH1平、剖面图

（二）ⅢH4

ⅢH4位于ⅢT4西北部，南邻ⅢH3。开口于ⅢF3下，打破Ⅲ⑤层。

灰坑平面呈椭圆形，斜弧壁，圜底。坑口长径约200、短径约100、深约40厘米（图三八）。坑内填土松软湿润，呈黑色，包含少量瓷片，为清代遗物。

（三）ⅥH3

ⅥH3位于ⅥT34中部。开口于Ⅵ②层下，打破Ⅵ③层。

灰坑平面略呈方形，有些侧斜，弧壁内收，不甚光滑，坑底凸凹不平。坑口长约294、宽约270、深128厘米（图三九）。坑内黑色填土，夹有灰褐色灰烬，质地松软。坑内出土遗物比较丰富，有较多的釉陶和青花瓷片，少量红彩瓷片和青瓷片。瓷片上饰灵芝、牡丹、梵文、八卦、莲花等纹样。器类有碗、罐、器盖、杯。其中折沿中盘为清代早期遗物；盖面弧收青花瓷盏盖、盖面弧收五彩盏盖、青花瓷盘残片为清代中期遗物；折沿青花瓷小盏、斜直腹青花瓷盏托、四系带注缸胎壶为清代晚期遗物。

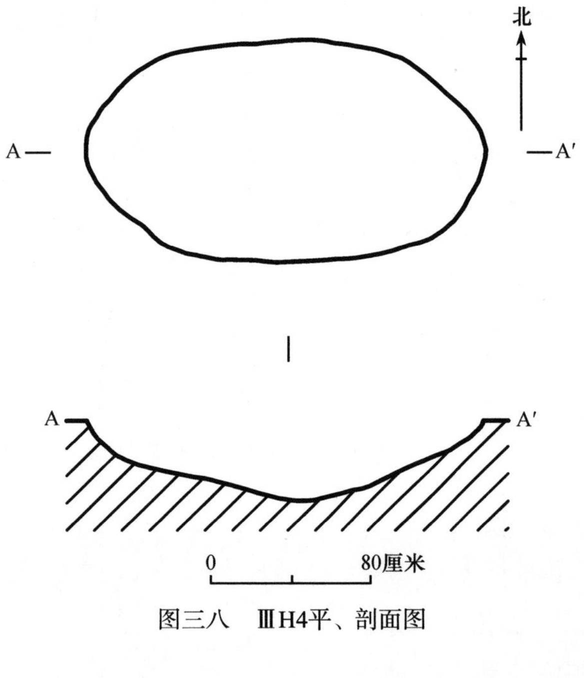

图三八 ⅢH4平、剖面图

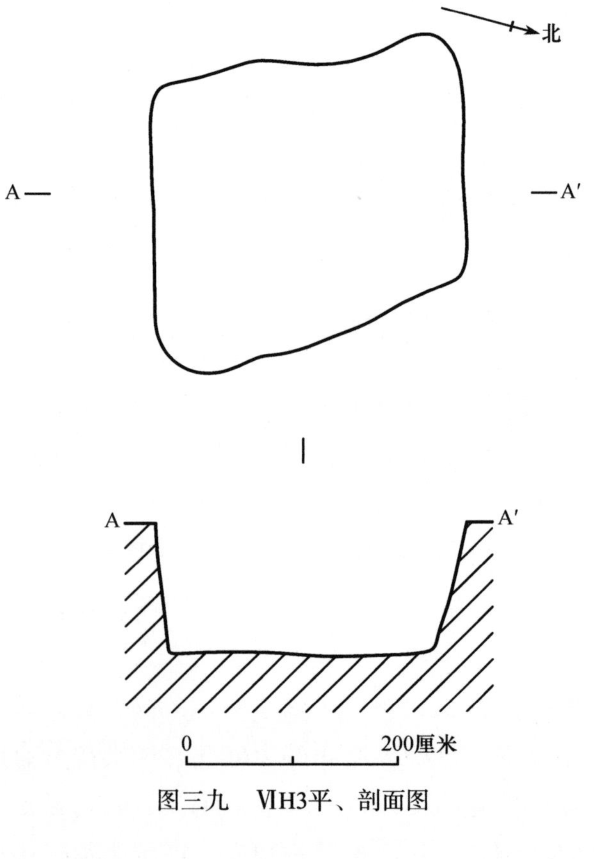

图三九 ⅥH3平、剖面图

（四）ⅥH5

ⅥH5位于ⅥT32的西部，部分向西延伸至ⅥT29的东部。开口于Ⅵ②层下，打破Ⅵ③层。灰坑平面略呈近斜圆角长方形，坑壁北部陡直，南部斜直，平底。坑口长约250、宽约160、坑底长约220、宽约180、深约80厘米（图四〇）。坑内黑灰色填土，质地松散，颗粒细小。

填土内包含有少量瓷片、砖瓦碎块。瓷片上装饰灵芝、佛手等纹样，器类有碗、盘、钵。其中敞口弧腹青花瓷大盘为清代中期遗物，撇口斜直腹青花瓷中碗、缸胎器圈足为清代晚期遗物。

（五）ⅥH7

ⅥH7位于ⅥT32的中部东南。开口于Ⅵ②层下，打破Ⅵ③层。

灰坑平面呈圆形，直壁，平底。坑口直径110、深55～60厘米（图四一；图版一〇，2）。坑内灰色填土，夹有大量烧土颗粒，质地疏松。填土内有少量青花瓷片，瓷片上装饰牡丹纹样，器类有碟、灯、钵等。缸胎钵口沿、缸胎罐口沿为清代晚期遗物。所出铜钱锈蚀严重，难辨文字。

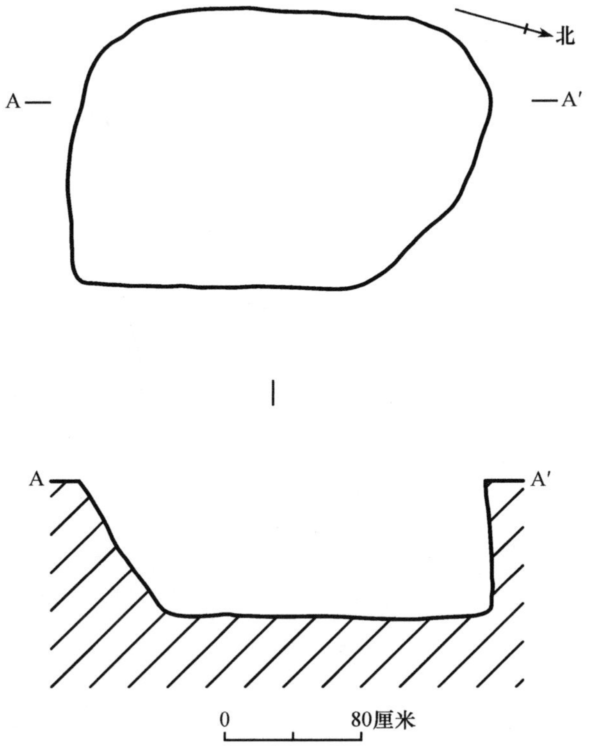

图四〇 ⅥH5平、剖面图

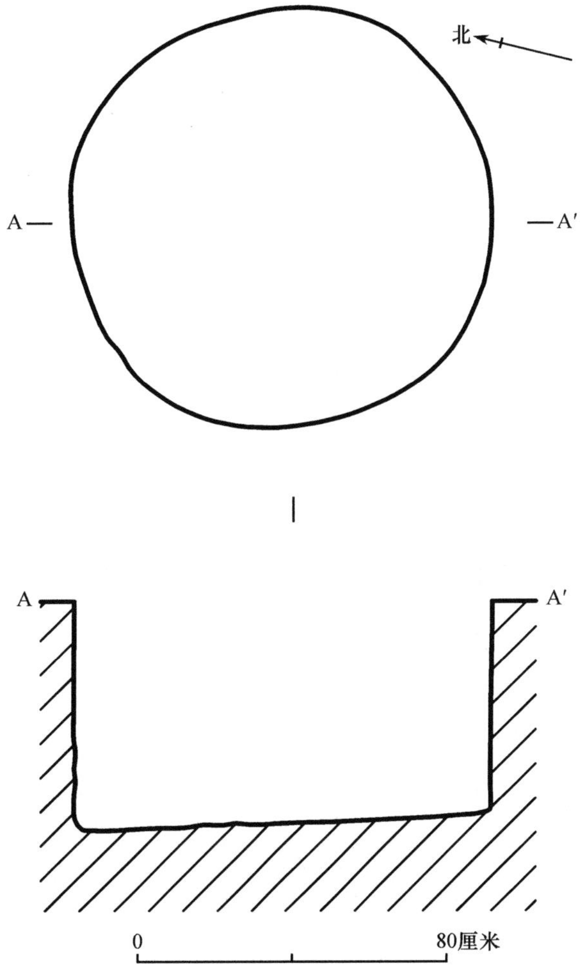

图四一 ⅥH7平、剖面图

四、民国灰坑

（一）ⅢH2

ⅢH2位于ⅢT3东南部和ⅢT6东北部。开口于ⅢF2下，打破ⅢF4。灰坑平面为椭圆形，斜弧壁，圜底。长径215、短径120、深60厘米（图四二）。坑内填土深褐色，质地疏松。填土内包含大量砖瓦碎块、釉陶和瓷片，少量紫砂碎片等。

（二）ⅥH1

ⅥH1位于ⅥT27的西部，部分位于ⅥT18东部。开口于Ⅵ①层下，打破Ⅵ②层。灰坑平面近方形，因东南角斜抹，而呈五边形，西壁长约220、北壁长约162、东壁长约120、东南壁长约110、南壁长约82厘米。直壁，坑底由东而西缓斜，西部深约40厘米。坑壁近口处用长石条垒砌一圈，石条较规整，大小不一（图四三；图版一〇，3）。坑内灰色填土，夹少量褐色灰烬，质地疏松。坑内出土较多砖瓦以及釉陶和青花瓷片。瓷片上有菊花、灵芝和寿桃纹饰。器类有碗、杯、罐、灯、勺等。其中缸胎缸口沿、缸胎盆口沿、陶器盖、敞口曲腹青花瓷大碗、撇口斜直腹青花瓷中碗、撇口斜直腹青花瓷中碗、敞口弧腹青花瓷中碗、敞口斜直腹青花瓷小碗、撇口腹弧收青花瓷盏、敞口青花瓷盘、敛口弧腹青花瓷盘为民国时期遗物。

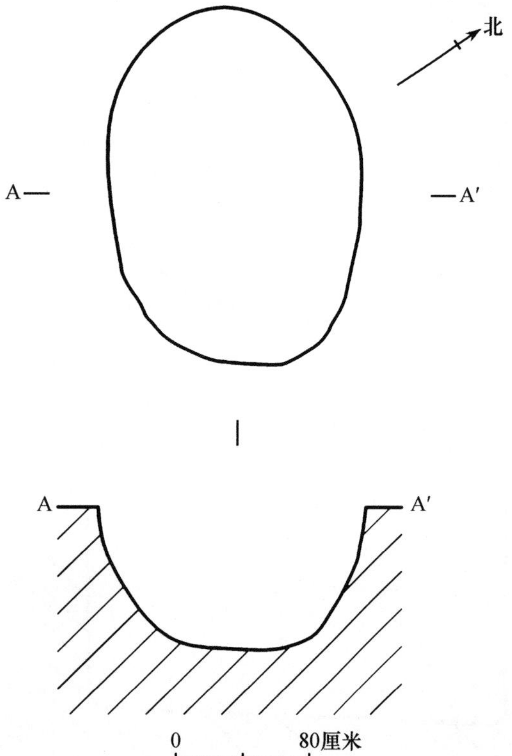

图四二　ⅢH2平、剖面图

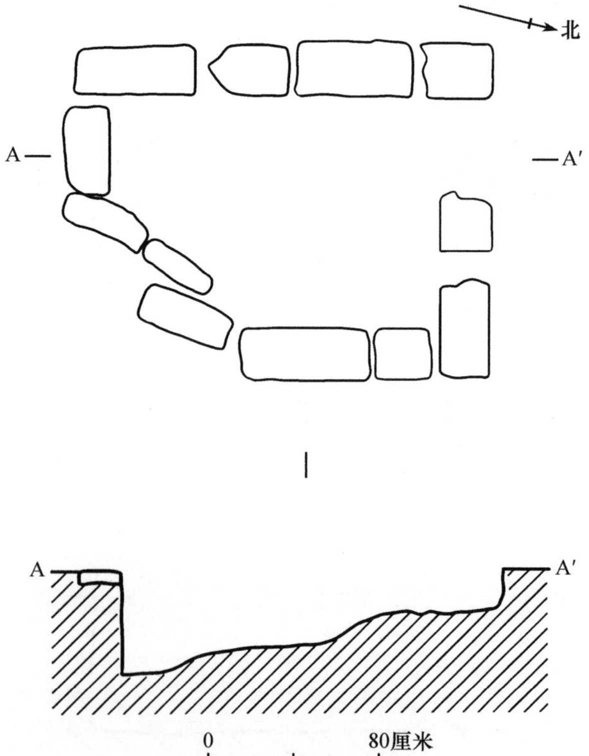

图四三　ⅥH1平、剖面图

（三）ⅥH8

ⅥH8位于ⅥT33的东北部。开口于Ⅵ①层下，打破Ⅵ②层及ⅥF2。

灰坑平面略近圆形，弧壁，底部凸凹不平（图四四）。坑径约270、深约30～50厘米。填土黑色，夹少量褐色灰烬，质地疏松。填土中出有少量瓷片，其中敞口斜直腹青花瓷大碗、撇口弧腹青花瓷中碗、敞口弧腹青花瓷中碗、敞口斜直腹中碗为民国时期遗物。

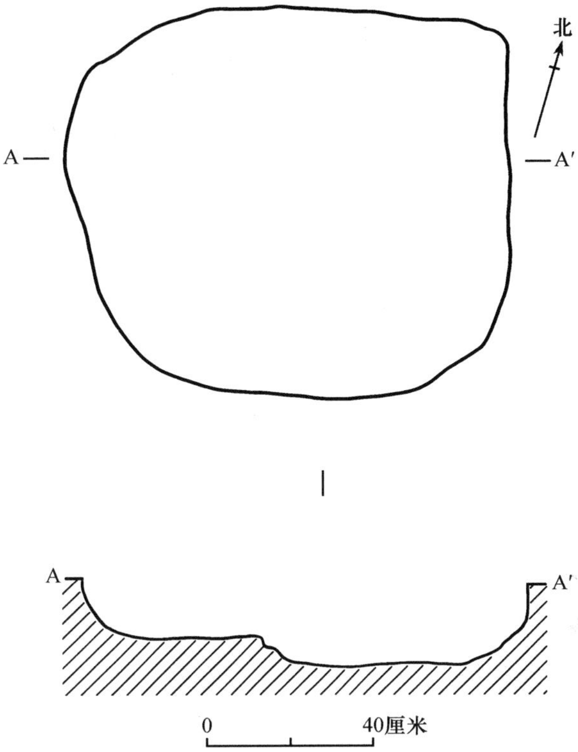

图四四　ⅥH8平、剖面图

第四节　墓　　葬

墓葬仅于第Ⅶ掘区发现1座，属东汉时期，编号为ⅦM1。

ⅦM1位于ⅦT4北部和ⅦT5南部。墓葬开口在Ⅶ③层下，墓室中西部为ⅦH1所破坏，坐在生土上。方向为144°。

该墓为刀把形券顶砖室墓，由甬道和墓室两部分构成，券顶已倒塌。通长约540、宽256厘米。墓室平面长方形，长323、宽220、残高80厘米。构建该墓的墓砖有长方形墓壁砖和子母口榫卯砖两种，其中长方形墓壁砖长40、宽20、厚10厘米。由于墓圹外土的挤压，砖壁向墓室内倾斜。墓壁底部垒砌砖呈南北向错缝平铺；墓壁垒砌砖最下五层用长方形砖错缝垒砌，从第六层起用榫卯砖构筑起券。甬道位于墓室的南端，呈长方形，长223、宽182、残高90厘米。墓室底部铺砖呈东西向错缝平铺，稍有坡度，墓室低部高出甬道底部约10厘米，甬道前残存有一层封门砖（图四五；图版一一）。

墓室内存有黄褐色、灰黑色相间的五花土，质地疏松。墓室内有大量的墓砖和少量动物遗存，为墓室券顶和墓壁倒塌后堆积。葬具无存。墓主人骨保存不好，存有少量颅骨、股骨、足骨等，头东脚西，横置于墓室。经体质人类学鉴定墓主为性别不明的30～40岁死者。

随葬品主要置于甬道西部，墓室东部有数枚五铢钱和一残陶甑底。随葬陶器、铜器及琉璃器等26件，其中陶器17件，包括罐8件，盆1件，钵1件，甑底1件，匜1件，豆座1件，灯2件，器盖1件，器底1件，除盆为泥质灰陶外，其他器物都是泥质红褐陶；铜钱8枚，都是五铢钱，其中1枚为剪轮五铢钱；蓝色琉璃器1件，为耳瑱。

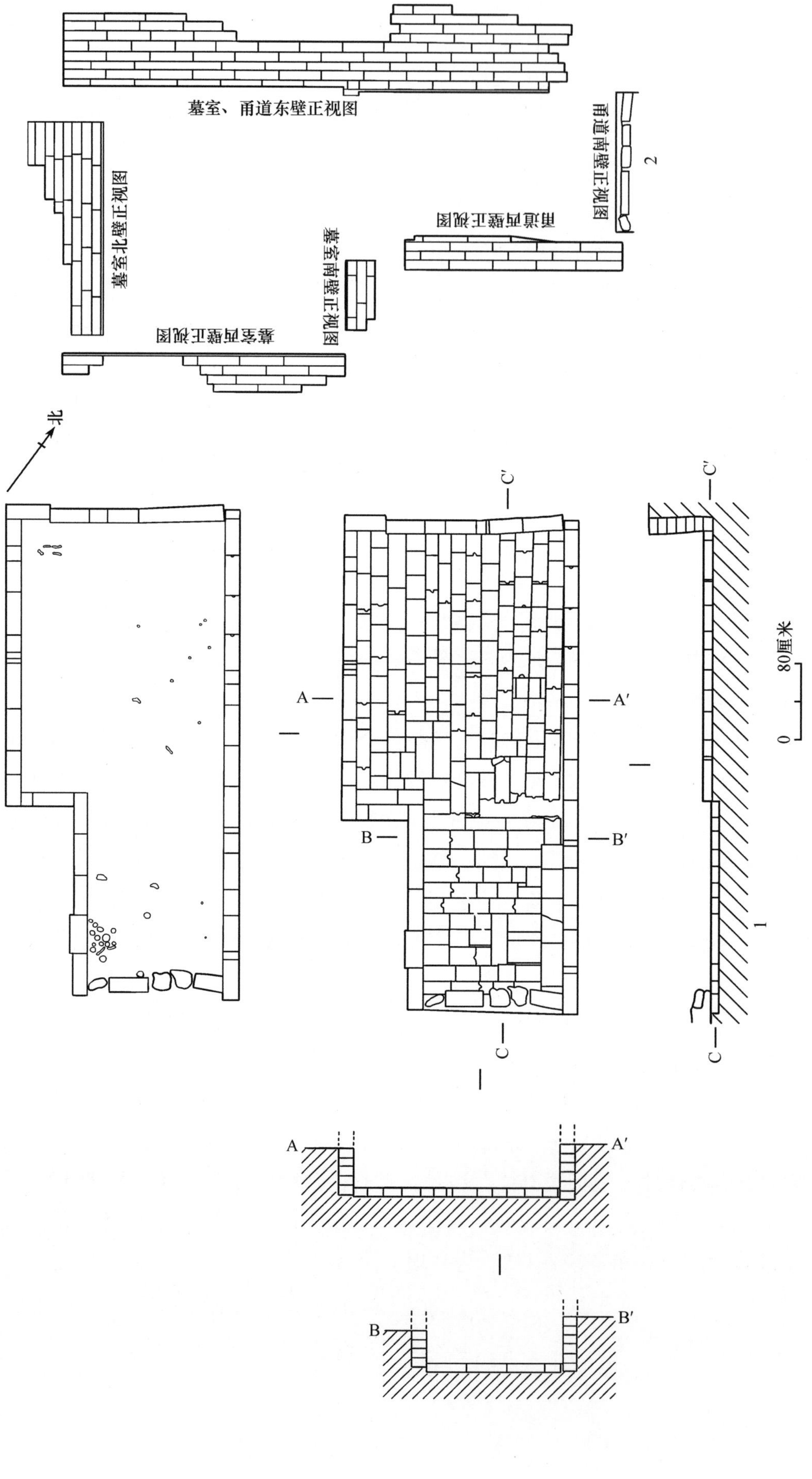

图四五 ⅦM1平、剖面及墓壁视图

第四章　遗物介绍

第一节　东汉遗物

东汉遗物均出自第Ⅶ掘区M1东汉墓，有陶器、铜钱和琉璃器。

一、陶　　器

罐　7件。完整或可复原5件。

标本ⅦM1：30，泥质红褐陶，敛口，圆唇，厚沿，折肩，斜弧腹，腹下部折收为小平底。口径10.0、通高7.8厘米（图四六，1；图版一二，1）。

标本ⅦM1：22，泥质红褐陶，口微敛，圆方唇，矮领，鼓肩，腹上部外鼓，腹下斜收为小平底。口径9.0、通高5.8、底径4.9厘米（图四六，2；图版一二，2）。

标本ⅦM1：16，泥质红褐陶，敞口，圆唇，领较高，领内中部有一周凹槽，溜肩，腹中部外鼓，平底。口径9.8、通高6.0厘米（图四六，3；图版一二，3）。

标本ⅦM1：23，泥质红褐陶，敛口，圆唇，厚沿，矮领，鼓肩，腹斜弧，下收为小平底。口径12.1、通高8.0厘米（图四六，4）。

标本ⅦM1：31，泥质红褐陶，无领，敛口，圆唇，溜肩，腹中部外鼓，下收为小平底。口径6.6、通高4.9、底径5.9厘米（图四六，5）。

盆　1件。

标本ⅦM1：26，泥质灰陶，轮制，下腹近底残，圆唇，敞口，宽平沿，沿外下方三周凹弦纹。口径33.6、残高14.5厘米。

钵　1件。

标本ⅦM1：12，泥质红褐陶，敞口，圆唇，斜弧腹，下腹斜收，台底。口径11.1、底径5.0、通高3.8厘米（图四六，6；图版一二，4）。

匜　1件。

标本ⅦM1：18，泥质红褐陶，敛口，圆唇，一侧有流，直弧腹，下收为平底。口径6.5、底径4.8、通高2.4厘米（图四六，7；图版一二，5）。

器盖　1件。

标本ⅦM1：13，泥质红褐陶，桥形纽，截面圆形，弧顶，顶中部硬折，平唇。盖径14.5、通高5.3、口径12.4厘米（图四六，8）。

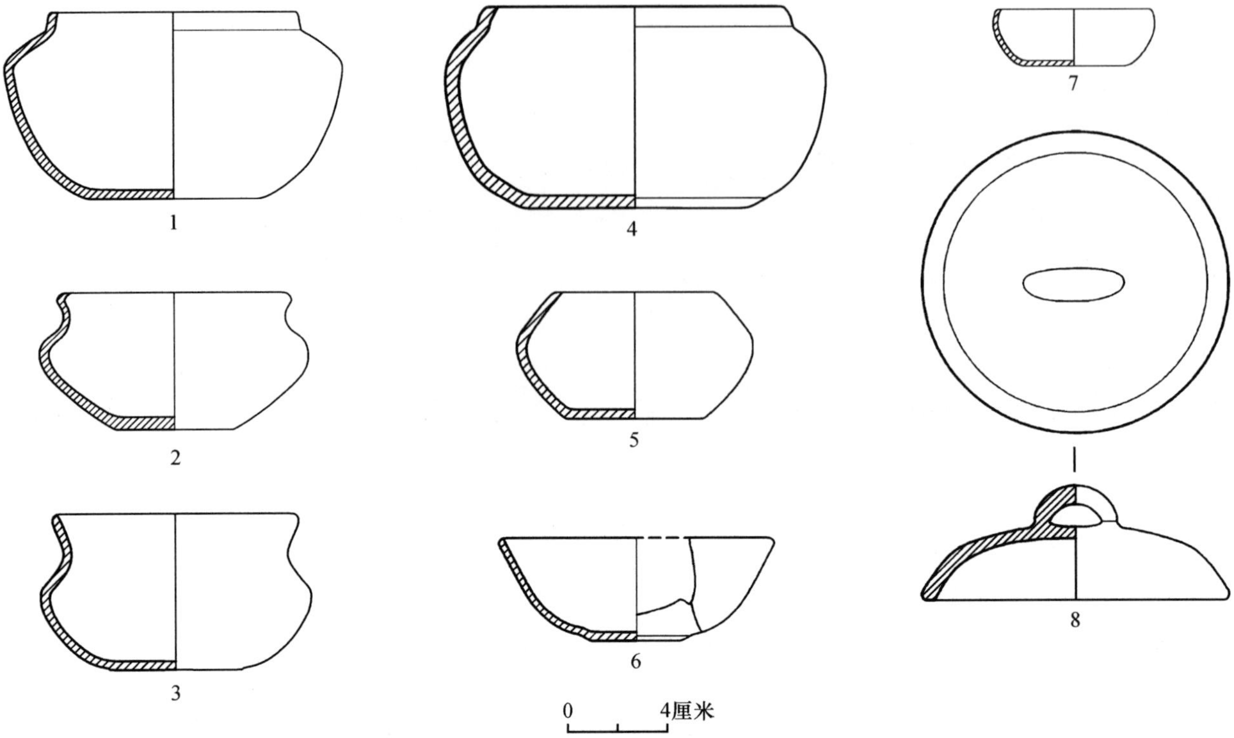

图四六　东汉陶器

1～5. 陶罐（ⅦM1：30、ⅦM1：22、ⅦM1：16、ⅦM1：23、ⅦM1：31）　6. 陶钵（ⅦM1：12）　7. 陶匜（ⅦM1：18）
8. 陶器盖（ⅦM1：13）

豆　1件。

标本ⅦM1：15，泥质红褐陶，轮制，豆盘和豆座有残损，喇叭形粗圈足，圈足沿一周凸棱。残高7.0厘米（图版一二，6）。

灯　2件。

标本ⅦM1：20，泥质红褐陶，轮制，子母口，浅盘，底心内凹，喇叭形圈足。口径6.9、高7.2厘米（图版一二，7）。

花纹墓砖　3件。纹饰仅于长面的一侧装饰，有纹一面朝向墓内。

标本ⅦM1：32，泥质灰陶，一长侧面饰三菱形回纹，均匀分布，回纹线中间不闭合，余素面。长34.3、宽16.6、厚9.4厘米（图版一三，1）。

标本ⅦM1：33，泥质灰陶，一长侧面饰三菱形回纹，中间菱纹中心为双勾，余素面。长43.3、宽14.4、厚9.4厘米（图版一三，2）。

标本ⅦM1：34，泥质灰陶，一长侧面饰三菱形回纹，两边菱纹中心为“×”，余素面。长40、宽19.2、厚9.2厘米（图版一三，3）。

榫卯墓砖　1件。

标本ⅦM1：35，泥质灰陶，一长侧面饰菱形回纹，中间回纹线在中心不相交，两边菱纹中心为“+”，两短侧面分别有榫、卯口，榫口外凸2.5、卯口内凹2.5厘米，余素面。长41、宽15、厚7.3厘米（图版一三，4）。

二、铜　　钱

五铢钱　8枚。

标本ⅦM1：10，剪轮五铢，锈蚀较重，圆形方穿，无郭，穿之两侧有篆文“五銖”二字，“五”字交股，“金”字头作三角形，“朱”字上圆折，下方折。直径1.75、穿宽0.8厘米。

标本ⅦM1：1、ⅦM1：2、ⅦM1：3、ⅦM1：4，一般五铢，锈蚀，形制略同，圆形方穿，有郭，穿之两侧有篆文“五銖”二字，“五”字交股，“金”字头作三角形，ⅦM1：1“朱”字上圆折，下方折，其余三枚“朱”字上下均圆折。径2.4～2.6、穿宽0.9～1厘米（图版一四，1～4）。

三、琉　璃　器

琉璃器　1件。

标本ⅦM1：5，耳瑱，湖蓝色，色泽艳丽，顶端作蘑菇帽状，底部做喇叭状，亚腰。帽径0.8、底径1.2厘米（图版一四，5）。

第二节　唐代遗物

唐代遗物主要见于第Ⅵ掘区的晚期堆积单位中，有瓷器和铜钱。

一、瓷　　器

壶颈残片　2件。

标本ⅥH11：26，青瓷，灰白胎，内外施黄釉，釉下有开片，颈部外壁有酱黄釉斑，直口，卷圆唇，高领，下残。残高4.8厘米。产自长沙窑（图版一五，1、2）。

标本ⅥH11：25，青瓷，红褐胎，内外施酱釉，敞口，折沿，圆唇，高领，下残。残高5.6厘米。产自长沙窑（图版一五，3、4）。

罐底残片　1件。

标本ⅥH6：1，灰白胎，黄白釉，器外施釉，器内足底无釉，底部有刮削轮修痕，斜腹，平底，足沿外凸，腹足对接而成。残高4.4、底径11.4厘米（图版一五，5）。

碗底残片　2件。

标本ⅥT19④：5，灰白胎，内施青釉，外腹红酱釉，器心及底部支丁烧痕明显，上残，斜直腹，饼足。残高2.3、底径3.6厘米（图版一五，6、7）。

标本ⅥT14③：4，灰白胎，内外均施黄白釉，足底无釉，圆唇，弧壁，残半。残高8.1厘米（图版一五，8、9）。

二、铜　　钱

开元通宝　2枚。

标本ⅠT5252⑤：27、ⅠT5252⑥：1，锈蚀较重，形制相同，圆形方穿，面隶书“開元通寶”四字，钱文对读。直径2.4、穿宽0.8厘米。发现于第Ⅰ掘区宋代和明代的堆积层中（图版一五，10、11）。

第三节　宋代遗物

宋代遗物主要出在第Ⅰ掘区第⑥层、ⅠF2、ⅠH2、ⅠH3、ⅠH4，第Ⅵ掘区第④层、ⅥH11，第Ⅷ掘区第④层；另外，第Ⅵ掘区第④层、第Ⅶ掘区第③层明代地层堆积中，出土有相当数量的宋代遗物；其他一些晚期堆积单位中也出土少量的宋代遗物。遗物按质地可分为瓷器、陶器、铜器等，按功能可分为生活用品和建筑材料等，尤以生活用品瓷器为多，瓷器又可分为瓷胎和缸胎两种。完整或者修复的瓷器主要产自湖田窑、彭州窑、耀州窑、涂山窑等窑口。器形主要有碗、盘、盏、碟、洗、执壶、盅等。

一、瓷　　器

（一）白釉瓷器

1. 完整或可修复器物

碗　2件，据口部形态可分二型。

A型　敞口，尖圆唇，沿部加厚。

标本ⅠH2：1，白胎，施白釉，内满釉，外不及圈足，底无釉。敞口，尖圆唇，沿部加厚，斜直腹，矮宽圈足。口径12.4、高4.2、底径4.2厘米。产自湖田窑（图四七，1）。

B型　敞口，圆唇。

标本ⅠT5252⑥：11，灰褐胎，施白釉，内满釉，外不及圈足，底无釉。敞口，圆唇，斜直腹，矮圈足。外壁刻有莲瓣纹。口径16.0、高5.6、底径6.0厘米。产自湖田窑（图四七，2）。

盘　1件。

标本ⅠT5353⑥：1，白胎，施白釉，内满釉，外不及底。敞口，口部呈葵瓣状，折腹，圈足。口径20、高5.2、底径6.4厘米。产自湖田窑（图四七，3）。

小平底碟　3件，据口部形态可分二型。

A型　口沿呈花瓣状。

标本ⅥT10④：1，灰白胎，施白釉，内满釉，外不及底，釉面光亮。敞口，圆唇，口部呈十二出菊瓣状，斜弧腹，小平底，足底刮削。器内外壁出筋十二道。口径10.4、高2.1、底径

4.4厘米。产自湖田窑（图四七，4；图版一六，1）。

标本ⅠT5451⑥：7，白胎，施白釉。葵瓣口，斜弧腹，平底。器心有旋纹。口径8.4、高1.4、底径8.4厘米。产自湖田窑（图四七，5）。

B型　素口。

标本ⅠT5353⑥：2，白胎，施白釉。敞口，斜直腹，平底。器底有旋纹。口径10.8、高2.0、底径6.8厘米。产自湖田窑（图四七，6）。

2. 器物残片

盏、碗、盘的器口残片　2件。

标本ⅥT19④：8，白胎，施白釉，釉面光亮，釉下有开片。微敛口，圆唇，唇外加厚一周，弧鼓腹，下残。残高4.9厘米。产自湖田窑（图四七，7）。

标本ⅥT24②：2，灰白胎，施白釉，釉面光亮，有棕眼黑斑。撇口，圆唇，折沿，下残，残高2.4厘米。产自湖田窑（图四七，8）。

盏、碗、盘的器底残片　4件。

标本ⅥH11：2，白胎，施白釉，釉面光亮，内及器心，外不及底。上残，斜弧腹，圈足，足墙不过肩。底径4.2、残高3.5厘米。产自湖田窑（图四七，9）。

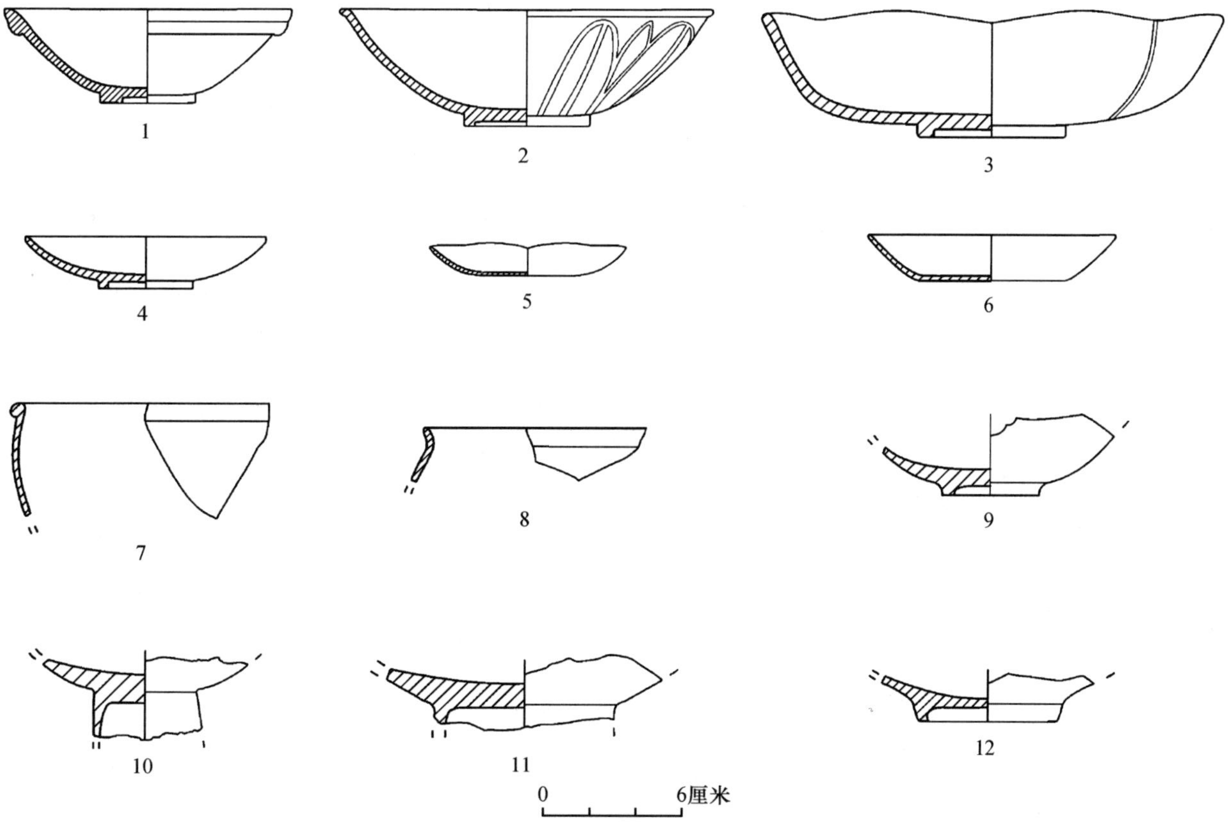

图四七　宋代白釉瓷器

1. A型白釉瓷碗（ⅠH2：1）　2. B型白釉瓷碗（ⅠT5252⑥：11）　3. 白釉瓷盘（ⅠT5353⑥：1）　4、5. A型白釉小平底瓷碟（ⅦT10④：1、ⅠT5451⑥：7）　6. B型白釉小平底瓷碟（ⅠT5353⑥：2）　7、8. 白釉瓷器口残片（ⅥT19④：8、ⅥT24②：2）　9～12. 白釉瓷器底残片（ⅥH11：2、ⅥH11：6、ⅥH11：29、ⅦT5③：2）

标本ⅥH11：6，白胎，施白釉，釉面光亮，釉下开片，内及器心，外不及底。上残，斜直腹，圈足。残高3.8厘米。产自湖田窑（图四七，10）。

标本ⅥH11：29，白胎，施白釉，釉面光亮，釉下开片，内及器心，外不及底。上残，斜直腹，圈足，足墙不过肩。残高2.9厘米。产自湖田窑（图四七，11）。

标本ⅦT5③：2，灰白胎，施白釉。上残，斜腹，圈足，挖足较浅，足沿刮削，底有垫痕。器内刻花，残高2.2厘米。产自湖田窑（图四七，12）。

（二）灰白釉瓷器

1. 完整或可修复器物

盏　1件。

标本ⅥH11：41，灰白胎，施灰白釉，釉面光亮，釉下开片。撇口，尖圆唇，沿外折，斜直腹内收小平底，圈足，足底刮削。口径11.5、高6.6、底径3.4厘米。产自湖田窑（图四八，1；图版一六，2）。

碗　4件。

标本ⅥH11：43，灰白胎，施灰白釉，内满釉，外不及底，釉面光亮，釉下开片。敞口，圆唇，斜直腹内收，圈足外撇，器内底心下凹，足底有刮削痕迹。口径18.0、高6.5、底径6.0厘米。产自彭州窑（图四八，2；图版一六，3）。

标本ⅥH11：44，灰白胎，施灰白釉，内满釉，外不及底，釉面光亮，釉下开片。敞口，圆唇，斜直腹内收小平底，器心下陷，圈足外撇，足底有刮削痕迹。口径18.2、高6.4、底径6.0厘米。产自彭州窑（图四八，3；图版一六，4）。

标本ⅦT4③：61，灰白胎，施灰白釉，局部露胎，足底无釉，釉面失透，施釉不匀。敞口，圆唇，斜弧腹，矮圈足，有轮制痕迹。口径17.6、高6.4、底径6.4厘米。产自彭州窑（图四八，4；图版一六，5）。

标本ⅦT4③：60，灰白胎，施灰白釉，局部露胎，足底无釉，釉面失透，施釉不匀。敞口，圆唇，斜弧腹，矮圈足，有轮制痕迹。口径17.2、高5.8、底径6.0厘米。产自彭州窑（图四八，5；图版一六，6）。

盘　1件。

标本ⅥH11：38，灰白胎，施灰白釉，内满釉，外不及底，釉面光亮，釉下开片。敞口，圆唇，斜直腹较浅，饼足，足底有刮削痕迹。口径16.5、高4.4、底径5.2厘米。可能产自湖田窑（图四八，6；图版一七，1）。

2. 器物残片

盏、碗、盘的器口残片　2件。

标本ⅥF3：4，灰白胎，施灰白釉，釉面光亮。敞口，圆唇，沿部厚，斜直腹，有轮制痕迹，下残。残高5.3厘米。产自湖田窑（图四八，7）。

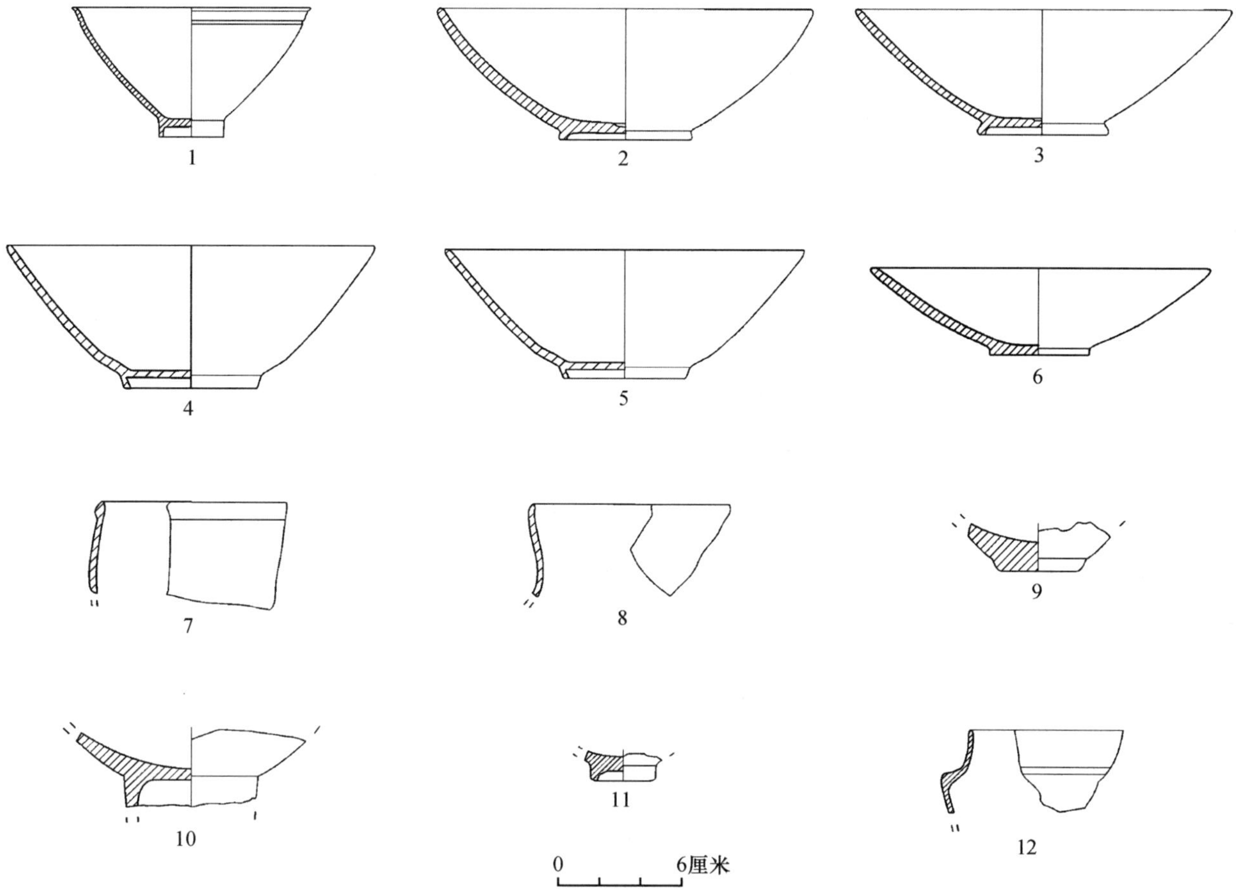

图四八 宋代灰白釉瓷器

1. 灰白釉瓷盏（ⅥH11：41） 2～5. 灰白釉瓷碗（ⅥH11：43、ⅥH11：44、ⅦT4③：61、ⅦT4③：60） 6. 灰白釉瓷盘（ⅥH11：38） 7、8. 灰白釉瓷器口残片（ⅥF3：4、ⅥH4：9） 9. A型灰白釉瓷器底残片（ⅥF3：2） 10、11. B型灰白釉瓷器底残片（ⅦT5③：1、ⅥT27③：2） 12. 灰白釉瓷执壶残片（ⅥH4：8）

标本ⅥH4：9，灰白胎，施灰白釉，釉面光亮。侈口，尖圆唇，斜弧腹，下残。残高4.4厘米。产自湖田窑（图四八，8）。

盏、碗、盘的底部残片 3件，据其底部形态可分为二型。

A型 饼足。

标本ⅥF3：2，灰白胎，施灰白釉，内及器心，外不及底，釉面光亮，釉下开片。上残，斜腹，矮饼足，足底有刮削痕迹，腹足交界处有一周凹槽。底径4.1、残高2.3厘米（图四八，9）。

B型 圈足。

标本ⅦT5③：1，灰白胎，施灰白釉，圈足内壁及器底无釉，釉面光亮，釉下开片。上残，高圈足，足沿有轮制痕迹。残底径6.3、残高3.8厘米。产自湖田窑（图四八，10）。

标本ⅥT27③：2，灰白胎，施灰白釉，内及器心，外不及底，釉面光亮。上残，器心凹陷，圈足，足壁外直内斜，足沿尖。底径3.1、残高1.5厘米。产自湖田窑（图四八，11）。

执壶的口颈部残片 1件。

标本ⅥH4：8，灰白胎，施灰白釉，釉面光亮。盘口，圆唇，短颈，下残。残高4.1厘米。产自定窑（图四八，12）。

（三）青白釉瓷器

1. 完整或可修复器物

盏　1件。

标本ⅥT1④：7，灰白胎，施青白釉，釉面光亮，釉下开片。撇口，尖圆唇，卷沿，弧腹略鼓，腹下内收，圈足，足墙过肩。口径11.9、高7.0、底径6.0厘米。产自湖田窑（图四九，1；图版一七，2）。

碗　4件，据其口径与器高比可分为二型。

A型　浅腹，据其口部形态可分二亚型。

Aa型　口沿呈花瓣状。

标本ⅥT14④：2，灰白胎，施青白釉，釉面光亮。花边敞口，尖圆唇，斜弧腹较浅，圈足，挖足较浅，足底刮削，底有垫痕。器内印有水藻纹。口径18.6、高5.7、底径5.4厘米。产自湖田窑（图四九，2；图版一七，3）。

Ab型　素口，沿部无釉。

标本ⅠH3：2，灰褐胎，芒口，施青白釉，内及器心，外不及底。侈口，斜直腹，矮宽圈足。口径16.0、高5.4、底径4.4厘米。产自湖田窑（图四九，3；图版一七，4）。

标本ⅠT5452⑥：2，灰褐胎，芒口，施青白釉，釉下开片。侈口，斜直腹，圈足较浅。口径16.0、高6.2、底径5.2厘米。产自湖田窑（图四九，4；图版一七，5）。

B型　深腹。

标本ⅦT5③：45，灰白胎，施青白釉，内满釉，外不及足底，釉面光亮，釉下开片。敞口，尖唇，呈六出花边状，斜直腹，圈足，挖足浅。内壁刻有水藻纹。口径18.7、高8.7、底径6.0厘米。产自湖田窑（图四九，5；图版一七，6）。

盘　3件，据其口部形态可分二型。

A型　口沿呈花瓣状。

标本ⅥT14④：1，灰白胎，施青白釉，釉面光亮。花边敞口，尖圆唇，斜弧腹较浅，圈足，足底刮削，挖足较浅，足底有一底垫饼痕。器内印有水藻纹。口径18.2、高4.7、底径6.0厘米。产自湖田窑（图四九，6；图版一八，1）。

标本ⅠF2：1，白胎，施青白釉，内满釉，外不及底。口部呈葵瓣状，侈口微外折，腹斜直较浅，矮圈足。内壁刻卷草纹，外壁有莲瓣纹。口径19.0、高5.0、底径7.2厘米。产自湖田窑（图四九，7；图版一八，2）。

B型　素口。

标本ⅥH1：23，灰白胎，施青白釉，内满釉，外不及底，釉面失透。敞口，圆唇，斜腹，圈足，挖足浅，足壁略厚。内腹一周旋纹。口径14.4、高3.7、底径5.3厘米。产自湖田窑（图四九，8）。

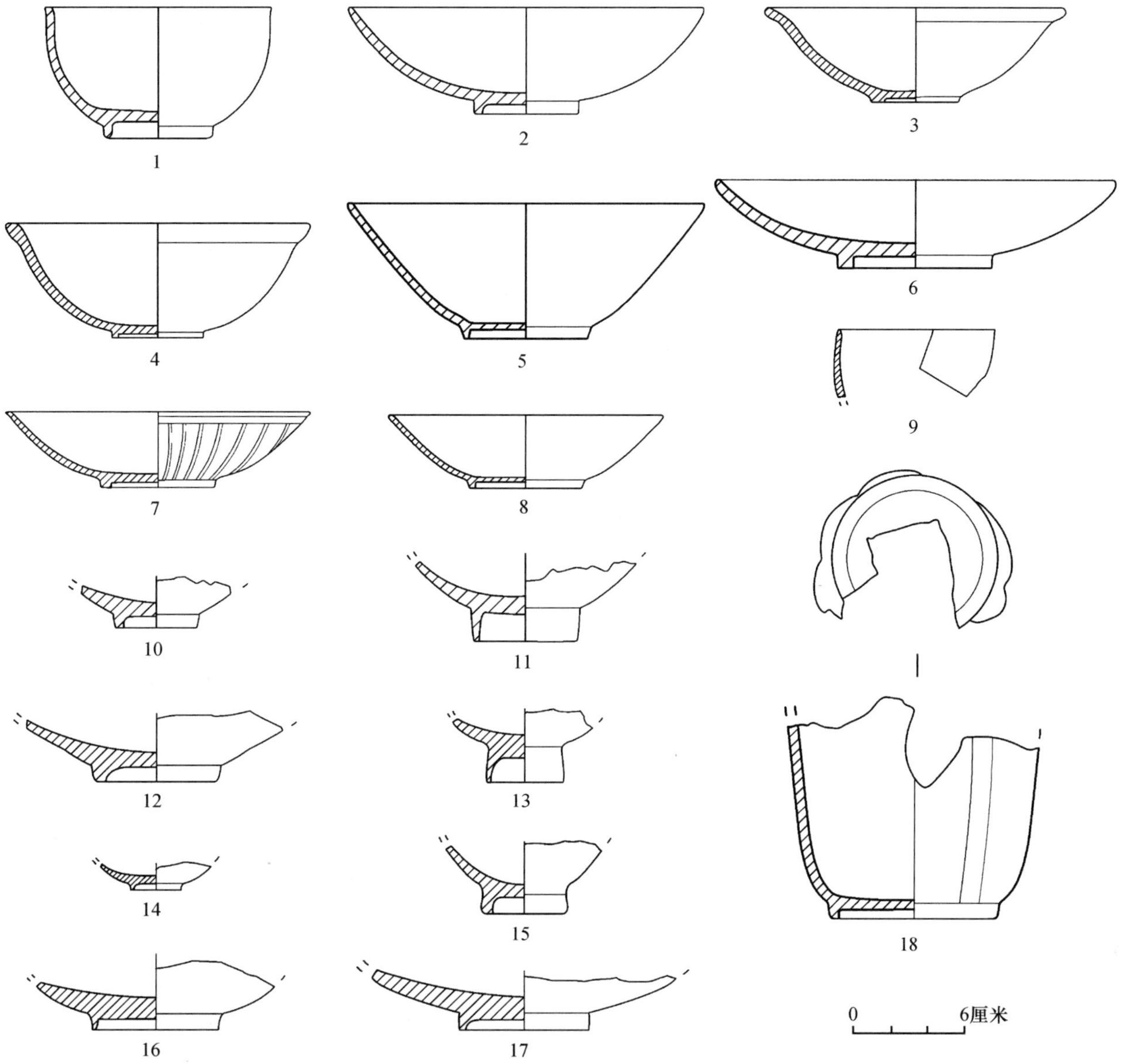

图四九　宋代青白釉瓷器

1. 青白釉瓷盏（ⅥT1④：7）　2. Aa型青白釉瓷碗（ⅥT14④：2）　3、4. Ab型青白釉瓷碗（ⅠH3：2、ⅠT5452⑥：2）　5. B型青白釉瓷碗（ⅦT5③：45）　6、7. A型青白釉瓷盘（ⅥT14④：1、ⅠF2：1）　8. B型青白釉瓷盘（ⅥH1：23）　9. 青白釉瓷器口残片（ⅦT5③：19）　10. A型青白釉瓷器底残片（ⅥT1④：5）　11～17. B型青白釉瓷器底残片（ⅥH4：3、ⅥH11：1、ⅥH11：5、ⅥH11：10、ⅥT1④：1、ⅥT10③：1、ⅦT1③：2）　18. 青白釉瓷壶腹底残片（ⅥH11：39）

2. 器物残片

盏、碗、盘或碟的器口残片　1件。

标本ⅦT5③：19，灰白胎，施青白釉，釉面光亮。撇口，尖圆唇，卷沿，下残。残高3.5厘米。产自湖田窑（图四九，9）。

盏、碗、盘或碟的器底残片　8件，据其足部形态可分二型。

A型　饼足。

标本ⅥT1④：5，灰白胎，施青白釉，内及器心，外不及底，釉面失透开片。上残，斜弧腹，圈足。外腹起棱，呈仰莲花瓣状。底径4.3、残高2.7厘米。产自湖田窑（图四九，10）。

B型　圈足。

标本ⅥH4：3，灰白胎，施青白釉，内及器心，外不及底，釉面光亮，釉下开片。上残，弧腹，圈足。底径5.0、残高4.6厘米。产自湖田窑（图四九，11）。

标本ⅥH11：1，白胎，施青白釉，内及器心，外不及底，釉面光亮。上残，斜直腹，圈足，足墙不过肩。底径6.5、残高3.6厘米。产自湖田窑（图四九，12）。

标本ⅥH11：5，白胎，施青白釉，内及器心，外不及底，釉面光亮，釉下开片。上残，弧腹，圈足。底径3.8、残高3.9厘米。产自湖田窑（图四九，13）。

标本ⅥH11：10，白胎，施青白釉，内及器心，外不及底，釉面光亮。上残，弧腹，圈足，足墙不过肩。底径2.6、残高1.4厘米。产自湖田窑（图四九，14）。

标本ⅥT1④：1，灰白胎，施青白釉，内及器心，外不及底，釉面光亮，釉下开片，施釉不匀有流釉现象。上残，斜腹，圈足，腹内斜收，底心有一乳突。底径4.5、残高3.8厘米。产自湖田窑（图四九，15）。

标本ⅥT10③：1，灰白胎，施青白釉。上残，斜弧腹，矮圈足，足沿尖，底有轮修痕迹及垫痕。底径6.6、残高4.0厘米。产自湖田窑（图四九，16）。

标本ⅦT1③：2，灰白胎，施青白釉，釉面光亮。上残，斜腹，圈足，挖足较浅，足沿刮削，底有垫痕。底径6.6、残高3厘米。产自湖田窑（图四九，17）。

壶的腹底残片　1件。

标本ⅥH11：39，灰白胎，施青白釉，外不及底，内无釉，釉面光亮，釉下开片。上残，弧腹，下接圈足，挖足较浅，腹足分界明显。腹部呈瓜棱状，上饰弦纹。足径8.9、残高11.5、足壁0.5厘米。产自湖田窑（图四九，18；图版一八，3）。

（四）青釉瓷器

1. 完整或可修复器物

碗　1件。

标本ⅠT5452⑥：1，灰褐胎，施青釉，釉下有开片。敞口，斜直腹，圈足。口径13.2、高5.4、底径3.6厘米（图五〇，1；图版一八，4）。

洗　1件。

标本ⅥT23④：1，灰白胎，芒口，施青釉，釉面光亮。敞口，圆唇，斜直腹，平底上鼓。刻有水草纹。口径14.6、高3.4、底径10.6厘米。产自湖田窑（图五〇，2；图版一八，5）。

2. 器物残片

盏、碗、盘的器口残片　2件。

标本ⅥT34④：1，白胎，施青釉，釉面光亮，釉下开片。侈口，圆唇，弧腹，下残。残高4.9厘米。产自龙泉窑（图五〇，3）。

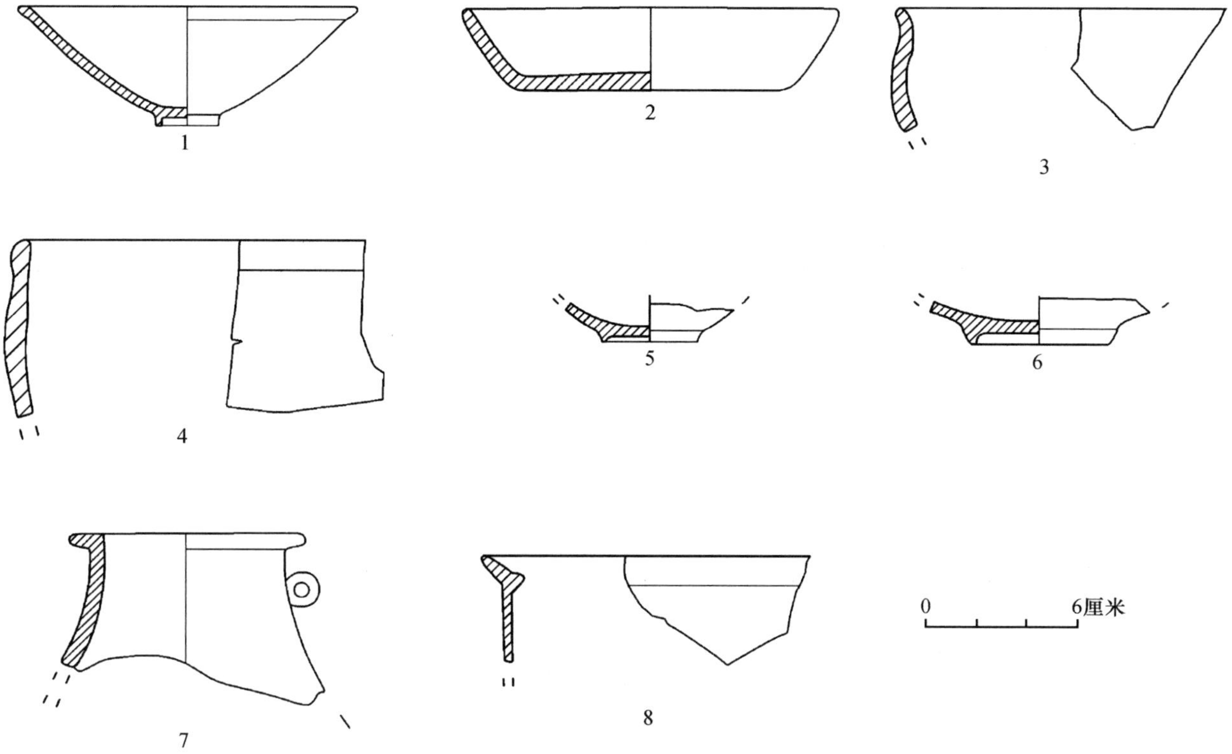

图五〇　宋代青釉瓷器

1. 青釉瓷碗（ⅠT5452⑥：1）　2. 青釉瓷洗（ⅥT23④：1）　3、4. 青釉瓷器口残片（ⅥT34④：1、ⅥT4③：5）　5. A型青釉瓷器底残片（ⅥT22③：1）　6. B型青釉瓷器底残片（ⅥT33④：4）　7. 青釉瓷罐口残片（ⅠH2：3）　8. 青釉瓷器盖残片（ⅥT22③：7）

标本ⅥT4③：5，灰白胎，施青釉，施釉不匀，有脱釉现象。敛口，圆唇，厚沿，弧腹，有轮制痕迹，下残。残高6.9厘米（图五〇，4）。

盏、碗、盘的底部残片　2件，据其足部形态可分为二型。

A型　饼足。

标本ⅥT22③：1，灰白胎，施青釉，内及器心，外不及底。上残，斜腹，饼足，有轮制痕迹。器内有印花。底径3.7、残高1.8厘米。产自湖田窑（图五〇，5）。

B型　圈足。

标本ⅥT33④：4，灰白胎，施青釉，釉面光亮，内及器心，外不及底。上残，斜腹，矮圈足，足墙外斜内直，有轮修痕迹。器内刻花。残高1.8、底径5.4厘米（图五〇，6）。

罐的口部残片　1件。

标本ⅠH2：3，灰胎，施青釉。侈口，卷沿，溜肩，颈部有系。口径8.8、残高6.8厘米（图五〇，7；图版一九，1）。

器盖残片　1件。

标本ⅥT22③：7，灰白胎，施青釉，口沿无釉。子口，有轮制痕迹。外有刻花。残高4.3厘米。产自湖田窑（图五〇，8）。

（五）黄褐釉瓷器

1. 完整或可修复器物

碗　1件。

标本ⅦT5③：44，灰白胎，施黄褐釉，釉面光亮，施釉不匀，内满釉有涩圈，外至下腹。敞口，圆唇，外壁沿下有一周浅凹槽，斜直腹，圈足，底中部微凸，有轮制痕迹。器内剔牡丹纹。口径18.3、底径6.7、高6.9厘米。产自耀州窑（图五一，1；图版一九，2）。

2. 器物残片

盏、碗、盘的器口残片　2件。

标本ⅦT1③：27，灰白胎，施黄褐釉，釉面光亮。敞口，尖圆唇，斜直腹，下残。器表有隐弦纹。残高5.6厘米。产自彭州窑（图五一，2）。

标本ⅦT4③：23，灰白胎，施黄褐釉。敞口，尖圆唇，有轮制痕迹，下残。残高3.7厘米（图五一，3）。

盏、碗、盘的底部残片　2件，据其足部形态可分为二型。

A型　饼足。

标本ⅥT33④：3，灰白胎，施黄褐釉，内至器心，外不及底，釉色失透。上残，斜腹，小平底，矮饼足。器内下腹部有一周弦纹。底径4.4、残高1.9厘米（图五一，4）。

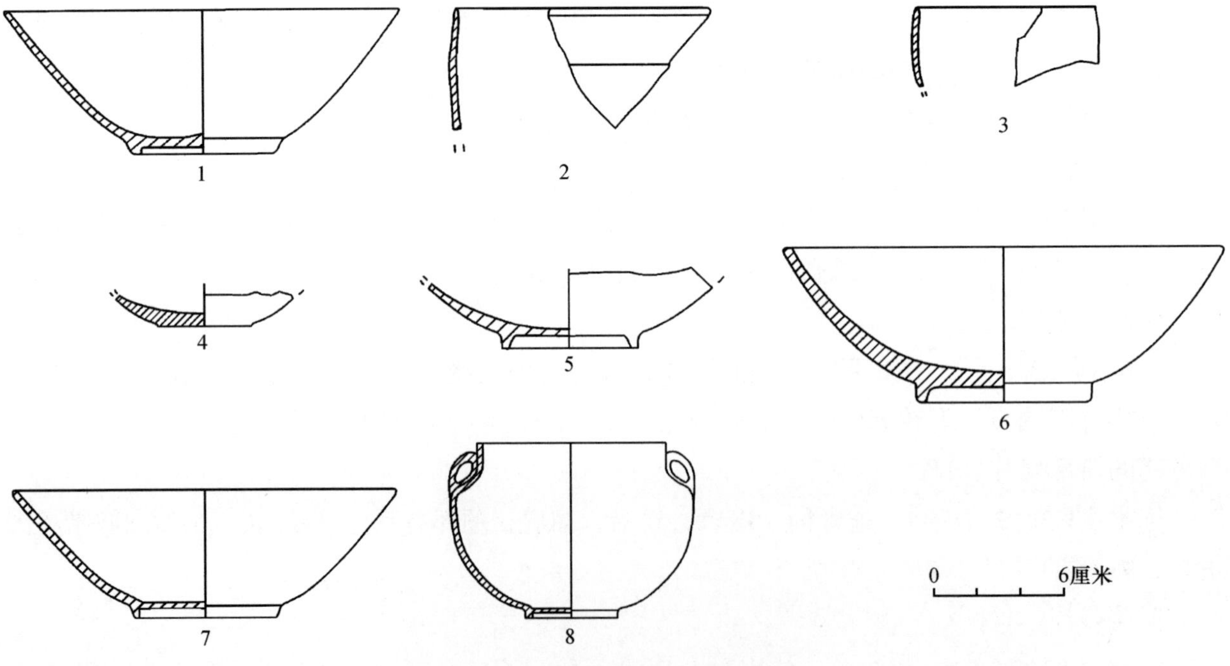

图五一　宋代黄褐釉瓷器及青褐釉瓷器

1. 黄褐釉瓷碗（ⅦT5③：44）　2、3. 黄褐釉瓷器口残片（ⅦT1③：27、ⅦT4③：23）　4. A型黄褐釉瓷器底残片（ⅥT33④：3）　5. B型黄褐釉瓷器底残片（ⅦT4③：10）　6、7. 青褐釉瓷碗（ⅥT1④：8、ⅥT26④：2）　8. 青褐釉瓷双耳罐（ⅦT4③：63）

B型　圈足。

标本ⅦT4③：10，灰白胎，施黄褐釉，内及器心，外至下腹。上残，斜腹，平底，圈足，有轮制痕迹。底径6.3、残高3.1厘米。产自彭州窑（图五一，5）。

（六）青褐釉瓷器

碗　2件。

标本ⅥT1④：8，灰白胎，施青褐釉，内满釉，外至上腹部，施釉不匀，釉面失透。敞口，圆唇，斜弧腹，饼足，足底有刮削痕迹。口径20.2、高7.2、底径8.0厘米。产自耀州窑（图五一，6；图版一九，3）。

标本ⅥT26④：2，灰白胎，口沿内外施黄褐釉，其余釉面为青褐色，内满釉，外釉至上腹部，施釉不匀，有流釉现象，釉面失透。敞口，圆唇，斜弧腹，饼足不平，足底刮削。口径17.8、高6.0、底径7.0厘米。产自耀州窑（图五一，7；图版一九，4）。

双耳罐　1件。

标本ⅦT4③：63，灰白胎，施青褐釉，外不及底，内至上腹部，釉面光亮。直口，尖圆唇，矮领，鼓肩，肩部和领部之间有对称双耳，双耳截面呈扁椭圆形，弧腹，下腹部内收，圈足，足壁外直内斜，有轮制刮削痕迹。口径8.7、领高1.5、腹径11.4、底径4.5、高8.2厘米（图五一，8；图版一九，5）。

（七）黑褐釉瓷器

1. 完整或可修复器物

盏　2件，据其口部形态可分二型。

A型　直口。

标本ⅠH3：1，灰褐胎，施黑褐釉，内满釉，外不及底。直口，深腹，小实足。内壁近口处有凸棱一道。内壁显现兔毫纹。底径3.6、高4.8厘米（图五二，1；图版一九，6）。

B型　撇口。

标本ⅦT4③：62，灰白胎，施黑褐釉，内满釉，外至下腹，釉面光亮，施釉不匀。撇口，尖圆唇，卷沿，斜直腹，玉璧底，底中部隆起。口径12.0、底径3.9、高5.7厘米。产自涂山窑（图五二，2；图版二〇，1）。

碗　1件。

标本ⅥT26④：1，灰白胎，釉色不一，或呈黑褐，或呈棕褐，釉面失透。敞口，尖圆唇，斜弧腹，圈足，足壁厚，足底刮削。口径14.4、底径5.7、高5.4厘米。产自涂山窑（图五二，3；图版二〇，2）。

碟　1件。

标本ⅥT4④：1，灰白胎，施黑褐釉，内满釉有涩圈，器外施釉不至底，釉面失透。敞口，圆唇，斜直腹，腹下内折平底，圈足，有轮制痕迹。口径15.6、底径6.1、高3.4厘米。产自涂山窑（图五二，4；图版二〇，3）。

2. 器物残片

盏、碗、盘或碟的器口残片　1件。

标本ⅦT5③：12，灰白胎，施黑褐釉，外至上腹部，施釉不匀。敞口，尖圆唇，沿部内测加厚，斜弧腹，有轮制痕迹，下残。残高6.7厘米。产自涂山窑（图五二，5）。

盏、碗、盘或碟的底部残片　3件。

标本ⅥT34④：2，灰白胎，施黑褐釉，内及器心有涩圈，外至下腹部，釉面失透。上残，斜弧腹，器心下陷，圈足，足墙不过肩。底径5.8、残高2.9厘米。产自涂山窑（图五二，6）。

标本ⅦT4③：2，灰白胎，施黑褐釉，内及器心，外至下腹部，有流釉现象。上残，斜弧腹，器心下陷，圈足，挖足较浅，有轮制痕迹。底径5.0、残高4.8厘米。产自涂山窑（图五二，7）。

标本ⅥT19④：12，灰褐胎，施黑褐釉，内及器心，外不及足，有釉滴现象。上残，斜直腹，玉壁底。底径3.7、残高2.7厘米。产自涂山窑（图五二，8）。

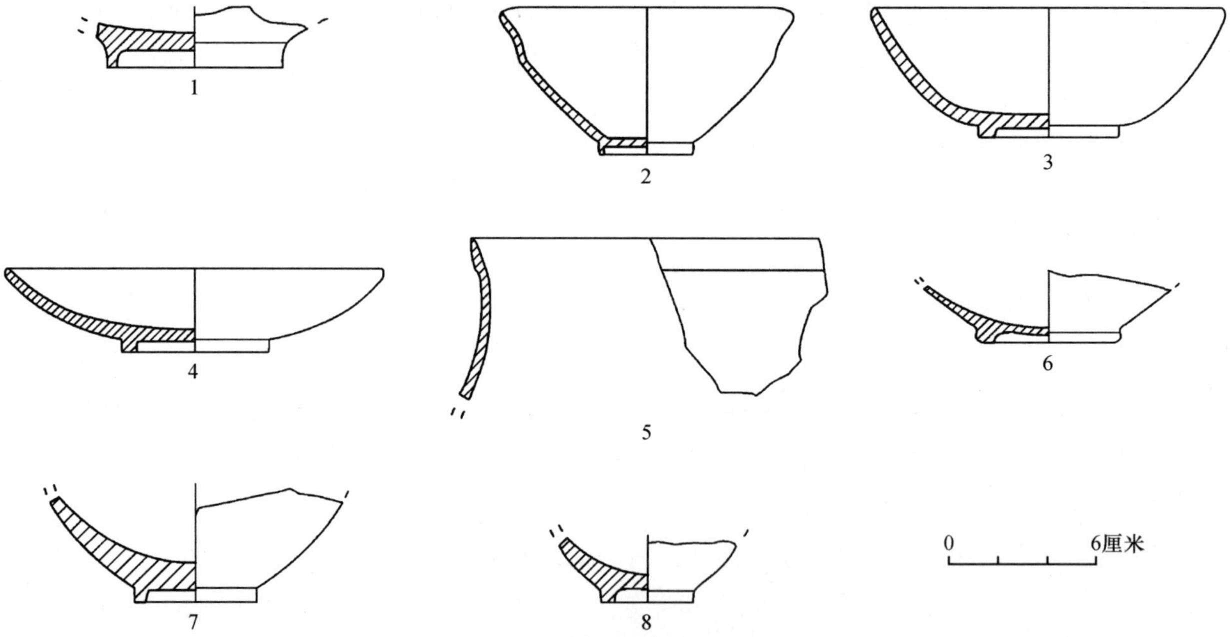

图五二　宋代黑褐釉瓷器

1. A型黑褐釉瓷盏（ⅠH3：1）　2. B型黑褐釉瓷盏（ⅦT4③：62）　3. 黑褐釉瓷碗（ⅥT26④：1）　4. 黑褐釉瓷碟（ⅥT4④：1）　5. 黑褐釉瓷器口残片（ⅦT5③：12）　6～8. 黑褐釉瓷器底残片（ⅥT34④：2、ⅦT4③：2、ⅥT19④：12）

二、釉 陶 器

1. 完整或可修复器物

瓶 1件。

标本ⅠT5451④：8，泥质灰褐陶，器表施青褐釉，釉色失透。高体，做橄榄形，圆唇，矮领，侈口，平底。中下腹饰瓦楞纹。口径9.0、腹径17.0、底径7.0、通高31.0厘米（图版二〇，4）。

壶 1件。

标本ⅦT5③：37，泥质红褐陶，深黄褐釉，器外施釉至腹下部，器内口沿处施釉。釉面失透。足沿有刮削轮制痕。撇口，尖圆唇，卷沿，矮颈，溜肩，颈肩间有一把手，弧腹，平底内凹。器外腹饰横瓦楞纹（图版二〇，5）。

灯 1件。

标本ⅠT5452⑥：5，砖红胎，施酱黄釉。盘心有孔通灯柱，柱上有柄。残高14.4厘米（图版二〇，6）。

2. 器物残片

盏、碗、盘的口沿残片 2件。

标本ⅥH9：1，泥质红褐陶，器内、口沿施黄褐釉，器外上腹施青褐釉，下腹部无釉，釉色失透，施釉不匀。撇口，圆唇，折沿，斜弧腹，有轮制痕迹，下残。残高5.5厘米。产自邛窑（图五三，1）。

标本ⅧT5③：38，泥质红褐陶，施青褐釉，外至上腹部，釉面失透，施釉不匀。敛口，尖圆唇，上腹部外鼓，下腹斜直，下残。残高8.2厘米。产自邛窑（图五三，2）。

盏、碗、盘的底部残片 2件。

标本ⅥT33④：2，泥质灰陶，施灰白釉，内至器心，外至上腹。上残，斜腹，矮圈足，足墙过肩，器底沾沙，有轮制痕迹。底径6.8、残高2.6厘米。产自邛窑（图五三，3）。

标本ⅧT3③：3，泥质红褐陶，器内施灰白釉，器外无釉，釉面失透，足底有轮修痕，圈足，挖足较浅。底径7.8、残高2.7厘米。产自邛窑（图五三，4）。

盘口壶口沿残片 2件。

标本ⅥT6③：3，泥质红褐陶，施灰白釉，内腹无釉，器外施釉不匀，局部露胎，釉面失透。盘口，圆唇，束颈，下残。残高5.6厘米。产自邛窑（图五三，5）。

标本ⅥT1②：7，泥质红褐陶，施青褐釉，内至肩部，有流釉现象，釉面失透。盘口略呈喇叭状，圆唇，长颈，溜肩，肩部有残耳痕迹，轮制痕迹明显。口径6.6、残高6.1厘米（图五三，6）。

罐的口沿残片 1件。

标本ⅥT4③：8，泥质灰陶，施灰白釉，器内、口沿外侧施釉，外腹无釉，釉面失透、施釉

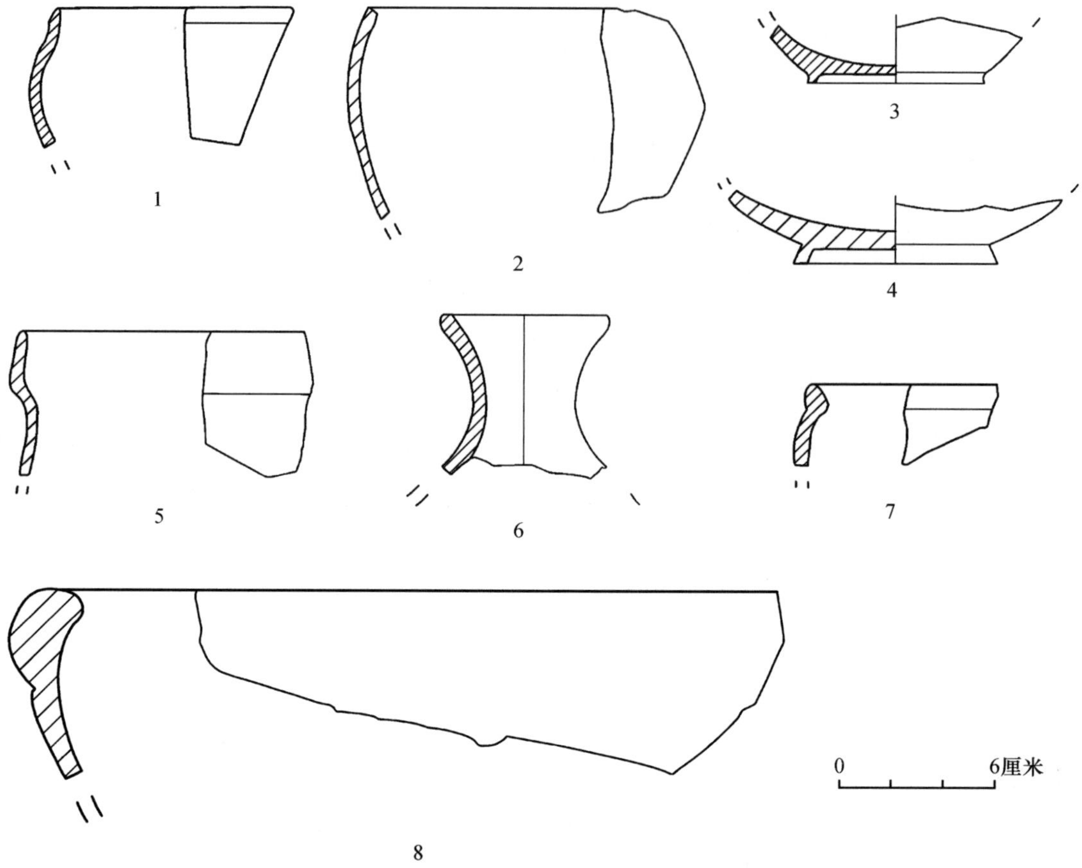

图五三　宋代釉陶器

1、2. 釉陶器口沿残片（ⅥH9：1、ⅦT5③：38）　3、4. 釉陶器底部残片（ⅥT33④：2、ⅦT3③：3）　5、6. 釉陶盘口壶口沿残片（ⅥT6③：3、ⅥT1②：7）　7. 釉陶罐口沿残片（ⅥT4③：8）　8. 釉陶缸口沿残片（ⅦH2：1）

不匀。口微敛，尖圆唇，沿厚，有轮制痕迹，下残。残高3.2厘米。产自邛窑（图五三，7）。

缸的口沿残片　1件。

标本ⅦH2：1，泥质红褐陶，施黄褐釉，器外及内沿施釉薄而不匀，有流釉现象。敛口，圆唇，沿部加厚，有轮制痕迹，下残。残高7.0厘米（图五三，8）。

三、陶　　器

1. 完整或可修复器物

盘　3件，据其足底形制可分二型。

A型　饼足。

标本ⅥT7④：2，泥质红褐陶，轮制，有刮削痕，敞口，圆唇，弧腹，假圈足，腹底分界明显，器形不规整。口径9.4、器高3.4、足径5.3厘米（图五四，1）。

B型　平底。

标本ⅥT26③：1，泥质红褐陶，轮制，有刮削痕，敞口，圆唇，斜直腹，平底。口径8.0、底径4.1、高2.4厘米（图五四，2；图版二〇，7）。

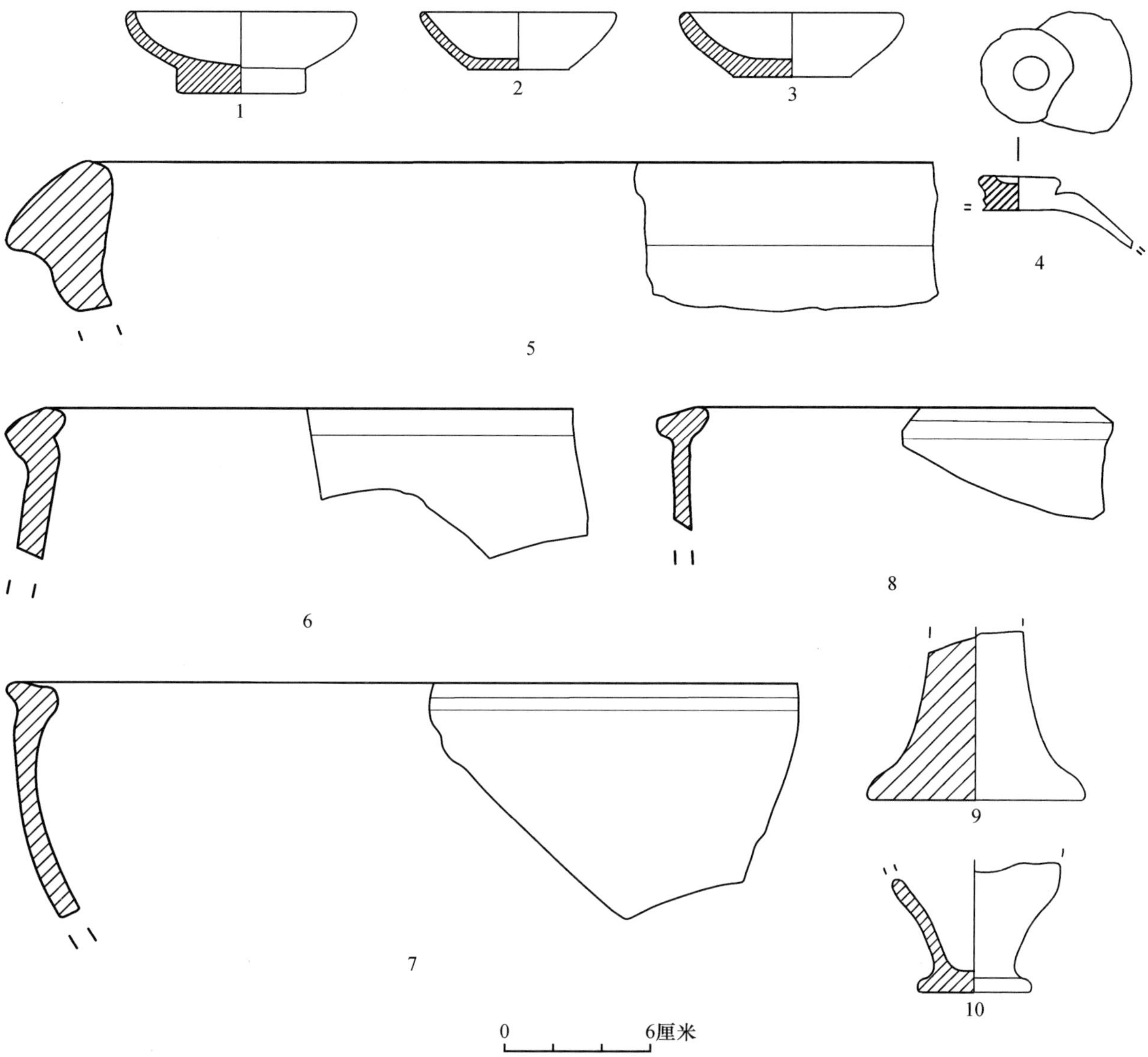

图五四　宋代陶器

1. A型陶盘（ⅥT7④：2）　2、3. B型陶盘（ⅥT26③：1、ⅥT26③：2）　4. 陶器盖（ⅥT19②：20）　5. 陶瓮口沿残片（ⅥF3：8）　6、7. A型陶盆口沿残片（ⅦT1③：24、ⅦT1③：25）　8. B型陶盆口沿残片（ⅥF3：9）　9、10. 陶豆底部残片（ⅦT4③：55、ⅥH9：2）

标本ⅥT26③：2，泥质红褐陶，轮制，有刮削痕，敞口，圆唇，斜直腹，平底。口径9.2、底径4.9、器高2.7厘米（图五四，3）。

器盖　1件。

标本ⅥT19②：20，泥质灰陶，圈足形凹纽，平折腹，下残（图五四，4）。

2. 器物残片

瓮的口沿残片　1件。

标本ⅥF3：8，泥质黄褐陶，器表色灰。敛口，圆唇，宽折沿，有轮制痕迹。残高6.3厘米（图五四，5）。

盆的口沿残片　3件，据其口部形制可分二型。

A型　敛口，卷沿。

标本ⅦT1③：24，泥质灰陶。敛口，沿外卷，弧腹，有轮制痕迹。残高6.3厘米（图五四，6）。

标本ⅦT1③：25，泥质灰陶。敛口，沿外卷，弧腹，有轮制痕迹。残高8.4厘米（图五四，7）。

B型　敛口，折沿。

标本ⅥF3：9，泥质红褐陶，器表色灰。敛口，折沿，圆唇，器身有轮制痕迹。残高4.6厘米（图五四，8）。

豆的柄部或底部残片　2件。

标本ⅦT4③：55，泥质灰陶，轮制，有刮削痕，圆柱形柄，平底。底径9.0、残高7.0厘米（图五四，9）。

标本ⅥH9：2，泥质灰陶，刮削轮制痕，上部残，矮柄，下接喇叭形圈足。底径4.7、残高5.5厘米（图五四，10）。

瓦当　3件。

标本ⅥF3：13，泥质灰陶，模制，平面圆形，立面有凸弦纹两道将其分成三个区，内区饰乳突，中区饰莲瓣10个，外区饰小乳丁一周，外接宽平沿。立面径11.6、胎厚1厘米。

标本ⅥF3：15，泥质灰陶，模制，平面圆形，立面有凸弦纹两道将其分成三个区，立面内区饰乳突，中区饰莲瓣9个，外区饰小乳丁一周，乳丁外饰凸弦纹一道。外接宽平沿。立面径12.1、高1.5、胎厚1.1厘米。

标本ⅥF3：14，泥质灰陶，模制，平面圆形，立面有凸弦纹一道将其分成两个区，内区饰5个小乳丁，外区饰莲瓣8个，莲瓣间有小乳丁。外接窄平沿。立面径10.8、高1.6、胎厚1.1厘米。

四、其他器物

铜镜　1件。

标本ⅠT5252⑤：21，这是一块出自宋代堆积中的流行于西汉时期的昭明镜，以《洛阳烧沟汉墓》[①]和《广州汉墓》[②]著录较多。圆形，圆纽，八向连弧纹纽座，外饰两周弦纹，中为铭文，较清晰可读者有："内清以明"、"昭明"、"象夫日月"，宽平缘。直径8.6厘米（图版二〇，8）。

铜钱　2枚。

标本ⅥT26④：3，景德元宝，钱文旋读，直径2.4厘米（图版二〇，9）。

---

① 洛阳区考古发掘队：《洛阳烧沟汉墓》，科学出版社，1959年。

② 广州市文物管理委员会、广州市博物馆：《广州汉墓》，文物出版社，1981年。

标本ⅠT5452⑥：10，崇宁通宝，钱文旋读，直径3.4厘米（图版二〇，10）。

石碑　1块。

标本ⅠF2：2。石刻保存完整，灰砂岩，仅刻文一面打磨，其余五面为石材原面。宽161、高68、厚14厘米。碑刻楷体阴文，字迹清晰整齐。碑文直书左行，35行，满行16字，共503字。额题：开州守廨题名记。录文如下。

开州守廨题名记

春秋之法，以字褒，以名贬，以爵贵，日以谨之，时以略之，国邑以别之，大较不过此数者。后世之有题名，其春秋之苗裔乎？书其姓氏，书其名字，书其岁月、爵里，而贤不肖孅恶，按图可考，非祖春秋者耶？乃若传之不同，例之不一，情理之玄见，使学者穷年探讨，弗究其业，则未若题名所著，捷而易见也。

开之为郡，古也。守之姓名、行事具于史册者，惟韦处厚、唐次、柳公绰、穆质四人耳。本朝自至道中，殿中丞宫自明以降，数十人仅见于石。至大观后，罕见录者。前此后此，不复知其何谁矣与。

平迁隐摄以前，夏四月己丑孔丘卒以后，亦何以异乎？予窃叹焉。是以特书，自不肖者始，以示后之君子。虽然吴楚僭王，而春秋贬」之曰子。厥有大旨，世莫识也。直以名实」论之，则名是而实非者，非经所深诛耶。百世之下，观姓名，考行事者，其勿」以爵求之。

绍兴六年丙辰八月二十二」日，庐江何麒谨记。

何麒字子应，长安人。绍兴四年八月二十八日，以右宣义郎，权发遣军州事到任。至绍兴六年十月十九日，被敕就差知合州。

何慈字宝卿，资中人。绍兴二十八年十一月初八日，以左朝奉大夫，权知军州事。至次年七月二十六日准告磨勘，转左朝散大夫。于三十年十二月初十日解祑，准敕赴阙。都作头游舜锡刻字（图版二一，1、2）。

石柱础　一个。

标本ⅠF2：3。保存完好，花岗岩石。上部圆形，下部正方形，圆形中部平整，周边浮雕，雕花精细工整。圆形直径50、方形边长约60、通高24厘米（图版二一，3）。

石臼　1件。

标本ⅥF3：16，残半，黄褐色砂岩。磨制、琢制而成。器形规整，整体呈梯形，上宽下窄。平面呈正方形，顶部中央有一圆形臼窝，圆弧底，器壁斜直，一侧壁上有一矩形框，对角线将其分成四个三角形，三角形内刻划平行短线纹，小平底，底部刻不规则网格纹。顶长12.8、底长9.4、高13.2、臼口径8.4、臼窝深7.3厘米（图版二一，4）。

石饼　1件。

标本ⅥF3：11，红褐色砂岩，磨制、打制而成。器形不规整，平面呈不规则圆形，一圆面上有錾痕。圆径8.4、高1.9厘米。

第四节　元代遗物

故城遗址本次发掘没有发现元代堆积单位，元代遗物只是存在于第Ⅵ掘区ⅥT33③层、ⅥT27③层以及ⅥT12②层、ⅥH4等晚期单位中，且无完整或可复原器物，多为陶器和瓷器碎片。

（一）青釉瓷器

碗口沿　2件。

标本ⅥT33③：4，灰白胎，青色釉，器内外施釉，釉色光亮，有轮修痕，沿外下方一周凹槽，敞口，圆唇，斜弧腹。残高6.4厘米（图五五，1；图版二二，1）。

标本ⅥT33③：5，灰白胎，青色釉，器内外施釉，釉色光亮，有轮修痕，沿外下方一周凹槽，敞口，圆唇，斜弧腹。残高3厘米（图五五，2；图版二二，2）。

碗、盏、盘等器物的底部残片　2件。

标本ⅥT33③：3，泥质黄褐胎，草绿色釉，器内外施釉，足部釉脱落，釉色失透，有轮修痕，器内底部螺旋纹，圈足，足壁厚。残高4.2、底径5.3厘米（图五五，3；图版二二，3）。

标本ⅥH4：12，灰白胎，内外施青釉，足底无釉，胎体厚重，釉面光亮，上残，弧腹，圈足（图五五，4；图版二二，4）。

盆口沿　1件。

标本ⅥT33③：6，灰白胎，青色釉，器内外施釉，釉色光亮。有轮修痕，沿内釉下刻花，撇口，圆唇，折沿，花边口。残高3.7厘米（图五五，5；图版二二，5）。

（二）黄褐釉瓷器

碗、盏、盘等器物的底部残片　2件。

标本ⅥT33③：1，泥质黄褐胎，浅黄褐釉，器内施釉不至器底，器外施釉，足沿足底无釉，釉色失透，有轮修痕，斜腹，小平底下接小圈足，足壁直且厚，足底中有一凸起，胎体厚。残高4.4、底径6.3厘米（图五五，6；图版二二，6）。

标本ⅥT33③：2，泥质灰胎，黄褐釉，器内施釉不至器底，器外施釉，足沿足底无釉，釉色光亮，积釉处有火石红，有轮修痕，斜腹，圈足，足壁直且厚。残高1.5、底径约3厘米（图五五，7；图版二二，7）。

（三）青白釉瓷器

碗、盏、盘等器物的底部残片　1件。

标本ⅥT12②：5，灰白胎，青白釉，器内外施釉，釉面失透开片，圈足，足壁厚，足底部凸起。残高2.2、底径4.4厘米（图五五，8；图版二二，8）。

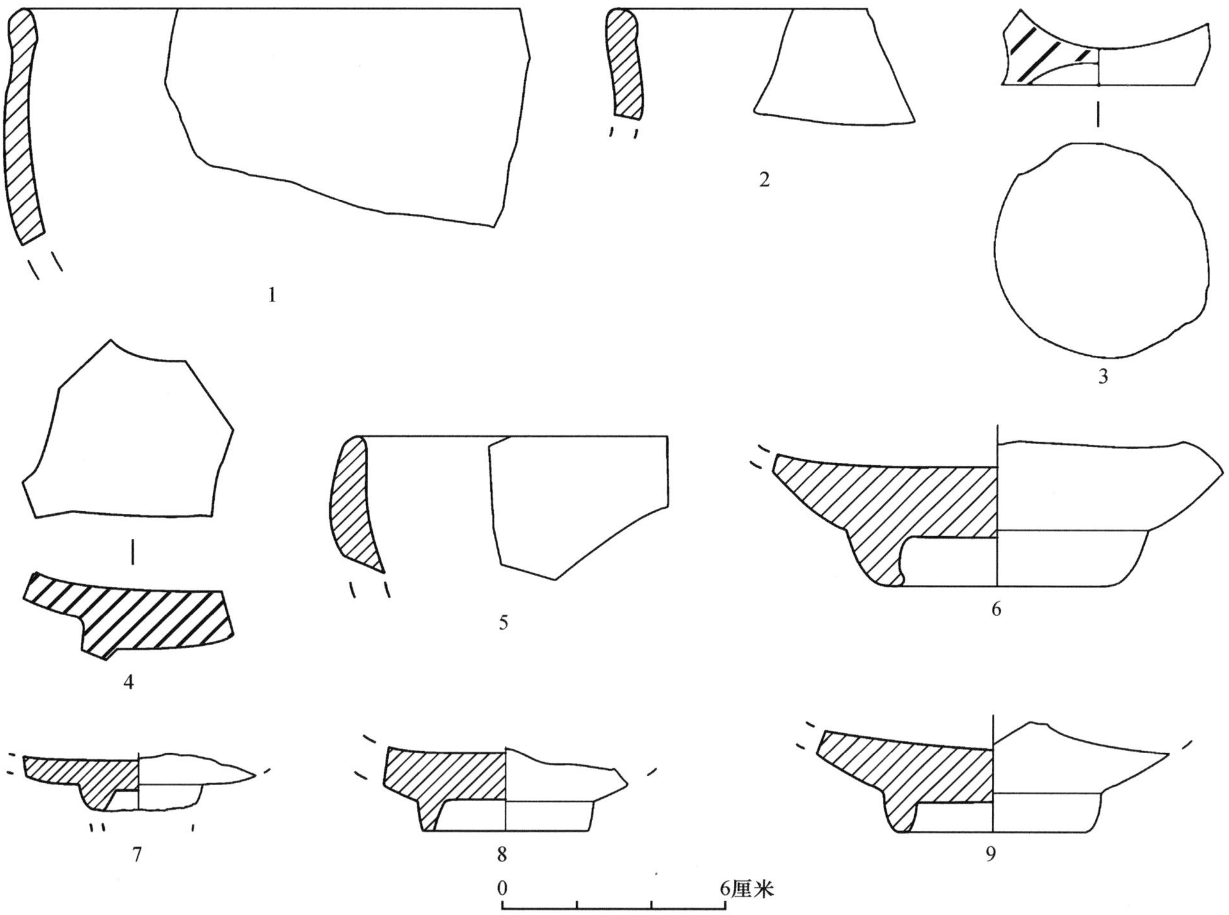

图五五　元代青釉瓷器、黄褐釉瓷器、青白釉瓷器及青褐釉瓷器

1、2. 青釉瓷碗口沿（ⅥT33③：4、ⅥT33③：5）　3、4. 青釉瓷器底部残片（ⅥT33③：3、ⅥH4：12）　5. 青釉瓷盆口沿（ⅥT33③：6）　6、7. 黄褐釉瓷器底部残片（ⅥT33③：1、ⅥT33③：2）　8. 青白釉瓷器底部残片（ⅥT12②：5）　9. 青褐釉瓷器底部残片（ⅥT27③：3）

（四）青褐釉瓷器

碗、盏、盘等器物的底部残片　1件。

标本ⅥT27③：3，灰白胎，青褐釉，器内施釉不至器底，器外施釉，足沿足底无釉，釉面失透，有刮削轮制痕，圈足，足壁厚且直，足中央有一凸起。残高3.2、底径5.2厘米（图五五，9；图版二二，9）。

第五节　明代遗物

故城遗址出土的明代遗物有瓷器、陶器、铜器等，主要是瓷器，其他质地的遗物很少，瓷器中又以青花瓷器为主，另有少量的白釉瓷器、青白釉瓷器、蓝釉瓷器。明代的堆积单位虽然不能区分出早晚，但本遗址所出明代瓷器，却可以根据学界的已有研究成果，区分出早期、中期和晚期的瓷器。洪武至宣德年间是早期，正统至天顺年间是空白期，成化、弘治和正德年间是中期，嘉靖、万历和隆庆年间及以后是晚期。

一、瓷　　器

（一）白釉瓷器

小盏　1件。

标本ⅥH4：26，灰白胎，白釉，器内外施釉，足沿无釉，器内有涩圈，釉面光亮。足沿部有刮釉斜削痕，足内壁及底部有拉坯旋痕。敞口，圆唇，斜弧腹，腹足分界明显，矮圈足。口径7.3、高3.3、底径2.5厘米。时代为明代中期（图五六，1）。

（二）青白釉瓷器

盘　1件。

标本ⅧT2③：10，灰白胎，青白釉，器内外施釉，足沿无釉，釉面失透。足沿部有刮釉斜削痕，足内壁及底部有拉坯旋痕。敞口，圆唇，卷沿，斜弧腹，平底，圈足。口径15.8、高3.0、底径9.1厘米。时代为明代中期（图五六，2；图版二三，1）。

（三）蓝釉瓷器

小盏　1件。

标本ⅥT19③：19，灰白胎，器内青白釉，器外施蓝色釉，足沿足底无釉，釉面光亮。足沿部有刮釉斜削痕，足内壁及底部有拉坯旋痕。敞口，圆唇，斜直腹，腹下弧收，圈足，足壁厚且斜削。口径9.5、高4.8、底径4.2厘米。时代为明代晚期（图五六，3；图版二三，2）。

（四）青花瓷器

大盏　13件，据下腹及底足形态可分二型。

A型　下腹弧收，圈足直径略小于器底直径。

标本ⅢT5⑤：1，灰白胎，内外皆施青白釉，釉面失透，足沿施酱釉，外壁釉面多处有黑色小斑点，有多处棕眼。足沿部有刮釉斜削痕。青花绘纹，发色淡雅，呈蓝灰色，单笔勾绘，积青料处呈蓝紫色，沿内及内壁下部绘有两圈弦纹，沿外绘有两圈弦纹，外壁绘鱼藻纹，足腹交接处绘有一圈弦纹。敞口，直沿，方唇，上腹斜直，下腹弧收，圈足，足壁外斜内直。口径11.2、高6.0、底径5.5厘米。时代为明代晚期（图五六，4；图版二三，3）。

标本ⅥT9③：1，灰白胎，器内外皆施青白釉，足沿酱釉，釉面光亮。足沿部有刮釉斜削痕，足内壁及底部有拉坯旋痕，足底有放射状跳刀痕。青花绘纹，色彩暗淡，蓝黑色，沿内及内壁下部均绘有两圈弦纹，沿外绘有两圈弦纹，外壁绘有鱼藻纹，腹足结合处绘两圈弦纹，圈足足墙外壁绘一圈弦纹。敞口，直沿，圆唇，上腹斜直，下腹弧收，平底圈足。口径11.2、高5.9、底径5.4厘米。时代为明代晚期（图五六，5；图版二三，4）。

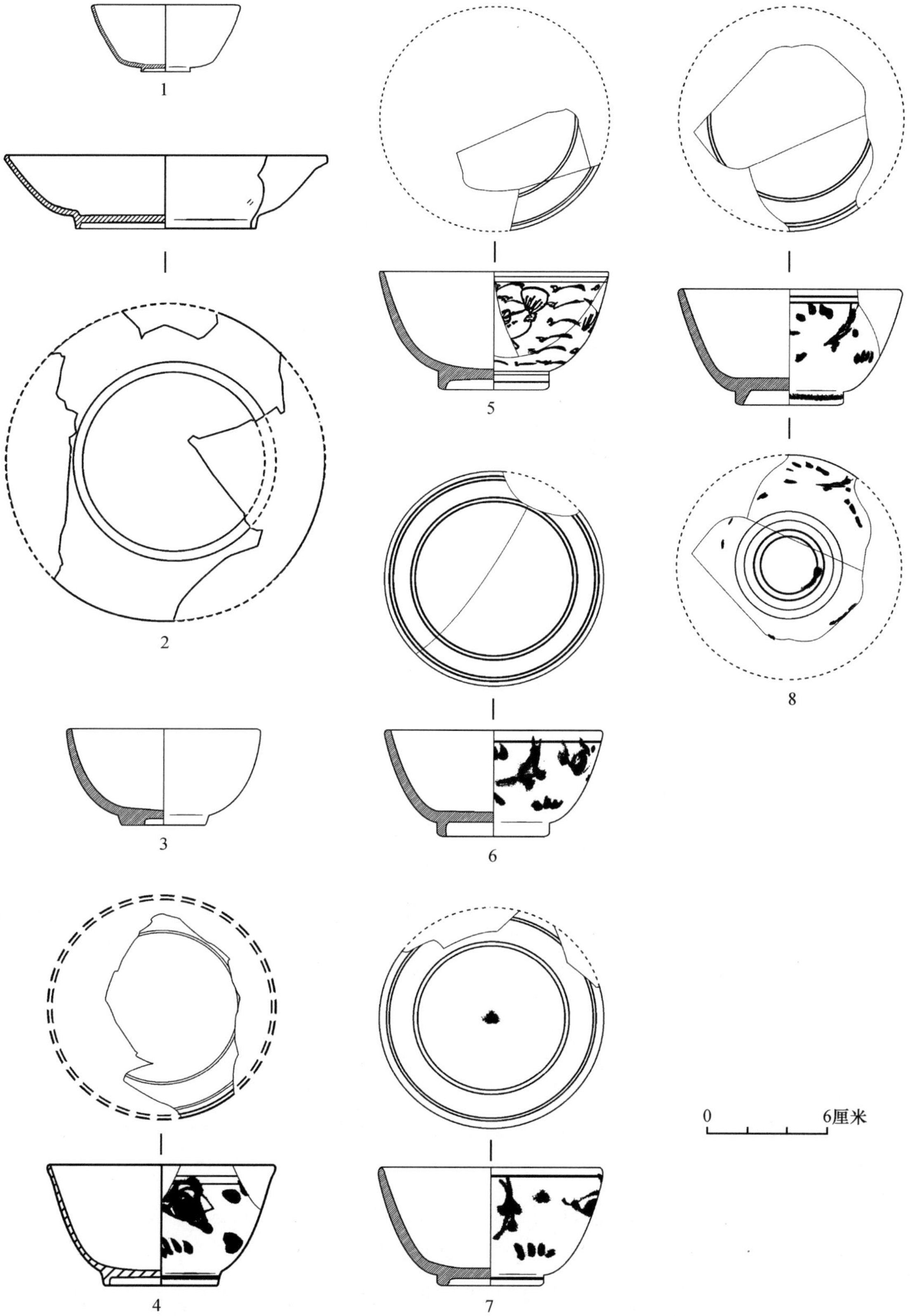

图五六　明代白釉瓷器、青白釉瓷器、蓝釉瓷器及青花瓷器

1. 白釉瓷小盏（ⅥH4：26）　2. 青白釉瓷盘（ⅦT2③：10）　3. 蓝釉瓷小盏（ⅥT19③：19）　4～8. A型青花瓷大盏（ⅢT5⑤：1、ⅥT9③：1、ⅥT19③：8、ⅥT23③：4、ⅥT21②：14）

标本ⅥT19③：8，灰白胎，器内外皆施青白釉，足沿酱釉，釉面光亮，釉面多处有棕眼皲裂。足沿部有刮釉斜削痕，足内壁及底部有拉坯旋痕，足底有放射状跳刀痕。青花绘纹，色彩浓艳，蓝黑色，沿内及内壁下部均绘有双圈弦纹，沿外绘一周弦纹，外壁绘青花鱼藻纹。敞口，直沿，方唇，上腹斜直，下腹弧收，圈足，足墙过肩。口径10.7、高5.3、底径5.5厘米。时代为明代晚期（图五六，6；图版二三，5）。

标本ⅥT21②：14，灰白胎，器内外皆施青白釉，足沿酱釉，釉面光亮。足沿部有刮釉斜削痕，足内壁及底部有拉坯旋痕。青花绘纹，色彩浓，蓝黑色，沿内及内壁下部均绘有双圈弦纹，沿外绘双圈弦纹，外壁绘鱼藻纹，圈足足墙外壁有一周线纹，底有双圈弦纹。敞口，直沿，圆方唇，上腹斜直，下腹弧收，圈足，足墙过肩。口径11.2、高5.8、底径5.4厘米。时代为明代晚期（图五六，8；图版二三，6）。

标本ⅥT23③：4，灰白胎，器内外皆施青白釉，足沿酱釉，足底酱白釉，釉面光亮，釉面多处有棕眼。足沿部有刮釉斜削痕，足内壁及底部有拉坯旋痕，足底有放射状跳刀痕。青花绘纹，色彩浓艳，蓝黑色，沿内及内壁下部均绘双圈弦纹，底心绘点纹，沿外绘一周弦纹，外壁绘青花鱼藻纹，圈足足墙外壁绘一周弦纹。敞口，直沿，圆唇，上腹斜直，下腹弧收，圈足。口径11.0、高5.9、底径5.2厘米。时代为明代晚期（图五六，7；图版二四，1）。

标本ⅥT24③：2，灰白胎，器内外皆施青白釉，足沿酱釉，足底无釉，釉面失透。足沿部有刮釉斜削痕，足内壁及底部有拉坯旋痕，足底有放射状跳刀痕。青花绘纹，色彩暗淡，蓝黑色，沿内及内壁下部均绘有双圈弦纹，底心饰花草纹，沿外绘有双圈弦纹，外壁满绘花草纹。敞口，直沿，圆唇，上腹斜直，下腹弧收，平底圈足。口径11.3、高6.1、底径5.0厘米。时代为明代晚期（图五七，1；图版二四，2）。

标本ⅢT18⑤：1，白胎，内外皆施青白釉，釉层失透，足底未施釉。足沿向内斜削一周，有较明显的拉坯旋痕。青花绘纹，发色深蓝，青料重处呈蓝黑色。内沿及内壁下部均绘双圈弦纹，底心有一花卉纹，外壁绘螭龙纹。器内底有使用者所刻一“胡”字。敞口，直沿，圆唇，上腹斜直，下腹弧收，腹足交界处明显，圈足较高，玉璧形底。口径11.6、高5.7、底径4.7厘米。时代为明代晚期（图五七，2；图版二四，3）。

B型　下腹折收，圈足直径与器底直径相当。

标本ⅥT2③：6，灰白胎，器内外皆施青白釉，足沿酱釉，釉面光亮，釉面多处有棕眼。足沿部有刮釉斜削痕，足内壁及底部有拉坯旋痕，足底有放射状跳刀痕。青花绘纹，色彩浓艳，蓝黑色，沿内及内壁下部均绘有双圈弦纹，底心青花点纹，沿外绘有双圈弦纹，外壁绘青花鱼藻纹。圈足足墙外壁绘一圈弦纹。敞口，直沿，圆唇，上腹斜直，下腹弧收，圈足。口径11.0、高5.9、底径5.2厘米。时代为明代晚期（图五七，3；图版二四，4）。

标本ⅢH3：1，灰白胎，内外皆施青白釉，釉面失透，外壁釉面多处有黑色小斑点，有多处棕眼，足沿施酱釉，足内未施釉。足沿部有刮釉斜削痕，足内壁及底部有拉坯旋痕，足底有放射状跳刀痕。青花绘纹，淡蓝色，积青料处蓝黑，沿内及内壁下部均绘有两圈弦纹，底心饰柳枝纹，外壁口沿下绘有两圈弦纹，外壁绘垂柳纹。敞口，直沿，圆唇，上腹斜直，下腹折收，圈足，足壁外斜内直。口径11.6、高5.7、底径6.1厘米。时代为明代晚期（图五七，4；图版二四，5）。

标本ⅥT27③：19，灰白胎，器内外皆施青白釉，口沿足沿酱釉，足底无釉，釉面失透。足沿部有刮釉斜削痕，足内壁及底部有拉坯旋痕，足底有放射状跳刀痕。青花绘纹，色彩暗淡，蓝黑色，沿内绘一圈线纹，内壁下部绘双圈弦纹，底心饰团菊纹，外壁满绘团菊纹。敞口，直沿，圆唇，上腹斜直，下腹折收，平底圈足，足底中部隆起。口径11.3、高5.5、底径5.9厘米。时代为明代晚期（图五七，5；图版二四，6）。

标本ⅥT27③：24，灰白胎，器内外皆施青白釉，足沿酱釉，釉面光亮，釉面多处有棕眼。足沿部有刮釉斜削痕，足内壁及底部有拉坯旋痕，足底有放射状跳刀痕。青花绘纹，色彩浓艳，蓝黑色，沿内及内壁下部均绘双圈弦纹，底心绘点纹，沿外绘双圈弦纹，外壁绘青花鱼藻纹。敞口，直沿，圆唇，上腹斜直，下腹折收，圈足，足墙过肩。口径10.7、高5.6、底径

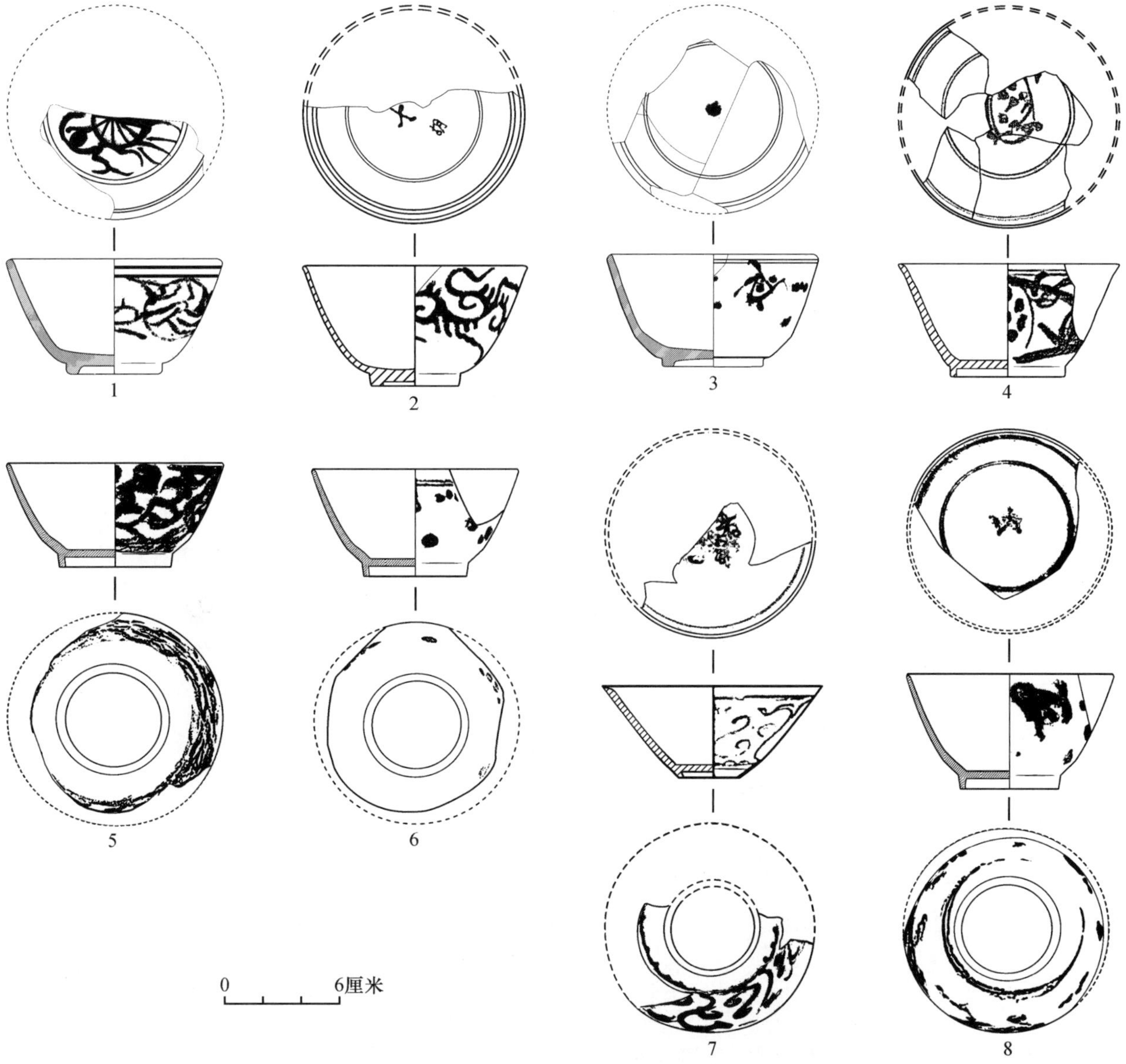

图五七 明代青花瓷器

1、2. A型青花瓷大盏（ⅥT24③：2、ⅢT18⑤：1） 3～8. B型青花瓷大盏（ⅥT2③：6、ⅢH3：1、ⅥT27③：19、ⅥT27③：24、ⅦH3：12、ⅥT28③：14）

5.0厘米。时代为明代晚期（图五七，6；图版二五，1）。

标本ⅧH3：12，灰白胎，青白釉，器内外施釉，足沿无釉，釉面光亮，有棕眼黑斑。足沿部有刮釉斜削痕，足内壁及底部有拉坯旋痕。青花绘纹，色彩淡雅，呈浅蓝黑色，沿内绘一周线纹，底心绘瑞草纹，沿外绘一周弦纹，外壁中部绘花卉纹，下部绘仰莲纹。敞口，直沿，尖圆唇，上腹斜直，下腹折收，圈足，足壁外斜内直。口径11.5、高4.8、底径3.9厘米。时代为明代中期（图五七，7）。

标本ⅥT28③：14，灰白胎，器内外皆施青白釉，足沿酱釉，釉面光亮，釉面多处有棕眼。足沿部有刮釉斜削痕，足内壁及底部有拉坯旋痕，足底有放射状跳刀痕。青花绘纹，色彩浓艳，蓝黑色，沿内及内壁下部均绘一周弦纹，底心绘花卉纹，外壁绘鱼藻纹。敞口，圆唇，斜直腹，圈足，足墙过肩，足底中部有一小突。口径11.0、高6.1、底径5.2厘米。时代为明代晚期（图五七，8；图版二五，2）。

小盏　7件，据其口部形态可分三型。

A型　敞口，直沿。据其下腹及底足形态可分二亚型。

Aa型　下腹弧收，圈足直径略小于器底直径。

标本ⅥT2③：5，灰白胎，青白釉，器内外施釉，足沿酱釉，釉面光亮。足沿部有刮釉斜削痕，足内壁及底部有拉坯旋痕。青花绘纹，色彩暗淡，色蓝黑，沿内及内壁下部绘双圈弦纹，沿外绘两周弦纹，外壁绘鱼藻纹。敞口，直沿，圆唇，上腹斜直，下腹弧收，腹足分界明显，圈足，足墙过肩。口径8.7、高5.0、底径3.8厘米。时代为明代晚期（图五八，1；图版二五，3）。

标本ⅥT24③：4，灰白胎，青白釉，器内外施釉，足沿酱釉，釉面光亮。足沿部有刮釉斜削痕，足内壁及底部有拉坯旋痕。青花绘纹，色彩暗淡，色蓝黑，沿内及内壁下部绘双圈弦纹，底心绘点纹，沿外绘两周弦纹，外壁绘点纹，腹足结合部绘一周弦纹，器底绘有一周弦纹。敞口，直沿，圆唇，上腹斜直，下腹弧收，腹足分界明显，圈足，足墙过肩。口径8.4、高4.8、底径4.9厘米。时代为明代晚期（图五八，2；图版二五，4）。

ⅥT23③：3，灰白胎，器内外皆施青白釉，足沿火石红，釉面光亮。足沿部有刮釉斜削痕，足内壁及底部有拉坯旋痕。青花绘纹，色彩浓艳，蓝黑色，沿内绘双圈弦纹，内壁下部绘一周花带，底心饰四朵花，外壁绘凤鸟图，圈足上绘弦纹。敞口，直沿，圆唇，上腹斜直，下腹弧收，圈足，足壁厚且斜削。口径9.8、高5.0、底径4.5厘米。时代为明代晚期（图五八，3；图版二五，5）。

标本ⅥT23③：11，灰白胎，器内外皆施青白釉，足沿火石红，釉面光亮。足沿部有刮釉斜削痕，足内壁及底部有拉坯旋痕。青花绘纹，色彩浓艳，蓝黑色，沿内绘一周带状纹，内壁下部绘一周花带，底心四朵花，沿外绘两周弦纹，外壁绘凤鸟图，圈足上绘两周弦纹。敞口，直沿，圆唇，上腹斜直，下腹弧收，圈足，足壁厚且斜削。口径9.8、高4.9、底径4.2厘米。时代为明代晚期（图五八，4；图版二五，6）。

Ab型　下腹折收，圈足直径与器底直径相当。

标本ⅥT27③：17，灰白胎，器内外皆施青白釉，足沿足底无釉，釉面光亮。足沿部有刮釉斜削痕，足内壁及底部有拉坯旋痕，足底有放射状跳刀痕。青花绘纹，色彩浓艳，蓝黑色，沿内及内壁下部均绘双圈弦纹，底心绘一花卉，沿外绘双圈弦纹，外壁绘螭龙纹，圈足绘一周弦纹。敞口，直沿，圆唇，上腹斜直，下腹折收，圈足，足壁厚且斜削。口径9.5、高4.8、底径4.6厘米。时代为明代晚期（图五八，5；图版二六，1）。

B型　敞口，沿部稍外侈。

标本ⅢT18⑤：2，白胎，内外皆施青白釉，釉层光亮，足底未施釉。圈足规整，足沿向内斜削一周，有明显的拉坯旋痕，足内有放射状跳刀痕。青花绘纹，发色浓艳，青料重处呈深蓝

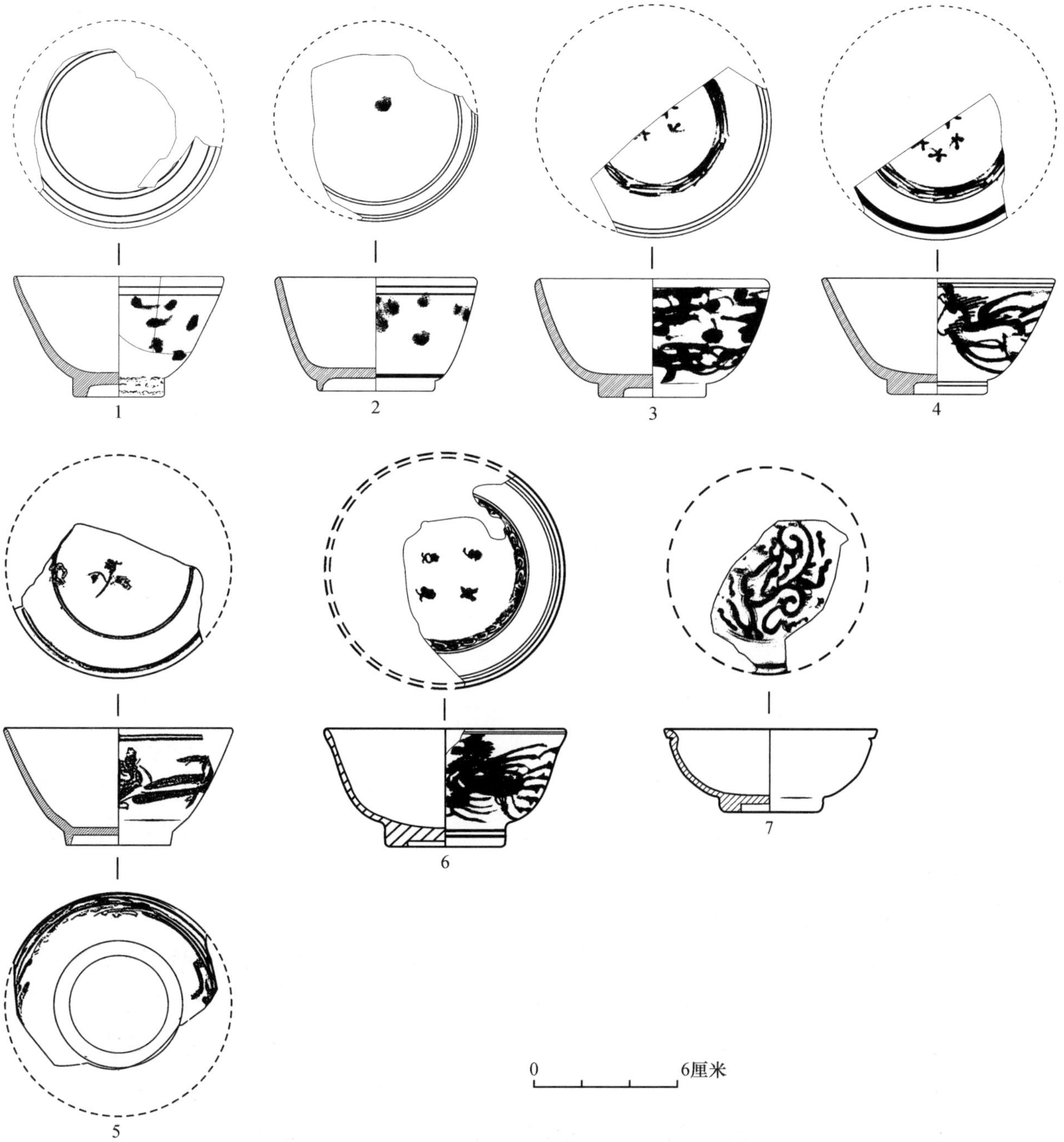

图五八　明代青花瓷器

1～4. Aa型青花瓷小盏（ⅥT2③：5、ⅥT24③：4、ⅥT23③：3、ⅥT23③：11）　5. Ab型青花瓷小盏（ⅥT27③：17）
6. B型青花瓷小盏（ⅢT18⑤：2）　7. C型青花瓷小盏（ⅣT0207④：1）

色，内沿绘双圈弦纹，内壁下部绘一周波浪纹，底心饰四朵花，外沿绘一周双圈线纹，外壁绘蜂鸟纹和缠枝莲花纹，圈足外绘双圈弦纹。敞口，卷沿，圆唇，上腹斜直，下腹弧收，腹足交界处明显，玉璧形圈足较高。口径10.0、高4.8、底径4.8厘米。时代为明代晚期（图五八，6；图版二六，2）。

C型　直口，卷沿。

标本ⅣT0207④：1，灰白胎，内外皆施青白釉，釉层厚且失透，足沿及底部无釉。器底有明显的拉坯旋痕，足壁外缘部有向外斜削痕。青花绘纹，发色较浓，积青料处蓝黑，内沿及内壁下部均绘双圈弦纹，底心双笔勾绘平涂渲染缠枝纹。直口，卷沿，圆唇，斜弧腹，腹足交界处明显，玉璧圈足底，足沿内斜。口径9.0、高3.5、底径4.1厘米。时代为明代晚期（图五八，7）。

大碗　7件，据其口部及腹部形态可分四型。

A型　敞口，直沿，深腹。

标本ⅥH10：6，灰白胎，器内外施青白釉，釉面光亮，足沿无釉，沾沙。足沿部有刮釉斜削痕，足内壁及底部有拉坯旋痕。青花绘纹，色彩浓艳，蓝黑色，沿内及内壁下部均绘有一圈弦纹，底心有青花点纹，外壁绘有螭龙纹。敞口，直沿，圆唇，上腹斜直，下腹折收，圈足，足墙过肩，足底微外鼓。口径16.0、高7.2、底径7.4厘米。时代为明代晚期（图五九，1；图版二六，3）。

标本ⅥT27③：25，灰白胎，器内外皆施青白釉，足沿酱釉，釉面光亮。足沿部有刮釉斜削痕，足内壁及底部有拉坯旋痕。青花绘纹，色彩浓，蓝黑色，沿内绘有一周弦纹，内壁下部绘双圈弦纹，底心绘花卉纹，沿外绘有双圈弦纹，外壁绘枝蔓花卉纹，底饰双圈弦纹。敞口，直沿，圆方唇，上腹斜直，下腹折收，圈足，足墙过肩。口径16.7、高7.5、底径6.4厘米。时代为明代晚期（图五九，2；图版二六，4）。

B型　敞口，直沿，浅腹。据其下腹即底足形制可分二亚型。

Ba型　上腹斜直，下腹折收，圈足直径与器底直径相当。

标本ⅥH5：11，灰白胎，器内外施青白釉，足沿足底酱釉，釉面失透，釉面多处有棕眼。足沿部有刮釉斜削痕，足内壁及底部有拉坯旋痕，足底有放射状跳刀痕。青花绘纹，色彩暗淡，蓝黑色，底心蕉叶纹，外壁中上部绘枝蔓花卉纹，下部绘有仰莲纹。敞口，直沿，圆唇，上腹斜直，下腹折收，圈足，足底外凸。口径15.6、高5.8、底径5.6厘米。时代为明代中期（图五九，3；图版二六，5）。

Bb型　斜弧腹，圈足直径略小于器底直径。

标本ⅥT23③：7，灰白胎，器内外皆施青白釉，足沿酱釉，釉面光亮。足沿部有刮釉斜削痕，足内壁及底部有拉坯旋痕，足底有放射状跳刀痕。青花绘纹，色彩浓，蓝黑色，内壁下部绘双圈弦纹，底心寿字纹，沿外绘双圈弦纹，外壁绘枝蔓花卉纹，圈足外壁绘一周弦纹，器底绘有双圈弦纹，有“豆腐干”款。敞口，直沿，圆方唇，上腹斜直，下腹弧收，圈足，足墙过肩。口径17.2、高7.5、底径8.0厘米。时代为明代晚期（图五九，4；图版二六，6）。

C型　敞口，沿部稍侈，浅腹。

标本ⅥT23③：10，灰白胎，器内外皆施青白釉，足沿酱釉，釉面光亮。足沿部有刮釉斜削

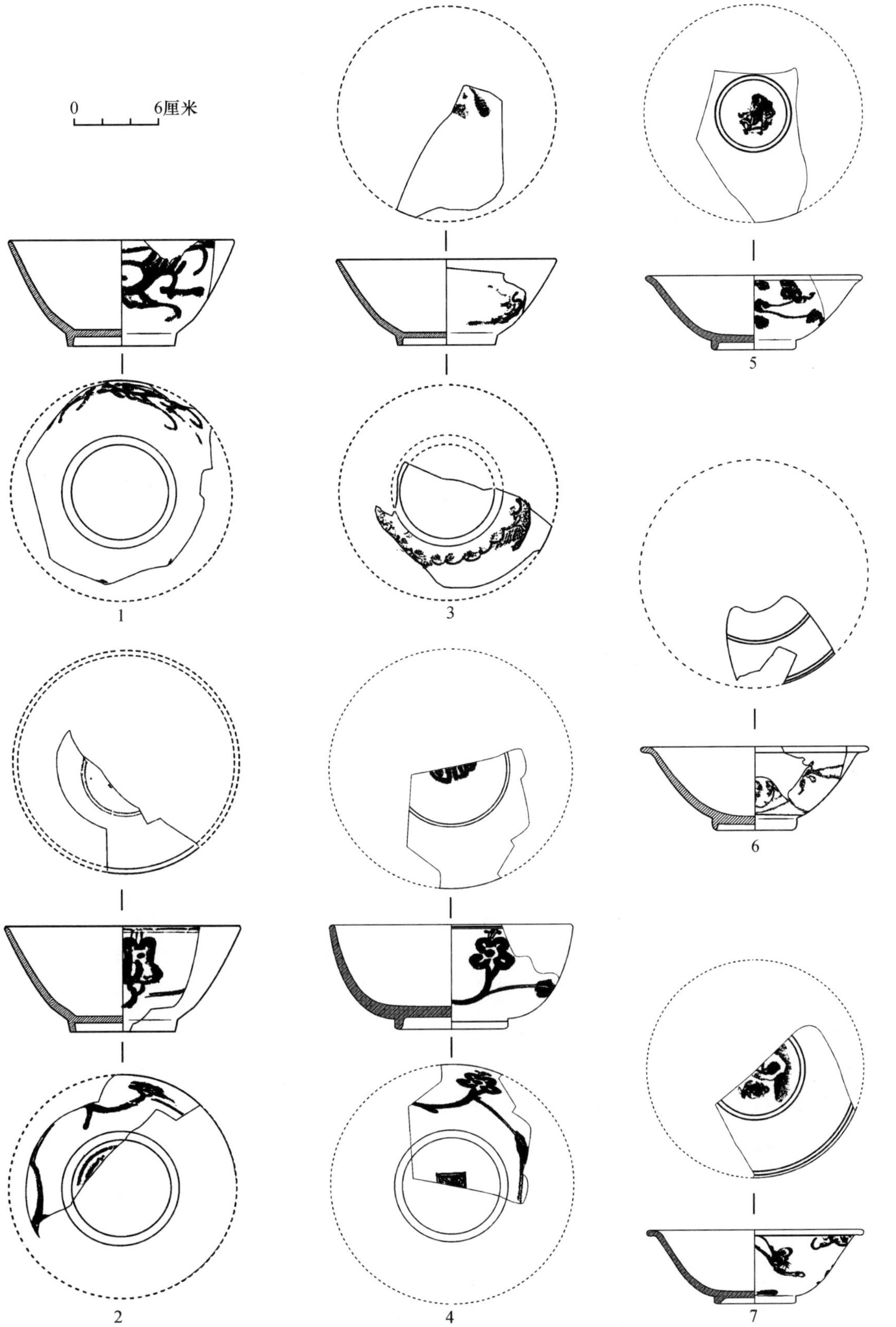

图五九　明代青花瓷器

1、2. A型青花瓷大碗（ⅥH10：6、ⅥT27③：25）　3. Ba型青花瓷大碗（ⅥH5：11）　4. Bb型青花瓷大碗（ⅥT23③：7）　5. C型青花瓷大碗（ⅥT23③：10）　6、7. D型青花瓷大碗（ⅥT1③：7、ⅥT23③：5）

痕，足内壁及底部有拉坯旋痕，足底有放射状跳刀痕。青花绘纹，色彩浓，蓝黑色，内壁下部绘双圈弦纹，底心饰花卉纹，外壁绘花卉枝蔓纹。敞口，沿部稍外侈，尖圆唇，上腹斜直，下腹弧收，圈足。口径15.6、高5.3、底径6.0厘米。时代为明代中期（图五九，5；图版二七，1）。

D型　敞口，卷沿，浅腹。

标本ⅥT1③：7，灰白胎，器内外皆施青白釉，足沿酱釉，釉面光亮，釉面多处有棕眼。足沿部有刮釉斜削痕，足内壁及底部有拉坯旋痕，足底有放射状跳刀痕。青花绘纹，色彩淡，蓝黑色，沿内及内壁下部均绘双圈弦纹，外壁绘枝蔓花卉纹，腹足结合处绘有一周弦纹。侈口，沿外卷，尖圆唇，上腹斜直，下腹弧腹，圈足。口径16.4、高6.0、底径6.0厘米。时代为明代中期（图五九，6；图版二七，2）。

标本ⅥT23③：5，灰白胎，器内外皆施青白釉，足沿酱釉，釉面光亮。足沿部有刮釉斜削痕，足内壁及底部有拉坯旋痕，足底有放射状跳刀痕。青花绘纹，色彩浓，蓝黑色，沿内及内壁下部均绘双圈弦纹，底心饰花卉纹，外壁绘动植物纹。敞口，沿外卷，尖圆唇，上腹斜直，下腹弧腹，圈足。口径15.6、高5.3、底径5.9厘米。时代为明代中期（图五九，7；图版二七，3）。

中碗　11件，据其口部及腹部形制可分四型。

A型　敞口，直沿，深腹。据其下腹及底足形制可分二亚型。

Aa型　下腹弧收，圈足直径略小于器底直径。

标本ⅥT19③：9，灰白胎，器内外皆施青白釉，足沿酱釉，釉面失透，釉面多处有棕眼皲裂。足沿部有刮釉斜削痕，足内壁及底部有拉坯旋痕，足底有放射状跳刀痕。青花绘纹，色彩暗淡，蓝黑色，花纹模糊，内壁下部绘双圈弦纹，底心青花花卉纹，外壁绘宝相花纹，底绘两圈弦纹。敞口，直沿，方唇，上腹斜直，下腹弧收，圈足，足底外鼓。口径14.1、高6.7、底径7.0厘米。时代为明代晚期（图六〇，1；图版二七，4）。

标本ⅥT23③：12，灰白胎，器内外皆施青白釉，口沿足沿酱釉，釉面光亮。足沿部有刮釉斜削痕，足内壁及底部有拉坯旋痕，足底有放射状跳刀痕。青花绘纹，色彩浓，蓝黑色，沿内绘带状纹，稍下绘双圈弦纹，内壁下部绘双圈弦纹，底心绘寿字纹，外壁绘葡萄纹。敞口，直沿，圆方唇，上腹斜直，下腹弧收，圈足。口径13.9、高6.9、底径6.0厘米。时代为明代晚期（图六〇，2；图版二七，5）。

Ab型　下腹折收，圈足直径与器底直径相当。

标本ⅥH3：19，灰白胎，器内外皆施青白釉，足沿酱釉，釉面失透，釉面多处有棕眼皲裂。足沿部有刮釉斜削痕，足内壁及底部有拉坯旋痕，足底有放射状跳刀痕。青花绘纹，色彩暗淡，蓝黑色，花纹模糊，沿内及内壁下部绘两周弦纹，底心绘花卉纹，外壁绘宝相花纹。敞口，直沿，圆唇，上腹斜直，下腹折收，圈足。口径14.0、高6.4、底径7.0厘米。时代为明代晚期（图六〇，3；图版二七，6）

标本ⅥT27③：21，灰白胎，器内外皆施青白釉，足沿酱釉，釉面光亮，釉面多处有棕眼皲裂。足沿部有刮釉斜削痕，足内壁及底部有拉坯旋痕，足底有放射状跳刀痕。青花绘纹，色彩浓艳，蓝黑色，底心绘花卉纹，外壁绘宝相花纹。敞口，直沿，方唇，上腹斜直，下腹折收，圈足，足底外鼓。口径14.2、高6.4、底径6.8厘米。时代为明代晚期（图六〇，4；图版

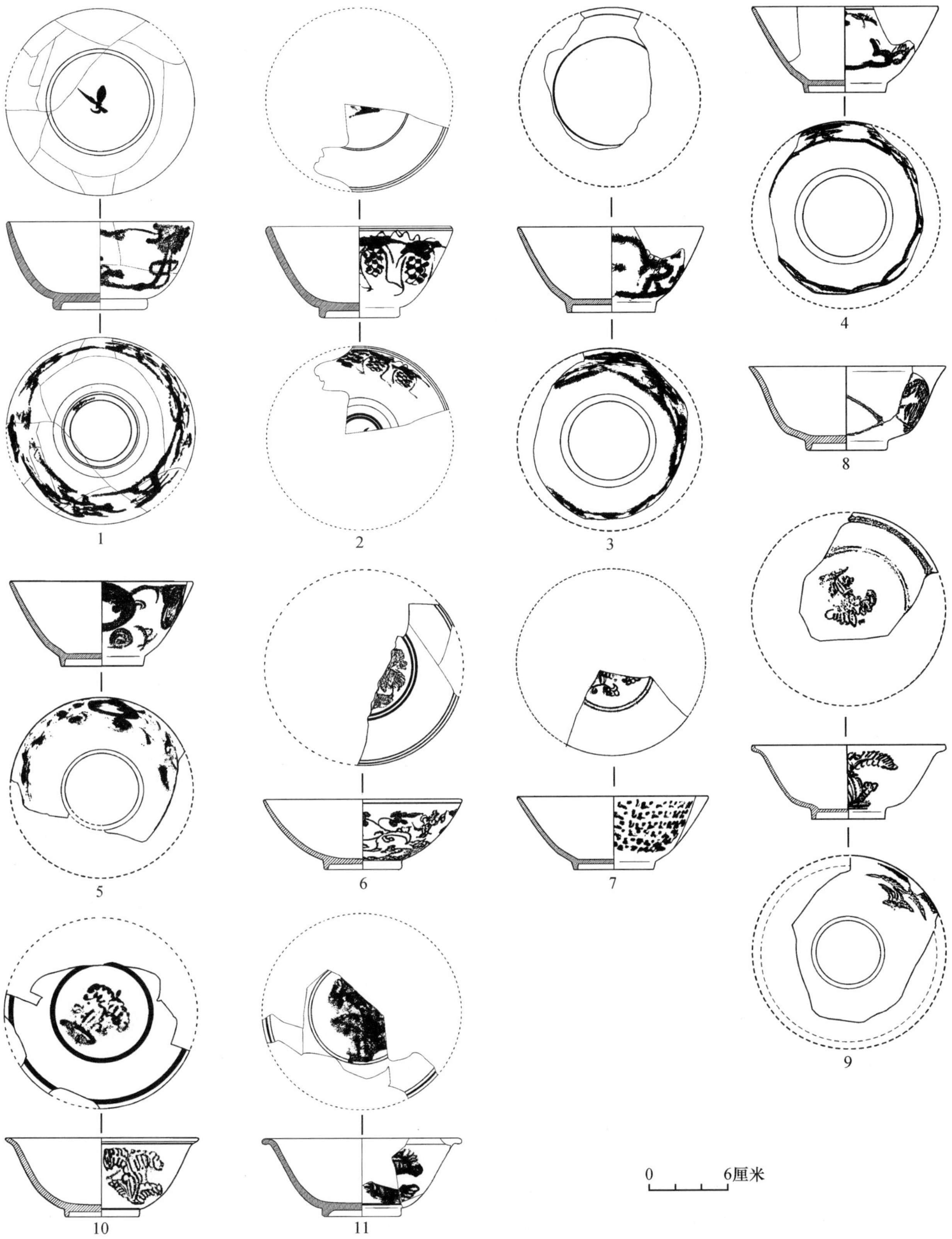

图六〇　明代青花瓷器

1、2. Aa型青花瓷中碗（ⅥT19③：9、ⅥT23③：12）　3～5. Ab型青花瓷中碗（ⅥH3：19、ⅥT27③：21、ⅦT5③：47）
6. Ba型青花瓷中碗（ⅥT1③：6）　7. Bb型青花瓷中碗（ⅥH4：27）　8. C型青花瓷中碗（ⅥT1③：8）　9～11. D型青花瓷中碗
（ⅦT5③：46、ⅥT1③：5、ⅥT23③：6）

二八，1）。

标本ⅦT5③：47，灰白胎，青白釉，器内外施釉，足沿足底无釉，釉面失透皲裂，施釉不匀，有棕眼黑斑。足沿部有刮釉斜削痕，足内壁及底部有拉坯旋痕，足底有放射状跳刀痕。青花绘纹，色彩暗，蓝黑色，底绘兰草纹，外壁绘漩涡纹。敞口，直沿，圆唇，上腹斜直，下腹折收，圈足较高，鸡心底。口径13.7、高6.3、底径5.6厘米。时代为明代中期（图六〇，5；图版二八，2）。

B型　敞口，直沿，浅腹。据其下腹既底足形制可分二亚型。

Ba型　下腹弧收，圈足直径略小于器底直径。

标本ⅥT1③：6，灰白胎，器内外皆施青白釉，足沿无釉，釉面光亮，釉面多处有棕眼。足沿部有刮釉斜削痕，足内壁及底部有拉坯旋痕，足底有放射状跳刀痕。青花绘纹，色彩浓艳，蓝黑色，沿内及内壁下部绘两周弦纹，底心绘花卉纹。沿外绘一周弦纹，外壁绘枝蔓花卉纹，下饰仰莲纹。敞口，圆唇，上腹斜直，下腹弧收，圈足，足底外凸。口径14.9、高5.3、底径5.8厘米。时代为明代中期（图六〇，6；图版二八，3）。

Bb型　下腹折收，圈足直径与器底直径相当。

标本ⅥH4：27，灰白胎，器内外皆施青白釉，足沿酱釉，釉面光亮。足沿部有刮釉斜削痕，足内壁及底部有拉坯旋痕，足底有放射状跳刀痕。青花绘纹，色彩浓，蓝黑色，内壁下部绘双圈弦纹，底心饰蕉叶纹，外壁绘百蝠纹。敞口，圆唇，上腹斜直，下腹折收，圈足，足底外凸。口径14.4、高5.4、底径5.2厘米。时代为明代中期（图六〇，7；图版二八，4）。

C型　敞口，沿部稍外侈，深腹。

标本ⅥT1③：8，灰白胎，器内外皆施青白釉，足沿酱釉，足底酱白釉，釉面光亮。足沿部有刮釉斜削痕，足内壁及底部有拉坯旋痕，足底有放射状跳刀痕。腹壁饰三周旋纹。青花绘纹，色彩浓，蓝黑色，沿内绘一周带状纹，内壁下部绘双圈弦纹，底心绘蕉叶纹，沿外绘一周弦纹，外壁绘蕉叶纹，腹足结合处绘一周弦纹。撇口，卷沿，尖圆唇，上腹斜直，下腹折收，圈足，足墙过肩。口径14.8、高6.3、底径6.0厘米。时代为明代中期（图六〇，8；图版二八，5）。

D型　敞口，卷沿，深腹。

标本ⅦT5③：46，灰白胎，青白釉，器内外施釉，足底酱白釉，釉面失透皲裂，施釉不匀，有棕眼黑斑。足沿部有刮釉斜削痕，足内壁及底部有拉坯旋痕。青花绘纹，色彩暗，蓝黑色，沿内绘一周带状纹，内壁下部绘双圈弦纹，底饰蕉叶纹，器外腹饰蕉叶纹，下部绘双圈弦纹。侈口，卷沿，尖圆唇，上腹斜直，下腹弧收，圈足较高，鸡心底。口径14.7、高5.6、底径5.6厘米。时代为明代中期（图六〇，9；图版二八，6）。

标本ⅥT1③：5，灰白胎，器内外皆施青白釉，足沿酱釉，釉面光亮。足沿部有刮釉斜削痕，足内壁及底部有拉坯旋痕，足底有放射状跳刀痕。青花绘纹，色彩浓，蓝黑色，沿内及内壁下部绘带状纹，底心绘蕉叶纹。沿外及外壁足腹结合处均绘一周弦纹，外壁绘蕉叶纹。撇口，卷沿，尖圆唇，上腹斜直，下腹弧收，圈足。口径14.5、高6.0、底径5.6厘米。时代为明代中期（图六〇，10；图版二九，1）。

标本ⅥT23③：6，灰白胎，器内外皆施青白釉，足沿酱釉，足底酱白釉，釉面光亮。足沿部有刮釉斜削痕，足内壁及底部有拉坯旋痕，足底有放射状跳刀痕。青花绘纹，色彩浓，蓝黑色，沿内及内壁下部均绘双圈弦纹，底心饰蕉叶纹。沿外及外壁下部皆绘一周弦纹，外壁绘蕉叶纹。侈口，卷沿，尖圆唇，上腹斜直，下腹弧收，圈足，鸡心底。口径14.8、高5.8、底径5.8厘米。时代为明代中期（图六○，11；图版二九，2）。

小碗　8件，据其口部形制可分二型。

A型　敞口，直沿，深腹。

标本ⅢT7⑤：1，灰白胎，内外皆施青白釉，釉面开片且失透，外壁釉面有多处棕眼，足沿施酱釉，足内未施釉。足沿部有刮釉斜削痕。青花绘纹，发色浓艳，呈蓝黑色，内沿绘一周宽扁虚线纹，其下绘双圈弦纹，内壁下部绘双圈弦纹，器底绘团菊纹，外壁绘菊瓣纹，下部绘带状纹，足腹交接处绘一周虚线纹。敞口，直沿，圆唇，上腹斜直，下腹折收，圈足，足壁外斜内直。口径12.0、高6.3、底径5.9厘米。时代为明代晚期（图六一，1；图版二九，3）。

标本ⅥT24③：3，灰白胎，器内外皆施青白釉，足沿无釉，釉面光亮。足沿部有刮釉斜削痕，足内壁及底部有拉坯旋痕。青花绘纹，色彩浓艳，蓝黑色，沿内及内壁下部均绘双圈弦纹，底心绘点纹，外壁绘螭龙纹。敞口，直沿，圆唇，上腹斜直，下腹折收，圈足，足壁厚且斜削。口径11.9、高5.5、底径4.8厘米。时代为明代晚期（图六一，2；图版二九，4）。

标本ⅥT19③：10，灰白胎，器内外皆施青白釉，足沿酱釉，釉面失透皲裂。足沿部有刮釉斜削痕，足内壁及底部有拉坯旋痕，足底有放射状跳刀痕。青花绘纹，色彩浓，蓝黑色，沿内绘线纹，底心绘团菊纹，外壁绘菊花纹。敞口，直沿，圆唇，上腹斜直，下腹折收，腹足分界不明显，圈足，足墙过肩。口径12.9、高6.3、底径6.0厘米。时代为明代晚期（图六一，3；图版二九，5）。

标本ⅥT27③：22，灰白胎，器内外皆施青白釉，足沿酱釉，釉面失透皲裂。足沿部有刮釉斜削痕，足内壁及底部有拉坯旋痕，足底有放射状跳刀痕。青花绘纹，色彩浓，蓝黑色，底心为团菊纹，腹外饰菊花纹。侈口，圆唇，上腹斜直，下腹折收，圈足，足墙过肩。口径12.8、高6.5、底径5.9厘米。时代为明代晚期（图六一，4；图版二九，6）。

标本ⅥT28③：12，灰白胎，青白釉，器内外施釉，足沿、足底无釉，釉面光亮，釉面有棕眼黑斑。足沿部有刮釉斜削痕，足内壁及底部有拉坯旋痕。青花绘纹，色彩暗，色蓝黑，沿内涂青一周，下绘双圈弦纹，内壁下部有双圈弦纹，底绘团花纹，外壁绘花卉纹，晕散较甚，腹足交界绘一圈线纹。侈口，尖圆唇，上腹斜直，下腹折收，圈足，足中央外凸。口径12.5、高6.3、底径5.7厘米。时代为明代晚期（图六一，5；图版三○，1）。

B型　大敞口，沿略显外侈，浅腹。

标本ⅥT23③：1，灰白胎，器内外皆施青白釉，足沿无釉，釉面光亮。足沿部有刮釉斜削痕，足内壁及底部有拉坯旋痕，足底有放射状跳刀痕。青花绘纹，色彩浓，蓝黑色，沿内绘一周花纹带，底心绘花卉纹，沿外绘双圈弦纹，外壁绘百蝠花草纹，圈足足墙外壁绘一周弦纹。大敞口，沿外侈，圆唇，上腹斜直，下腹弧收，圈足。口径11.8、高4.4、底径3.8厘米。时代为明代中期（图六一，6；图版三○，2）。

标本ⅥT23③：2，灰白胎，器内外皆施青白釉，足沿无釉，釉面光亮。足沿部有刮釉斜削

图六一 明代青花瓷器

1～5. A型青花瓷小碗（ⅢT7⑤：1、ⅥT24③：3、ⅥT19③：10、ⅥT27③：22、ⅥT28③：12） 6～8. B型青花瓷小碗（ⅥT23③：1、ⅥT23③：2、ⅥT23③：8）

痕，足内壁及底部有拉坯旋痕，足底有放射状跳刀痕。青花绘纹，色彩浓，蓝黑色，沿内绘一周花纹带，底心绘花卉纹，沿外绘双圈弦纹，外壁绘百蝠花草纹。大敞口，沿外侈，圆唇，上腹斜直，下腹弧收，圈足，足底中部凸起。口径11.8、高4.4、底径3.9厘米。时代为明代中期（图六一，7；图版三〇，3）。

标本ⅥT23③：8，灰白胎，器内外皆施青白釉，足底酱白釉，釉面光亮，釉面多处有棕眼。足沿部有刮釉斜削痕，足内壁及底部有拉坯旋痕，足底有放射状跳刀痕。青花绘纹，色彩暗淡，蓝黑色，沿内及内壁下部均绘双圈弦纹，底心绘团花纹，沿外及圈足上均绘双圈弦纹，外壁上部饰花卉枝蔓纹。大敞口，沿外侈，圆唇，上腹斜直，下腹弧收，圈足，足底外凸。口径11.9、高4.2、底径4.2厘米。时代为明代中期（图六一，8；图版三〇，4）。

大盘　1件。

标本ⅥT23③：9，灰白胎，器内外皆施青白釉，足底酱白釉，釉面光亮，多处有棕眼。足沿部有刮釉斜削痕，足内壁及底部有拉坯旋痕，足底有放射状跳刀痕。青花绘纹，色彩浓艳，蓝黑色。沿内饰一周弦纹，底心莱菔纹。侈口，尖圆唇，斜弧腹，圈足斜削，足壁较厚。口径14.5、高4.6、底径5.7厘米。时代为明代晚期（图六二，1；图版三一，1）。

中盘　4件，据其口部形制可分二型。

A型　大敞口，直沿。

标本ⅢT2⑤：2，灰白胎，内外施青白釉，釉面失透，圈足内未施釉，外壁釉面多处有黑色小斑点，底部有多处棕眼。器底有拉坯旋痕。青花绘纹，发色淡雅，呈蓝灰色，内沿绘一周弦纹，内壁下部绘双圈弦纹，底心绘短粗二字纹，单笔勾绘，积青料处呈蓝紫色。敞口，圆唇，斜弧腹，矮圈足，小圈足内敛，足内壁近直，内底上凸。口径11.8、高3.4、底径4.8厘米。时代为明代晚期（图六二，2；图版三一，2）。

标本ⅣT0206④：1，灰白胎，内外施青白釉，釉面失透，圈足内未施釉，外壁釉面多处有黑色小斑点，有棕眼。底心有使用者刻四字“□双行□”。足沿部有刮釉斜削痕，器底内有放射状跳刀痕，足底沾沙。青花绘纹，色淡，积青料处泛绿色。内沿绘不规则带状纹，内壁下部绘双圈线纹，底心绘有二字纹。外壁口沿下有青料溢出。敞口，圆唇，斜弧腹，矮圈足，足墙不及肩。足内直外斜，内底上凸。口径11.5、高3.1、底径5.0厘米。时代为明代晚期（图六二，3；图版三一，3）。

标本ⅥT28③：11，灰白胎，器内外皆施青白釉，足沿无釉，釉面失透。足沿部有刮釉斜削痕，足内壁及底部有拉坯旋痕，足底有放射状跳刀痕。青花绘纹，色彩暗淡，蓝黑色，沿内绘一周菱格纹，内壁下部绘双圈弦纹，器心绘螭龙纹。敞口，圆唇，斜弧腹，平底圈足，足底心向上明显外鼓，足墙过肩。口径13.0、高4.0、底径5.1厘米。时代为明代晚期（图六二，5；图版三一，4）。

B型　大敞口，沿部稍外侈。

标本ⅢT2⑤：1，灰白胎，青白釉，外部施釉不及器底，釉面失透，外壁釉面多处有黑色小斑点，底部及内壁有多处棕眼，积釉处有火石红。垫足仰烧，足底沾沙。青花绘纹，发色浓艳，呈蓝色，内沿绘一周弦纹，底心绘莱菔纹，单笔勾绘，平涂渲染。大敞口，沿部稍外侈，尖圆唇，斜腹，玉璧底，矮足。口径12.8、高3.5、底内径5.6厘米。时代为明代晚期（图六二，6；图版三一，5）。

小平底盘 1件。

标本ⅢT16⑤：1，灰白胎，芒口，器内施青白釉，釉面失透，器外未施釉，沿内积釉处有火石红。器外壁及底部有拉坯旋痕。青花绘纹，发色淡雅，呈蓝灰色，内沿及内壁下部皆绘双圈弦纹，腹内壁残存一青花“太”字，单笔勾绘，积青料处呈蓝紫色。敞口，圆唇，斜弧腹，小平底。口径9.1、高2.3、底径3.1厘米。时代为明代晚期（图六二，4；图版三一，6）。

碟 1件。

标本ⅦH5：8，灰白胎，青白釉，器内外施釉，釉面光亮，有棕眼黑斑。足沿部有刮釉斜

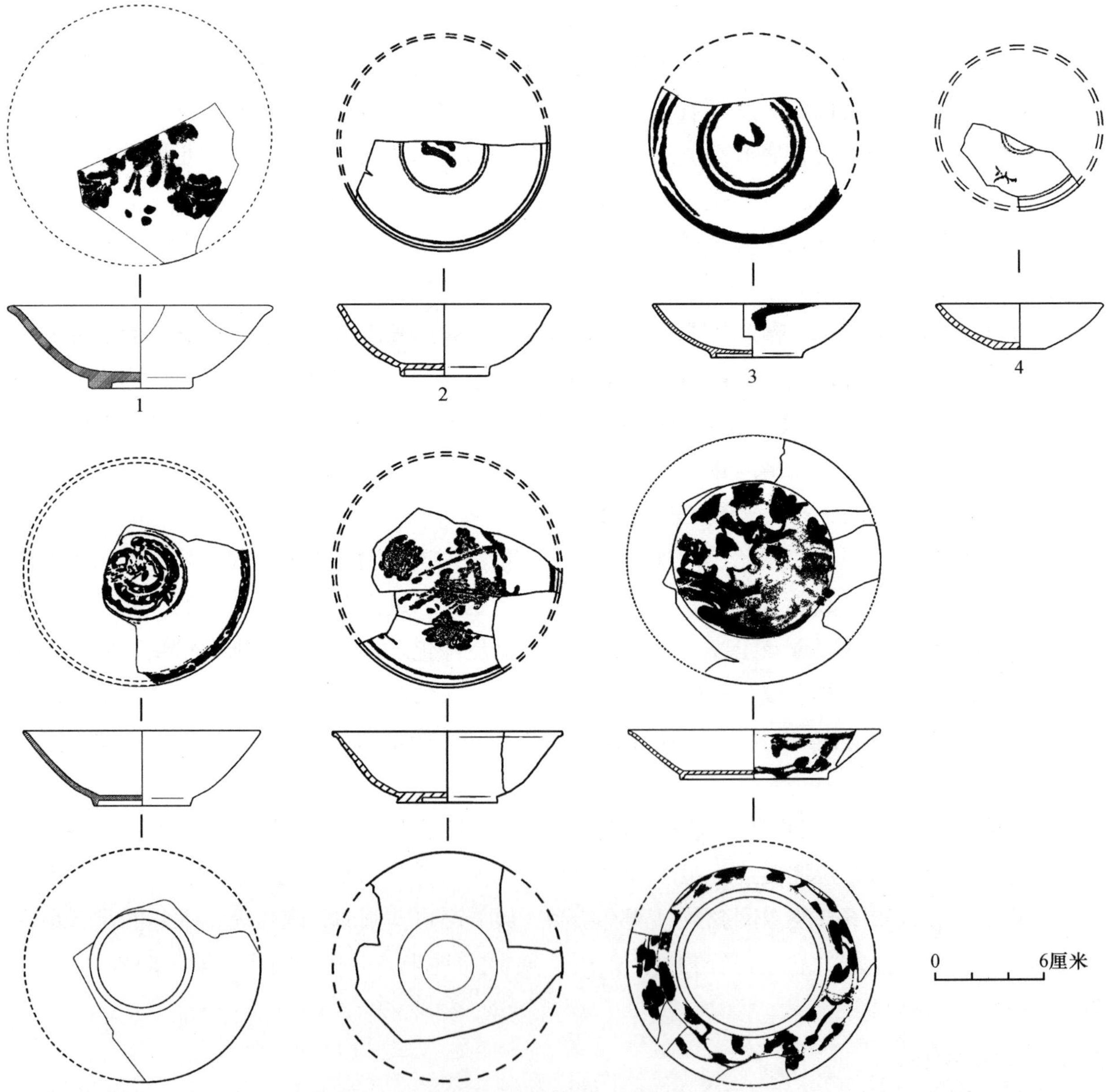

图六二 明代青花瓷器

1.青花瓷大盘（ⅥT23③：9） 2、3、5. A型青花瓷中盘（ⅢT2⑤：2、ⅣT0206④：1、ⅥT28③：11） 4. 青花瓷小平底盘（ⅢT16⑤：1） 6. B型青花瓷中盘（ⅢT2⑤：1） 7. 青花瓷碟（ⅦH5：8）

削痕，足内壁及底部有拉坯旋痕，足底有放射状跳刀痕。青花绘纹，色彩浓，蓝黑色，底心绘花篮，外壁绘缠枝花卉纹。敞口，尖圆唇，沿外折，斜弧腹，圈足，足底外凸。口径13.9、高2.8、底径8.0厘米。时代为明代中期（图六二，7；图版三二，1）。

杯　4件，据其沿部形态可分三型

A型　直沿。

标本ⅢT6⑤：1，灰白胎，内外皆施青白釉，釉层光亮，腹足交接处有漏釉和积釉现象，足沿施酱釉一周。圈足不规整，足沿斜削一周。青花绘纹，发色淡，青料重处呈蓝黑色，外壁腹饰鱼藻纹。敞口，方唇，斜弧腹，圈足，足墙过肩。口径6.9、高4.1、底径3.0厘米。时代为明代晚期（图六三，1；图版三二，2）。

B型　沿部稍外侈。

标本ⅢT6⑤：3，灰白胎，内外皆施青白釉，釉层厚且失透，腹下部施釉不均，有多处裂缝露胎，圈足内施釉不均，有脱釉现象，足沿无釉，身及圈足外壁有棕眼，外壁有多处露胎，器内底心沾沙。青花绘纹，发色较淡，积青料处略深，纹饰模糊不清，外壁绘花草纹。敞口，圆唇，斜弧腹，圈足，腹足交界处明显。口径6.2、高3.3、底径2.9厘米。时代为明代晚期（图六三，2；图版三二，3）。

C型　卷沿。

标本ⅥT2③：4，灰白胎，青白釉，器内外施釉，足沿足底无釉，釉面光亮。足沿部有刮釉斜削痕，足内壁及底部有拉坯旋痕，足底有放射状跳刀痕。青花绘纹，色彩浓，色蓝黑，沿内绘双圈弦纹，内壁下部绘一周花纹带，底心饰四朵花纹，沿外绘双圈弦纹，腹饰凤鸟纹，圈足足墙外壁绘一周弦纹。敞口，卷沿，圆唇，斜弧腹，腹足分界明显，圈足，足壁厚且斜削。口径6.7、高3.7、底径3.1厘米。时代为明代晚期（图六三，3；图版三二，4）。

标本ⅥT24③：1，灰白胎，青白釉，器内外施釉，足沿足底无釉，釉面光亮，足沿部有刮釉斜削痕，足内壁及底部有拉坯旋痕。青花绘纹，色彩浓，色蓝黑，内壁下部绘一周花纹带，底心饰四朵花纹，沿外绘双圈弦纹，腹壁绘凤鸟纹，圈足足墙外壁绘一周弦纹。敞口，卷沿，圆唇，斜弧腹，腹足分界明显，圈足，足壁厚且斜削。口径7.5、高3.8、底径3.2厘米。时代为明代晚期（图六三，4；图版三二，5）。

壶　1件。

标本ⅣT0303④：1，灰白胎，内外皆施青白釉，釉层厚且失透，釉面开片，釉色泛绿。壶身、流、柄分体制作，统一施釉，壶口沿刮釉，内壁可见明显接胎痕。青花绘纹，发色灰暗，积青料处深绿。器柄外部及流下部绘麦穗状花纹，肩部绘两周弦纹，其与沿部之间绘缠枝纹，流的周围饰对称花卉纹，青花晕散严重。直口，方唇，折肩，斜弧腹，肩部设一弓形圆柄，管流自肩下出而斜向上，下粗上细，流口斜。残高26.2、壶身残高15.3、口径8.3厘米（图六三，5；图版三二，6）。

器盖　5件，据盖纽的有无可分二型。

A型　无纽。

标本ⅢT1①：1，灰白胎，器盖顶部满施青白釉，盖下部未施釉。轮制，有刮削痕，拉坯

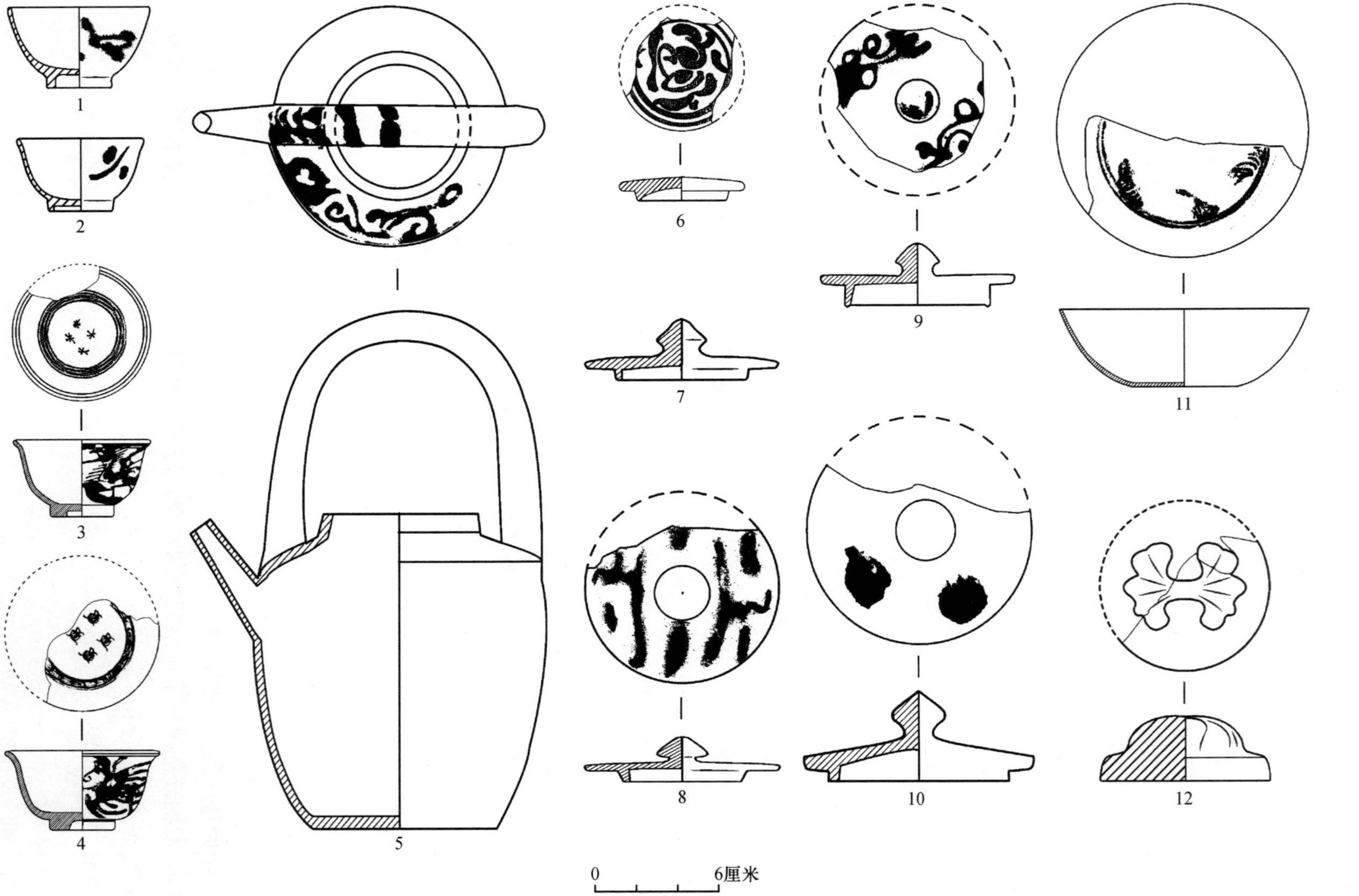

图六三　明代青花瓷器、釉下青花釉上绘彩瓷器及陶器

1. A型青花瓷杯（ⅢT6⑤：1）　2. B型青花瓷杯（ⅢT6⑤：3）　3、4. C型青花瓷杯（ⅥT2③：4、ⅥT24③：1）　5. 青花瓷壶（ⅣT0303④：1）　6. A型青花瓷器盖（ⅢT1①：1）　7～10. B型青花瓷器盖（ⅣT0204④：1、ⅣT0204④：2、ⅣT0204④：3、ⅣT0401④：1）　11. 釉下青花釉上绘彩瓷盘（ⅥH4：28）　12. 陶器盖（ⅢT4⑤：1）

旋痕。青花绘纹，器盖顶部边缘处绘两圈带状纹，圈内绘瑞草灵芝纹。圆形，平顶微上凸，直口，子口尖唇，口壁外斜内直。器高1、盖径6.1、子口径4.5、子口高0.4厘米（图六三，6；图版三三，1）。

B型　菌形纽。

标本ⅣT0204④：1，灰白胎，胎质疏松，有气眼，外施青白釉，釉层失透，釉色泛黄，有网纹状开片，内局部有釉。盖内有明显的拉坯旋痕。青花绘纹，发色泛绿，有晕散，纽顶部满涂青料，以器纽为圆心绘四圈线纹，近沿部饰三圈线纹。菌形器纽，圆形盖身，子口，方唇。盖径9.4、高3.4、纽高1.9、子口壁厚0.5、子口高0.6、子口径6.0厘米（图六三，7；图版三三，2）。

标本ⅣT0204④：2，灰白胎，胎质疏松，有气眼，外部施青白釉，釉层失透，釉色泛绿，有网纹状开片，釉面有铁锈斑、黑斑多处，积釉处有火石红。盖内有明显的拉坯旋痕，子口有向内斜削痕。青花绘纹，发色泛灰，积青料处有灰绿，器盖上绘两对称花纹。菌形纽，圆形盖身，子口，方唇。盖径9.5、残高2.0、子口壁厚0.5、子口高0.6、子口径6.0厘米（图六三，8；图版三三，3）。

标本ⅣT0204④：3，灰白胎，胎质疏松，有气眼，外部施青白釉，釉层失透，釉色泛黄，有网纹状开片。盖内有明显的拉坯旋痕。青花绘纹，发色泛绿，纽顶部涂青料，器纽两侧对称饰缠枝纹。菌形器纽，圆形盖身，子口，方唇。盖径9.5、高3.0、纽高1.5、子口壁厚0.4、子口高0.9、子口径6.9厘米（图六三，9；图版三三，4）。

标本ⅣT0401④：1，灰白胎，胎质疏松，有气眼，外部施青白釉，釉层失透，釉色泛绿，有网纹状开片，盖内无釉，器身有棕眼或黑斑。盖内有明显的拉坯旋痕。青花绘纹，发色灰暗，积青料处发黑，有晕散，盖身上绘有点状花纹。菌形器纽，圆形盖身，子口，方唇。盖径11.2、高4.2、纽高2.4、子口壁厚0.3、子口高0.7、子口径8.1厘米（图六三，10；图版三三，5）。

（五）釉下青花釉上绘彩瓷器

盘　1件。

标本ⅥH4：28，灰白胎，器内外皆施青白釉，足沿无釉，釉面光亮。足沿部有刮釉斜削痕，足内壁及底部有拉坯旋痕，足底有放射状跳刀痕。青花色彩暗淡，蓝黑色，内壁下部双圈弦纹，底心绘藻纹。器心以红彩绘有一鱼。敞口，圆唇，斜弧腹，卧足。口径12.2、高3.5、底径4.3厘米。时代为明代晚期（图六三，11；图版三三，6）。

二、陶　　器

器盖　1件。

标本ⅢT4⑤：1，泥质灰陶。足内壁及底部有拉坯旋痕。器盖顶部边缘处饰两周细凹弦纹，器纽两端用细凹弦纹刻划出对称的五个花瓣。圆形，平底，顶部饰一花瓣器纽。器高3.0、纽高1.6、底径8.3、厚1.4厘米（图六三，12；图版三四，1）。

板瓦　1件。

标本ⅠT5252⑤：22，夹细砂，青灰色，瓦口方唇平直，火候甚高，内饰麻布纹。长24、宽16.8～20、瓦面弧高4.8、胎厚0.8厘米（图版三四，2）

筒瓦　1件。

标本ⅠT5252⑤：23，长26、宽12.8、瓦面弧高7.2、厚1.6厘米。

瓦当　4件。

标本ⅠT5252⑤：24，夹砂灰陶。正面为圆形。有花卉纹。圆径14、厚1.2厘米（图版三四，3）。

标本ⅠT5252⑤：25，夹砂灰陶。正面为圆形。有花卉纹。圆径13.6、厚0.4～3.6厘米（图版三四，4）。

标本ⅠT5252⑤：26，夹砂灰陶。正面为圆形。有兽面纹。圆径11.2、厚1.2厘米（图版三四，5）。

标本ⅠT5452⑤：3，夹砂灰陶。正面为圆形。中间有兽面纹，四周为乳丁纹。圆径12、胎厚2厘米。

脊饰　1件。

标本ⅠT5451⑤：14，残。夹砂灰陶。兽形。宽11.6、残高12.4厘米（图版三四，6）。

滴水　1件。

标本ⅠT5452⑤：4，泥质黄褐陶。正面近似三角形。有花卉纹，上边饰乳丁纹，胎厚0.8厘米（图版三四，7）。

三、其他器物

铜簪　1件。

标本ⅧT1③：30，锈蚀，整体细长。簪首薄而扁平，平面为如意云纹状，簪身截面呈圆形，簪尾扁平，较簪身为宽，三叉戟形簪尖。残长14.1厘米（图版三四，8）。

铜兽首刀柄　1件。

标本ⅥT33③：16，锈蚀严重，刀身残，兽形柄首，柄部扁平，刀格处柄与器身铆接痕迹明显，残长10.2厘米。

铜条　2件。

标本ⅥF3：12，细长条形，截面为圆形。残长11.6厘米。

标本ⅧT1③：31，长条形，截面为圆形。残长10.8厘米。

石砚台　1件。

标本ⅥT26③：3，残半，黑色砂岩。磨制、琢制而成，器形规整，平面呈圆形。直口，方唇，浅直腹，平底。器内底部由于长期研磨而略下凹，腹部有裂痕。口径16.8、唇宽0.5、高1.8、底径16.8厘米。

第六节　清代遗物

一、瓷　　器

故城遗址出土的清代遗物有瓷器、釉陶器、陶器和铜器等，主要是瓷器，其他质地的遗物很少，瓷器中又以青花瓷器为主，另有少量的豆青釉瓷器、白釉瓷器、釉上粉彩瓷器、釉上五彩瓷器，瓷器的器形主要有碗、盏、盘、碟、器盖、虎子、节盒、花盆、杯、洗等，其中碗、盘、碟等又有大、中、小的不同。如同本遗址的明代遗存没有明确的堆积单位一样，清代遗存也不能明确区分出早晚，但是却可以根据学界的已有研究成果，区分出早期、中期和晚期的瓷器。清早期是顺治到雍正年间，乾隆是清中期，嘉庆、道光是清中晚期，其后是清晚期。

（一）豆青釉瓷器

盏　1件。

标本ⅢT17②：1，灰白胎，器内外皆施豆青釉，釉色光亮，口沿施酱釉，足底施酱白釉。足沿有刮釉痕。釉面整体发色浅蓝。素面，青花方形花押款。敞口，沿部稍外侈，圆唇，斜弧腹，腹足分界明显，圈足。口径8.4、高3.1、底径4.4厘米。时代为清代中期（图六四，1；图版三五，1）。

大盘　1件。

标本ⅢT8④：2，灰白胎，器内外皆施豆青釉，釉色光亮，足底施酱白釉。口沿、足沿有刮釉痕。釉面整体发色浅蓝，素面，青花方形花押款。敞口，圆唇，斜弧腹，腹足分界明显，圈足。口径16.0、高3.7、底径7.5厘米。时代为清代中期（图六四，2；图版三五，2）。

小浅腹盘　1件。

标本ⅥT26②：3，灰白胎，器内外皆施豆青釉，釉面光亮，口沿、足沿施酱釉，足底施酱白釉。素面，青花方形花押款。足沿有轮制刮削痕。敞口，圆唇，上腹斜直，下腹弧收，腹足分界明显，圈足，平底。口径11.6、高3.0、底径6.0厘米。时代为清代中期（图六四，3；图版三五，3）。

小碟　1件。

标本ⅥT21②：17，灰白胎，器内外施豆青釉，口沿、足沿施酱釉，足底施酱白釉，釉面光亮。足沿有轮制刮削痕。素面，青花方形花押款。敞口，圆唇，斜直腹，腹足分界明显，圈足，平底。口径15.6、圈足底径9.2、高3.0厘米。时代为清代中期（图六四，4；图版三五，4）。

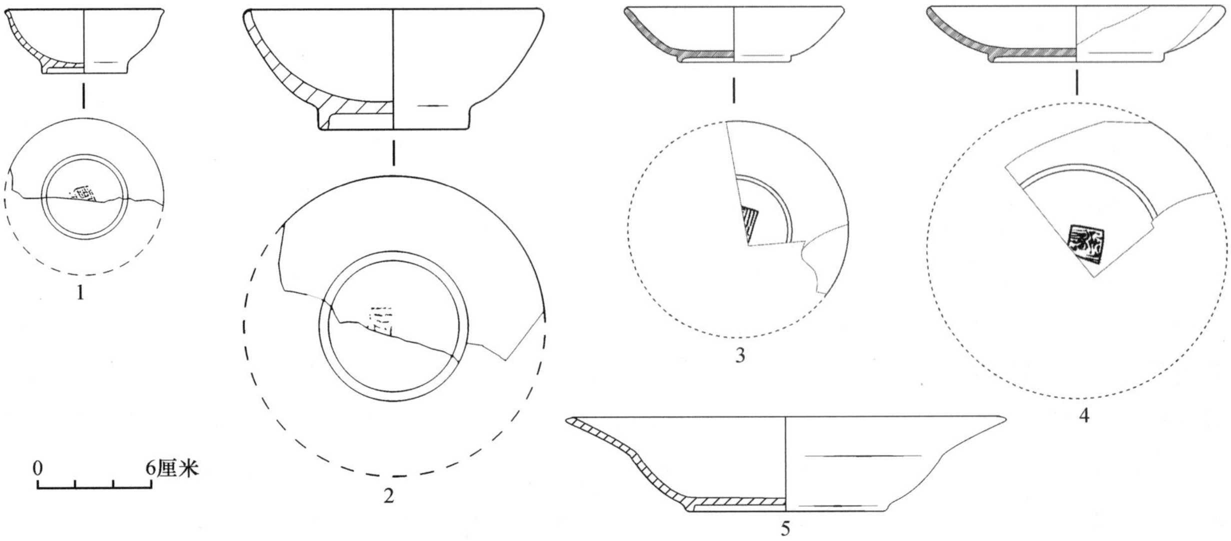

图六四　清代豆青釉瓷器及白釉瓷器

1. 豆青釉瓷盏（ⅢT17②：1）　2. 豆青釉瓷大盘（ⅢT8④：2）　3. 豆青釉瓷小浅腹盘（ⅥT26②：3）　4. 豆青釉瓷小碟（ⅥT21②：17）　5. 白釉瓷大盘（ⅣT0307③：1）

（二）白釉瓷器

大盘　1件。

标本ⅣT0307③：1，白胎，器内外皆施白釉，釉面失透，足沿无釉。足沿有刮削痕。素面。敞口，宽斜折沿，圆唇，斜弧腹，腹足分界不明显，圈足。口径22.9、高6.9、底径6.0厘米。时代为清代中期（图六四，5；图版三五，5）。

（三）青花瓷器

盏　10件。据其口部形制可分三型。

A型　敞口直沿，据其腹部形制可分三亚型。

Aa型　上腹斜直，下腹弧收。

标本ⅢT17②：2，灰白胎，器内外皆施青白釉，施釉肥厚，口沿处局部漏釉，釉色失透，器表有少量棕眼。足沿有刮釉痕。青花绘纹，发色浓艳，深蓝色，口沿涂青一周，有晕散，器腹内壁饰两周折枝灵芝纹，底心为团花纹，器腹外壁饰两周折枝灵芝纹，圈足上饰弦纹，足底饰两周弦纹，青花款残不明。敞口，圆唇，上腹斜直，下腹弧收，腹足分界明显，圈足。口径9.2、高5.0、底径4.8厘米。时代为清代晚期（图六五，1；图版三六，1）。

标本ⅢT5③：1，灰白胎，器内外皆施青白釉，釉色光亮，足沿、足底未施釉，器表有少量棕眼、黑斑。足沿、足底有刮釉痕。青花绘纹，发色较浓，蓝黑色，口沿涂青一周，有晕散，器内腹壁下部饰两周弦纹，底心为灵芝纹，器外腹壁饰两周折枝灵芝纹，青花方形花押款。敞口，圆唇，上腹斜直，下腹弧收，腹足分界明显，圈足。口径10.0、高5.0、底径4.6厘米。时代为清代晚期（图六五，2；图版三六，2）。

标本ⅢT18④：3，灰白胎，器内外皆施青白釉，足沿施酱釉，釉色失透，器表有大量棕眼、黑斑。足沿有刮釉痕。青花绘纹，发色浓艳，蓝黑色，器内素面，口沿外侧下方及圈足上饰弦纹，器外腹壁是两周折枝灵芝纹，腹中部绘有老鼠偷桃纹，青花方形花押款。敞口，圆唇，上腹斜直，下腹弧收，腹足分界明显，圈足。口径9.2、高4.7、底径4.1厘米。时代为清代晚期（图六五，3；图版三六，3）。

Ab型 上腹斜直，下腹折收。

标本ⅥT24②：14，灰白胎，器内外皆施青白釉，釉面光亮。足沿有轮制刮削痕。青花绘纹，色彩浓艳，色蓝黑。器腹内壁素面，器腹外壁绘山水人物图。敞口，圆唇，腹上部斜直，下部硬折斜收，圈足，足墙过肩。口径10.5、高5.9、底径3.8厘米。时代为清代晚期（图六五，4；图版三六，4）。

Ac型 斜弧腹。

标本ⅣT0306③：1，灰白胎，器内外皆施青白釉，釉面光亮，足沿未施釉。足沿部有刮釉、斜削痕。青花绘纹，发色淡雅，呈深蓝色，积青料处蓝黑或青绿色，口沿内侧饰一周弦纹，器腹内下部饰两周弦纹，底心为一梵文，口沿外侧和圈足上各饰一周弦纹，器腹外壁满饰三周梵文，排列整齐，足底有一周弦纹，青花方形花押款。敞口，圆唇，斜弧腹，腹足分界明显，圈足，足心微上鼓。口径9.6、高5.0、底径4.3厘米。时代为清代中期（图六五，5；图版三六，5）。

B型 敞口，沿部稍外侈。

标本ⅢT15④：1，灰白胎，器内外皆施青白釉，釉面失透。足沿有刮釉痕。青花绘纹，发色浓艳，蓝黑色，器腹内壁素面，器腹外壁绘山水人物图。敞口，沿部稍外侈，圆唇，上腹斜直，下腹弧收，腹足分界明显，圈足。口径9.0、高6.0、底径4.0厘米。时代为清代中期（图六五，6；图版三六，6）。

标本ⅣT0204③：1，灰白胎，器内外皆施青白釉，釉色光亮。足沿有刮削痕。青花绘纹，发色淡雅，深蓝色。器腹内壁素面，口沿外侧饰两周弦纹，器外腹壁绘三囍、三蝙蝠、三如意、缠枝纹，圈足上饰三周弦纹。敞口，圆唇，腹上部斜直略显内凹，下部弧收至圈足，腹足分界明显，圈足。器腹自口至底部纵向等距排列有小孔，应是后期焗补的痕迹。口径10.6、高6.4、底径4.4厘米。时代为清代晚期（图六五，7；图版三七，1）。

标本ⅢT15③：1，灰白胎，器内外皆施青白釉，釉色光亮，足沿施酱釉。足沿有刮釉痕。青花绘纹，发色淡雅，深蓝色。器腹内壁素面，器内底部使用者刻一“星”字，口沿外侧饰一周弦纹，器腹外壁饰三囍、三蝙蝠、三如意花纹、缠枝纹，圈足上饰两周弦纹，青花方形花押款。敞口，圆唇，腹上部斜直，下部弧收至圈足，腹足分界明显，圈足。口径10.2、高6.1、底径4厘米。时代为清代晚期（图六五，8；图版三七，2）。

标本ⅢT5①：1，灰白胎，器内外皆施青白釉，施釉不均，局部漏釉，釉色失透，积釉处露火石红，器表有少量棕眼、黑斑。足沿有刮釉痕。青花绘纹，发色浓艳，深蓝色，口沿涂青一周，有晕散，器腹内壁下方饰两周弦纹，底心为灵芝纹，器外腹壁饰两周折枝灵芝纹，足底饰两周弦纹，青花四朵花款。敞口，沿部稍外侈，圆唇，上腹斜直，下腹弧收，腹足分界明显，圈足。口径9.0、高5.0、底径4.2厘米。时代为清代晚期（图六五，9；图版三七，3）。

图六五　清代青花瓷器

1～3. Aa型青花瓷盏（ⅢT17②：2、ⅢT5③：1、ⅢT18④：3）　4. Ab型青花瓷盏（ⅥT24②：14）　5. Ac型青花瓷盏（ⅣT0306③：1）
6～9. B型青花瓷盏（ⅢT15④：1、ⅣT0204③：1、ⅢT15③：1、ⅢT5①：1）　10. C型青花瓷盏（ⅣT0204③：2）

C型　大敞口，沿部稍外侈。

标本ⅣT0204③：2，灰白胎，器内外皆施青白釉，足沿施酱釉，釉色发亮，器表有少量棕眼、黑斑。足沿有刮釉痕。青花绘纹，发色浓艳，蓝黑色，口沿涂青一周，口沿内有一周缠枝纹边饰，其下及器腹内壁下方各饰两周弦纹，底心为瑞草纹，旁边有使用者刻一“本”字，口沿外侧饰一周弦纹，圈足上饰三周弦纹，其外腹壁满饰缠枝菊花纹，青花方形花押款。大敞口，沿部稍外侈，圆唇，上腹斜直略内弧，下腹弧收，腹足分界明显，圈足。口径9.2、高5.0、底径4.2厘米。时代为清代晚期（图六五，10；图版三七，4）。

大碗　20件，据其口部形制可分三型。

A型　直口，沿部微敛，均曲腹。

标本ⅢT6②：1，灰白胎，器内外皆施青白釉，釉面光亮，足沿釉层较薄，露胎。足沿处有刮釉痕。青花绘纹，发色较浓艳，口沿内侧及器腹内下部各饰两周弦纹，底心为一梵文，口沿外侧饰两周弦纹，器腹外壁饰四周梵文，错落有致，足底饰两周弦纹。直口，方唇，曲腹，圈足，足壁外斜内直。口径18.5、高7.8、底径6.5厘米。时代为清代中期（图六六，1；图版三七，5）。

标本ⅥT1②：11，灰白胎，器内外皆施青白釉，足沿施酱釉，釉面光亮。足沿有轮制刮削痕。青花绘纹，色彩浓艳，色蓝黑。口沿内侧及器腹内下部各饰两周弦纹，底心为寿字纹，口沿外侧饰一周弦纹，器腹外壁饰五周梵文，错落有致。直口，圆唇，曲腹，腹足分界明显，圈足。口径19.3、高8.0、底径7.0厘米。时代为清代中期（图六六，2；图版三七，6）。

标本ⅥT27②：68，灰白胎，器内外皆施青白釉，足沿无釉，釉面光亮。足沿有轮制刮削痕。青花绘纹，色彩浓艳，色蓝黑。口沿内侧及器腹内下方各饰两周弦纹，底心为麦穗纹，器外绘莲花水波纹。直口，圆唇，曲腹，腹足分界明显，圈足。口径17.7、高7.6、底径6.6厘米。时代为清代晚期（图六六，3；图版三八，1）。

B型　敞口，直沿，据其腹部形制可分四亚型。

Ba型　上腹斜直，下腹折收。

标本ⅥT27②：66，灰白胎，器内外皆施青白釉，足沿施酱釉，釉面光亮。足沿处有轮制刮削痕。青花绘纹，色彩淡雅，色蓝黑。口沿内侧及器腹内下方饰两周弦纹，底心为寿字纹，口沿外侧及圈足上各饰两周弦纹，外腹壁绘五周梵文，错落有致。敞口，圆唇，腹上部斜直，腹下部外鼓有下垂感，腹足分界明显，圈足，足墙过肩。口径16.6、高7.2、底径7.2厘米。时代为清代中期（图六六，4；图版三八，2）。

标本ⅥT27③：18，灰白胎，器内外皆施青白釉，足沿酱釉，釉面光亮。足沿有轮制刮削痕。青花绘纹，色彩浓，色蓝黑。口沿内侧涂青一周，器腹内下部饰两周弦纹，底心花纹不清，口沿外侧涂青一周，圈足上饰两周弦纹，器腹外壁绘山水人物荡舟图，足底饰两周弦纹，青花方形花押款。敞口，圆唇，斜直腹，腹下部弧收，腹足分界明显，圈足，足墙过肩。口径16.6、高7.2、底径7.2厘米。时代为清代中期（图六六，5；图版三八，3）。

Bb型　上腹斜直，下腹弧收。

标本ⅥT26②：1，灰白胎，器内外皆施青白釉，足沿施酱釉，釉面光亮。足沿有轮制刮

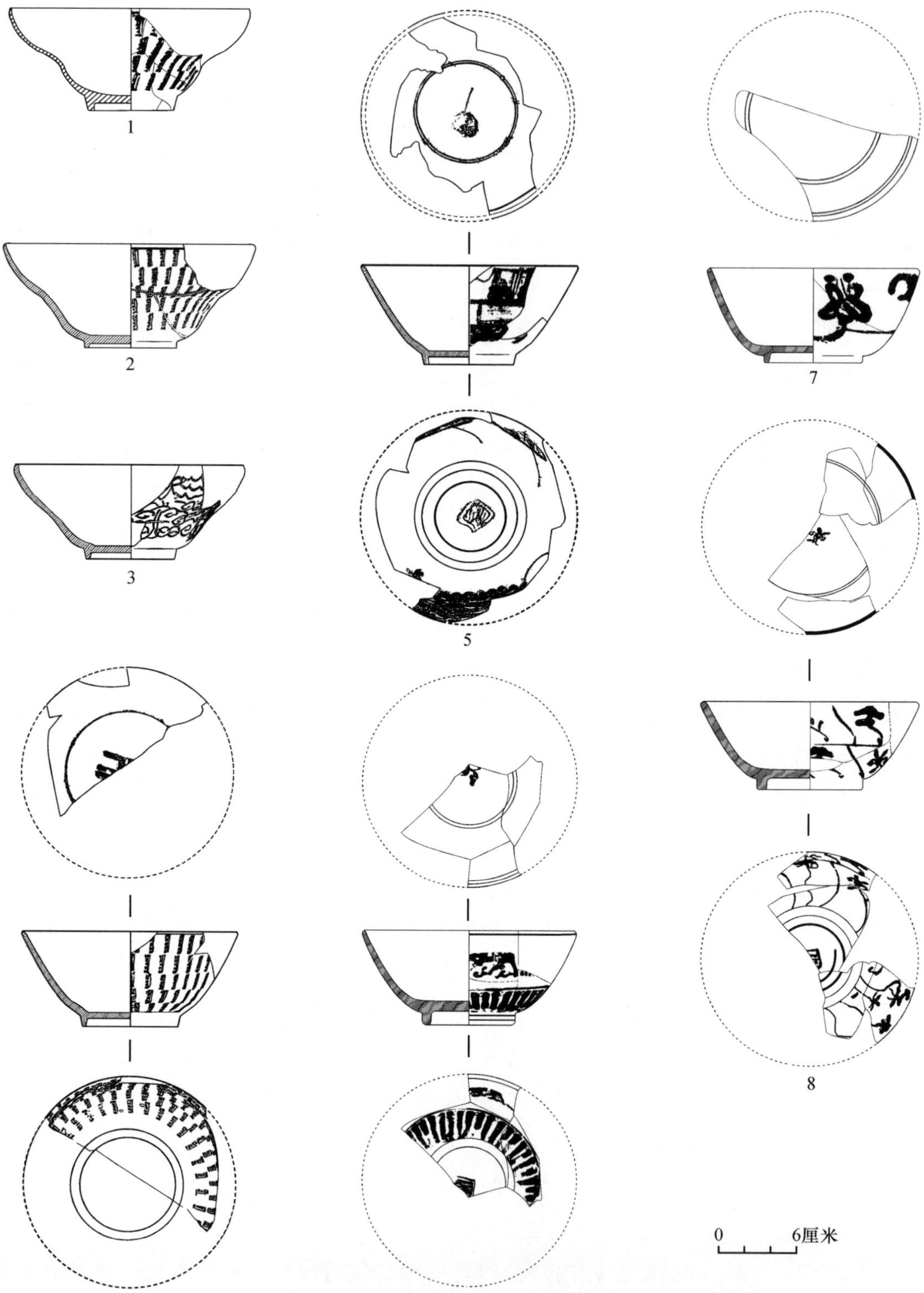

图六六　清代青花瓷器

1～3. A型青花瓷大碗（ⅢT6②：1、ⅥT1②：11、ⅥT27②：68）　4、5. Ba型青花瓷大碗（ⅥT27②：66、ⅥT27③：18）
6～8. Bb型青花瓷大碗（ⅥT26②：1、ⅥT23②：26、ⅥT24②：11）

削痕。青花绘纹，色彩浓艳，色蓝黑。口沿内侧及器腹内下方各饰两周弦纹，底心为灵芝纹，口沿外侧及圈足上各饰两周弦纹，外腹壁中部绘螭龙纹，其下绘仰莲纹，底饰两周弦纹。青花方形花押款。敞口，圆唇，腹上部斜直，下腹弧收，腹足分界明显，圈足，足墙过肩。口径16.4、高7.3、底径7.1厘米。时代为清代早期（图六六，6；图版三八，4）。

标本ⅥT23②：26，灰白胎，器内外皆施青白釉，足沿无釉，积釉处露火石红，釉面光亮。足沿有轮制刮削痕。青花绘纹，色彩暗淡，色蓝黑，口沿内侧及器内腹下方各饰两周弦纹，底心花卉纹模糊不清，口沿外侧及圈足上各饰两周弦纹，器腹外壁饰折枝花卉纹。敞口，圆唇，腹上部斜直，下腹弧收，腹足分界明显，圈足，足墙过肩。口径16.2、高7.3、底径7.5厘米。时代为清代中期（图六六，7；图版三八，5）。

标本ⅥT24②：11，灰白胎，器内外皆施青白釉，足沿无釉，釉面失透，釉色发绿，器壁有少量棕眼。足沿有轮修、刮削痕。青花绘纹，发色浓艳，积釉处呈深蓝黑色。口沿涂青料，有晕散。器内腹下方饰两周弦纹，底心饰灵芝纹，器外腹壁饰两周折枝灵芝纹，圈足及足底部各饰两周弦纹，青花方形花押款。敞口，尖圆唇，腹上部斜直，下腹弧收，腹足分界明显，圈足，足墙过肩。口径16.6、高6.8、底径8.0厘米。时代为清代晚期（图六六，8；图版三八，6）。

Bc型 斜弧腹。

标本ⅢT7③：1，灰白胎，器内外皆施青白釉，釉色失透，足沿施酱釉，器壁有少量棕眼。足沿有刮釉痕。青花绘纹，发色浓艳，积釉处呈深蓝黑色，口沿上涂青料，有晕散。腹内壁饰三周折枝灵芝纹，底心为团菊漩涡纹，腹外壁饰两周折枝灵芝纹，圈足底饰两周弦纹，青花方形花押款。敞口，圆唇，弧腹，腹足分界明显，圈足。口径16.6、高7.5、底径7.2厘米。时代为清代晚期（图六七，1；图版三九，1）。

Bd型 曲腹。

标本ⅥT2②：8，灰白胎，器内外皆施青白釉，足沿无釉，釉面光亮。足沿有轮制刮削痕。青花绘纹，色彩浓艳，色蓝黑。口沿内侧绘一周菱锦纹，器腹内壁近底处饰两周弦纹，底心饰麦穗纹，口沿外侧绘团花锦地纹，其间绘杂宝纹，曲腹处饰一周垂幛纹，外腹近底处饰一周瑞草纹。敞口，圆唇，曲腹，腹足分界明显，圈足，足底沾沙。口径17.8、高7.5、底径7.2厘米。时代为清代中期（图六七，2；图版三九，2）。

标本ⅥT27②：64，灰白胎，器内外皆施青白釉，足沿施酱釉，釉面光亮。足沿有轮制刮削痕。青花绘纹，色彩浓艳，色蓝黑，口沿内侧及器腹内下方饰两周弦纹，底饰花卉纹，器腹外壁绘莲花水波纹。敞口，圆唇，曲腹，腹足分界明显，圈足。口径17.6、高7.4、底径7.0厘米。时代为清代晚期（图版三九，3）。

标本ⅥH1：14，灰白胎，器内外皆施青白釉，足沿施酱釉，釉面蚀透。足沿有轮制刮削痕。青花绘纹，色彩暗淡，色蓝黑。图案整体模糊不清，口沿内侧及器腹内下方饰两周弦纹，底心饰瑞草纹，器腹外壁绘莲花水波纹。敞口，圆唇，曲腹，腹足分界明显，圈足。口径17.6、高7.6、底径6.9厘米。时代为清代中期（图六七，3；图版三九，4）。

标本ⅠH1：11，白胎，内外施青白釉，釉面光亮。足沿有轮制刮削痕。青花绘纹饰，器心有“寿”字双圈。外腹有五圈寿字纹。敞口，直沿，尖圆唇，曲腹，圈足。口径17.6、高7.8、底径6.8厘米。时代为清代中期（图六七，4）。

标本ⅠH1：31，白胎，内外施青白釉，釉面光亮。足沿有轮制刮削痕。青花绘纹饰，器心有兰草双圈纹。外腹有水波荷花纹。敞口，直沿，尖圆唇，曲腹，圈足。口径17.6、高8.0、底径6.8厘米。时代为清代中期（图六七，5）。

标本ⅠH1：32，白胎，内外施青白釉，釉面光亮。足沿有轮制刮削痕。青花绘纹饰，器心有兰草双圈纹。外腹有水波荷花纹。敞口，直沿，尖圆唇，曲腹，圈足。口径20.0、高7.8、底径6.8厘米。时代为清代中期（图六七，6）。

标本ⅠH1：33，白胎，内外施青白釉，釉面光亮。足沿有轮制刮削痕。青花绘纹饰，器心有兰草组成的十字纹。外腹有水波荷花纹。敞口，直沿，尖圆唇，曲腹，圈足。口径17.6、高7.8、底径6.8厘米。时代为清代中期（图六七，7）。

标本ⅠH1：56，白胎，内外施青白釉，釉面光亮。足沿有轮制刮削痕。青花绘纹饰，器心有十字花卉双圈纹。外腹有缠枝菊花纹。敞口，直沿，尖圆唇，曲腹，圈足。口径17.6、高7.8、底径6.4厘米。时代为清代中期（图六七，10）。

标本ⅠH1：58，白胎，内外施青白釉，釉面光亮。足沿有轮制刮削痕。青花绘纹饰，内外壁近口处有花卉纹饰带，器心有花卉双圈，外腹中部交错线纹呈横“8”状，外腹底有根茎纹。敞口，直沿，尖圆唇，曲腹，圈足。口径20.0、高7.4、底径6.8厘米。时代为清代中期（图六七，11；图版三九，5）。

C型　敞口，沿部稍外侈，据其腹部形制可分二亚型。

Ca型　腹甚深，上腹内弧，下腹外弧收。

标本ⅢT18③：1，灰白胎，器内外皆施青白釉，釉面光亮，足沿无釉。足沿有刮釉痕，器壁有棕眼、小黑斑。圈足底部沾沙严重。青花绘纹，发色较浓，呈蓝黑色，口沿内侧饰鱼跃荷叶纹，晕散严重，其下及内腹壁下方各饰两周弦纹，底心有纹残不明，口沿外侧及圈足上各饰两周弦纹，外腹壁饰荷叶捧团寿纹。足底部饰两圈弦纹，青花底款残不明。敞口，沿部稍外侈，圆唇，上腹内弧，腹下外鼓，弧收至圈足，腹足分界明显，圈足。口径18.2、高8.6、底径8.1厘米。时代为清代早期（图六七，8；图版三九，6）。

Cb型　腹较浅，上腹斜直，下腹弧收。

标本ⅥT19②：25，灰白胎，器内外皆施青白釉，足沿无釉，釉面失透皲裂，口沿处局部脱釉，器壁有棕眼、黑斑。足沿有轮制刮削痕。青花绘纹，色彩暗淡，色蓝黑。口沿内侧及器腹内下方各饰两周弦纹，底心饰瑞草纹，口沿外侧下方及圈足上各饰两周弦纹，外腹饰山水、芭蕉及人物垂钓图，芭蕉树旁纵向书有“一生平安”四字，圈足底饰两周弦纹，青花方形花押款。敞口，沿部稍外侈，尖圆唇，腹上部斜直，下腹弧收，腹足分界明显，圈足，足墙过肩。口径16.7、高7.3、底径7.4厘米。时代为清代晚期（图六七，9；图版三九，7）。

中碗　12件。据其口部形制可分二型。

A型　敞口，直沿，据其腹部形制可分二亚型。

Aa型　上腹斜直，下腹折收。

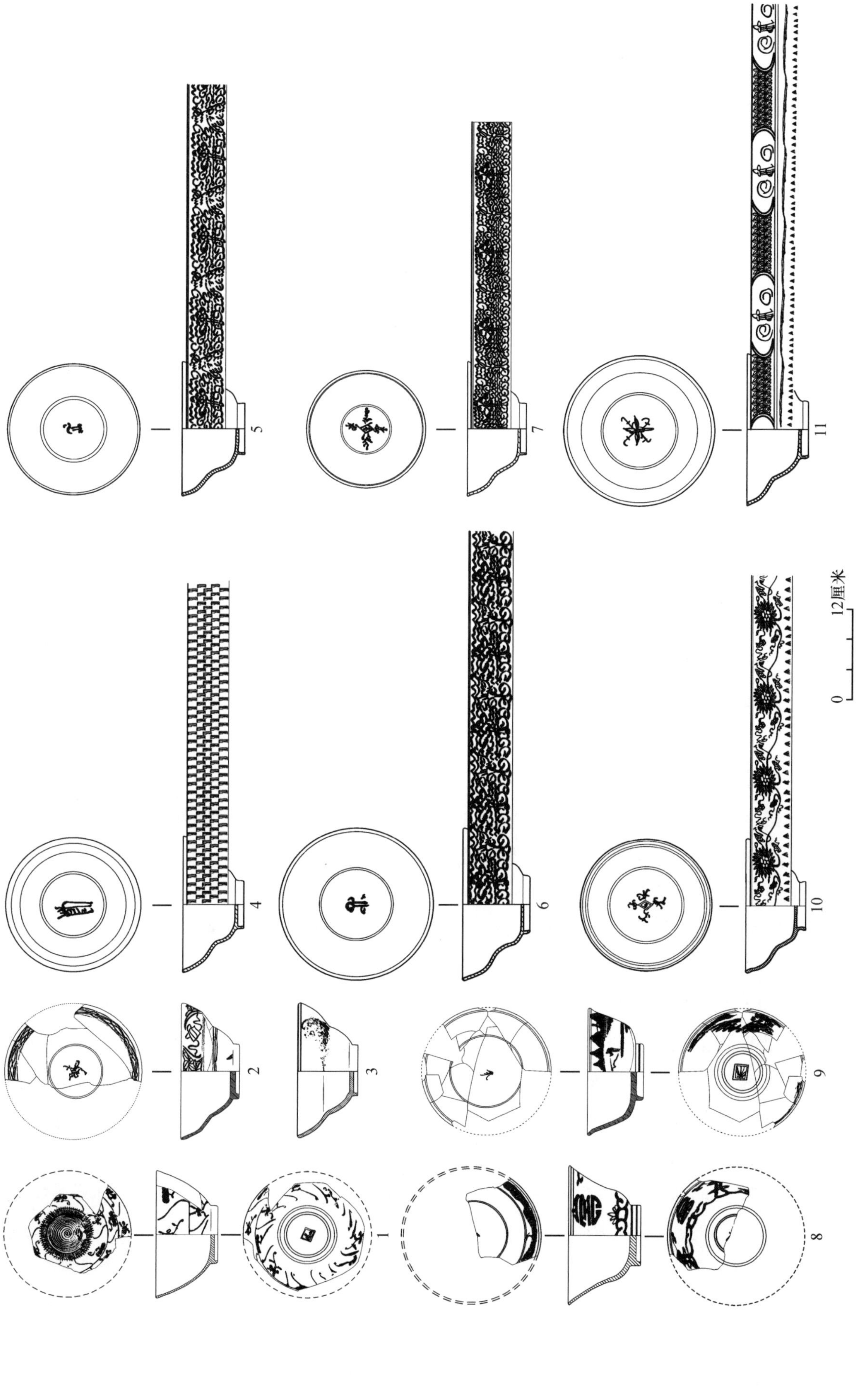

图六七 清代青花瓷器

1. Bc型青花瓷大碗（ⅢT7③：1） 2～7、10、11. Bd型青花瓷大碗（ⅥT2②：8、ⅥH1：14、ⅠH1：11、ⅠH1：31、ⅠH1：32、ⅠH1：33、ⅠH1：56、ⅠH1：58） 8. Ca型青花瓷大碗（ⅢT18③：1） 9. Cb型青花瓷大碗（ⅥT19②：25）

标本ⅥH5：10，灰白胎，器内外皆施青白釉，足沿无釉，釉面光亮。足沿有轮制刮削痕。青花绘纹，色彩淡雅，深蓝色。口沿涂青一周，有晕散，器腹内壁饰两周折枝灵芝纹，底心为漩涡纹，器外腹壁饰两周折枝灵芝纹，圈足及足底饰弦纹，青花方形花押款。敞口，尖圆唇，上腹斜直，下腹折收，腹足分界明显，圈足，足墙过肩。口径14.6、高6.7、底径6.6厘米。时代为清代晚期（图六八，1；图版四〇，1）。

标本ⅥT27②：67，灰白胎，器内外皆施青白釉，足沿无釉，釉面光亮。足沿有轮制刮削痕。青花绘纹，色彩淡雅，深蓝色，口沿涂青一周，有晕散，器腹内壁饰两周折枝灵芝纹，底心为团花灵芝纹，器外腹壁饰两周折枝灵芝纹，圈足上涂青两周，有晕散，足底饰两周弦纹，青花款残不明。敞口，尖圆唇，上腹斜直，下腹折收，腹足分界明显，圈足，足墙过肩。口径14.3、高7.1、底径4.6厘米。时代为清代晚期（图六八，2；图版四〇，2）。

标本ⅥT27③：20，灰白胎，器内外皆施青白釉，足沿施酱釉，釉面失透。足沿有轮制刮削痕，器底有放射状跳刀痕。青花绘纹，色彩暗淡，蓝黑色，花纹模糊不清，深浅不一，口沿内侧及腹内壁下饰两周弦纹，底心为花卉纹，口沿外侧饰一周弦纹，腹外壁饰花卉纹，底饰一周不闭合粗弦纹。敞口，圆唇，上腹斜直，下腹折收，腹足分界明显，圈足。釉面多处有棕眼皲裂，釉层厚薄不匀。口径13.9、高6.9、底径6.9厘米。时代为清代晚期（图六八，3；图版四〇，3）。

标本ⅦT2①：31，灰白胎，器内外皆施青白釉，足沿施酱釉，釉面光亮。足沿有轮制刮削痕。青花绘纹，色彩淡雅，蓝黑色，口沿涂青一周，器腹内壁中部饰两周弦纹，底心饰灵芝纹，器外腹壁饰两周折枝灵芝纹，青花方形花押款。敞口，圆唇，上腹斜直，下腹折收，腹足分界明显，圈足。口径13.8、高6.4、底径6.1厘米。时代为清代晚期（图六八，4；图版四〇，4）。

Ab型　斜弧腹。

标本ⅢT3③：1，灰白胎，器内外皆施青白釉，釉色灰暗，足沿施酱釉，器表有少量棕眼、黑斑。足沿有刮釉痕，青花绘纹，发色淡雅，积青料处呈蓝黑色。口沿涂青一周，器腹内壁下部饰弦纹，底心花纹残不明，器外腹壁饰两周折枝灵芝纹，足底饰弦纹。敞口，圆唇，斜弧腹，腹足分界明显，圈足。口径13.8、高6.5、底径6厘米。时代为清代晚期（图六八，5；图版四〇，5）。

标本ⅢT5③：3，灰白胎，器内外皆施青白釉，釉色灰暗，足沿施酱釉，器表有大量棕眼、黑斑。足沿有刮釉痕，青花绘纹，发色淡雅，积青料处呈蓝黑色，口沿涂青一周，有晕散，器腹内壁下部饰两圈弦纹，底心为瑞草纹，器外腹壁饰两周折枝花草纹，青花方形花押款。敞口，圆唇，斜弧腹，腹足分界明显，圈足。口径15.0、高6.8、底径6.0厘米。时代为清代晚期（图六八，6；图版四〇，6）。

标本ⅢT15④：4，灰白胎，器内外皆施青白釉，釉色光亮，釉层有裂变，足沿施酱釉，器表有少量棕眼、黑斑。足沿有刮釉痕。青花绘纹，发色浓艳，积青料处呈深蓝色，口沿涂青一周，器腹内下方饰两周弦纹，底心花纹为灵芝纹，器外腹壁饰两周折枝灵芝纹，晕散严重，青花方形花押款。敞口，圆唇，斜弧腹，腹足分界明显，圈足。口径13.7、高6.5、底径6.6厘

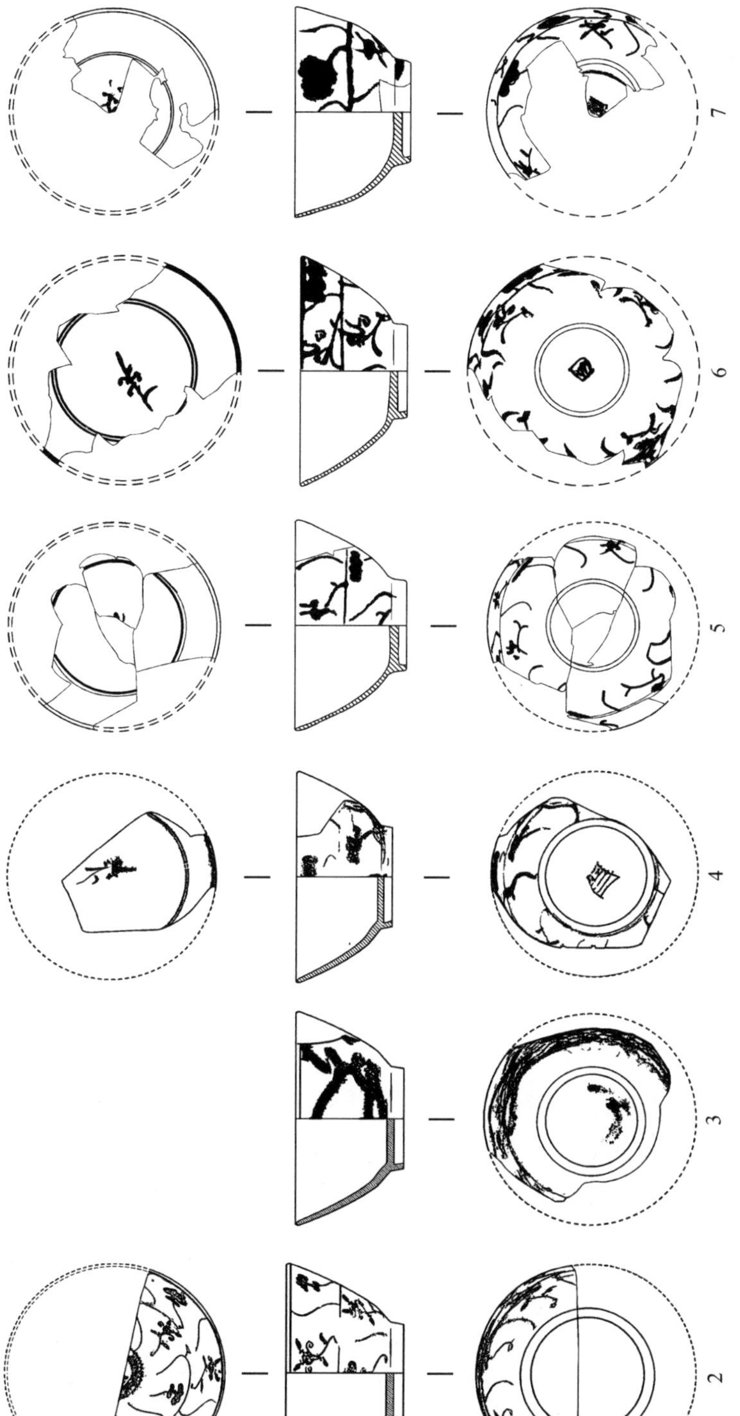

图六八　清代青花瓷器

1～4. Aa型青花瓷中碗（ⅥH5：10、ⅥT27②：67、ⅥT27③：20、ⅦT2①：31）　5～7. Ab型青花瓷中碗（ⅢT3③：1、ⅢT5③：3、ⅢT15④：4）

米。时代为清代晚期（图六八，7；图版四一，1）。

B型 敞口，沿部稍外侈，据其腹部形制可分二亚型

Ba型 上腹内弧，下腹外弧收。

标本ⅥT19①：11，灰白胎，器内外皆施青白釉，足沿无釉，釉面光亮。足沿有轮制刮削痕。青花绘纹，色彩较浓，蓝黑色。口沿内侧及器腹内壁下部各饰两周弦纹，口沿外侧下方饰两周弦纹，器外腹壁饰螭龙纹，圈足及足底各饰两周弦纹。敞口，沿部外侈，圆唇，上腹内弧，下腹外弧收，腹足分界明显，圈足，足墙过肩。口径15.0、高6.9、底径6.5厘米。时代为清代早期（图六九，1；图版四一，2）。

标本ⅣT0307③：4，灰白胎，器内外皆施青白釉，釉色光亮，器表有少量棕眼、黑斑。足沿部有刮釉痕。青花绘纹，发色浓艳，积青料处呈蓝黑色，口沿涂青一周，口沿内侧饰一周花草纹，其下及器内腹、足交界处各饰两周弦纹，底心为瑞草纹，器外腹壁满饰缠枝菊花叶脉纹，器外腹部近底处饰仰莲纹，圈足上饰两周弦纹，青花“丙”字款。敞口，沿部外侈，圆唇，上腹内弧，下腹外弧收，腹足分界明显，圈足。口径14.2、高6.2、底径6.0厘米。时代为清代晚期（图六九，2；图版四一，3）。

标本ⅢT16②：1，灰白胎，器内外皆施青白釉，釉色发暗，失透，器表有少量棕眼、黑斑。足沿部有刮釉痕。积釉处露火石红。青花绘纹，发色浓艳，晕散严重，积青料处呈蓝黑色，口沿涂青一周，口沿内饰一周花草纹，器内腹足交界处饰一周弦纹，底心为变形灵芝纹，器外腹壁饰缠枝菊花纹，腹下部近底处饰仰莲纹，圈足上饰一周弦纹，青花方形花押款。折沿，圆唇，上腹内弧，下腹外弧收，腹足分界明显，圈足。口径14.0、高5.5、底径5.3厘米。时代为清代晚期（图六九，3；图版四一，4）。

Bb型 上腹斜直，下腹弧收。

标本ⅥT19②：28，灰白胎，器内外皆施青白釉，足沿无釉，釉面光亮。足沿有轮制刮削痕。青花绘纹，色彩浓艳，蓝黑色，口沿涂青一周，有晕散，器腹内壁饰两周折枝灵芝纹，底心为漩涡纹，器外腹壁饰两周折枝灵芝纹，圈足及足底各饰两周弦纹，青花方形花押款。敞口，尖圆唇，上腹斜直，下腹弧收，腹足分界明显，圈足，足墙过肩。口径14.6、高6.6、底径7厘米。时代为清代晚期（图六九，4；图版四一，5）。

标本ⅥT19②：30，灰白胎，器内外皆施青白釉，足沿无釉，釉面光亮。足沿有轮制刮削痕。青花绘纹，色彩淡雅，深蓝色，口沿涂青一周，有晕散，器内腹下部饰两周弦纹，底心为灵芝纹，器外两周折枝灵芝纹，足底饰两周弦纹，青花方形花押款。敞口，尖圆唇，上腹斜直，下腹弧收，腹足分界明显，圈足，足墙过肩。口径14.5、高6.6、底径7.0厘米。时代为清代晚期（图六九，5；图版四一，6）。

小碗 14件。据其口部形制可分四型。

A型 敞口，直沿，据其腹部形制可分三亚型。

Aa型 上腹斜直，下腹弧收。

标本ⅥT23①：11，灰白胎，器内外皆施青白釉，釉面光亮，足沿、足底未施釉。足沿、足底有轮制刮削痕。青花绘纹，色彩浓艳，蓝黑色，器腹内壁绘龙纹，器腹外壁绘凤凰纹。敞

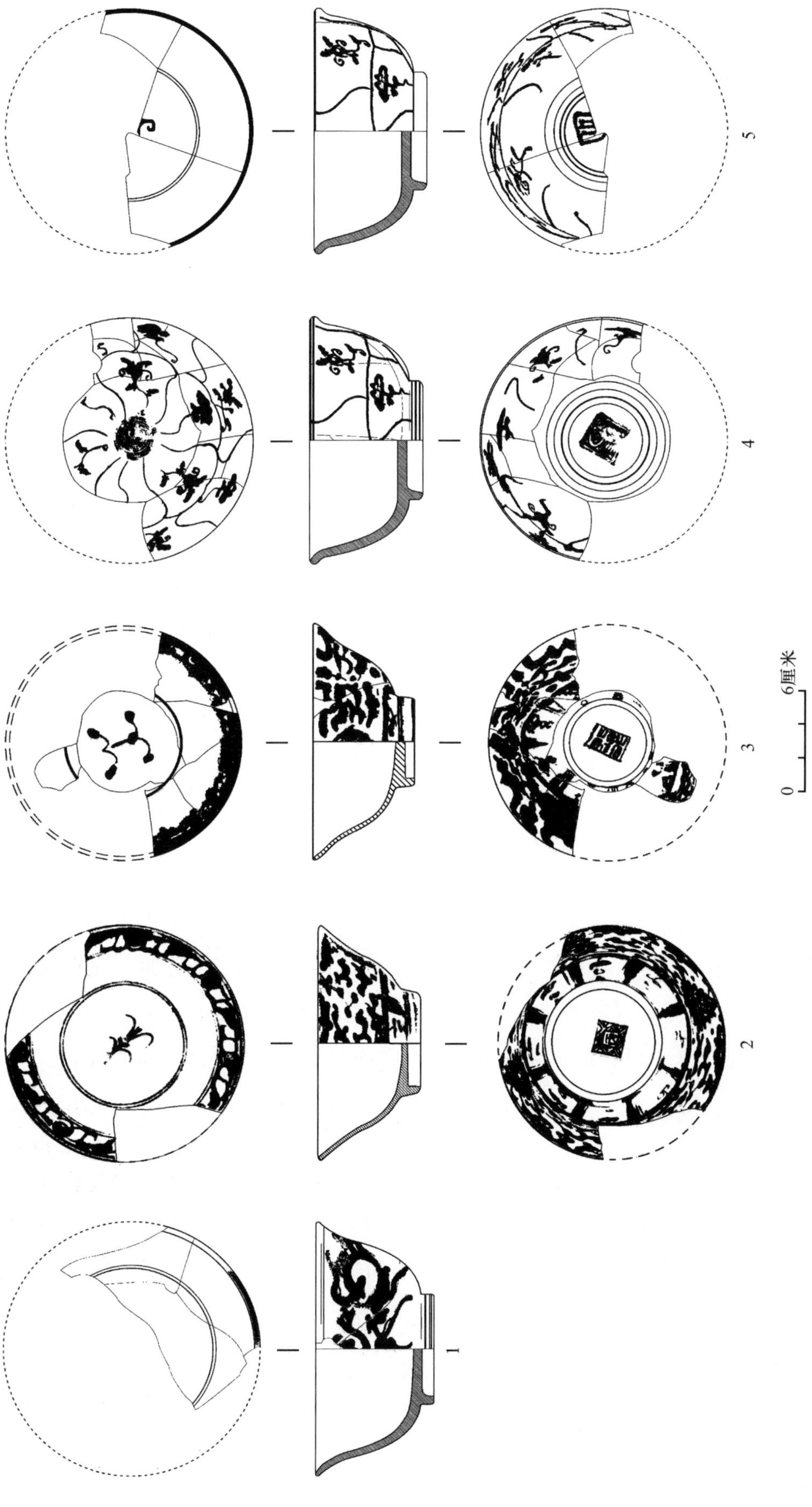

图六九　清代青花瓷器

1～3. Ba型青花瓷中碗（ⅥT19①：11、ⅣT0307③：4、ⅢT16②：1）　4、5. Bb型青花瓷中碗（ⅥT19②：28、ⅥT19②：30）

口，圆唇，上腹斜直，下腹弧收，腹足分界明显，圈足，足壁内敛，足墙过肩。口径11.8、高5.3、底径4.9厘米。时代为清代中期（图七〇，1；图版四二，1）。

标本ⅥT23②：24，灰白胎，器内外皆施青白釉，釉面光亮，足沿施酱釉。足沿有轮制刮削痕。青花绘纹，色彩浓艳，色蓝黑，沿内涂青一周，器腹内壁下方饰两周弦纹，底心为寿字纹，口沿外侧及圈足上各饰两周弦纹，器腹外壁绘缠枝莲花纹，足底饰两周弦纹，青花四朵花款。敞口，圆唇，上腹斜直，下腹弧收，腹足分界明显，圈足，足墙过肩。口径11.0、高5.5、底径4.5厘米。时代为清代晚期（图七〇，2；图版四二，2）。

Ab型　上腹斜直，下腹折收。

标本ⅥT34②：28，灰白胎，器内外皆施青白釉，釉面光亮。足沿有轮制刮削痕。青花绘纹，色彩淡雅，蓝色，器腹内外壁绘过墙梅花树，其下还绘有竹纹，青花底款残不明。敞口，尖圆唇，斜弧腹，腹足分界明显，圈足，足墙过肩。口径12.0、高5.3、底径4.2厘米。时代为清代早期（图七〇，3；图版四二，3）。

标本ⅥT3②：4，灰白胎，器内外皆施青白釉，足沿无釉，釉面光亮。足沿有轮制刮削痕。青花绘纹，色彩淡雅，蓝色，器腹内素面，底心有使用者刻一字，残不明。口沿外侧及圈足上饰弦纹，器腹外壁上铁线描缠枝莲花纹，青花“大清嘉庆年制”六字篆书印章款。敞口，圆唇，斜弧腹，腹足分界明显，圈足，足墙过肩。口径11.6、高5.5、底径4.2厘米。时代为清代晚期（图七〇，4；图版四二，4）。

标本ⅥH1：15，灰白胎，器内外皆施青白釉，釉面光亮。足沿有轮制刮削痕。青花绘纹，色彩浓艳，蓝黑色，口沿涂青一周，有晕散，器腹内壁饰两周折枝灵芝纹，底心为团花纹，器腹外壁饰两周折枝灵芝纹，圈足上饰两周弦纹，足底饰弦纹，青花方形花押款。敞口，圆唇，斜弧腹，腹足分界明显，圈足，足墙过肩。口径11.5、高5.7、底径5.3厘米。时代为清代晚期（图七〇，5；图版四二，5）。

标本ⅥH4：29，灰白胎，器内外皆施青白釉，足沿及足底部未施釉，釉面光亮。足沿、足底上有轮制刮削痕。青花绘纹，色彩浓艳，蓝黑色，口沿涂青一周，有晕散，器腹内壁下方饰两周弦纹，底心为灵芝纹，器外腹壁饰两周折枝灵芝纹。敞口，尖圆唇，斜弧腹，腹足分界明显，圈足，足壁厚且斜削。口径11.3、高5.8、底径4.3厘米。时代为清代晚期（图七〇，6；图版四二，6）。

标本ⅦT2①：30，灰白胎，器内外施青白釉，釉面光亮，足沿无釉。足沿有轮制刮削痕。青花绘纹，色彩淡雅，深蓝色。器腹内壁素面，口沿外侧饰两周弦纹，器腹外壁饰三囍、三蝙蝠纹、三如意、缠枝纹，圈足上饰两周弦纹，青花“星”字款。敞口，圆唇，腹上部斜直，下部弧折收至圈足，腹足分界明显，圈足，足墙过肩。口径11.7、高5.1、底径5.3厘米。时代为清代晚期（图七〇，7；图版四三，1）。

Ac型　斜弧腹。

标本ⅢT5③：2，灰白胎，器内外皆施青白釉，釉色灰暗，器表有少量棕眼、黑斑。足沿有刮釉痕。青花绘纹，发色浓艳，积青料处呈蓝黑色，口沿涂青一周，晕散严重，器腹内壁下部饰一周弦纹，底心为瑞草纹，器外腹壁饰两周折枝灵芝纹，晕散严重，足底饰灵芝纹，青花

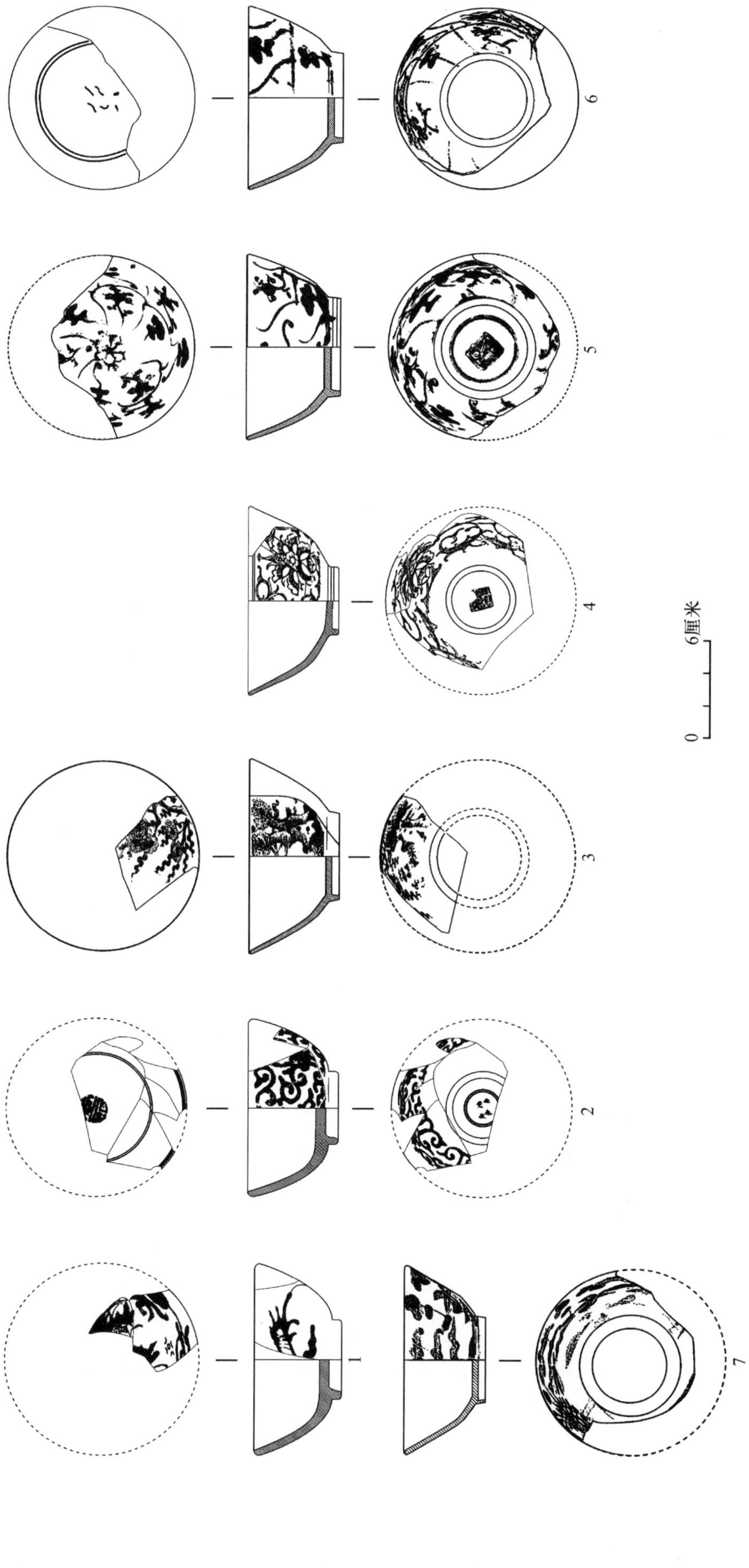

图七〇　清代青花瓷器

1、2. Aa型青花瓷小碗（ⅥT23①：11、ⅦT23②：24）　3～7. Ab型青花瓷小碗（ⅥT34②：28、ⅥT3②：4、ⅥH1：15、ⅥH4：29、ⅦT2①：30）

方形花押款。敞口，圆唇，斜弧腹，腹足分界明显，圈足，圈足底沾沙。口径12.7、高6.4、底径6.0厘米。时代为清代晚期（图七一，1；图版四三，2）。

标本ⅢT18②：2，灰白胎，器内外皆施青白釉，釉色光亮，器表有少量棕眼。足沿有刮釉痕，积釉处露火石红。青花绘纹，发色浓艳，积釉处呈深蓝色，口沿涂青一周，器腹内壁饰两周折枝灵芝纹，底心为团菊纹。器外腹壁饰两周折枝灵芝纹，青花方形花押款。敞口，圆唇，斜弧腹，腹足分界明显，圈足，圈足底微向外凸。口径11.5、高6.0、底径5.9厘米。时代为清代晚期（图七一，2；图版四三，3）。

B型　花边口外敞。

标本ⅥT21②：18，灰白胎，器内外皆施青白釉，足沿无釉，釉面光亮。足沿有轮制刮削痕。青花绘纹，色彩浓艳，蓝黑色，口沿涂青一周，口沿内侧饰一周回字纹，回字纹之间饰“=”纹，其腹内壁下方及底部各饰两周弦纹，底心饰团凤纹，器外腹壁绘渔樵耕读。花边口外敞，圆唇，斜弧腹，腹足分界明显，圈足。口径12.9、高5.9、底径4.9厘米。时代为清代中期（图七一，3；图版四三，4）。

标本ⅥT26①：15，灰白胎，器内外皆施青白釉，足沿无釉，釉面光亮。足沿有轮制刮削痕。青花绘纹，色彩浓艳，蓝黑色，口沿涂青一周，口沿内侧饰一周回字纹，回字纹之间饰“=”纹，其腹内壁下方及底部各饰两周弦纹，底心饰团凤纹，器外腹壁绘渔樵耕读，圈足上饰弦纹，青花方形花押款残。花边口外敞，圆唇，斜弧腹，腹足分界明显，圈足，足墙过肩。口径12.2、高5.6、底径4.9厘米。时代为清代中期（图七一，4；图版四三，5）。

C型　大敞口，直沿。

标本ⅥT26②：2，灰白胎，器内外皆施青白釉，足沿无釉，釉面光亮。足沿有轮制刮削痕。青花绘纹，色彩浓艳，蓝黑色，口沿涂青一周，有晕散，器腹内壁下方饰双圈弦纹，底心为灵芝纹，器外腹壁饰两周折枝灵芝纹，青花方形花押款。大敞口，圆唇，斜弧腹，腹足分界明显，圈足，足墙过肩。口径12.1、高5.2、底径4.5厘米。时代为清代晚期（图七一，5；图版四三，6）。

D型　敞口，沿部稍外侈。

标本ⅥT19②：24，灰白胎，器内外皆施青白釉，足沿施酱釉，釉面光亮。足沿有轮制刮削痕。青花绘纹，色彩淡雅，蓝色，口沿内侧及器腹内壁下方各饰两周弦纹，底心为青花点纹，口沿外侧及圈足上各饰两周弦纹，器外腹壁绘喜鹊登梅图，足底饰两周弦纹，青花方形花押款。敞口，沿部稍外侈，圆唇，上腹斜直略内弧，下腹弧收，腹足分界明显，圈足，足墙过肩。口径11.7、高5.8、底径4.4厘米。时代为清代早期（图七一，6；图版四四，1）。

标本ⅥT23②：27，灰白胎，器内外皆施青白釉，釉面光亮，足沿无釉。足沿有轮制刮削痕。青花绘纹，色彩浓艳，蓝黑色，口沿内侧及器腹内壁下方各饰两周弦纹，底心饰花卉纹，口沿外侧及圈足上各饰两周弦纹，腹外壁饰四朵团花，其间上下对称绘曲枝纹，青花四朵花款。敞口，沿部稍外侈，尖圆唇，上腹斜直，下腹弧收，腹足分界明显，圈足。口径11.7、高5.6、底径5.2厘米。时代为清代中期（图七一，7；图版四四，2）。

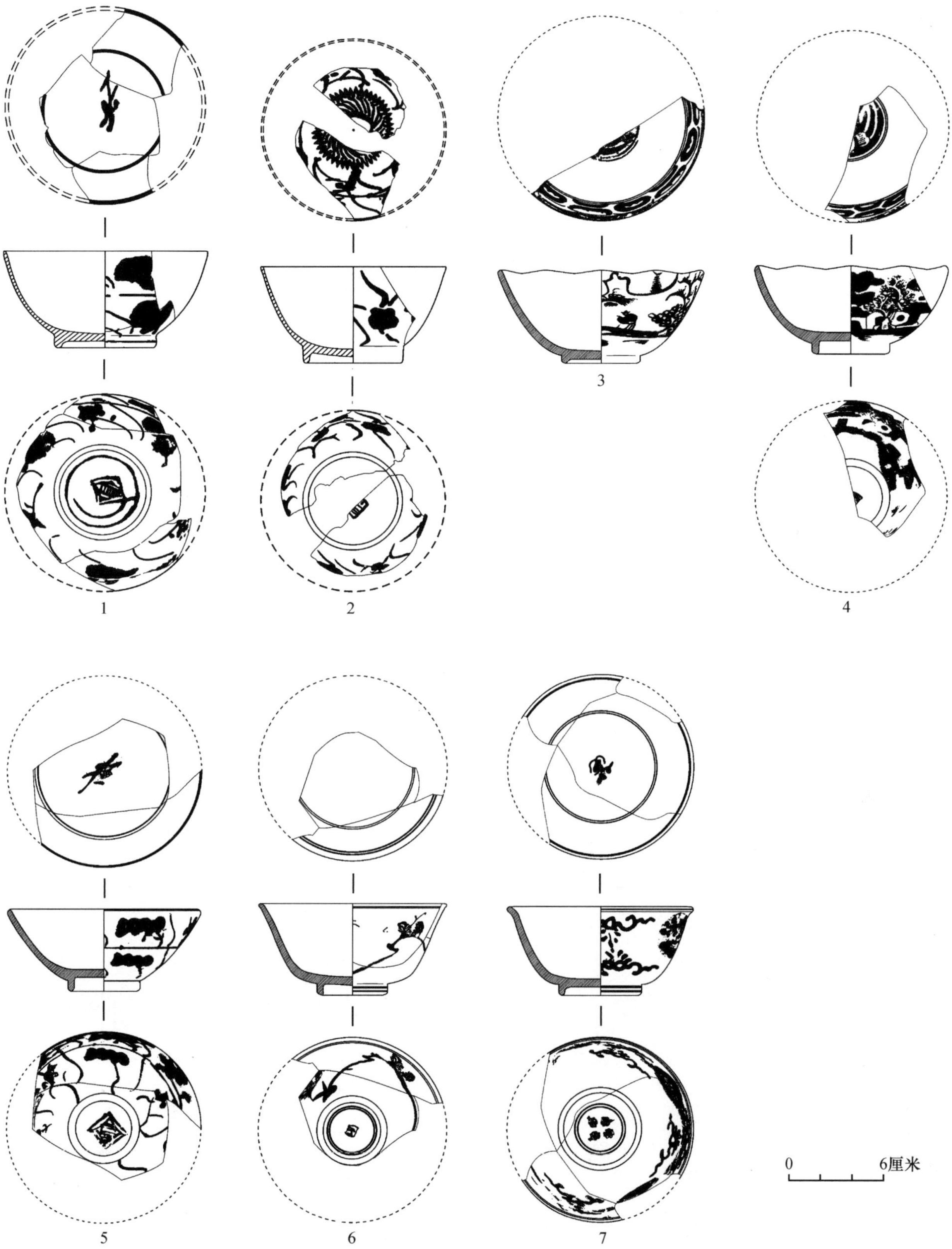

图七一 清代青花瓷器

1、2. Ac型青花瓷小碗（ⅢT5③：2、ⅢT18②：2） 3、4. B型青花瓷小碗（ⅥT21②：18、ⅥT26①：15） 5. C型青花瓷小碗（ⅥT26②：2） 6、7. D型青花瓷小碗（ⅥT19②：24、ⅥT23②：27）

大盘　4件，据其口部形制可分二型。

A型　敞口直沿，据其腹部形制可分二亚型。

Aa型　上腹斜直，下腹弧收。

标本ⅥT34①：13，灰白胎，器内外皆施青白釉，釉面光亮，足沿施酱釉。足沿有轮制刮削痕。青花绘纹，发色浓艳，蓝黑色。口沿涂青一周，器腹内壁饰两周灵芝纹，器腹外壁饰一周灵芝纹，圈足上饰两周弦纹。撇口，圆唇，弧腹，腹足分界明显，圈足，平底。口径19.1、圈足底径12.1、高4.7厘米。时代为清代早期（图七二，1；图版四四，3）。

Ab型　斜弧腹。

标本ⅥT19②：29，灰白胎，器内外皆施青白釉，釉面腐蚀失透，足沿酱釉。足沿有轮制刮削痕。青花绘纹，色彩灰白，色蓝黑色。口沿内侧及器腹内壁下部各饰两周弦纹，器腹内壁饰卷云纹，底心饰螭龙纹，器腹外壁饰灵芝纹，足底饰两周弦纹，青花方形花押款。敞口，圆唇，弧腹，腹足分界明显，圈足，平底。口径16.0、高3.6、底径9.9厘米。时代为清代早期（图七二，2；图版四四，4）。

标本ⅢT16④：2，灰白胎，器内外皆施青白釉，釉色光亮。足沿部有刮釉痕，器表有少量棕眼、黑斑。青花绘纹，发色淡雅，蓝色。器腹内壁素面，底心有使用者刻“松友”二字，器腹外壁勾绘五组团花，其间饰枝蔓纹，圈足上饰弦纹，青花方形花押款。敞口，圆唇，斜弧腹，腹足分界明显，圈足。口径19.0、高6.0、底径7.8厘米。时代为清代晚期（图七二，3；图版四四，5）。

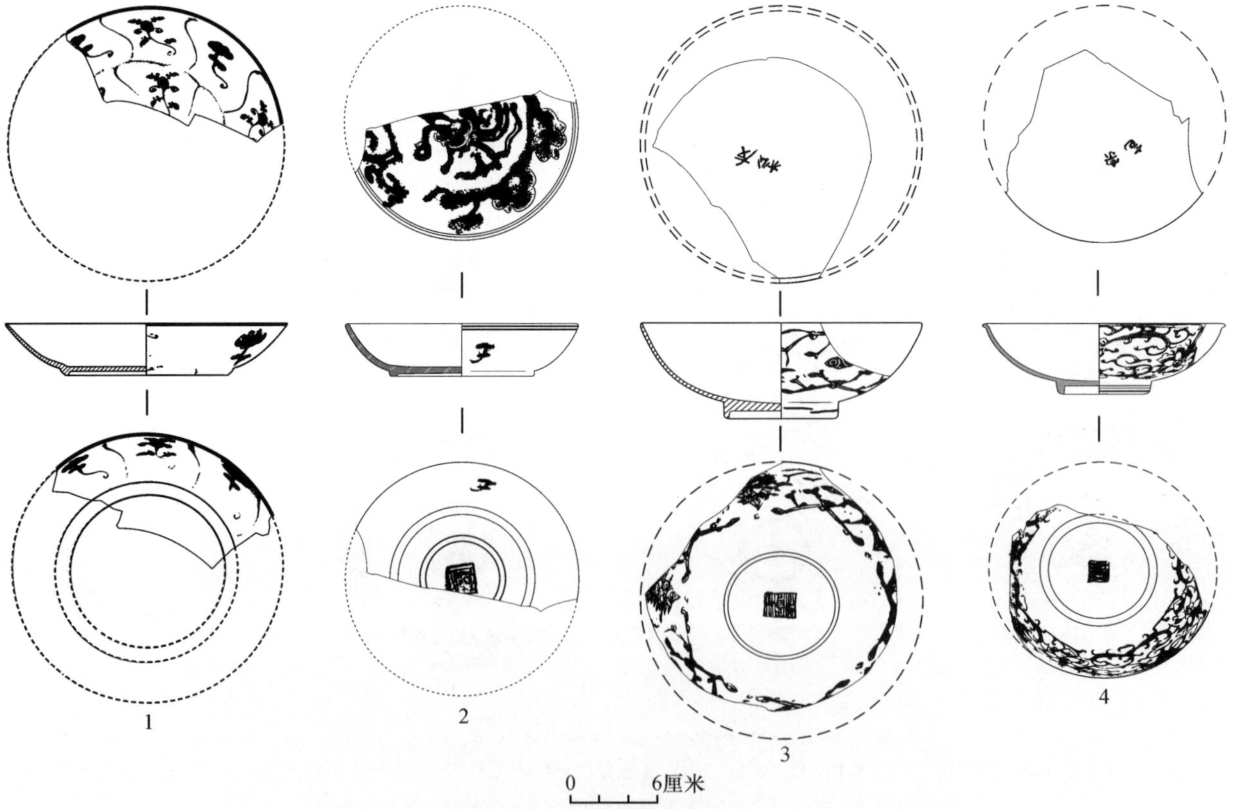

图七二　清代青花瓷器

1. Aa型青花瓷大盘（ⅥT34①：13）　2、3. Ab型青花瓷大盘（ⅥT19②：29、ⅢT16④：2）　4. B型青花瓷大盘（ⅣT0307③：6）

B型 敞口，卷沿。

标本ⅣT0307③：6，灰白胎，器内外皆施青白釉，釉色光亮，器表有少量棕眼、黑斑。足沿部有刮釉痕。青花绘纹，发色淡雅，蓝色。器腹内壁素面，底心有使用者刻“□宗”二字，其中一字不能识读，口沿外侧饰两周弦纹，器腹外壁饰缠枝莲花纹，圈足上饰三周不规整弦纹，青花方形花押款。敞口，卷沿，圆唇，斜弧腹，腹足分界明显，圈足。口径16.4、高6.9、底径6.0厘米。时代为清代晚期（图七二，4；图版四四，6）。

小盘 7件，据其口部形制可分二型。

A型 敞口直沿，据其腹部形制可分二亚型。

Aa型 上腹斜直，下腹弧收。

标本ⅢT8④：1，灰白胎，器内外皆施青白釉，釉面失透，器外壁有棕眼、小黑斑。足沿有刮釉、斜削痕。青花绘纹，发色浓艳，深蓝黑色。口沿内侧及器腹内壁下部饰两周弦纹，器腹内壁及底心为双笔勾绘平涂渲染螭龙纹，口沿外侧、圈足、足底各饰两周弦纹，器腹外壁上部饰青花线纹。敞口，圆唇，上腹斜直，下腹弧收，腹足分界明显，圈足。口径8.0、高2.9、底径4.5厘米。时代为清代早期（图七三，1；图版四五，1）。

标本ⅢT16④：1，灰白胎，器内外皆施青白釉，釉色失透，足沿、足底未施釉，器表有少量棕眼、黑斑。足沿有刮釉痕，积釉处局部露火石红。青花绘纹，发色浓艳，蓝黑色。口沿内侧饰一周弦纹，器腹内壁中下部饰两周弦纹，腹足交界处残存三只蝙蝠，底心为团寿纹，口沿外侧饰两周弦纹，器腹外壁残存三朵瑞草，圈足涂青一周。敞口，圆唇，上腹斜直，下腹弧收，腹足分界明显，圈足。口径8.3、高3.5、底径4.2厘米。时代为清代中期（图七三，2；图版四五，2）。

标本ⅣT0206③：4，灰白胎，器内外皆施青白釉，釉色失透，器表有少量棕眼。足沿部有刮釉痕。青花绘纹，发色浓艳，蓝黑色。口沿涂青一周，有晕散，口沿内侧一周折枝纹边饰，器腹内壁饰一周折枝灵芝纹，底心为团菊纹，口沿外侧、圈足上各饰一周弦纹，器腹外壁残存一朵灵芝，足底饰两周弦纹，青花方形花押款。敞口，圆唇，上腹斜直，下腹弧收，腹足分界明显，圈足。口径8.5、高3.4、底径4.9厘米。时代为清代晚期（图七三，3；图版四五，3）。

标本ⅢT2②：1，灰白胎，器内外皆施青白釉，釉色失透。口沿处局部脱釉。足沿部有刮釉痕。青花绘纹，发色浓艳，深蓝色。口沿涂青一周，有晕散，器腹内壁饰一周折枝灵芝纹，近底处饰两周弦纹，底心为灵芝纹，器腹外壁饰三朵折枝灵芝，腹足交界处饰一周弦纹，圈足底饰两周弦纹，青花四朵花款。敞口，圆唇，上腹斜直，下腹弧收，腹足分界明显，圈足。口径8.8、高3.5、底径4.5厘米。时代为清代晚期（图七三，4；图版四五，4）。

标本ⅢT15④：3，灰白胎，器内外皆施青白釉，釉色失透，足沿、足底未施釉。足沿有刮釉痕。青花绘纹，发色浓艳，呈蓝黑色，口沿涂青一周，有晕散，器腹内壁饰折枝灵芝纹，晕散严重，底心为团菊纹，口沿外侧饰一周弦纹，器腹外壁饰青花线纹。敞口，圆唇，上腹斜直，下腹弧收，腹足分界明显，圈足。口径8.0、高3.1、底径4.2厘米。时代为清代晚期（图七三，5；图版四五，5）。

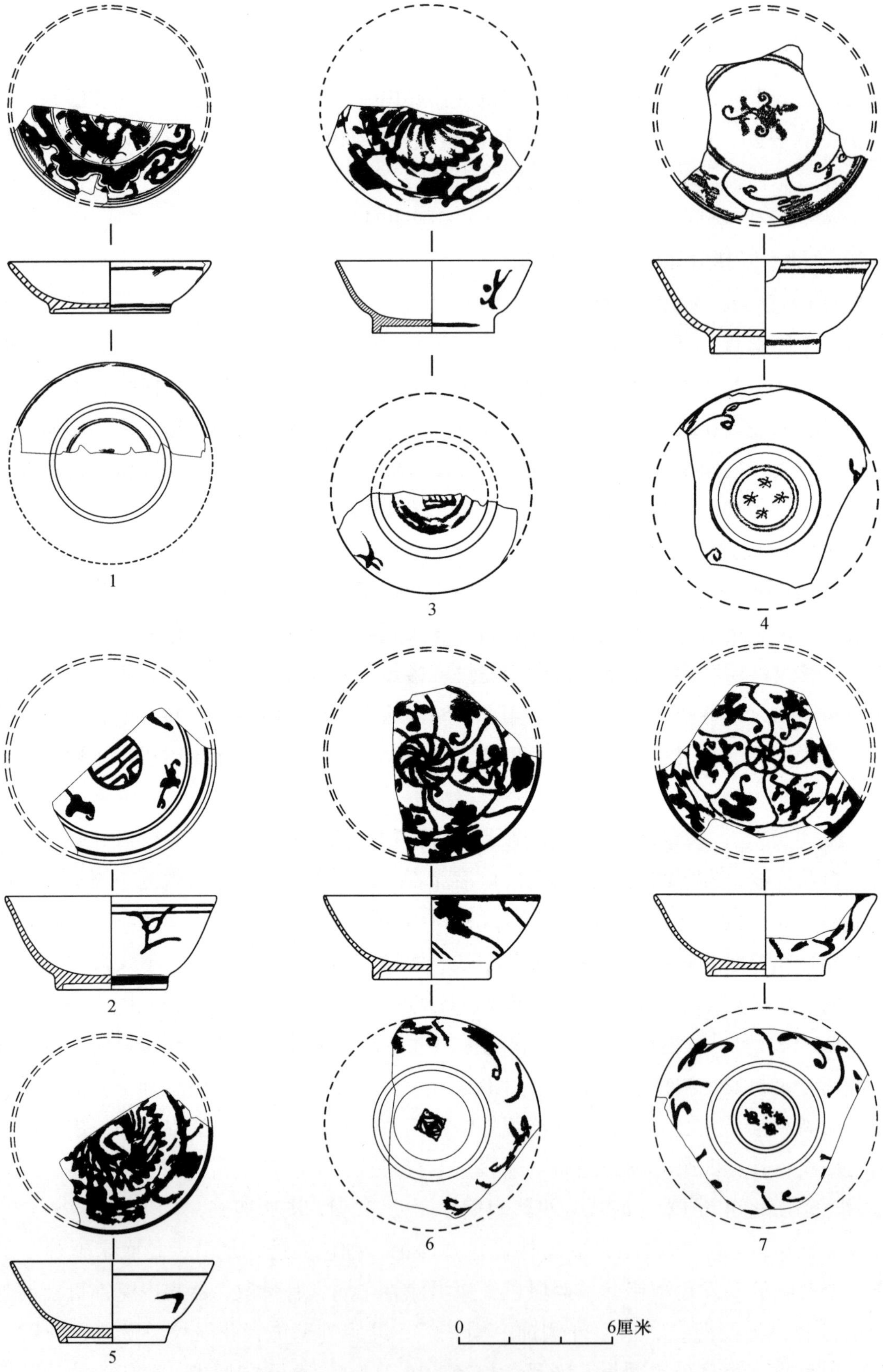

图七三　清代青花瓷器

1～5. Aa型青花瓷小盘（ⅢT8④：1、ⅢT16④：1、ⅣT0206③：4、ⅢT2②：1、ⅢT15④：3）　6. Ab型青花瓷小盘（ⅢT6②：2）
7. B型青花瓷小盘（ⅢT8②：1）

Ab型　弧腹。

标本ⅢT6②：2，灰白胎，器内外皆施青白釉，釉色失透。足沿部有刮釉痕。青花绘纹，发色浓艳，蓝黑色。口沿涂青一周，有晕散，器腹内壁饰两周折枝灵芝纹，底心为团花纹，器腹外壁残存四朵折枝灵芝纹，足底饰两周弦纹，青花方形花押款。敞口，圆唇，斜弧腹，腹足分界明显，圈足。口径8.5、高3.4、底径4.7厘米。时代为清代晚期（图七三，6；图版四五，6）。

B型　敞口，沿部稍外侈。

标本ⅢT8②：1，灰白胎，器内外皆施青白釉，釉色光亮，足沿施酱釉。足沿有刮釉痕。青花绘纹，发色浓艳，蓝黑色。口沿涂青一周，有晕散，器腹内壁饰两周折枝灵芝纹，底心为团花纹，器腹外壁饰六朵折枝灵芝，足底饰两周弦纹，青花四朵花款。敞口，沿部稍外侈，圆唇，斜弧腹，腹足分界明显，圈足。器表有少量棕眼。口径8.7、高3.7、底径4.6厘米。时代为清代晚期（图七三，7；图版四六，1）。

大碟　5件，据其腹部形制可分二型。

A型　上腹斜直，下腹弧收。

标本ⅣT0306③：2，灰白胎，器内外皆施青白釉，釉色光亮，器表有少量棕眼、黑斑。足沿有刮釉痕。青花绘纹，发色浓艳，深蓝色。口沿内侧饰两周弦纹，器腹内壁饰缠枝莲花纹，底心为团枝莲花纹，口沿外侧饰一周弦纹，器腹外壁素面，圈足上饰三周弦纹，青花方形花押款。敞口，圆唇，斜直腹，腹足分界明显，圈足。口径23.2、高3.5、底径13厘米。时代为清代晚期（图七四，1；图版四六，2）。

标本ⅥT22②：5，灰白胎，器内外皆施青白釉，釉面光亮，足沿施酱釉。足沿有轮制刮削痕。青花绘纹，色彩淡雅，深蓝色。口沿涂青一周，有晕散，器腹内壁饰两周灵芝纹，底心饰团花漩涡纹，器腹外壁饰一周灵芝纹，圈足饰一周弦纹，足底饰两周弦纹，青花方形花押款。敞口，圆唇，斜直腹，腹足分界明显，圈足，平底。口径19.7、高3.2、底径11.7厘米。时代为清代晚期（图七四，2；图版四六，3）。

标本ⅥT2②：6，灰白胎，器内外皆施青白釉，釉面失透，器内底心有涩圈，足沿无釉。足沿有轮制刮削痕。青花绘纹，色彩暗淡，蓝黑色。口沿涂青一周，有晕散，器腹内壁饰一周灵芝纹，底心有纹残不明，器腹外壁饰一周灵芝纹。敞口，圆唇，斜直腹，腹足分界明显，圈足，足壁外斜内直，平底。口径18.0、高3.1、底径9.6厘米。时代为清代晚期（图七四，3；图版四六，4）。

B型　斜弧腹。

标本ⅥT19②：27，灰白胎，器内外皆施青白釉，釉面光亮，足沿施酱釉。足沿有轮制刮削痕。青花绘纹，色彩灰暗，蓝黑色。口沿内侧及器腹内壁下部各饰两周弦纹，器腹内壁饰螭龙纹，口沿外侧饰两周弦纹，器腹外壁饰青花点线纹，圈足上饰一周弦纹，足底饰双圈弦纹。敞口，圆唇，弧腹，腹足分界明显，圈足，平底略凹。口径20.3、高4.0、底径12.1厘米。时代为清代早期（图七四，4；图版四六，5）。

标本ⅥT23②：25，灰白胎，器内外皆施青白釉，釉面光亮，足沿施酱釉。足沿有轮制刮

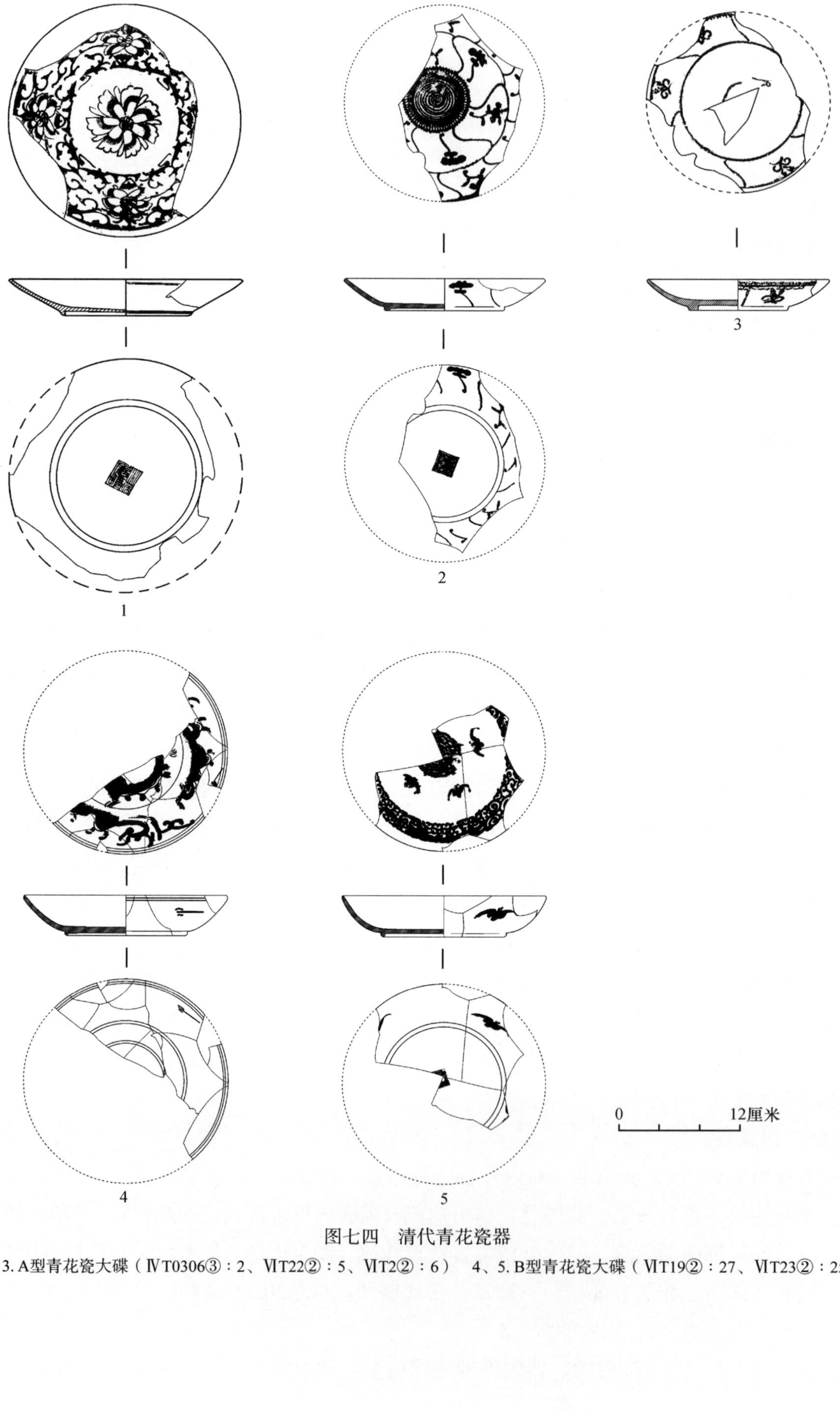

图七四　清代青花瓷器

1～3. A型青花瓷大碟（ⅣT0306③：2、ⅥT22②：5、ⅥT2②：6）　4、5. B型青花瓷大碟（ⅥT19②：27、ⅥT23②：25）

削痕。青花绘纹，色彩浓艳，蓝黑色。口沿内侧涂青一周，器腹内壁饰一周缠枝花草纹，腹下部饰两周弦纹，底部饰五福捧寿纹，口沿外侧涂青一周，器腹外壁饰蝙蝠纹，底饰双圈弦纹，青花方形花押款。敞口，圆唇，弧腹，腹足分界明显，圈足，平底。口径20.0、高4.1、底径12.2厘米。时代为清代中期（图七四，5；图版四六，6）。

小碟　5件，据其腹部形制可分二型。

A型　上腹斜直，下腹弧收。

标本ⅥT27②：65，灰白胎，器内外皆施青白釉，釉面光亮，足沿酱釉。足沿有轮制刮削痕。青花绘纹，色彩淡雅，蓝色。口沿内侧饰一周弦纹，器腹内壁下部饰两周弦纹，底心绘喜鹊登梅图，器腹外壁绘枝蔓纹，足底饰双圈弦纹，青花方形花押款。敞口，圆唇，斜直腹，腹足分界明显，圈足，平底。口径11.8、圈足底径6.0、高2.5厘米。时代为清代早期（图七五，1；图版四七，1）。

标本ⅢT18②：1，灰白胎，器内外皆施青白釉，釉面泛黄，失透。器表有棕眼、小黑斑，腹内壁有铁锈斑。足沿有刮釉痕。青花绘纹，发色灰暗，蓝黑色。口沿涂青一周，器腹内壁饰两周缠枝灵芝纹，底心团花灵芝纹，器腹外壁饰灵芝纹，圈足及足底各饰两周弦纹，青花方形花押款。敞口，圆唇，斜直腹，腹足分界明显，圈足，平底。口径13.3、圈足底径8.0、高2.7厘米。时代为清代晚期（图七五，2；图版四七，2）。

标本ⅢT18④：2，灰白胎，器内外皆施青白釉，釉面失透。器表有棕眼、小黑斑，腹内壁有铁锈斑。足沿有刮釉痕。青花绘纹，发色较艳，蓝色。口沿涂青一周，器腹内壁饰两周缠枝灵芝，底心为团花灵芝纹，器腹外壁饰灵芝纹，足底饰两周弦纹，青花方形花押款。敞口，圆唇，斜直腹，腹足分界明显，圈足，平底。口径14.3、圈足底径9.0、高2.7厘米。时代为清代晚期（图七五，3；图版四七，3）。

标本ⅥT34②：27，灰白胎，器内外皆施青白釉，釉面光亮，足沿施酱釉。足沿有轮制刮削痕。青花绘纹，色彩浓艳，深蓝色。口沿涂青一周，有晕散，器腹内壁饰两周灵芝纹，底心饰团花灵芝纹，器腹外壁饰一周灵芝纹，圈足饰一周弦纹，足底饰两周弦纹，青花方形花押款。敞口，圆唇，斜直腹，腹足分界明显，圈足，平底。口径15.5、高2.9、底径9.1厘米。时代为清代晚期（图七四，4；图版四七，4）。

B型　斜弧腹。

标本ⅣT0402②：1，灰白胎，器内外皆施青白釉，釉面失透，器表有棕眼、小黑斑，腹内壁有铁锈斑。足沿部有刮釉痕，足底沾沙。青花绘纹，发色较艳，呈蓝色。口沿涂青一周，器腹内壁饰缠枝两周灵芝，底心为团花灵芝纹，器腹外壁饰灵芝纹，足底饰两周弦纹，青花方形花押款。敞口，圆唇，斜弧腹，腹足分界明显，圈足。口径13.6、高2.9、底径8.4厘米。时代为清代晚期（图七五，5；图版四七，5）。

杯　17件，据口部形制可分二型。

A型　敞口，直沿，据其腹部形制可分三亚型。

Aa型　上腹斜直，下腹弧收。

标本ⅣT0206③：5，灰白胎，器内外皆施青白釉，釉色光亮，足底施釉不匀，器表有少量

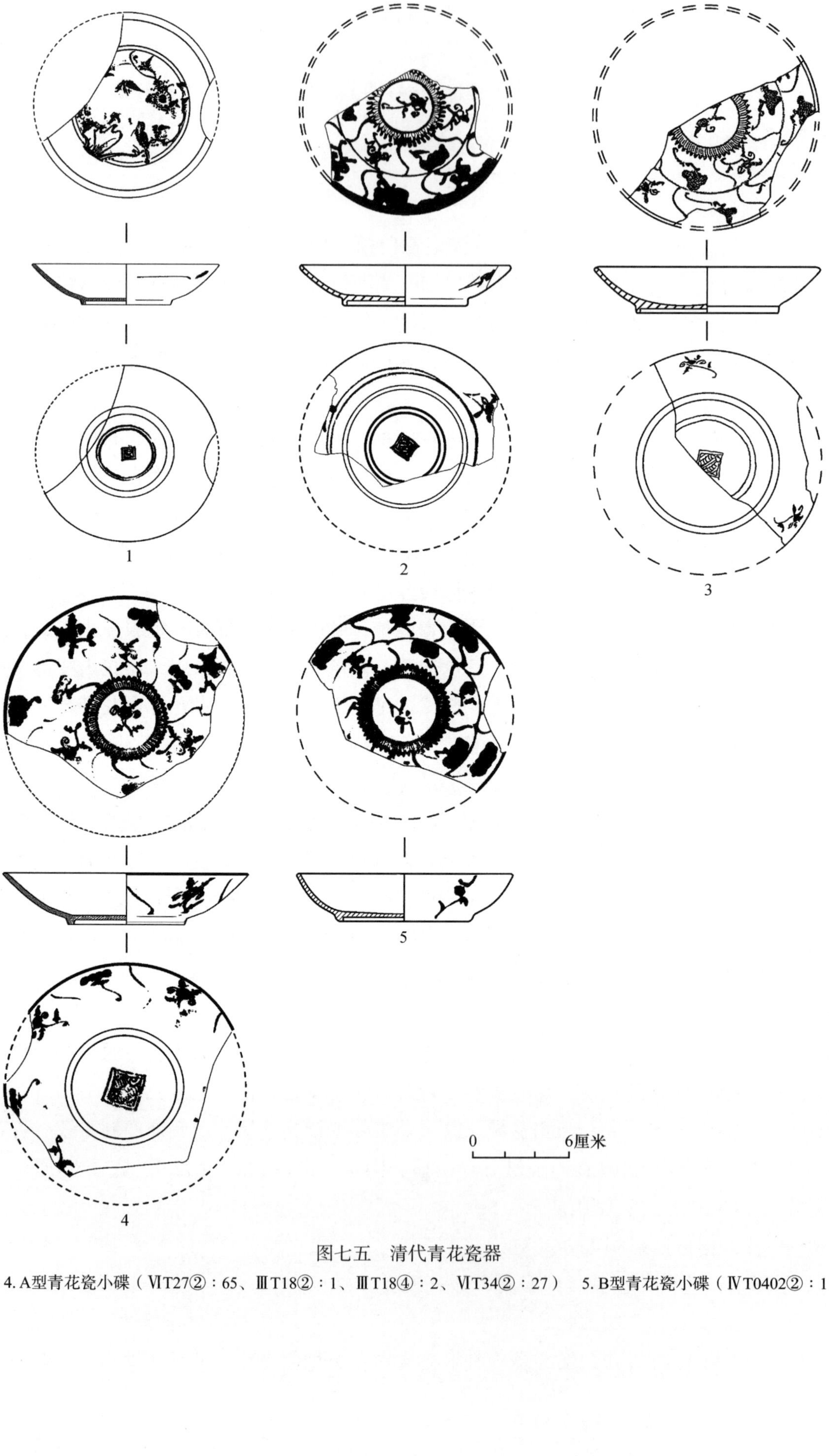

图七五　清代青花瓷器

1～4. A型青花瓷小碟（ⅥT27②：65、ⅢT18②：1、ⅢT18④：2、ⅥT34②：27）　5. B型青花瓷小碟（ⅣT0402②：1）

棕眼、黑斑。足沿有刮釉痕。青花绘纹，发色较浓，深蓝色，积釉处灰黑。口沿涂青一周，有晕散，器腹内壁素面，底心为青花点纹，口沿外侧饰一周弦纹，圈足上饰一周弦纹。敞口，圆唇，上腹斜直，下腹弧收，腹足分界不明显，圈足，足墙窄。口径5.7、高3.1、底径2.2厘米。时代为清代中期（图七六，1；图版四七，6）。

标本ⅢT6②：4，灰白胎，器内外皆施青白釉，釉色灰暗，失透，足底未施釉。器表有少量棕眼、黑斑。足沿有刮釉痕。青花绘纹，发色浓艳，蓝黑色。口沿涂一周青料，有晕散，器腹内壁下部饰两周弦纹，底心饰灵芝纹，器腹外壁饰折枝灵芝纹。口部不规整，平面呈椭圆形，敞口，圆唇，上腹斜直，下腹弧收，腹足分界明显，圈足，足壁较厚，平底。口径6.8、高3.5、底径2.5厘米。时代为清代晚期（图七六，2；图版四八，1）。

标本ⅢT5①：2，灰白胎，器内外皆施青白釉，釉色失透，足底未施釉，器表有少量棕眼、黑斑。足沿有刮釉痕。青花绘纹，发色浓艳，蓝黑色。口沿涂青一周，有晕散，器腹内壁下部饰两周弦纹，底心饰变形灵芝纹，器腹外壁饰两周折枝灵芝纹。敞口，圆唇，上腹斜直，下腹弧收，腹足分界明显，圈足，足墙厚。口径5.3、高2.8、底径2.8厘米。时代为清代晚期（图七六，3；图版四八，2）。

标本ⅢT8②：2，灰白胎，器内外皆施青白釉，釉色失透。足底未施釉，器表有少量棕眼、黑斑。足沿有刮釉痕。青花绘纹，发色浓艳，蓝黑色。口沿涂青一周，有晕散，器腹内壁下部饰两周弦纹，底心饰灵芝纹，器腹外壁饰两周折枝灵芝纹。敞口，圆唇，上腹斜直，下腹弧收，腹足分界不明显，圈足，足墙厚，平底。口径5.4、高2.7、底径2.6厘米。时代为清代晚期（图七六，4；图版四八，3）。

标本ⅣT0207③：2，灰白胎，器内外皆施青白釉，釉色失透，足底未施釉，器表有少量棕眼、黑斑。足沿有刮釉痕。青花绘纹，发色浓艳，蓝黑色。口沿涂青一周，有晕散，器腹内壁下部饰两周弦纹，底心饰灵芝纹，器腹外壁饰折枝灵芝纹。敞口，圆唇，斜直腹，腹足分界明显，圈足，足墙厚。口径5.8、高3.2、底径2.6厘米。时代为清代晚期（图七六，5；图版四八，4）。

标本ⅣT0207③：3，灰白胎，器内外皆施青白釉，釉色失透，器表有少量棕眼、黑斑。口沿烧制变形，足沿有刮釉痕。青花绘纹，发色较浓，深蓝色。口沿涂青一周，有晕散，器腹内壁饰两周折枝灵芝纹，底心为漩涡纹，器腹外壁饰两周折枝灵芝纹，足底饰一周弦纹，青花方形花押款。敞口，圆唇，上腹斜直，下腹弧收，腹足分界不明显，圈足，足墙窄。口径5.9、高3.2、底径3厘米。时代为清代晚期（图七六，6；图版四八，5）。

Ab型 上腹斜直，下腹折收。

标本ⅣT0402①：1，灰白胎，器内外皆施青白釉，釉色失透。器表有少量棕眼、黑斑。足沿有刮釉痕。青花绘纹，发色较浓，蓝黑色。口沿涂青一周，口沿内侧饰一周缠枝花卉纹边饰，器腹内壁饰四周弦纹，底心饰瑞草纹，器内底部有使用者刻一“斌”字，器腹外壁饰缠枝菊花纹，青花花卉纹款。敞口，圆唇，上腹斜直，下腹折收，腹足分界明显，圈足，足墙厚。口径6.1、高2.9、底径3厘米。时代为清代晚期（图七六，7；图版四八，6）。

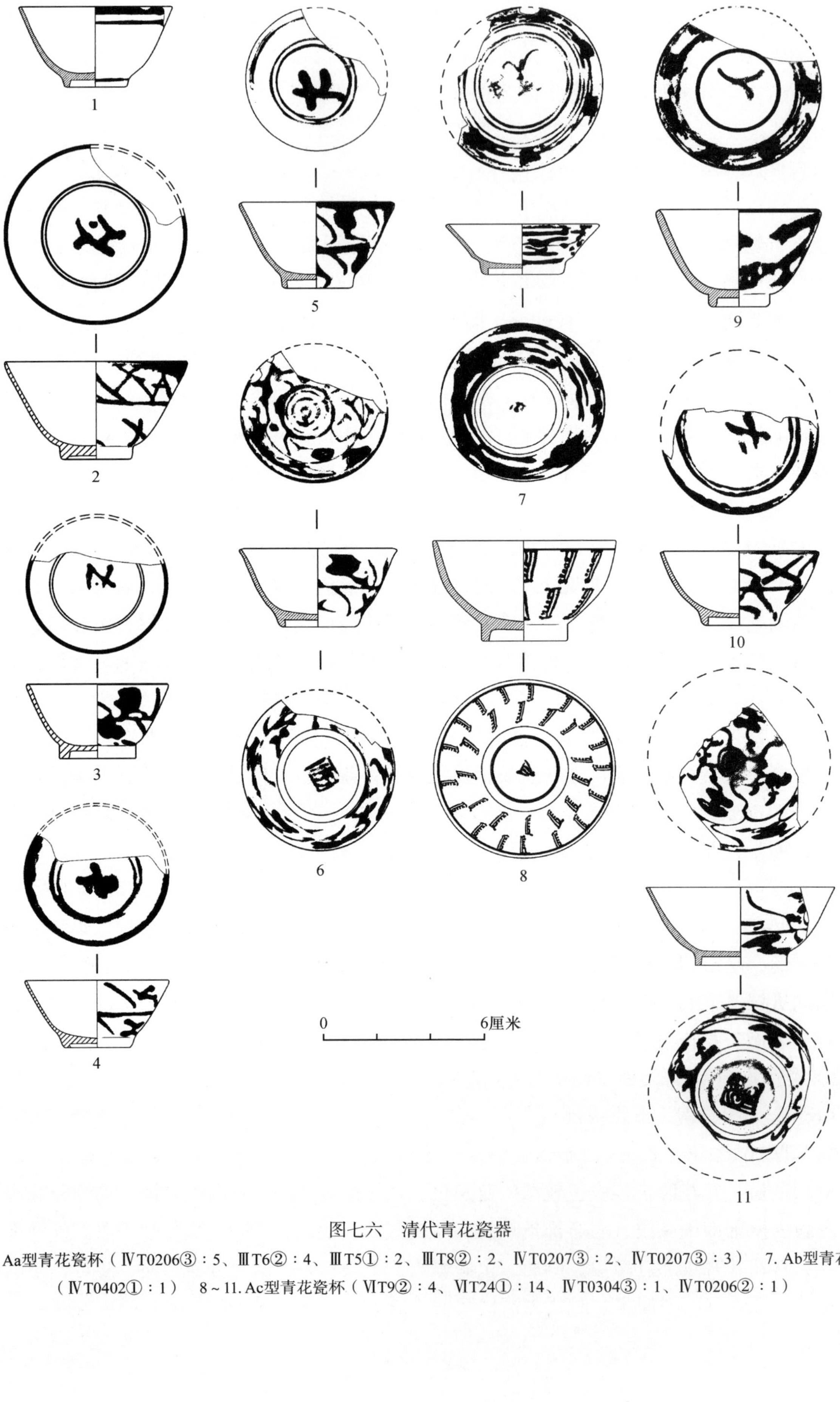

图七六　清代青花瓷器

1～6. Aa型青花瓷杯（ⅣT0206③：5、ⅢT6②：4、ⅢT5①：2、ⅢT8②：2、ⅣT0207③：2、ⅣT0207③：3）　7. Ab型青花瓷杯（ⅣT0402①：1）　8～11. Ac型青花瓷杯（ⅥT9②：4、ⅥT24①：14、ⅣT0304③：1、ⅣT0206②：1）

Ac型　斜弧腹。

标本ⅥT9②：4，灰白胎，器内外皆施青白釉，釉面光亮，足沿、足底无釉。足沿有轮制刮削痕。青花绘纹，色彩浓艳，蓝黑色。器腹内壁素面，口沿外侧饰一周弦纹，器腹外壁饰两周梵文，错落有致，足底饰一周弦纹，青花动物纹款。敞口，圆唇，弧腹，腹足分界明显，圈足，平底。口径6.8、高3.8、底径3.2厘米。时代为清代中期（图七六，8；图版四九，1）。

标本ⅥT24①：14，灰白胎，器内外皆施青白釉，釉面光亮，足沿施酱釉。足沿有轮制刮削痕。青花绘纹，色彩浓艳，蓝黑色。口沿内侧饰一周花卉纹边饰，器腹内壁下部饰一周弦纹，底饰瑞草纹，器腹外壁饰花草纹。敞口，圆唇，斜弧腹，腹足分界明显，圈足，足墙厚，足中部凸起，平底。口径6.2、高3.7、底径2.3厘米。时代为清代晚期（图七六，9；图版四九，2）。

标本ⅣT0304③：1，灰白胎，器内外皆施青白釉，釉色失透，足底未施釉，器表有少量棕眼、黑斑。足沿有刮釉痕。青花绘纹，发色浓艳，蓝黑色。口沿涂青一周，有晕散，器腹足内壁下部饰两周弦纹，底心饰灵芝纹，器腹外壁饰两周折枝灵芝纹。敞口，圆唇，斜弧腹，腹足分界明显，圈足，足墙厚。口径5.9、高3.1、底径2.7厘米。时代为清代晚期（图七六，10；图版四九，3）。

标本ⅣT0206②：1，灰白胎，器内外皆施青白釉，釉色失透，足沿、足底无釉。足沿有刮釉痕。积釉处露火石红。青花绘纹，发色浓艳，呈蓝黑色。口沿涂青一周，有晕散，器腹内壁饰两周折枝灵芝纹，底心为团花纹，口沿外侧饰一周弦纹，器腹外壁残存一朵瑞草纹。敞口，圆唇，斜弧腹，腹足分界明显，圈足。口径7.0、高3.6、底径3.3厘米。时代为清代晚期（图七六，11；图版四九，4）。

B型　敞口，沿部稍外侈。

标本ⅢT4④：2，灰白胎，器内外皆施青白釉，釉色灰暗，失透，足沿、足底无釉。器表有少量棕眼、黑斑。足沿有刮釉痕，足沿内削较甚。青花绘纹，发色淡雅，口沿内侧饰一周弦纹，器腹内壁底部饰一周菱锦纹，底心饰三朵灵芝，口沿外侧饰两周弦纹，器腹外壁饰水波纹，圈足上有一周青花弦纹。敞口，圆唇，斜直腹，腹足分界明显，圈足，玉璧底。口径6.6、高3.5、底径2.9厘米。时代为清代中期（图七七，1；图版四九，5）。

标本ⅥT6②：1，灰白胎，器内外皆施青白釉，釉面光亮，足沿、足底无釉。足沿、足底有轮制刮削痕。青花绘纹，色彩浓艳，蓝黑色，器腹内外壁饰过墙龙纹。撇口，圆唇，垂腹，腹足分界明显，圈足，足壁厚且斜削，玉璧底。口径7.2、高3.9、底径3.2厘米。时代为清代中期（图七七，2；图版四九，6）。

标本ⅢT6②：3，灰白胎，器内外皆施青白釉，釉色灰暗，失透，足底未施釉。足沿有刮釉痕。器表有少量棕眼、黑斑。青花绘纹，发色淡雅，蓝黑色，口沿涂一周青料，有晕散，器腹内壁素面，底心饰灵芝纹，器腹外壁饰两周折枝灵芝纹。敞口，圆唇，弧腹，腹足分界不明显，圈足，足壁较厚且向内斜削，平底。口径6.5、高3.4、底径2.6厘米。时代为清代晚期（图七七，3；图版五〇，1）。

标本ⅢT4④：1，灰白胎，器内外皆施青白釉，釉色灰暗，失透，足底未施釉。足沿有刮釉痕。器表有少量棕眼、黑斑。青花绘纹，发色浓艳，蓝黑色。口沿涂一周青料，有晕散，器腹内壁下部饰两周弦纹，底心饰灵芝纹，器腹外壁饰两周折枝灵芝纹。敞口，圆唇，斜弧腹，腹足分界明显，圈足，足壁较厚，平底。口径6.5、高3.2、底径2.7厘米。时代为清代晚期（图七七，4；图版五〇，2）。

标本ⅢT6②：5，灰白胎，器内外皆施青白釉，釉色灰暗，失透，足底未施釉。足沿有刮釉痕。器表有少量棕眼、黑斑。青花绘纹，发色浓艳，蓝黑色。口沿涂一周青料，有晕散，器

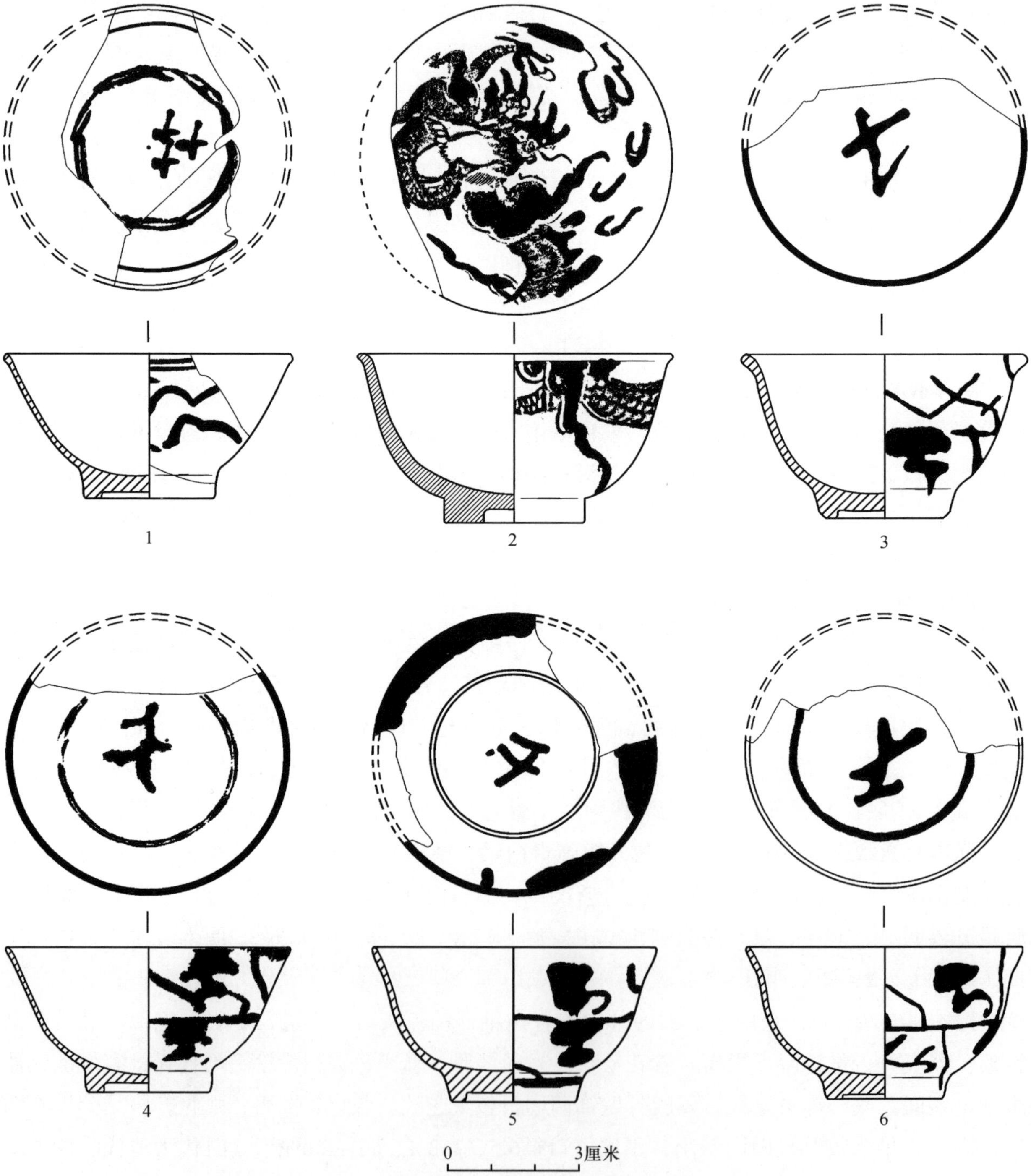

图七七　清代青花瓷器

1～6. B型青花瓷杯（ⅢT4④：2、ⅥT6②：1、ⅢT6②：3、ⅢT4④：1、ⅢT6②：5、ⅢT6③：1）

腹内壁下部饰两周弦纹，底心饰灵芝纹，器腹外壁饰两周折枝灵芝纹。敞口，圆唇，斜弧腹，腹足分界明显，圈足，足壁较厚且向内斜削，平底。口径6.5、高3.4、底径2.8厘米。时代为清代晚期（图七七，5；图版五〇，3）。

标本ⅢT6③：1，灰白胎，器内外皆施青白釉，釉色灰暗，失透，足底未施釉，器表有少量棕眼、黑斑。足沿有刮釉痕。青花绘纹，发色浓艳，蓝黑色。口沿涂一周青料，有晕散，器腹内壁下部饰一周弦纹，底心饰灵芝纹，器腹外壁饰两周折枝灵芝纹。敞口，圆唇，弧腹，腹足分界明显，圈足，足壁较厚且向内斜削。口径6.3、高3.5、底径2.6厘米。时代为清代晚期（图七七，6；图版五〇，4）。

盖缸 2件，据其腹部形制，可分二型。

A型 鼓腹弧收。

标本ⅥT9②：3，灰白胎，器内外皆施青白釉，足沿施酱釉，釉面光亮。口沿刮釉一周，足沿有轮制刮削痕。青花绘纹，色彩浓艳，蓝黑色。器腹内壁素面，器腹外壁绘山水风景图，圈足上饰弦纹。直口，圆唇，直腹且腹中部略外鼓，腹下部弧收，圈足。口径10.6、高8.5、底径6.4厘米。时代为清代晚期（图七八，1；图版五〇，5）。

B型 鼓腹折收。

标本ⅥT8①：3，灰白胎，器内外皆施青白釉，釉面光亮，足沿未施釉。口沿刮削露胎，足沿有轮制刮削痕。青花绘纹，色彩淡雅，蓝黑色。器腹内壁素面，口沿外侧涂青一周，器腹外壁中部饰囍纹、祥云纹，下部饰仰莲纹。敞口，尖圆唇，鼓腹，折收，腹足分界不明显，圈足。口径11.0、高6.7、底径7.1厘米。时代为清代晚期（图七八，2；图版五〇，6）。

盏托 4件。

标本ⅥH3：22，灰白胎，器内外皆施青白釉，釉面光亮。足沿有轮制刮削痕。青花绘纹，色彩浓艳，蓝黑色。口沿涂青一周，有晕散，口沿内侧沿饰一周缠枝纹边饰，其下饰两周弦纹，器腹内壁下部及底心绘花草枝蔓纹，口沿外侧及圈足上各饰一周弦纹，器腹外壁绘花草纹，青花方形花押款。敞口，圆唇，斜直腹，腹足分界明显，圈足。口径8.5、高3.6、底径4.2厘米。时代为清代晚期（图七八，3；图版五一，1）。

标本ⅥH3：23，灰白胎，器内外皆施青白釉，釉面光亮。足沿有轮制刮削痕。青花绘纹，色彩浓艳，深蓝色。口沿内侧饰一周弦纹，器腹内壁绘花草枝蔓纹，底心为团花，口沿外侧及圈足上各饰一周弦纹，器腹外壁绘花草纹，青花方形花押款。敞口，圆唇，斜直腹，腹足分界明显，圈足。口径9.0、高2.5、底径4.0厘米。时代为清代晚期（图七八，4；图版五一，2）。

标本ⅢT18④：1，灰白胎，器内外皆施青白釉，釉色光亮。器表有少量棕眼、黑斑。足沿有刮釉痕。青花绘纹，发色浓艳，蓝黑色。口沿涂青一周，有晕散，口沿内侧饰一周缠枝纹边饰，器腹内壁近底部饰两周弦纹，底心为花草枝蔓纹，器腹外壁饰花草纹，腹足交界处饰一周弦纹，青花款残，不明。敞口，圆唇，斜直腹，腹足分界明显，圈足。口径8.3、高2.5、底径4.1厘米。时代为清代晚期（图七八，5；图版五一，3）。

标本ⅣF6①：1，灰白胎，器内外皆施青白釉，釉色光亮。器表有少量棕眼、黑斑。足沿有刮釉痕。青花绘纹，发色浓艳，蓝黑色。口沿涂青一周，有晕散，口沿内侧饰一周缠枝纹边

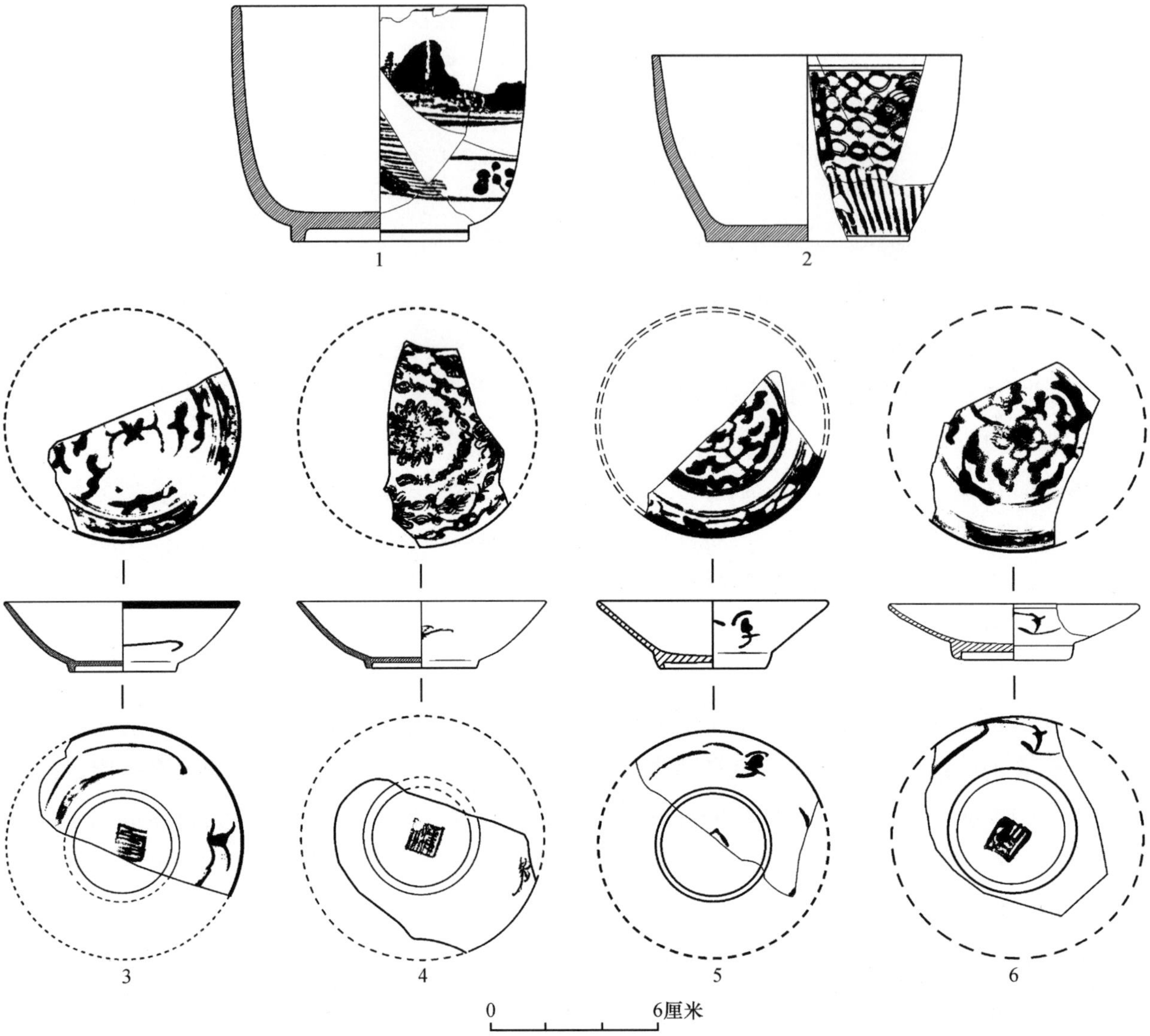

图七八　清代青花瓷器

1. A型青花瓷盖缸（ⅥT9②：3）　2. B型青花瓷盖缸（ⅥT8①：3）　3～6. 青花瓷盏托（ⅥH3：22、ⅥH3：23、ⅢT18④：1、ⅣF6①：1）

饰，有晕散，器腹内壁下部饰两周弦纹，器内底心为花草枝蔓纹，底部有使用者刻“顺鸿”两字，器腹外壁饰花草纹，腹足交界处饰一周弦纹，青花方形花押款。敞口，圆唇，斜直腹，腹足分界明显，圈足。口径9.2、高2.7、底径4.1厘米。时代为清代晚期（图七八，6；图版五一，4）。

圈足状纽器盖　8件。依其盖腹部形制可分二型。

A型　盖腹中部硬折明显。

标本ⅥT24②：12，灰白胎，器内皆外施青白釉，釉面光亮。纽沿有轮制刮削痕。青花绘纹，发色浓艳，蓝黑色。盖腹内壁素面，盖内近顶部有使用者刻一字未能识读，盖腹外壁绘山水、飞鸟、水榭、人物荡舟风景图，青花方形花押款。敞口微敛，圆唇，弧腹，腹中部硬折，圈足纽，纽壁直。口径9.7、器高3.6、纽径3.9厘米。时代为清代中期（图七九，1；图版五一，5）。

标本ⅣT0206③：1，灰白胎，器内外皆施青白釉，釉面光亮。纽沿部有刮釉痕。器内壁有少量棕眼、小黑斑。青花绘纹，发色浓艳，呈深蓝色。盖腹内壁素面，盖内近顶部有使用者刻一“沧”字，盖腹外壁饰三囍、三蝙蝠、三缠枝卷云纹，纽心内有青花方形花押款。覆碗形器盖，敞口微敛，圆唇，弧腹，腹中部硬折，圈足纽，纽壁直。口径9.3、器高3.4、纽径3.8厘米。时代为清代晚期（图七九，2；图版五一，6）。

标本ⅣT0307③：2，灰白胎，器内外皆施青白釉，釉面光亮。纽沿部有刮釉痕。器内壁有少量棕眼、小黑斑。青花绘纹，发色浓艳，呈深蓝色。盖腹内壁素面，盖腹外壁饰三囍、三蝙蝠、三缠枝卷云纹，纽心内有青花方形花押款。覆碗形器盖。敞口微敛，圆唇，弧腹，腹中部硬折，圈足纽，纽壁直。口径9.3、器高3.4、纽径3.8厘米。时代为清代晚期（图七九，3；图版五二，1）。

标本ⅥT2②：7，灰白胎，器内外皆施青白釉，釉面光亮。纽沿有轮制刮削痕。器内壁有少量棕眼、小黑斑。青花绘纹，发色浓艳，深蓝色。盖腹内壁素面，盖腹外壁饰三囍、三蝙蝠、三缠枝卷云纹，盖沿部外侧饰一周弦纹，青花方形花押款。覆碗形器盖。敞口微敛，圆唇，弧腹，腹中部硬折，圈足纽，纽壁直。口径9.3、器高3.3、纽径3.1厘米。时代为清代晚期（图七九，4；图版五二，2）。

标本ⅥH3：21，灰白胎，器内外皆施青白釉，釉面光亮。纽沿有轮制刮削痕。青花绘纹，发色浓艳，深蓝色。盖腹内壁素面，盖腹外壁绘三囍、三蝙蝠、三缠枝卷云纹，盖沿部外侧饰一周弦纹，青花方形花押款。覆碗形器盖。敞口微敛，圆唇，弧腹，腹中部硬折，圈足纽，纽壁直。口径9.5、器高3.4、纽径4厘米。时代为清代晚期（图七九，5；图版五二，3）。

B型　盖腹部圆弧。依圈足纽纽壁形制可进一步分三亚型。

Ba型　圈足纽纽壁竖直。

标本ⅥT17②：1，灰白胎，器内外皆施青白釉，釉面光亮。纽沿有轮制刮削痕。五彩，盖腹内壁素面，盖内近顶部有使用者刻一“薛”字，盖腹外壁饰佛手花、双福捧寿图，“官窑内造”矾红款。敞口，圆唇，圆弧腹，圈足纽，纽壁直。口径9.0、器高3.0、纽径3.8厘米。时代为清代晚期（图七九，6；图版五二，4）。

Bb型　圈足纽纽壁外卷。

标本ⅥT24②：13，灰白胎，器内外皆施青白釉，釉面光亮。纽沿有轮制刮削痕。青花绘纹，发色浓艳，深蓝色。盖腹内壁素面，盖腹外壁绘缠枝莲花纹，圈足纽底部绘一周弦纹，青花“大清嘉庆年制”款。敞口，圆唇，圆弧腹，圈足纽，纽壁外卷较甚。口径10.2、器高3.5、纽径3.2厘米。时代为清代晚期（图七九，7；图版五二，5）。

Bc型　假圈足纽。

标本ⅥT30①：7，灰白胎，器内施青白釉，器外施豆青釉，釉面光亮。纽沿有轮制刮削痕。盖腹内壁素面，盖内近顶部有使用者刻一字，不能辨识，盖腹外壁素面，青花方形花押款。敞口，圆唇，圆弧腹，圈足纽，纽壁外卷较甚。口径10.1、器高4.0、纽径3.7厘米。时代为清代中期（图七九，8；图版五二，6）。

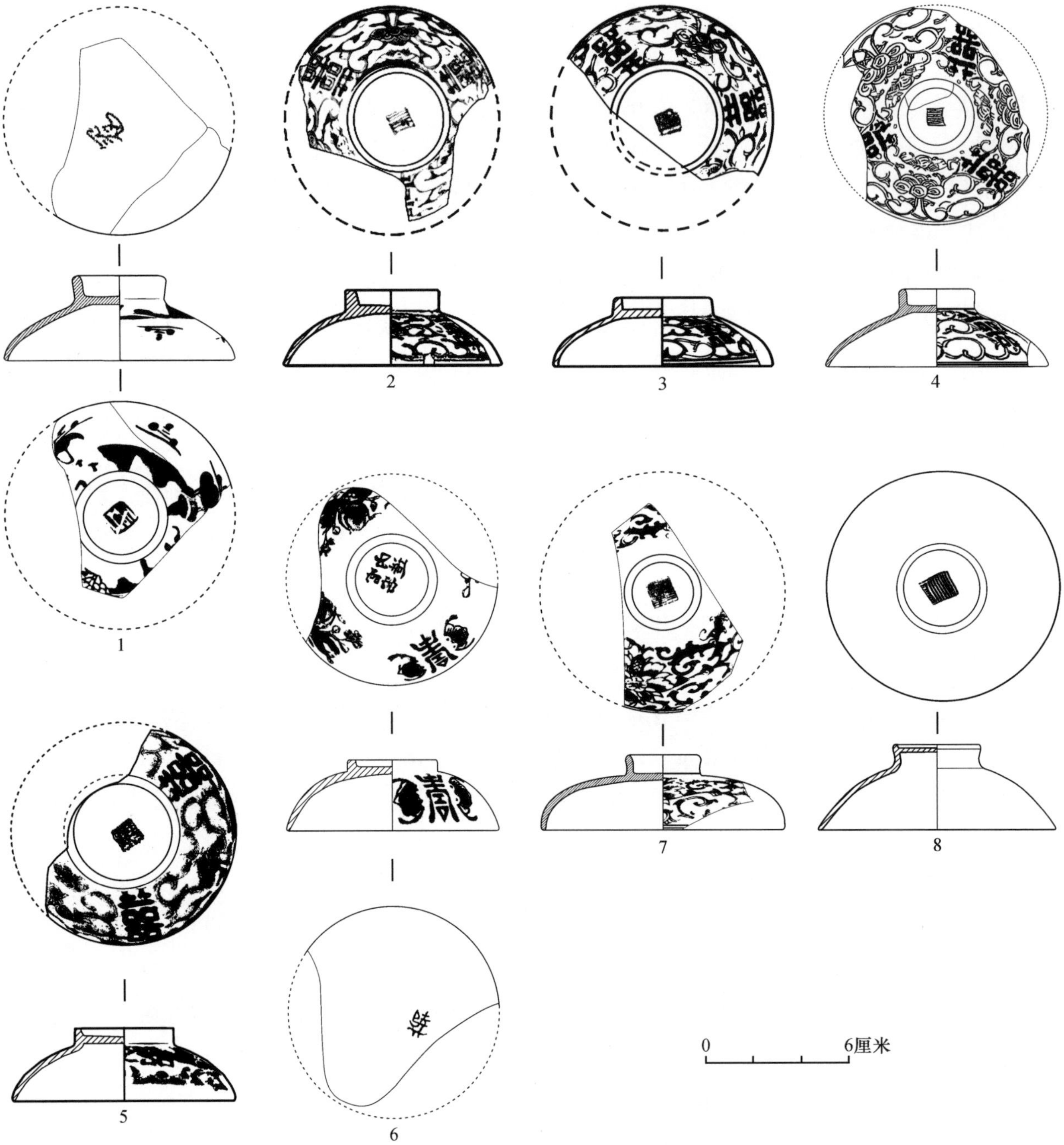

图七九　清代青花瓷器

1～5. A型青花瓷圈足状纽器盖（ⅥT24②：12、ⅣT0206③：1、ⅣT0307③：2、ⅥT2②：7、ⅥH3：21）　6. Ba型青花瓷圈足状纽器盖（ⅥT17②：1）　7. Bb型青花瓷圈足状纽器盖（ⅥT24②：13）　8. Bc型青花瓷圈足状纽器盖（ⅥT30①：7）

菌状纽器盖　1件。

标本ⅣT0205②：1，灰白胎，胎质疏松，有气眼，器外部施青白釉，釉层失透，器内部无釉。盖内有明显的拉坯旋痕，子口沿面有刀削痕。青花绘纹，发色深蓝，积青料处呈蓝紫色。盖内素面，纽顶部绘笔锭如意图，盖面对称饰两组对称水波纹，近沿处饰不闭合的双圈弦纹。盖子口，方唇，平沿，斜弧壁，小平顶，顶部有一菌状器纽。盖径4.9、子口径2.3、器高2.5厘米。时代为清代晚期（图八〇，1；图版五三，1）。

无纽器盖　1件。

标本ⅣT0206③：2，灰白胎，器内外皆施青白釉，釉色光亮。母口沿面及器内壁有刮釉痕，积釉处露火石红。青花绘纹，发色浓艳，深蓝色。器表有少量棕眼、黑斑、脱釉现象。盖内素面，盖顶中部饰寿桃纹，顶部近沿处饰两周弦纹，其间满饰枝蔓纹，母口口沿外侧饰两周弦纹，弦纹间有成组双鱼纹。母口，方唇，斜直壁，出沿，平顶向上微鼓。盖径12.4、母口径11.7、高2.8厘米。时代为清代晚期（图八〇，2；图版五三，2）。

勺　2件。依其勺头形制可分二型。

A型　勺头平面呈桃形。

标本ⅥT22②：4，灰白胎，器内外皆施青白釉，勺底沿无釉，釉面光亮。勺底沿有刮削痕。青花绘纹，发色浓艳，蓝黑色。口沿内侧涂青一周，器腹内壁绘花卉纹，勺头外腹壁三面各绘青花点纹。细长柄，勺头扁宽，平面呈桃形。勺口宽4.8、长10.3、高4.6厘米。时代为清

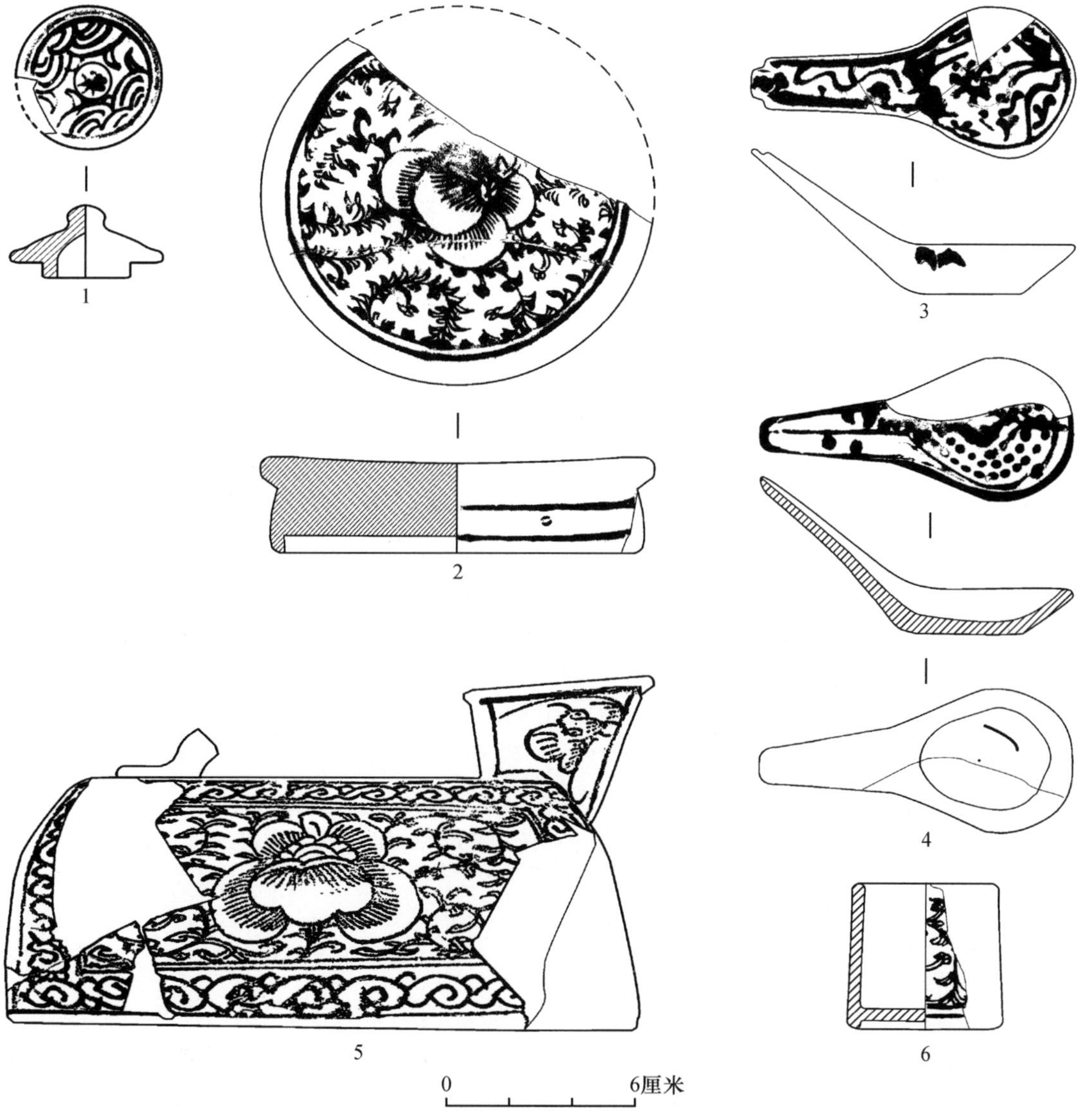

图八〇　清代青花瓷器

1. 青花瓷菌状纽器盖（ⅣT0205②：1）　2. 青花瓷无纽器盖（ⅣT0206③：2）　3. A型青花瓷勺（ⅥT22②：4）
4. B型青花瓷勺（ⅢT15④：2）　5. 青花瓷虎子（ⅦT2①：21）　6.青花瓷筒形杯（ⅢT4②：1）

代晚期（图八〇，3；图版五三，3）。

B型 勺头平面呈圆形。

标本ⅢT15④：2，灰白胎，器内外皆施青白釉，釉色失透。勺底沿有刮釉痕。青花绘纹，发色较浓，蓝黑色。器表有少量棕眼、黑斑。口沿内侧涂青一周，器腹内壁饰花卉纹、青花点纹，有晕散，器腹外壁素面，器底部饰青花勾线纹。细长柄，勺头扁宽，平面呈圆形，器底平底内凹。勺口宽4.8、长10.0、高5厘米。时代为清代晚期（图八〇，4；图版五三，4）。

虎子 1件。

标本ⅦT2①：21，灰白胎，器内外皆施青白釉，器底施釉不匀，除器底外其余釉面均光亮。器底有刮削痕。青花绘纹，色彩淡雅，深蓝色，虎子口部三面饰纹，四壁边缘均饰一周卷云纹，其内绘莲花纹，器顶后部边缘饰半周卷云纹，底部无纹。平面呈回字形，顶部小于底部，顶部前侧有一虎口，近正方形，后侧一扁形把手残，截面呈扁椭圆形。器底沾有少量的沙。底长20.0、宽13.1、顶长16.0、宽8.8、通高15.8、把手宽2.6厘米。时代为清代晚期（图八〇，5；图版五三，5）。

节盒 2件。

标本ⅥT24①：7，灰白胎，器内外皆施青白釉，釉色光亮，口沿、足沿未施釉。足沿有刮削痕。青花绘纹，发色浓艳，深蓝色。器腹内壁素面，器腹外壁饰缠枝花卉纹。子口，方唇，浅直腹，下残。时代为清代晚期。

标本ⅥT33①：8，灰白胎，器内外皆施青白釉，釉色光亮，口沿未施釉。足沿有刮削痕。青花绘纹，发色浓艳，深蓝色。器腹内壁素面，器腹外壁饰花缠枝花卉纹。子口，方唇，浅直腹，下残。时代为清代晚期。

花盆 1件。

标本ⅥT12②：14，灰白胎，青白釉，器内外皆施釉，釉面光亮。青花绘纹，发色浓艳，深蓝色。沿面缠枝花卉纹，口沿边涂青一周，器身饰缠枝牡丹纹。宽沿平整，沿腹呈T字形，上腹斜直，腹下部弧收。器内施釉不匀，多处露胎。时代为清代晚期。

筒形杯 1件。

标本ⅢT4②：1，灰白胎，器内外皆施青白釉，器外壁釉色光亮，器内壁釉面失透。足沿有刮釉痕，底部透过釉面可见有放射状跳刀痕，器内壁有拉坯旋痕。青花绘纹，发色淡雅，蓝色。器腹内壁素面，口沿外侧下方饰一周弦纹，器外腹壁绘缠枝花卉纹，腹下部近底处饰两周弦纹。直口，圆唇，直腹，腹足无分界，口小底大，整体截面略呈梯形。口径4.7、高4.7、底径5.0厘米。时代为清代晚期（图八〇，6；图版五三，6）。

洗 1件。

标本ⅥT21①：5，灰白胎，器内外皆施青白釉，釉色泛绿且光亮，器底未施釉。青花绘纹，色彩淡而模糊，蓝黑色。器身饰花卉纹。平唇较厚，残存有三孔，直腹，平底。时代为清代晚期。

（四）釉上五彩瓷器

盏　2件，据其腹部形制可分二型。

A型　上腹斜直，下腹弧收。

标本ⅥT19②：26，灰白胎，器内外皆施青白釉，口沿、足沿施酱釉，釉面光亮。足沿有轮制刮削痕。五彩。器腹内壁素面，器腹外壁绘五彩花卉枝蔓图，青花“大清乾隆年制”款。敞口，圆唇，弧腹，腹足分界明显，圈足，足墙过肩。口径11.0、高6.8、底径3.4厘米。时代为清代中期（图八一，1；图版五四，1）。

B型　上腹斜直，下腹折收。

标本ⅥH1：16，灰白胎，器内外皆施青白釉，口沿施酱釉，釉面光亮，足沿无釉。足沿有轮制刮削痕。五彩。器腹内壁素面，器腹外壁饰云龙纹，青花“大清乾隆年制”款。敞口，圆唇，弧腹，腹足分界明显，圈足，足墙过肩。口径11.4、高6.1、底径3.9厘米。时代为清代中期（图八一，2；图版五四，2）。

大碗　1件。

标本ⅣT0307③：5，灰白胎，器内外皆施青白釉，釉色光亮，口沿、足沿施酱釉。足沿部有刮釉痕。器表有少量棕眼、黑斑。五彩，器内底心绘两个寿桃，器外腹壁双笔勾绘填涂五彩四季花卉纹，对称分布。底款为红色“同顺昌制”。大敞口，圆唇，弧腹，腹足分界明显，圈足，足墙过肩。口径16.4、底径6.0、高6.9厘米。时代为清代晚期（图八一，3；图版五四，3）。

小碟　2件，据其腹部形制可分二型。

A型　上腹斜直，下腹弧收。

标本ⅥT30②：1，灰白胎，器内外皆施釉青白釉，釉面失透，足沿施酱釉，足底施酱白釉。足沿有轮制刮削痕。五彩。器腹内壁饰三组折枝牡丹花，其间饰三蝙蝠、寿字纹，底心为寿桃纹，器腹外壁素面，“元松和号”矾红印章款。敞口，圆唇，上腹斜直，下腹弧收，腹足分界明显，圈足，平底。口径13.2、高2.1、底径7.8厘米。时代为清代晚期（图八一，4；图版五四，4）。

B型　弧腹。

标本ⅣT0202③：1，灰白胎，器内外皆施青白釉，釉色泛绿，失透，口沿、足沿涂酱釉，器表有棕眼、小黑斑。足沿部有刮釉痕，圈足内壁沾沙，足底有裂胎现象。五彩，器腹内壁绘四季花卉图，底心绘寿桃，器腹外壁口沿下涂抹三道矾红线纹，盘肠纹矾红款。敞口，圆唇，弧腹，腹足分界明显，圈足，平底。口径13.5、高2.7、底径8.1厘米。时代为清代晚期（图八一，5；图版五四，5）。

杯　3件，据其口部形制可分二型。

A型　敞口直沿，据其腹部形制可分二亚型。

Aa型　上腹斜直，下腹弧收。

标本ⅥH3：18，灰白胎，器内外皆施青白釉，口沿、足沿施酱釉，釉面光亮。足沿有轮制

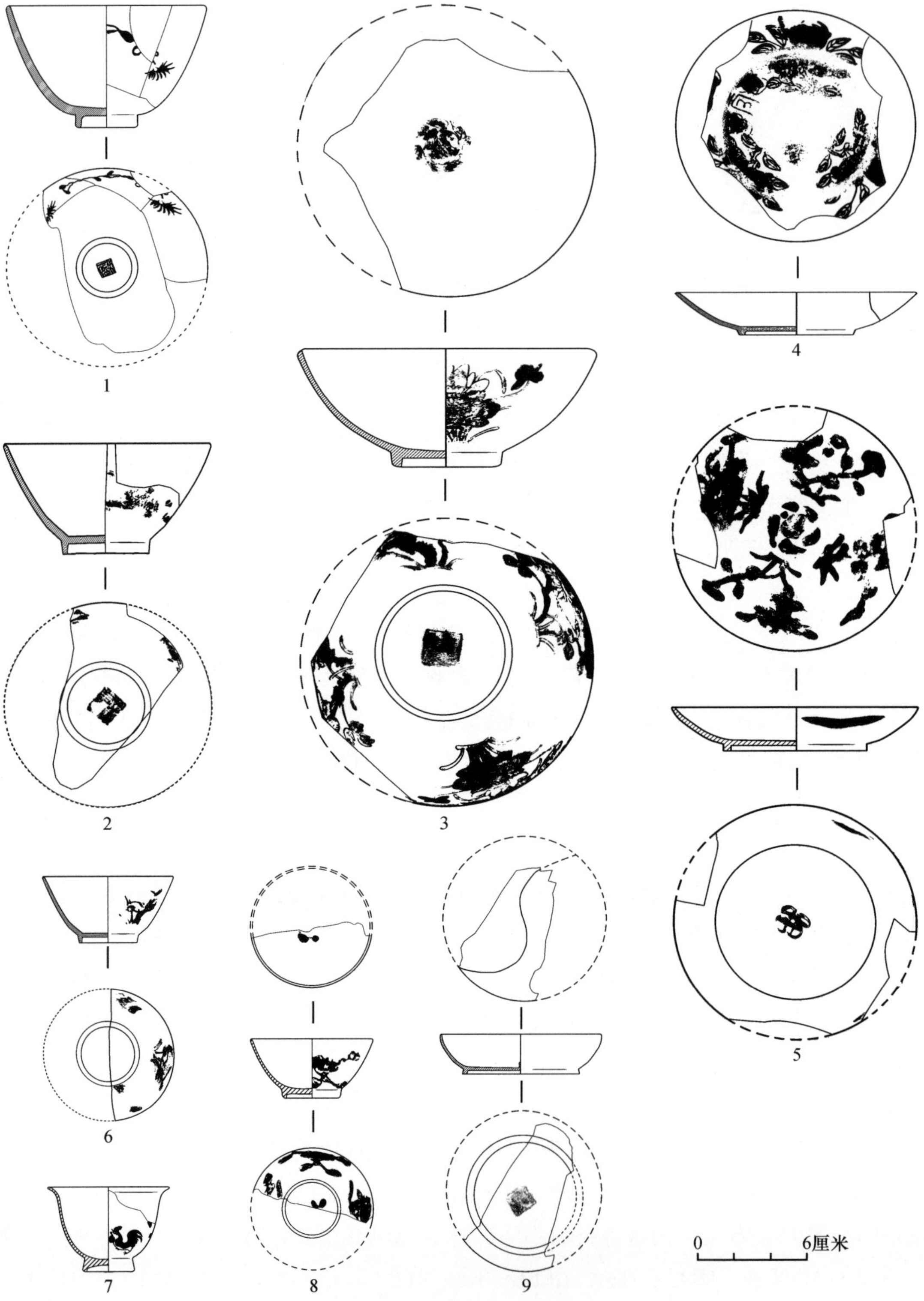

图八一　清代釉上五彩瓷器

1. A型釉上五彩瓷盏（ⅥT19②：26）　2. B型釉上五彩瓷盏（ⅦH1：16）　3. 釉上五彩瓷大碗（ⅣT0307③：5）
4. A型釉上五彩瓷小碟（ⅥT30②：1）　5. B型釉上五彩瓷小碟（ⅣT0202③：1）　6. Aa型釉上五彩瓷杯（ⅦH3：18）
7. B型釉上五彩瓷杯（ⅢT5④：1）　8. Ab型釉上五彩瓷杯（ⅢT3③：2）　9. 釉上五彩瓷格盘（ⅣT0206③：3）

刮削痕。五彩，器腹内壁素面，底心有纹残不明，器腹外壁绘四季花卉纹。敞口，圆唇，上腹斜直，下腹折收，腹足分界明显，圈足，足墙过肩，平底。口径7.2、高3.6、底径3.1厘米。时代为清代晚期（图八一，6；图版五四，6）。

Ab型　斜弧腹。

标本ⅢT3③：2，灰白胎，器内外皆施青白釉，釉色灰暗，失透。口沿、足沿施酱釉。足沿有刮釉痕。五彩，器腹内壁素面，底心有纹残不明，器腹外壁绘四季花卉纹，矾红底款残不明。敞口，圆唇，斜弧腹，腹足分界明显，圈足，平底。口径6.8、高3.1、底径3.1厘米。时代为清代晚期（图八一，8；图版五五，1）。

B型　敞口卷沿。

标本ⅢT5④：1，灰白胎，器内外皆施青白釉，釉色光亮。足沿有刮釉痕。五彩，器腹内壁素面，器腹外壁双笔勾绘填涂五彩公鸡报晓图。敞口，卷沿，圆唇，斜弧腹，腹足分界明显，圈足，平底。口径6.7、高4.6、底径2.7厘米。时代为清代晚期（图八一，7；图版五五，2）。

格盘　2件。

标本ⅣT0206③：3，灰白胎，器内外皆施青白釉，釉色失透，口沿、隔沿施酱釉，足沿未施釉，有刮釉痕，釉面有少量棕眼、黑斑。器腹内壁及底部绘五彩折枝梅花纹，器腹外壁素面，矾红色底款，未能识读。敞口微敛，圆唇，弧腹，器内有一S形隔，腹足分界较明显，圈足，足墙过肩，平底。口径9.0、高2.2、底径6.5、圈足高0.3厘米。时代为清代晚期（图八一，9；图版五五，3）。

标本ⅥT19②：22，灰白胎，器内外皆施青白釉，釉面光亮。五彩。器腹内壁及底部绘植物花卉纹，器腹外壁素面，器底款残不明。敞口微敛，圆唇，弧腹，器内有一S形隔，腹足分界较明显，圈足，平底。时代为清代晚期。

（五）釉上粉彩瓷器

大盘　1件。

标本ⅥT1②：12，灰白胎，器内外皆施青白釉，釉色光亮，足沿施酱釉。足沿有轮制刮削痕。粉彩。器腹内底绘蝴蝶戏牡丹图，器腹外壁素面，足底饰两周弦纹，青花方形花押款。敞口，圆唇，弧腹，腹足分界明显，圈足，平底。口径15.8、高3.8、底径9.0厘米。时代为清代晚期（图八二，1；图版五五，4）。

小浅腹盘　1件

标本ⅥT21②：13，灰白胎，器内外皆施青白釉，釉面光亮。足沿有轮制刮削痕。粉彩。器腹内壁及底部绘花鸟纹，器腹外壁素面，“官窑内造”矾红款。敞口，斜弧腹，高圈足。口径10.1、高2.3、底径5.2厘米。时代为清代晚期（图八二，2；图版五五，5）。

小深腹盘　2件

标本ⅣT0207③：1，灰白胎，器内外皆施青白釉，釉色光亮，口沿、足沿施酱釉，器表有少量棕眼、黑斑。足沿部有刮釉痕。粉彩。器腹内壁饰红彩描金四季花卉纹，底心为寿桃，器腹外壁素面，矾红色盘肠纹款。敞口，圆唇，斜弧腹，腹足分界明显，圈足。口径8.0、高

2.7、底径4.0厘米。时代为清代晚期（图八二，3；图版五五，6）。

标本ⅥT17①：7，灰白胎，器内外皆施青白釉，釉面光亮。足沿有轮制刮削痕。粉彩。器腹内壁绘四季花卉纹，底心绘寿桃，其旁边有使用者刻一“余”字，器腹外壁对称饰两矾红色线段纹，矾红灵芝纹款。敞口，斜弧腹，腹足分界明显，圈足。口径8.1、高2.7、底径4.0厘米。时代为清代晚期（图八二，4；图版五六，1）。

小碟 2件。

标本ⅣT0303③：1，灰白胎，器内外皆施青白釉，釉色光亮，口沿、足沿施酱釉，器表有少量棕眼、黑斑。足沿部有刮釉痕。粉彩。器腹内壁饰红彩描金四季花卉纹，器腹外壁素面。敞口，圆唇，斜弧腹，腹足分界明显，圈足。口径9.5、高2.0、底径5.5厘米。时代为清代晚期（图八二，5；图版五六，2）。

标本ⅢT17④：1，灰白胎，口沿施酱釉，器内外皆施青白釉，青白釉灰白，失透，器外壁

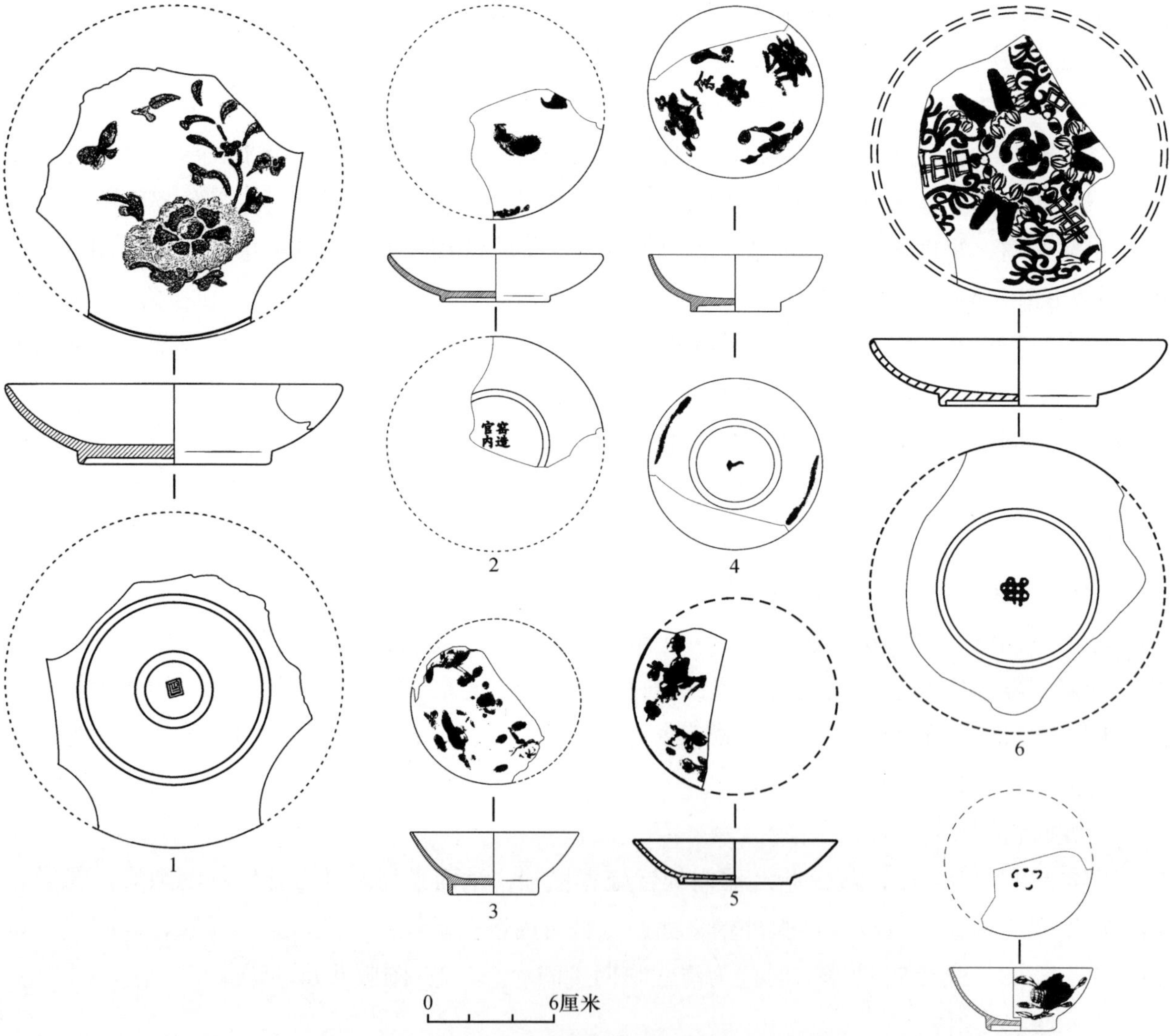

图八二　清代釉上粉彩瓷器

1. 釉上粉彩瓷大盘（ⅥT1②：12）　2. 釉上粉彩瓷小浅腹盘（ⅥT21②：13）　3、4. 釉上粉彩瓷小深腹盘（ⅣT0207③：1、ⅥT17①：7）　5、6. 釉上粉彩瓷小碟（ⅣT0303③：1、ⅢT17④：1）　7. 釉上粉彩瓷杯（ⅣT0307③：7）

有棕眼、小黑斑。圈足壁内有沾沙，足底有裂胎现象。粉彩，器腹内壁绘三喜、莱菔纹，底心为寿桃，器腹外壁有纹，残不明，盘肠纹矾红款。敞口，圆唇，弧腹，腹足分界明显，圈足，足壁外斜内直。口径13.8、高2.8、底径7.1厘米。时代为清代晚期（图八二，6；图版五六，3）。

杯　1件。

标本ⅣT0307③：7，灰白胎，器内外皆施青白釉，釉色灰暗，失透，器表有少量棕眼、黑斑。足沿有刮釉痕。粉彩，发色浓艳，矾红色。器腹内壁素面，底心饰花卉纹，器腹外壁饰花卉、寿字纹。敞口，圆唇，斜弧腹，腹足分界明显，圈足，平底。口径6.9、高3.0、底径2.8厘米。时代为清代晚期（图八二，7；图版五六，4）。

器盖　1件。

标本ⅣT0306③：3，灰白胎，青白釉，器内外皆施釉，釉面光亮。粉彩，发色浓艳。内壁底部处绘男女秘戏图，底款为青花“大清乾隆年制”。仅存器底，足墙外撇。口径12.8、高3.5、底内径2.8厘米，底外径5.6厘米。时代为清代晚期。

二、釉　陶　器

碗、盘、碟等器物的底部残片　5件，据其底部形制可分二型。

A型　平底。

标本ⅥT19②：17，泥质红褐胎，青褐釉。器腹内壁有轮修痕。腹部以上残，下腹部斜弧，平底。残高2.5、底径13.5厘米（图八三，1）。

标本ⅥT19②：18，泥质灰褐胎，青褐釉。素面。腹部以上残，弧腹，平底内凹。残高5.7、底径7.6厘米。时代为清代晚期（图八三，2）。

B型　圈足。

标本ⅥH1：1，灰白胎，外施酱黄釉，不及底。釉面失透。底及内腹拉坯旋痕清晰。上残，弧腹，圈足。残高5.1、底径6.2厘米。时代为清代晚期（图八三，3）。

标本ⅥH4：24，红褐胎，施黑褐釉不及下腹。上残，弧腹，圈足底。残高6.7、底径8.2厘米。时代为清代晚期（图八三，4）。

标本ⅥH5：9，灰白胎，棕褐色釉，器内外施釉不及器底，釉色光亮，施釉不匀，有气孔。足沿有轮制刮削痕。圈足，足壁较厚，足底外凸明显，足外底心较平。残高3.8、底径6.4厘米。时代为清代晚期（图八三，5）。

钵的口部残片　1件。

标本ⅥT19②：16，泥质灰褐胎，器内外施黑褐釉。敞口，方唇，弧腹，其下残。残高3.5厘米。时代为清代晚期（图八三，6）。

罐的口部残片　3件。

标本ⅥH7：2，泥质红褐胎，酱黄釉，口沿未施釉，器外施釉不匀，器内局部施釉，有露胎，釉面失透、不匀。器身有轮修痕。敛口，尖圆唇，沿外卷，短颈，溜肩，其下残。残高5.1厘米。时代为清代晚期（图八三，7）。

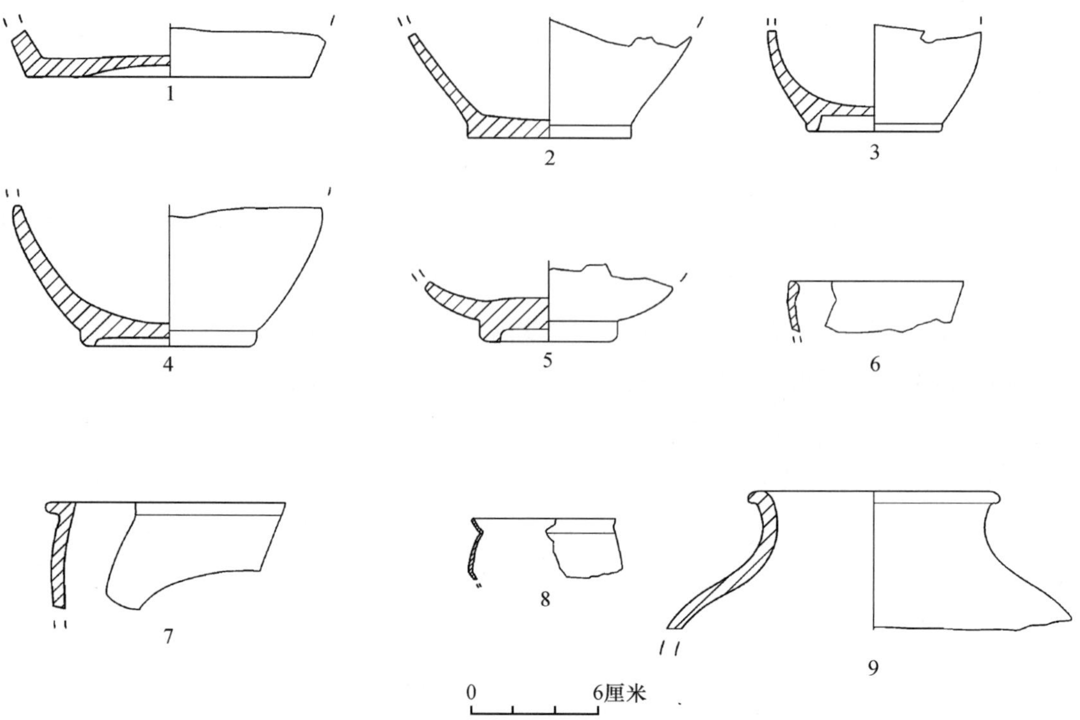

图八三　清代釉陶器

1、2. A型釉陶器底残片（ⅥT19②：17、ⅥT19②：18）　3～5. B型釉陶器底残片（ⅥH1：1、ⅥH4：24、ⅥH5：9）
6. 釉陶钵口部残片（ⅥT19②：16）　7～9. 釉陶罐口部残片（ⅥH7：2、ⅥT19①：7、ⅥT1②：8）

标本ⅥT19①：7，泥质灰褐胎，器内外壁皆施酱黄釉。敛口，方唇，短颈，折肩，弧腹，其下残。残高2.9厘米。时代为清代晚期（图八三，8）。

标本ⅥT1②：8，泥质灰褐胎，青褐釉，口沿内侧施釉，其下未施釉，器外施釉。器外壁饰瓦棱纹。撇口，圆唇，卷沿，溜肩，其下残。残高6.6、口径10.8厘米。时代为清代晚期（图八三，9）。

瓮的口部残片　2件。

标本ⅥT1②：9，泥质红褐胎，青釉，器内未施釉，沿部及器外皆施釉，施釉不匀。器腹内壁有轮修痕。敛口，厚圆唇，溜肩，其下残。残高8.5厘米。时代为清代晚期（图八四，1）。

标本ⅥT19②：15，泥质灰褐胎，器内外皆施酱黄釉。直口，圆唇，沿下一周附加堆纹，直腹，其下残。残高5.1厘米。时代为清代晚期（图八四，2）。

缸的口部残片　2件。

标本ⅥT19②：13，泥质红褐胎，器内外皆施酱黄釉。器腹外壁有网格纹。直口，平唇，弧腹，其下残。残高8.3厘米。时代为清代晚期（图八四，3）。

标本ⅥH5：8，泥质红褐胎，酱黄釉，器内施满釉，器外施半釉，釉色光亮。器身有轮制痕。口沿外侧有两道凹弦纹。口微敛，圆唇，斜弧腹，其下残。残高12.1厘米。时代为清代晚期（图八四，4）。

盆的口部残片　1件。

标本ⅥT19②：10，泥质红褐胎，酱黄釉，器内施釉，器外施釉不及腹下部。器腹外壁有轮修痕。敞口，圆唇，卷沿，束颈，弧腹，其下残。残高7.5厘米。时代为清代晚期（图八四，5）。

壶的口颈部残片　1件。

标本ⅥT19②：9，夹砂灰白胎，肩部以上施酱黄釉，施釉不匀。直口，圆唇，短颈，溜肩，鼓腹，腹部以下残。残高9.0厘米。时代为清代中期（图八四，6）。

四系壶　1件。

标本ⅥH3：17，泥质红褐陶，黄褐釉，器内仅口沿施釉，器外施釉。器身有拉坯旋痕、轮制刮削痕。器表满饰团花网格纹。弧顶较平，顶上一侧有一小直口，与其相对的一侧有注（残），其之间有四系，上腹部外鼓，下腹斜收小平底。口径9.4、底径17.7、高33.5厘米。时代为清代晚期（图八四，7；图版五六，5）。

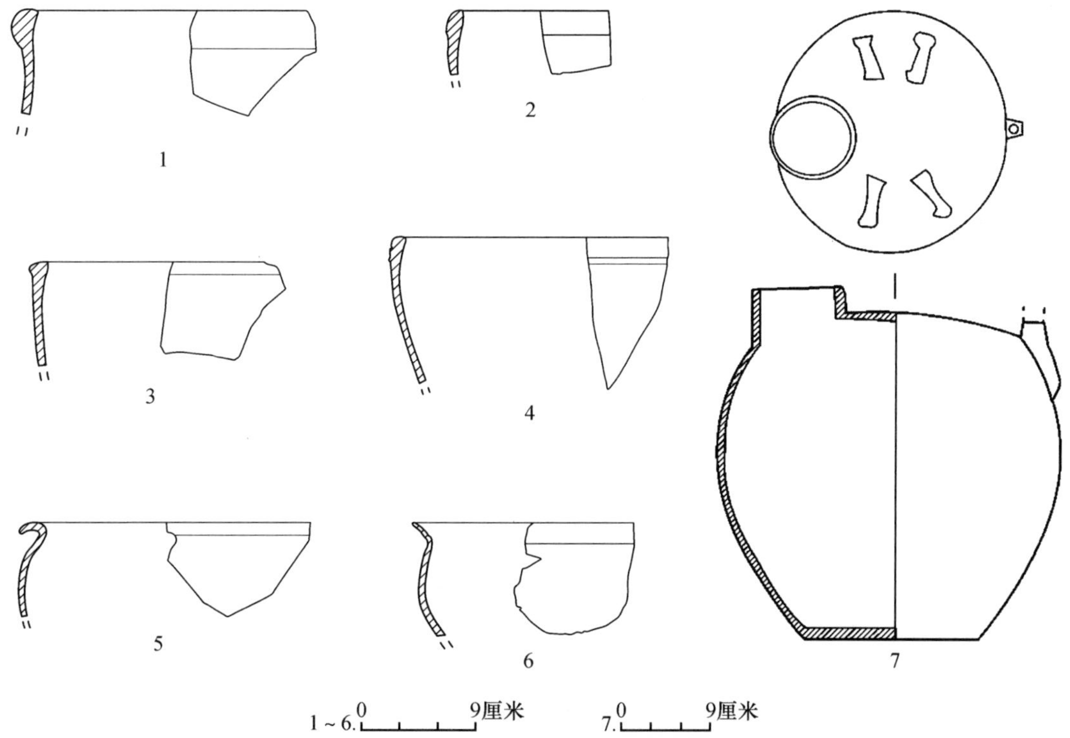

图八四　清代釉陶器

1、2. 釉陶瓮口部残片（ⅥT1②：9、ⅥT19②：15）　3、4. 釉陶缸口部残片（ⅥT19②：13、ⅥH5：8）　5. 釉陶盆口部残片（ⅥT19②：10）　6. 釉陶壶口部残片（ⅥT19②：9）　7. 釉陶四系壶（ⅥH3：17）

三、陶　　器

碗、盘、碟等器物的底部残片　2件。依其足部形制可分二型。

A型　平底。

标本ⅥT1②：10，夹砂红褐陶。口、腹残，腹下部斜直，平底。器外壁素面，内壁饰瓦楞纹。器身、器底分制，相对接而成。器底有轮制痕。底径6.6、残高10.5厘米。时代为清代晚期（图八五，1）。

B型　饼足。

标本ⅥT19②：19，夹砂灰褐胎。腹部以上残，腹下部弧收，高饼足，器底有轮修痕。残高4.9、底径10.2厘米。时代为清代晚期（图八五，2）。

带耳罐　1件。

标本ⅥH2：8，夹粗砂黑褐胎，胎质疏松。直口，方唇，弧腹，口、腹间有一竖桥耳，腹部以下残。残高14.2厘米。时代为清代晚期（图八五，3）。

紫砂壶　1件。

标本ⅢH2：1，黑紫色，壶盖、流均失，子母口，圆柱形器身，细耳状把手，平底内凹。底有一印章款，未识读。口径10.0、底径9.8、高10.2厘米。时代为清代晚期（图八五，4；图版五六，6）。

紫砂小罐　2件。

标本ⅣT0206②：17，紫红色，直口，方唇，直高领，流肩，斜弧腹，腹中部对穿有两小孔，高柄足。口部有“福建”、“定做”两枚印章，肩部饰覆莲纹。口径3.3、底径2.2、高5.6厘米。时代为清代晚期（图八五，5；图版五六，7）。

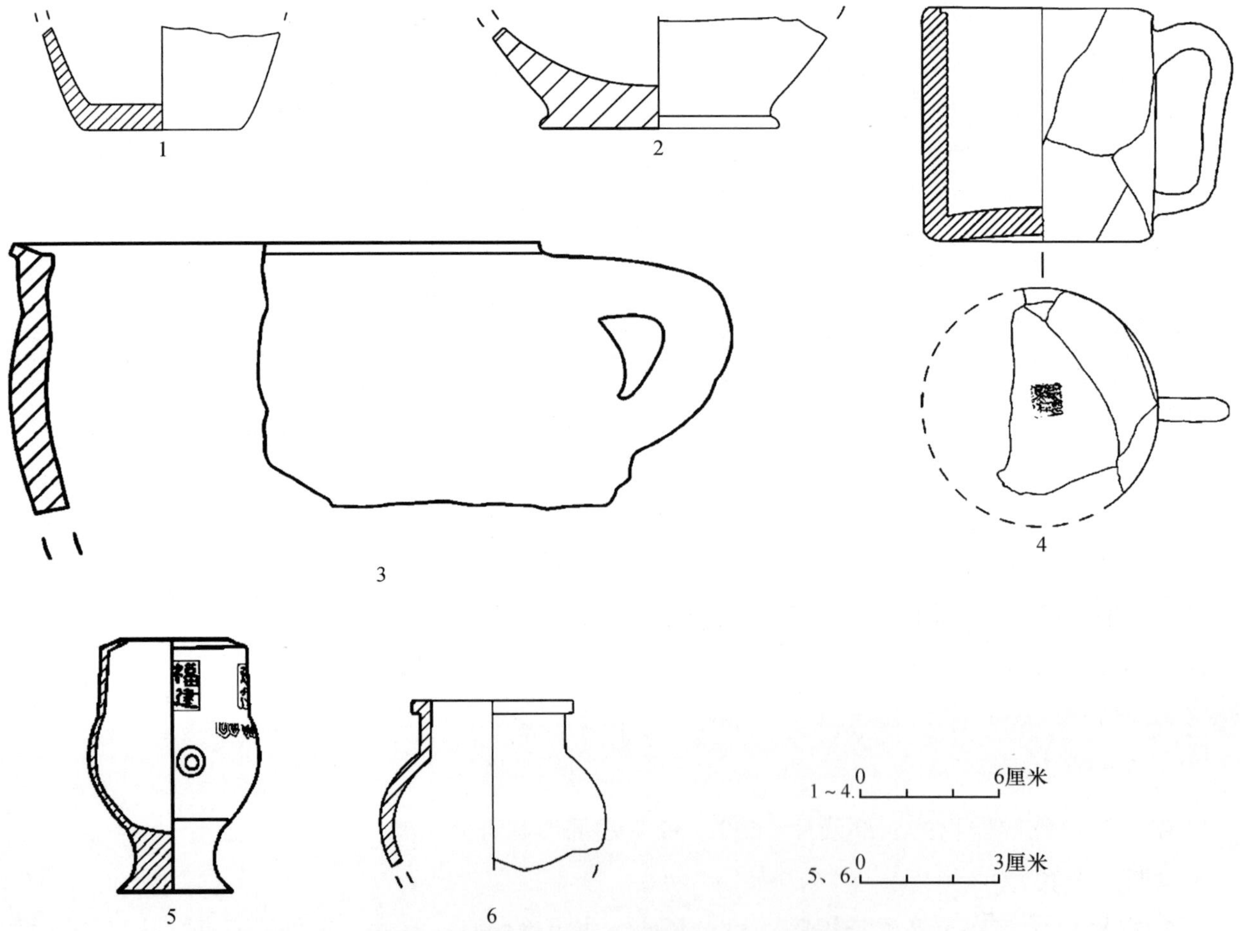

图八五　清代陶器

1. A型陶器底部残片（ⅥT1②：10）　2. B型陶器底部残片（ⅥT19②：19）　3. 陶带耳罐（ⅥH2：8）　4. 紫砂壶（ⅢH2：1）
5、6. 紫砂小罐（ⅣT0206②：17、ⅥT31①：6）

标本ⅥT31①：6，紫红色。直口，宽方唇，高领，溜肩，圆鼓腹，腹下部急收，底残。领、腹交界处饰弦纹。口径3.8、残高4.1厘米。时代为清代晚期（图八五，6）。

四、其他器物

铜勺 1件。

标本ⅦT5①：5，锈蚀。花边勺头，勺部扁薄，前宽后窄，截面圆弧形，勺柄前半部截面圆形，后部扁平，平面形状如大刀。长15.4厘米（图版五七，1）。

铜簪 2件。

标本ⅦT5①：6，锈蚀，整体细长。簪首薄而扁平，平面形状椭圆形，簪身截面圆形，簪尾截面扁平椭圆形，有簪尖。长16.9厘米（图版五七，2）。

标本ⅦH2：7，锈蚀，整体细长，簪首薄而扁平，平面呈桃形，簪身截面圆形，簪尾扁平椭圆形，三角形簪尖。长15.4厘米（图版五七，3）。

铜灯盏 1件。

标本ⅥH7：4，锈蚀严重，残，敞口，方唇，斜弧腹，圜底，口径8.8、高3.2厘米。

铜条 1件。

标本ⅦH5：9，锈蚀严重，长条形，截面扁平。残长7.6厘米。

铜钱 22枚。

标本ⅠT5252④：14，康熙通宝，钱文对读，直径2.6厘米。

标本ⅥT2②：12，康熙通宝，钱文对读，直径1.9厘米（图版五七，4）。

标本ⅠT5451④：15，雍正通宝，钱文对读，直径2.7厘米（图版五七，5）。

标本ⅠT5152③：16，乾隆通宝，钱文对读，直径2.3厘米（图版五七，6）。

标本ⅠT5152④：15，乾隆通宝，钱文对读，直径2.5厘米。

标本ⅠT5252③：29，乾隆通宝，钱文对读，直径2.4厘米（图版五七，7）。

标本ⅠT5252③：28，乾隆通宝，钱文对读，直径2.4厘米（图版五七，8）。

标本ⅢH3：2，乾隆通宝，钱文对读，直径2.3厘米（图版五七，9）。

标本ⅢT4①：1，乾隆通宝，钱文对读，直径2.5厘米（图版五八，1）。

标本ⅢT6②：10，乾隆通宝，钱文对读，直径2.4厘米（图版五八，2）。

标本ⅣT0303③：2，乾隆通宝，钱文对读，直径2.5厘米（图版五八，3）。

标本ⅣT0207③：4，乾隆通宝，钱文对读，直径2.3厘米。

标本ⅣT0207③：6，乾隆通宝，钱文对读，直径2.2厘米（图版五八，4）。

标本ⅣT0306②：2，乾隆通宝，钱文对读，直径2.2厘米（图版五八，5）。

标本ⅠT5154③：10，嘉庆通宝，钱文对读，直径2.5厘米（图版五八，6）。

标本ⅢT5③：5，道光通宝，钱文对读，直径2.3厘米（图版五八，7）。

标本ⅠT5252②：31，道光通宝，钱文对读，直径2.1厘米（图版五八，8）。

骨器　1件。

标本ⅣT0207③：5，残，器形不明，器身磨制光滑，一端有两钻孔，残长4.8厘米（图版五八，9）。

石砚台　1件。

标本ⅥT20②：1，红褐色砂岩。磨制，平面圆形略显不规整。直口，方唇，浅直腹，平底，器内底部由于长期研磨而略下凹，腹部有裂痕。口径10.2、唇宽0.8、高1.5、底径10.2厘米。

石碾盘　1件。

标本ⅥT20②：2，黄褐色砂岩，磨制、琢制而成。残半。平面圆形规整，中有方穿，碾面上有凿痕。圆径30.2、穿边长4.1、厚5.2厘米。

第七节　民国遗物

故城遗址出土的民国遗物有瓷器、釉陶器、陶器、铜器、铁器和银器等，主要是瓷器，其他质地的遗物很少，瓷器中又以青花瓷器为主，另有少量的姜黄釉瓷器、青白釉瓷器、青釉瓷器。

一、瓷　　器

（一）姜黄釉瓷器

盆　1件。

标本ⅢT16②：5，灰白胎，姜黄釉，施釉不及器底，釉面光亮，施釉不匀，釉面有黑斑、棕眼。足沿有刮削痕、拉坯旋痕。敞口，圆唇，沿部加厚一周，斜直腹，下腹内收，高圈足，足壁内直外斜。口径21.8、高6.7、底径12.0厘米（图八六，1；图版五九，1）。

（二）青白釉瓷器

大碗　1件。

标本ⅦT3①：7，灰白胎，青白釉，器内外施釉，器内有涩圈，足沿足底无釉，釉面光亮，口沿外有一处铁锈斑。足沿及器内壁放射状刮削痕，足沿有拉坯旋痕。敞口，沿部稍外侈，直沿，圆唇，上腹斜直，下腹折收，圈足。口径15.1、高5.4、底径8.2厘米（图八六，2；图版五九，2）。

中碗　2件。

标本ⅦT3①：6，灰白胎，青白釉，器内外施釉不及器底，足沿、足底无釉，施釉不匀，釉面光亮、开片。器外腹有放射状刮削痕，足沿有刮削痕，拉坯旋痕。敞口，直沿，圆唇，上腹斜直，下腹折收，圈足，足墙过肩，底中部有一小突。口径13.7、高4.3、底径6.7厘米（图

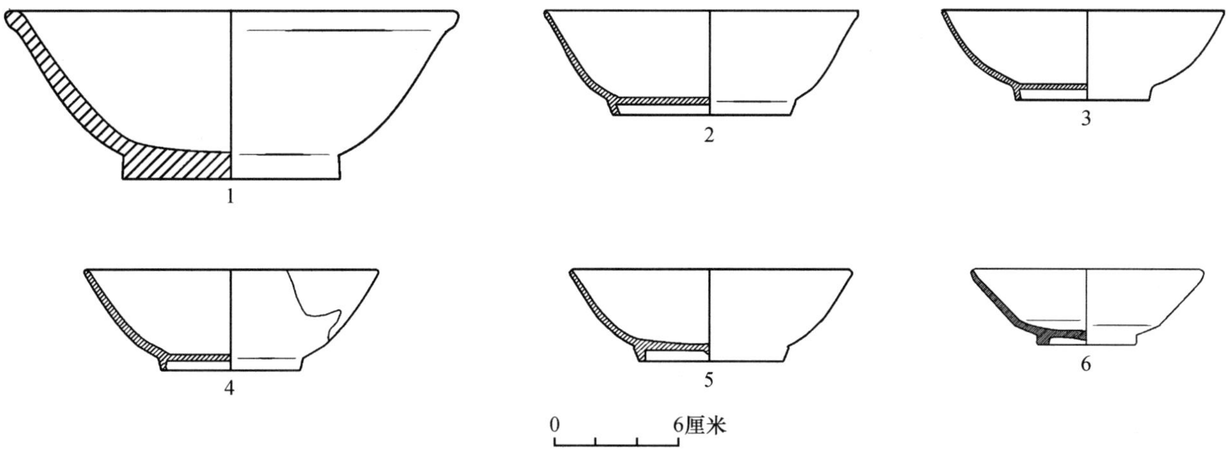

图八六　民国姜黄釉瓷器及青白釉瓷器

1. 姜黄釉瓷盆（ⅢT16②：5）　2. 青白釉瓷大碗（ⅦT3①：7）　3、4. 青白釉瓷中碗（ⅦT3①：6、ⅦT5①：4）
5. 青白釉瓷大盘（ⅣT0205②：6）　6. 青白釉瓷小盘（ⅥT19①：17）

八六，3；图版五九，3）。

标本ⅦT5①：4，灰白胎，青白釉，器内施釉不至器底，器外施釉，足沿、足底无釉，釉面光亮。足沿有刮削痕、拉坯旋痕。敞口，直沿，圆唇，上腹斜直，下腹折收，圈足，底中部有一小突起。口径14.2、高4.4、底径6.8厘米（图八六，4；图版五九，4）。

大盘　1件。

标本ⅣT0205②：6，黄白胎，胎质疏松，青白釉，施釉不及器内外底，釉面失透，釉面有黑斑、棕眼。足沿有刮削痕、拉坯旋痕。敞口，直沿，尖圆唇，上腹斜直，下腹弧收，高圈足，足壁内直外斜，圈足底部中央有一乳突。口径13.6、高4.4、底径7.0厘米（图八六，5；图版五九，5）。

小盘　1件。

标本ⅥT19①：17，灰白胎，青白釉，器内外施釉，釉面光亮开片。足沿有刮削痕、拉坯旋痕。敞口，直沿，尖唇，上腹斜直，下腹折收，高圈足，中有一小突。口径11.3、高3.7、底径4.8厘米（图八六，6；图版五九，6）。

杯　4件，据其腹部形制可分二型。

A型　上腹斜直，下腹弧腹。

标本ⅣT0206②：9，黄白胎，胎质疏松，青白釉，施釉不及器内外底，釉面失透，釉面有黑斑、棕眼，足上有滴釉现象。足沿有刮削痕、拉坯旋痕。敞口，直沿，尖圆唇，上腹斜直，下腹弧收，圈足较高。口径7.0、高3.9、底径3.4厘米（图八七，1；图版六〇，1）。

标本ⅣT0207②：1，灰胎，胎质疏松，青白釉，施釉不及器内外底，釉面失透，积釉处局部有火石红，釉面有黑斑、棕眼。足沿有刮削痕、拉坯旋痕。敞口，直沿，尖圆唇，上腹斜直，下腹弧收，圈足较高，且足外撇。口径5.7、高3.4、底径3.2厘米（图八七，2；图版六〇，2）。

标本ⅣT0207②：2，灰胎，胎质疏松，青白釉，器内满釉，器外施釉不及器底，釉面失透，釉面有黑斑、棕眼。足沿有刮削痕、拉坯旋痕。敞口，直沿，尖圆唇，上腹斜直，下腹弧收，圈足较高，器内底心凹，足底外凸。口径5.6、高3.3、底径2.6厘米（图八七，3；图版六〇，3）。

B型 斜弧腹。

标本ⅢT4③：3，黄白胎，胎质疏松，青白釉，施釉不及器内外底，釉面失透，釉面有黑斑、棕眼。足沿有刮削痕、拉坯旋痕。敞口，直沿，沿外加厚一周，尖圆唇，斜弧腹，高圈足外撇。底心有乳突。口径6.5、高3.4、底径3.4厘米（图八七，4；图版六〇，4）。

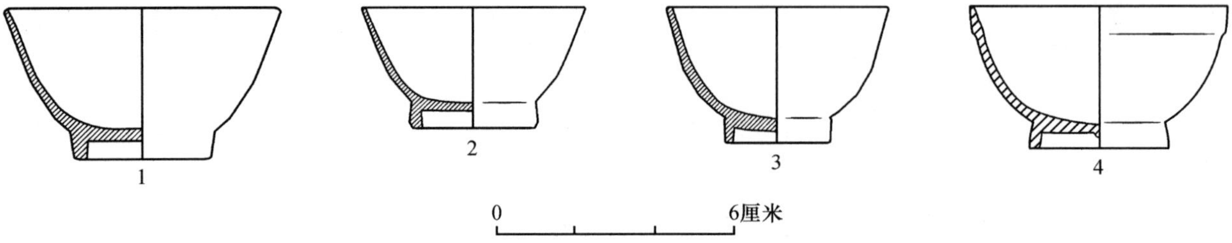

图八七 民国青白釉瓷器

1～3. A型青白釉瓷杯（ⅣT0206②：9、ⅣT0207②：1、ⅣT0207②：2） 4. B型青白釉瓷杯（ⅢT4③：3）

（三）青釉瓷器

杯 4件，据其腹部形制可分二型。

A型 上腹斜直，下腹弧收。

标本ⅢT5③：4，灰胎，胎质疏松，青釉，器内外施釉不及器底，釉面失透，釉面有黑斑、棕眼。足沿有刮削痕、拉坯旋痕。敞口，直沿，圆唇，沿部加厚一周，上腹斜直，下腹弧收，饼足内凹。口径6.0、高2.9、底径2.7厘米（图八八，1；图版六一，1）。

B型 斜弧腹。

标本ⅣT0206②：8，灰胎，胎质疏松，青釉，器内外施釉不及器底，釉面失透，釉面有黑斑、棕眼。足沿有刮削痕、拉坯旋痕。敞口，直沿，圆唇，斜弧腹，饼足内凹。口径5.6、高2.2、底径2.7厘米（图八八，2；图版六一，2）。

标本ⅣT0307②：1，黄白胎，胎质疏松，青釉，器内外施釉不及器底，釉面较光亮，釉面有黑斑、棕眼。足沿有刮削痕、拉坯旋痕。敞口，直沿，圆唇，沿外加厚一周，斜弧腹，饼足内凹，略外撇。口径5.6、高2.6、底径2.6厘米（图八八，3；图版六一，3）。

标本ⅣT0402②：2，黄白胎，胎质疏松，青釉，器内外施釉不及器底，釉面较光亮，釉面有黑斑、棕眼。足沿有刮削痕，拉坯旋痕。敞口，直沿，圆唇，沿部加厚一周，斜弧腹，饼足内凹，略外撇。口径6.0、高3.0、底径2.9厘米（图八八，4；图版六一，4）。

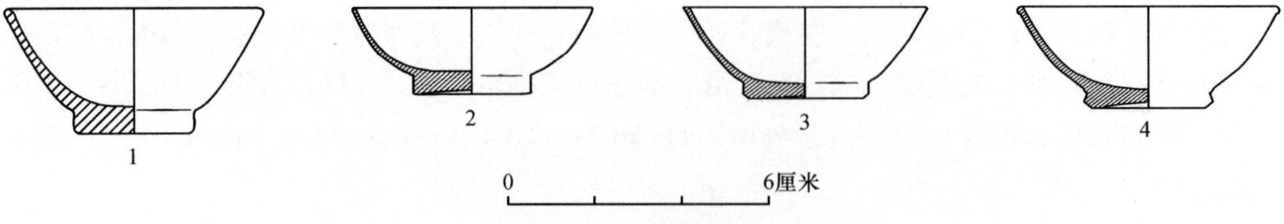

图八八 民国青釉瓷器

1. A型青釉瓷杯（ⅢT5③：4） 2～4. B型青釉瓷杯（ⅣT0206②：8、ⅣT0307②：1、ⅣT0402②：2）

（四）青花瓷器

盏　13件，据其口部形制可分三型。

A型　敞口，直沿，据其腹部形制可分四亚型。

Aa型　上腹内弧，下腹外弧收。

标本ⅣT0204②：3，灰白胎，胎质疏松，青白釉，器内施满釉，器外施釉未及器底，圈足内未施釉，釉面失透，釉面有网纹开片，有黑斑、棕眼。足沿有刮削痕、拉坯旋痕。青花绘纹，发色暗，呈蓝黑色，积青料处发黑，口沿涂青料，外壁饰一周青花团菊纹，均晕散严重。敞口，直沿，圆唇，沿部加厚一周，上腹内弧，下腹外弧收，高圈足，底部厚。口径9.8、高4.0、底径3.9厘米（图八九，1；图版六二，1）。

标本ⅣT0205②：7，灰白胎，青白釉，器内外施釉未及器底，釉面失透，釉面有黑斑、棕眼。足沿有刮削痕、拉坯旋痕。青花绘纹，色暗，呈蓝黑色，外壁饰灵芝纹。敞口，直沿，圆唇，上腹内弧，下腹外弧收，高圈足，器底中部乳突。制作粗糙。口径10.3、高4.5、底径4.9厘米（图八九，2；图版六二，2）。

Ab型　上腹斜直，下腹弧收。

标本ⅢT5①：4，灰白胎，胎质疏松，青白釉，器内施满釉，器底有涩圈，器外施满釉，圈足内未施釉，釉面失透，釉面有网纹开片，釉面有黑斑、棕眼。足沿有刮削痕，拉坯旋痕。青花绘纹，色暗，呈蓝黑色，积青料处蓝黑；沿外下侧是一周青花弦纹，晕散严重；外腹饰有菊瓣纹，晕散严重。敞口，直沿，圆唇，沿部加厚一周，上腹斜直，下腹弧收，高圈足，底心内凹，足底外凸。口径9.3、高4.6、底径4.3厘米（图八九，3；图版六二，3）。

标本ⅢT15②：1，灰白胎，青白釉，施釉不均，器内外施釉未及器底，圈足底无釉，釉面失透，釉面有铁锈、黑斑、棕眼。足沿有刮削痕、拉坯旋痕。青花绘纹，色暗，呈蓝黑色，外腹上部饰一圈竖线纹，晕散严重。敞口，直沿，圆唇，上腹斜直，下腹弧收，高圈足，腹足交界明显。底中部有一凸起。制作粗糙。口径9.5、高3.7、底径4.7厘米（图八九，4；图版六二，4）。

标本ⅣT0303①：1，灰胎，胎质疏松，黄白釉，器内外施釉不及器底，圈足内未施釉，釉面失透，釉面有网纹开片，釉面有黑斑、棕眼。足沿有刮削痕、拉坯旋痕。青花绘纹，色暗，呈蓝黑色，积青料处泛黑，外壁饰有一周青花竖线纹，晕散严重。敞口，直沿，圆唇，沿部加厚一周，上腹斜直，下腹弧收，高圈足。口径9.7、高4.0、底径4.6厘米（图八九，5；图版六二，5）。

标本ⅣT0402①：2，灰白胎，青釉，器内外施釉未及器底，釉面失透，釉面有黑斑、棕眼。足沿有刮削痕、拉坯旋痕。青花绘纹，发色暗，呈蓝黑色，沿外下侧是三团寿纹。敞口，直沿，圆唇，沿下加厚一周，上腹斜直，下腹弧收，高圈足。口径9.4、高4.0、底径4.0厘米（图八九，6；图版六二，6）。

标本ⅣT0205②：4，灰白胎，青白釉，器内外施釉未及器底，釉面失透，釉面有黑斑、棕眼。足沿有刮削痕、拉坯旋痕。青花绘纹，发色暗，呈蓝黑色，外腹饰有花纹。敞口，直

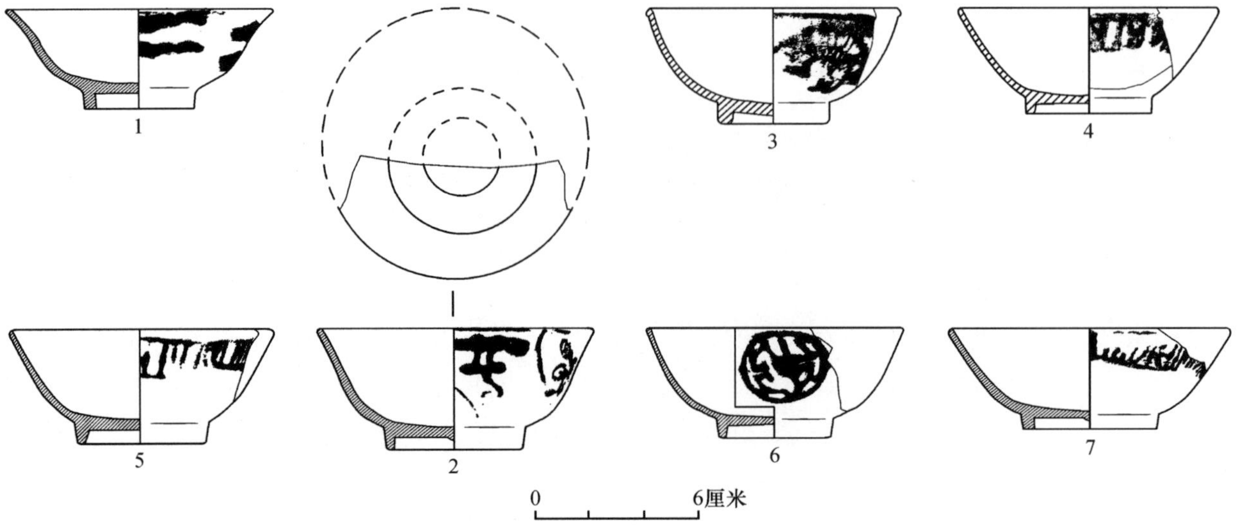

图八九　民国青花瓷器

1、2. Aa型青花瓷盏（ⅣT0204②：3、ⅣT0205②：7）　3～7. Ab型青花瓷盏（ⅢT5①：4、ⅢT15②：1、ⅣT0303①：1、ⅣT0402①：2、ⅣT0205②：4）

沿，圆唇，上腹斜直，下腹弧收，高圈足，器底中部有一乳突。口径10.3、高3.5、底径4.9厘米（图八九，7；图版六三，1）。

Ac型　上腹斜直，下腹折收。

标本ⅣT0204②：8，灰白胎，青白釉，器内外施釉未至器底，釉面光亮，釉面有铁锈、黑斑、棕眼。器内壁有三处烧结痕，足沿有刮削痕、拉坯旋痕。青花绘纹，色暗，呈蓝黑色，沿下饰一周弦纹，外腹饰八个“寿”字，四个团寿，四个“寿”字。敞口，直沿，圆唇，高圈足，腹足交界明显，底部中间有一乳突。口径10.0、高4.8、底径4.7厘米（图九〇，1；图版六三，2）。

Ad型　斜弧腹。

标本ⅣT0402②：3，灰白胎，青白釉，器内外施釉未及器底，釉面失透，釉面有黑斑、棕眼。足沿有刮削痕、拉坯旋痕。青花绘纹，色暗，呈蓝黑色，积青料处蓝黑，沿外下侧是一周竖线纹，竖线纹严重晕散。敞口，直沿，圆唇，斜弧腹，高圈足，鸡心底。口径9.7、高4.2、底径4.2厘米（图九〇，2；图版六三，3）。

B型　敞口，折沿。

标本ⅢT16②：4，灰白胎，青白釉，器内外施釉未及器底，釉面失透，釉面有黑斑、棕眼。足沿有刮削痕、拉坯旋痕。青花绘纹，色暗，呈蓝黑色，沿下饰青花纹。敞口，折沿，圆唇，斜弧腹，高圈足。口径10.3、高4.3、底径4.1厘米（图九〇，3；图版六三，4）。

C型　敞口，卷沿。

标本ⅢT6②：7，灰白胎，青白釉，施釉不均，器内外施釉未及器底，圈足底无釉，釉面光亮，釉面有铁锈、黑斑、棕眼。足沿有刮削痕、拉坯旋痕。青花绘纹，色暗，呈蓝黑色，外腹壁饰花草鱼纹。敞口，沿外卷，圆唇，斜弧腹，高圈足，腹足交界明显。口径10.2、高4.0、底径4.4厘米（图九〇，4；图版六三，5）。

标本ⅢT18②：5，灰白胎，青白釉，施釉不均，器内外施釉未及器底，圈足底无釉，釉面光亮，釉面有铁锈、黑斑、棕眼。足沿有刮削痕，拉坯旋痕。青花绘纹，色暗，呈蓝黑色，外腹壁饰花草鱼纹。敞口，沿外卷，圆唇，斜弧腹，高圈足，腹足交界明显。口径9.5、高3.9、底径3.9厘米（图九〇，5；图版六三，6）。

标本ⅣT0202①：1，灰白胎，青白釉，器内外施釉至器底，器内底部有涩圈，圈足底施釉，釉面光亮，釉面有铁锈、黑斑、棕眼。足沿有刮削痕、拉坯旋痕。青花绘纹，色暗，呈蓝黑色，外腹壁饰团菊花、鱼纹。敞口，沿外卷，圆唇，高圈足，腹足交界明显，底心内凹，底中部微凸。制作粗糙。口径9.1、高4.2、底径4.0厘米（图九〇，6；图版六四，1）。

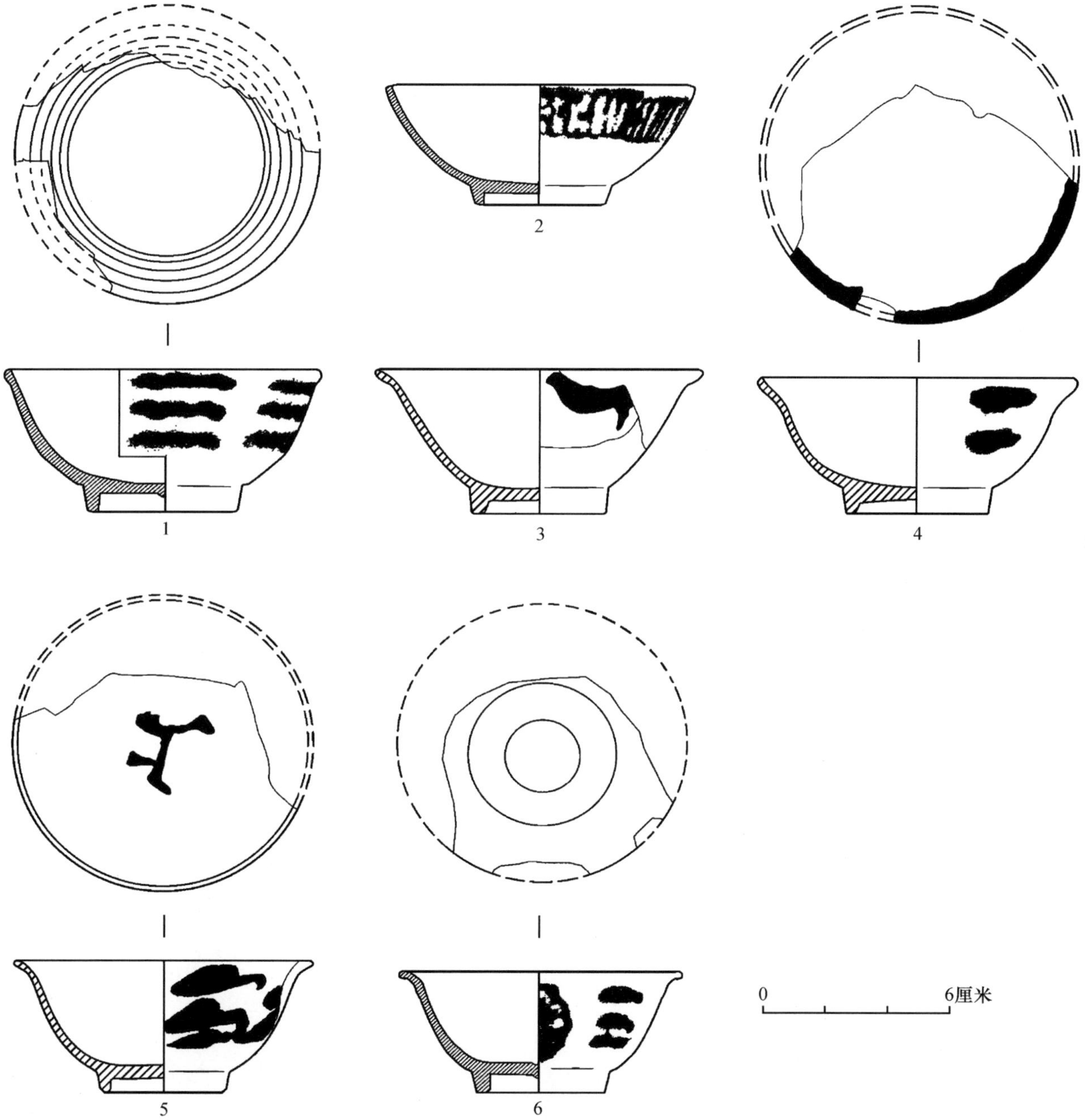

图九〇　民国青花瓷器

1. Ac型青花瓷盏（ⅣT0204②：8）　2. Ad型青花瓷盏（ⅣT0402②：3）　3. B型青花瓷盏（ⅢT16②：4）　4～6. C型青花瓷盏（ⅢT6②：7、ⅢT18②：5、ⅣT0202①：1）

海碗　5件，据其口部形制可分二型。

A型　敞口，直沿，据其腹部形制可分三亚型。

Aa型　上腹内弧，下腹外弧收。

标本ⅣT0303①：2，灰白胎。青白釉，器内外施釉至器底，圈足底施釉，有涩圈，釉面光亮、开片，釉面有铁锈、黑斑、棕眼。足沿有刮削痕、拉坯旋痕。青花绘纹，色暗，呈蓝黑色，釉面泛绿，沿外下一周花草纹。敞口，直沿，圆唇，上腹内弧，下腹外弧收，高圈足，底中部有一小乳突。口径22.0、高7.2、底径10.9厘米（图九一，1；图版六四，2）。

Ab型　上腹斜直，下腹折收。

标本ⅥT27①：38，灰白胎，青白釉，器内外施釉不至器底，釉面光亮。足沿有刮削痕、拉坯旋痕。青花绘纹，色彩蓝黑，沿内及腹内下方各饰一周弦纹，沿外饰一周弦纹，外腹饰缠枝菊花纹。敞口，直沿，尖圆唇，沿部加厚一周，上腹斜直，下腹折收，高圈足。口径19.6、高9.4、底径9.9厘米（图九一，2；图版六四，3）。

Ac型　斜弧腹。

标本ⅣT0204②：12，灰白胎，青白釉，釉面泛绿，部分泛黄，器内外施釉至器底，圈足底施釉，内底有涩圈，施釉不均匀，釉面失透、开裂，釉面有黑斑、棕眼。足沿有刮削痕，底部拉坯旋痕明显。青花绘纹，青料色黑，呈蓝黑色，晕散严重，沿内下方及腹下部各饰一周弦纹，沿下及外壁腹足交界处各饰一周花草纹，外腹中下部饰菊瓣纹。敞口，直沿，圆唇，斜弧腹，高圈足，底中部微凸，足墙过肩。口径22.3、高8.3、底径10.0厘米（图九一，3；图版六四，4）。

B型　敞口，沿部稍外侈，据其腹部形制可分二亚型。

Ba型　上腹斜直，下腹折收。

标本ⅥT27①：39，灰白胎。青白釉，器内外施釉不及器底，釉面光亮开片。足沿有刮削痕、拉坯旋痕。青花绘纹，色彩暗淡，蓝黑色，沿下青花蝌蚪纹，腹中下部团菊纹。敞口，沿部稍外侈，圆唇，上腹斜直，下腹折收，圈足，平底。口径21.7、高8.7、底径11.8厘米（图九一，4；图版六四，5）。

Bb型　斜弧腹。

标本ⅢT18②：4，灰白胎。青白釉，器内外施釉至器底，圈足底施釉，有涩圈，施釉不均匀，釉面失透、开裂，釉面有黑斑、棕眼。足沿有刮削痕、拉坯旋痕。青花绘纹，色黑，呈蓝黑色，釉面泛绿，口沿外侧下饰一周花纹，外腹饰菊花纹。敞口，沿部稍外侈，圆唇，斜弧腹，高圈足。口径22.4、高8.8、底径10.3厘米（图九一，5；图版六四，6）。

大碗　16件，据其腹部形制可分四型。

A型　上腹斜直，下腹弧收。

标本ⅣT0204②：6，灰白胎，青白釉，器内外施釉未至器底，圈足内未施釉，釉面失透，釉面开片，釉面有黑斑、棕眼，内外腹部均有铁锈斑。足沿有刮削痕、拉坯旋痕。青花绘纹，色暗，呈蓝黑色，釉面泛绿、黄，口沿内测下部及内腹下部各饰一周弦纹，口沿外侧下饰一周弦纹，其下有五朵团菊。敞口，直沿，圆唇，上腹斜直，下腹弧收，高圈足，圈足外斜内直，

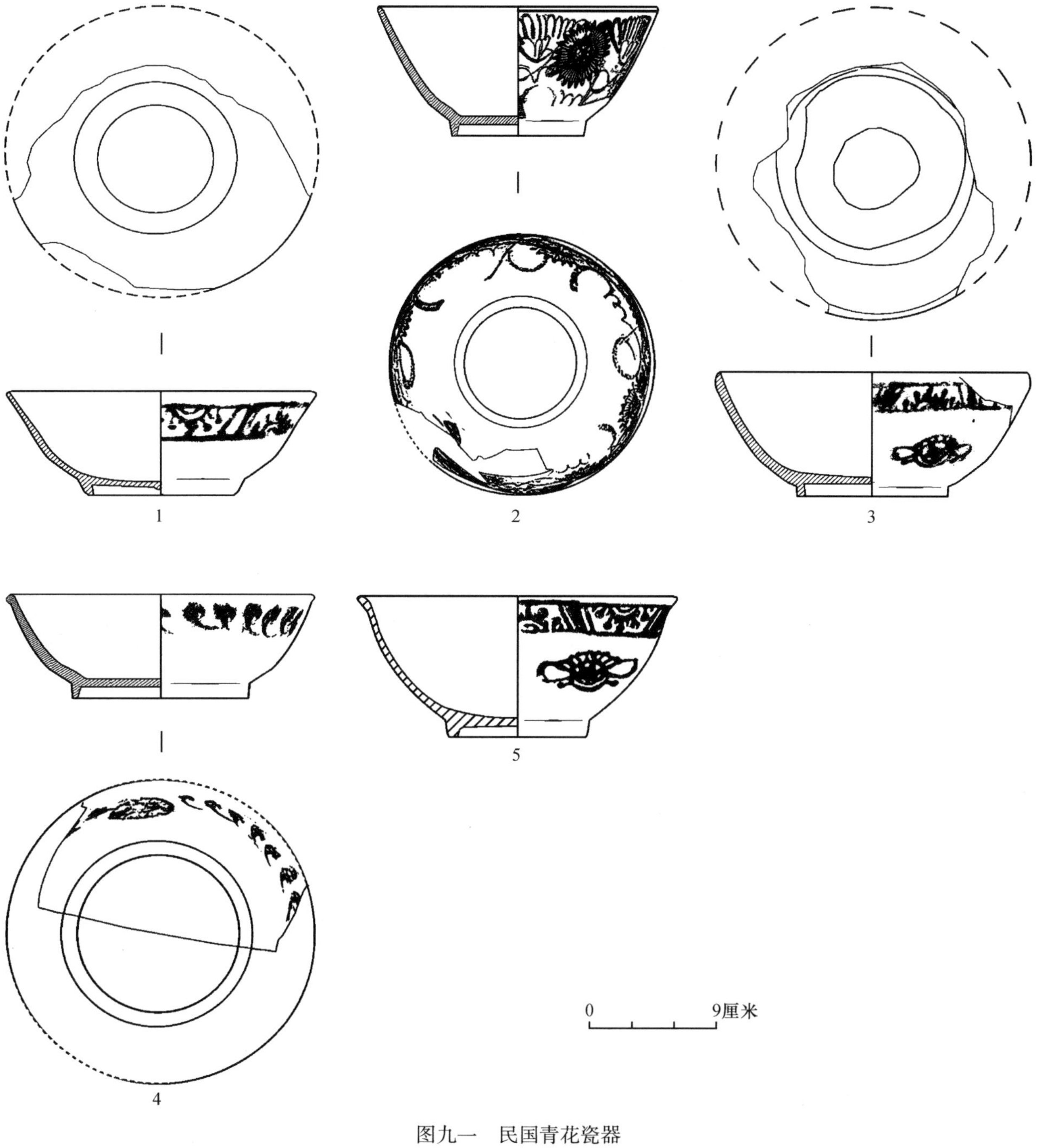

图九一　民国青花瓷器

1. Aa型青花瓷海碗（ⅣT0303①：2）　2. Ab型青花瓷海碗（ⅥT27①：38）　3. Ac型青花瓷海碗（ⅣT0204②：12）
4. Ba型青花瓷海碗（ⅥT27①：39）　5. Bb型青花瓷海碗（ⅢT18②：4）

底部中间有一乳突。口径14.9、高5.5、底径7.0厘米（图九二，1；图版六五，1）。

标本ⅣT0206②：16，灰白胎，青白釉，器内外施釉至器底，足沿无釉，圈足底内施釉，内底有涩圈，釉面光亮，釉面有黑斑、棕眼。足沿有刮削痕、拉坯旋痕。青花绘纹，色蓝，呈蓝绿色，釉面泛绿，口沿外侧下饰一周宽带花草纹。敞口，直沿，圆唇，上腹斜直，下腹弧收，高圈足，底部中有一小突。口径15.0、高5.2、底径7.6厘米（图九二，2；图版六五，2）。

标本ⅣT0307②：4，灰白胎，青白釉，器内外施釉至器底，器内底有涩圈，足沿无釉，釉面光亮，釉面有铁锈、黑斑、棕眼。足沿有刮削痕、拉坯旋痕。青花绘纹，色暗，呈蓝绿色，釉面泛绿，口沿外侧下饰灵芝纹，敞口，直沿，圆唇，上腹斜直，下腹弧收，高圈足，底部中间有一突起。口径15.0、高5.5、底径7.9、足高1.2厘米（图九二，3；图版六五，3）。

标本ⅥT3①：2，灰白胎，青白釉，器内外施釉，器内有涩圈，釉面光亮开片。足沿有刮削痕、拉坯旋痕。青花绘纹，色彩蓝黑，晕散严重。沿内及腹内下部各饰一周弦纹，器腹外饰三个花瓣，其间饰花卉纹。敞口，直沿，圆唇，上腹斜直，下腹弧收，高圈足，足底中部有一小突。口径16.0、高6.5、底径8.1厘米（图九二，4；图版六五，4）。

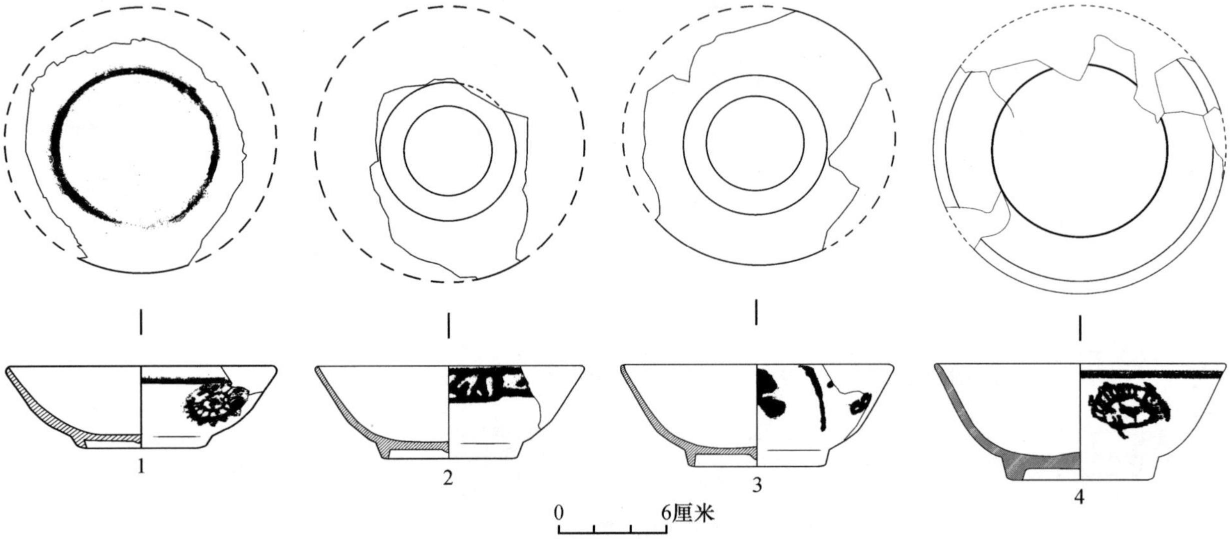

图九二　民国青花瓷器

1～4. A型青花瓷大碗（ⅣT0204②：6、ⅣT0206②：16、ⅣT0307②：4、ⅥT3①：2）

B型　上腹斜直，下腹折收。

标本ⅥH1：17，灰白胎，青白釉，器内外施釉，器内有涩圈，釉面光亮皴裂，有黑斑棕眼。足沿有刮削痕、拉坯旋痕。青花绘纹，色彩黑，口沿涂青料，有晕散，沿内及腹内下部各饰一周弦纹，其间饰三朵灵芝纹，器腹外饰两周花纹，腹中上部饰五朵折枝灵芝纹，下部饰三朵灵芝纹。敞口，直沿，圆唇，上腹斜直，下腹折收，高圈足，足底中部有一小突。口径14.9、高6.6、底径7.6厘米（图九三，1；图版六五，5）。

标本ⅥH1：22，灰白胎，青白釉，器内外施釉，器内有涩圈，釉面失透皴裂。足沿有刮削痕、拉坯旋痕。青花绘纹，色彩深蓝黑，腹饰两周灵芝纹。敞口，直沿，尖圆唇，上腹斜直，下腹折收，高圈足，挖足较浅。口径15.1、高6.2、底径8.2厘米（图九三，2；图版六五，6）。

标本ⅥH8：5，灰白胎，青白釉，器内外施釉，器内底无釉，釉面光亮。足沿有刮削痕，拉坯旋痕。青花绘纹，色彩深蓝。口沿涂青料，有晕散，沿内腹下饰一周花卉纹，外腹饰山水风景图。敞口，直沿，圆唇，上腹斜直，下腹折收，高圈足，足底外鼓，中有一小突。口径15.6、高5.4、底径8.0厘米（图九三，3；图版六六，1）。

标本ⅥH8：6，灰白胎，青白釉，器内外施釉，器内有涩圈，釉面失透施釉不匀。足沿有刮削痕、拉坯旋痕。青花绘纹，色彩深蓝。口沿涂青料，有晕散，沿内腹下饰一周花卉纹，底

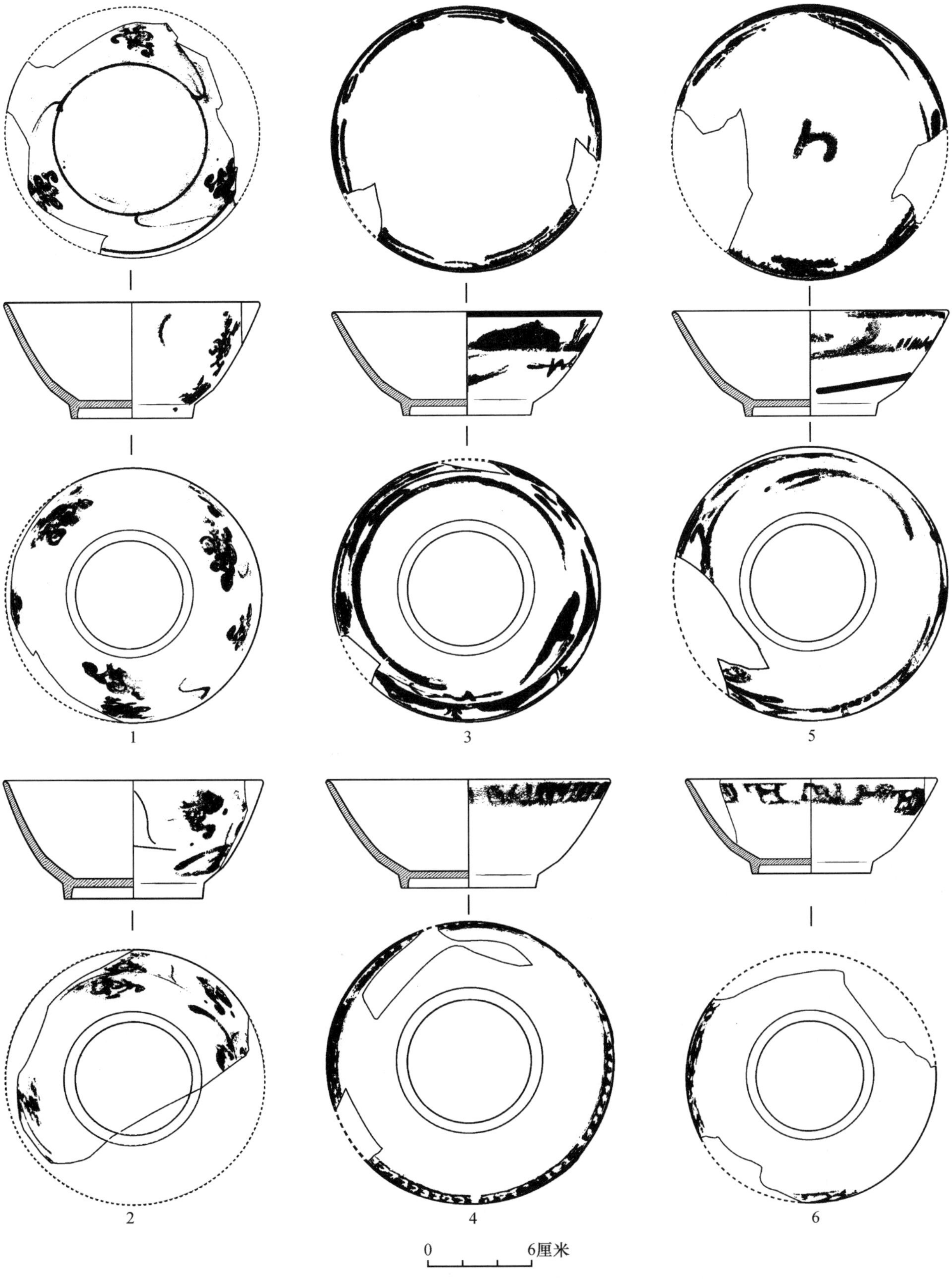

图九三　民国青花瓷器

1～6. B型青花瓷大碗（ⅥH1：17、ⅥH1：22、ⅥH8：5、ⅥH8：7、ⅥH8：6、ⅥH8：8）

饰一朵花，外腹饰山水风景图。敞口，直沿，圆唇，上腹斜直，下腹折收，高圈足，足底外鼓，中有一小突。口径16.2、高5.6、底径8.2厘米（图九三，5；图版六六，2）。

标本ⅥH8：7，灰白胎，青白釉，器内外施釉，器内有涩圈，釉面光亮，足底无釉。足沿有刮削痕、拉坯旋痕。青花绘纹，色彩蓝。沿外下方是一周花纹，有晕散。敞口，直沿，圆唇，上腹斜直，下腹折收，高圈足，足墙过肩，中有一小突。口径16.6、高5.5、底径8.4厘米（图九三，4；图版六六，3）。

标本ⅥH8：8，灰白胎，青白釉，器内外施釉，器内底无釉，釉面光亮。足沿有刮削痕、拉坯旋痕。青花绘纹，沿外下方是一周不规整的花纹。敞口，直沿，圆唇，上腹斜直，下腹折收，高圈足，底中有一小突。口径14.8、高5.2、底径7.5厘米（图九三，6；图版六六，4）。

标本ⅥH8：9，灰白胎，青白釉，器内外施釉，器内有涩圈，釉面光亮。足沿有刮削痕、拉坯旋痕。青花绘纹，沿外下方是一周卷云纹。敞口，直沿，圆唇，上腹斜直，下腹折收，高圈足，中有一小突。口径15.6、高5.6、底径7.3厘米（图九四，1；图版六六，5）。

标本ⅥT28①：10，灰白胎，青白釉，器内外施釉，器内底有涩圈，釉面光亮开片。足沿有刮削痕、拉坯旋痕。青花绘纹，色彩蓝，口沿涂青料，晕散严重，腹外饰山水风景图。敞口，直沿，圆唇，上腹斜直，下腹折收，圈足，中有一小突。口径16.6、高5.4、底径8.1厘米（图九四，2；图版六六，6）。

标本ⅦT3①：8，灰白胎，青白釉，器内外施釉，器内有涩圈，足沿无釉，釉面光亮。足沿有刮削痕、拉坯旋痕。青花绘纹，发色蓝黑，沿外下方一周弦纹，有晕散，青料有流淌痕迹，外腹残存两朵团菊。敞口，直沿，尖圆唇，上腹斜直，下腹折收，高圈足，鸡心底。口径15.5、高5.5、底径7.6厘米（图九四，3；图版六七，1）。

C型　斜弧腹。

标本ⅢT6②：6，灰白胎，青白釉，器内外施釉至器底，足沿无釉，器内底部有涩圈，足底施釉，釉面失透，釉面开片，釉面有黑斑、棕眼。足沿有刮削痕、拉坯旋痕。青花绘纹，色暗，呈蓝灰色，釉面泛绿，口沿外侧下饰一周弦纹，腹饰团菊纹。圈足底部有一弦纹。敞口，直沿，圆唇，高圈足，圈足外斜内直。底部微凹，底部中有一乳突。口径15.0、高5.8、底径8.2厘米（图九四，4；图版六七，2）。

标本ⅥT19①：15，灰白胎，青白釉，器内外施釉不至器底，釉面光亮。足沿有刮削痕、拉坯旋痕。青花绘纹，色彩蓝黑，沿外饰一周弦纹，腹饰菊花纹。敞口，直沿，尖圆唇，沿部加厚一周，斜弧腹，圈足。口径17.1、高7.0、底径9.3厘米（图九四，5；图版六七，3）。

D型　曲腹。

标本ⅥH1：18，灰白胎，青白釉，器内外施釉，器内有色圈，釉面光亮开片。足沿有刮削痕、拉坯旋痕。青花绘纹，色彩蓝黑，晕散严重，沿外饰一周花卉纹。敞口，直沿，圆唇，曲腹，高圈足，足底中部有一小突。口径17.3、高6.5、底径7.7厘米（图九四，6；图版六七，4）。

中碗　21件，据其口部形制可分二型。

A型　敞口直沿，据其腹部形制可分二亚型。

Aa型　上腹斜直，下腹弧收。

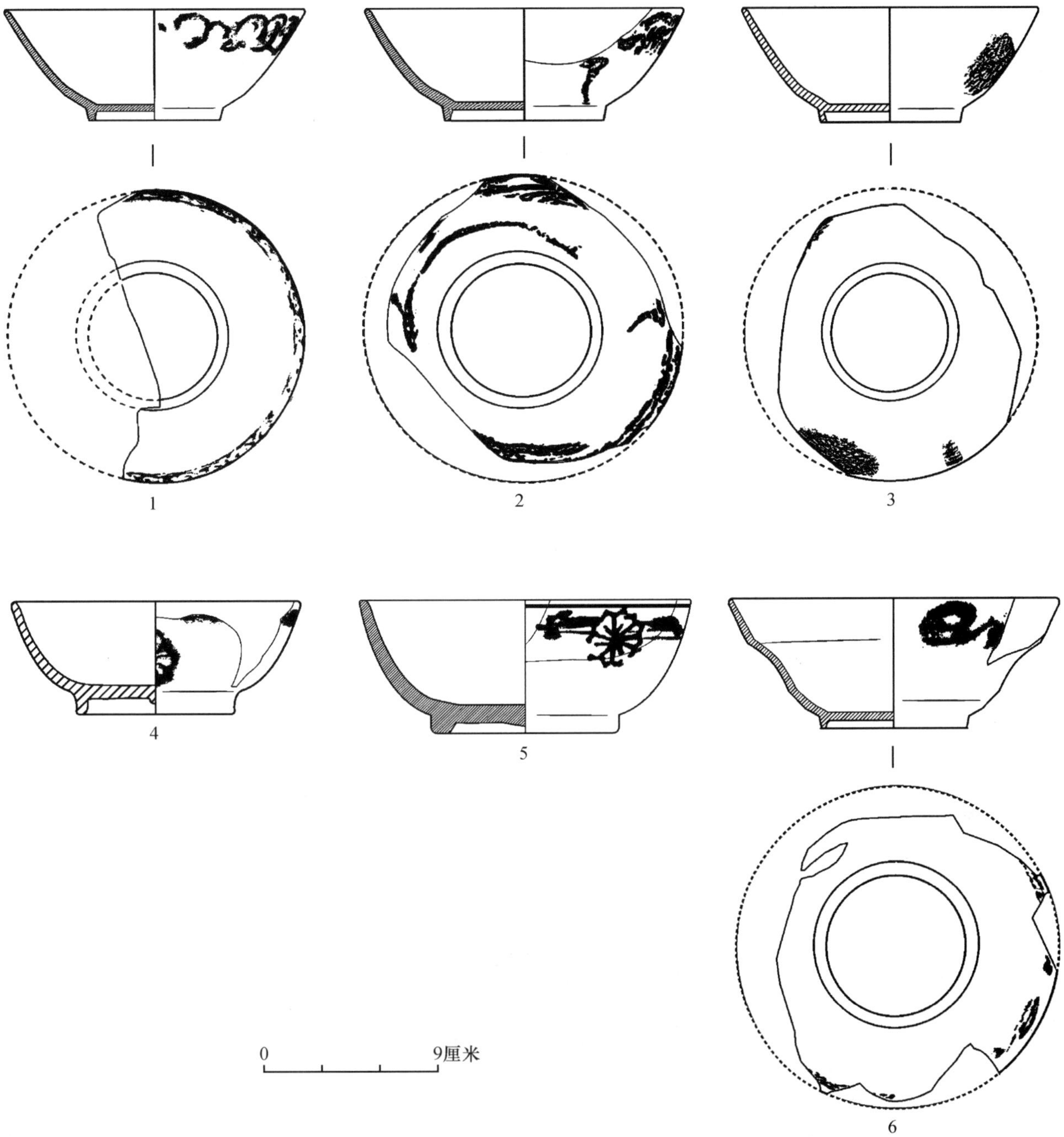

图九四 民国青花瓷器

1～3. B型青花瓷大碗（ⅥH8：9、ⅥT28①：10、ⅦT3①：8） 4、5. C型青花瓷大碗（ⅢT6②：6、ⅥT19①：15）
6. D型青花瓷大碗（ⅦH1：18）

标本ⅢT4②：3，灰白胎，黄白釉，器内外施釉至器底，足沿无釉，足底施釉，有涩圈，釉面失透、开片，釉面有火烤痕、黑斑、棕眼。足沿有刮削痕、拉坯旋痕。青花绘纹，色黑，呈蓝黑色，口沿外侧下饰缠枝花草纹，晕散严重，模糊不清。敞口，直沿，圆唇，上腹斜直，下腹弧收，高圈足，足沿向内斜削，底部中有微突。器形不规整，制作粗糙。口径14.5、高5.3、底径7.6厘米（图九五，1；图版六七，5）。

标本ⅢT14②：1，灰白胎，青白釉，器内外施釉未及器底，足底施釉，釉面失透，釉面有黑斑、棕眼。足沿有刮削痕、拉坯旋痕。青花绘纹，色暗，呈蓝黑色，釉面泛绿，沿下饰寿桃纹、灵芝纹。敞口，直沿，方唇，上腹斜直，下腹弧收，高圈足。口径14.4、高5.2、底径7.4厘米（图九五，2；图版六七，6）。

标本ⅣT0204②：4，灰白胎，青白釉，器内外施釉至器底，器内底部有涩圈，足底施釉，釉面失透，釉面开片，釉面有黑斑、棕眼。足沿有刮削痕、拉坯旋痕。青花绘纹，色暗，呈浅蓝色，釉面泛绿，沿下饰一周花草纹。敞口，直沿，方唇，上腹斜直，下腹弧收，高圈足。口径13.2、高4.8、底径6.9厘米（图九五，3；图版六八，1）。

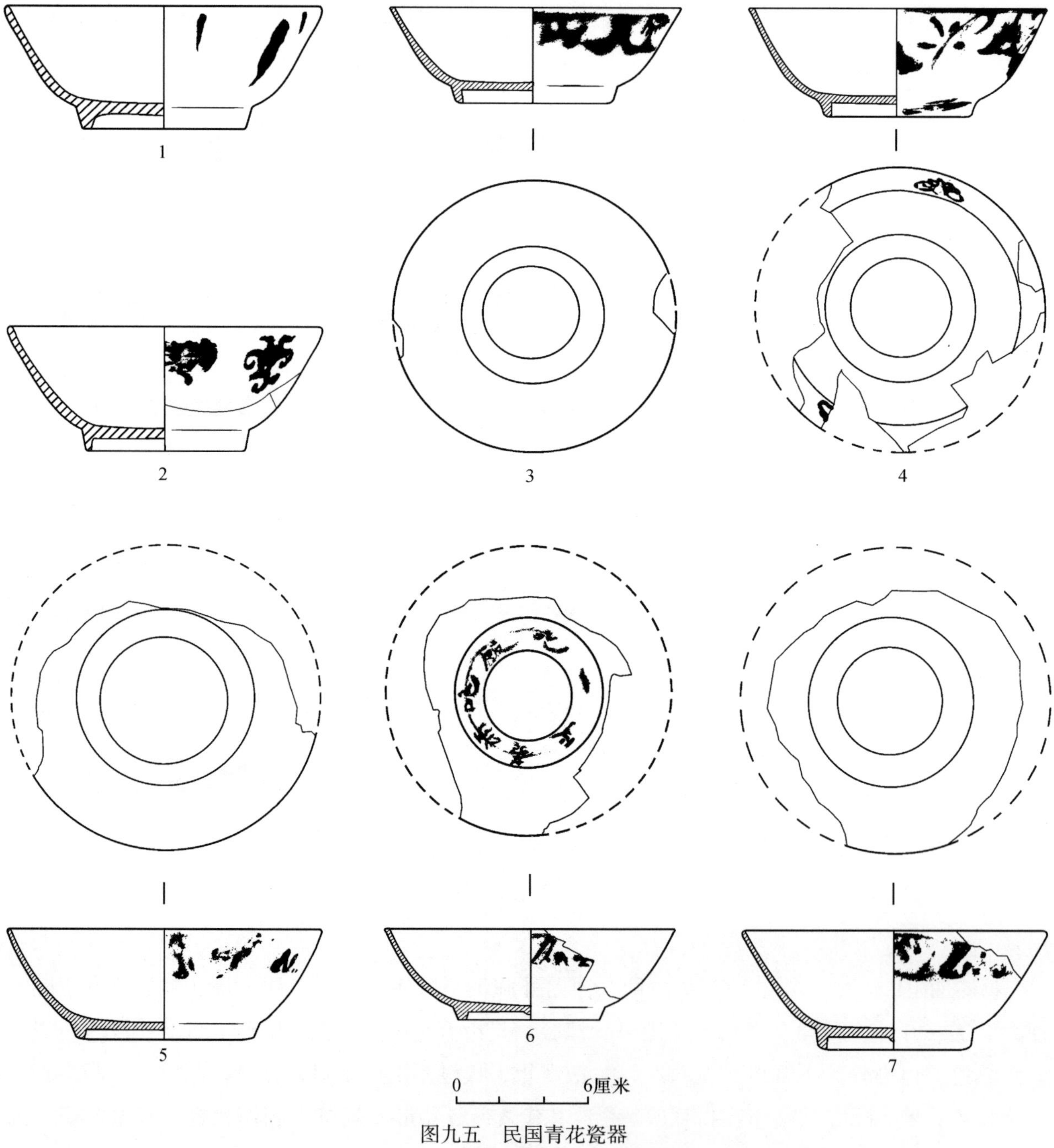

图九五　民国青花瓷器

1～7. Aa型青花瓷中碗（ⅢT4②：3、ⅢT14②：1、ⅣT0204②：4、ⅣT0204②：5、ⅣT0206②：11、ⅣT0207②：4、ⅣT0307②：6）

标本ⅣT0204②：5，灰白胎，青白釉，器内外施釉至器底，器内底部有涩圈，足底施釉，釉面失透，釉面开片，有黑斑、棕眼。足沿有刮削痕、拉坯旋痕。青花绘纹，色暗，呈浅蓝色，釉面泛绿，沿下饰一周花草纹。敞口，直沿，圆唇，上腹斜直，下腹弧收，高圈足，圈足外斜内直。口径13.5、高5.0、底径6.9厘米（图九五，4；图版六八，2）。

标本ⅣT0206②：11，灰白胎，黄白釉，器内外施釉未及器底，圈足底内施釉，施釉不均匀，釉面失透、开片，釉面有黑斑、棕眼。足沿无釉。足沿有刮削痕、拉坯旋痕。青花绘纹，色黑，呈蓝黑色，釉面泛黄，口沿外侧下饰折枝灵芝纹，晕散严重，模糊不清。敞口，直沿，圆唇，上腹斜直，下腹弧收，高圈足，底部中有微突。器形不规整，制作粗糙。口径14.4、高5.2、底径7.3厘米（图九五，5；图版六八，3）。

标本ⅣT0207②：4，灰白胎，青白釉，器内外施釉至器底，器内底部釉涩圈，釉面失透，釉面有黑斑、棕眼。足沿有刮削痕、拉坯旋痕。青花绘纹，色暗，呈蓝黑色，釉面泛绿，沿下饰一条花草纹带，其下部绘有三个花篮。涩圈上书“黄正一吃饭吃酒”。敞口，直沿，方唇，沿下加厚一周，上腹斜直，下腹弧收，高圈足，鸡心底。口径13.2、高5.0、底径6.8厘米（图九五，6；图版六八，4）。

标本ⅣT0307②：6，灰白胎，青白釉，器内外施釉至器底，足沿无釉，器内底部有涩圈，足底施釉，腹部多处裂釉，釉面失透，釉面开片，釉面有黑斑、棕眼。足沿有刮削痕、拉坯旋痕。青花绘纹，色暗，呈蓝灰色，釉面黄褐相间，口沿外侧下饰一周花草纹。敞口，直沿，圆唇，上腹斜直，下腹弧收，高圈足，底部中有一乳突。口径14.0、高5.3、底径7.1厘米（图九五，7；图版六八，5）。

标本ⅥT3①：1，灰白胎，青白釉，器内外施釉，器内底有色圈，釉面光亮开片。足沿有刮削痕、拉坯旋痕。青花绘纹，发色蓝黑，沿外饰三个倒弧三角花纹，其间饰菊花纹。敞口，直沿，圆唇，上腹斜直，下腹弧收，圈足，中有一小突。口径14.3、高5.9、底径7.2厘米（图九六，1；图版六八，6）。

标本ⅥT9①：5，灰白胎，青白釉，器内外施釉，器内有色圈，釉面光亮开片。足沿有刮削痕、拉坯旋痕。青花绘纹，发色蓝黑，口沿涂青料，有晕散，沿内及腹内下部各饰一周弦纹，器腹外饰两周折枝灵芝花纹，圈足上饰双圈弦纹。敞口，直沿，圆唇，上腹斜直，下腹弧收，高圈足，足壁斜削，足底中部有一小突。口径13.3、高5.0、底径7.0厘米（图九六，2；图版六九，1）。

标本ⅥT19①：13，灰白胎，青白釉，器内外施釉不至器底，釉面光亮。足沿有刮削痕、拉坯旋痕。青花绘纹，发色蓝黑，沿内及腹内下部各饰两周弦纹，沿外饰两周弦纹，腹饰花卉纹。敞口，直沿，尖圆唇，沿部加厚一周，上腹斜直，下腹弧收，圈足，足底中部有一小突。口径13.8、高6.2、底径6.9厘米（图九六，3；图版六九，2）。

标本ⅥT22①：11，灰白胎，青白釉，器内外施釉，器内底有色圈，釉面光亮开片。足沿有刮削痕、拉坯旋痕。青花绘纹，发色蓝黑，沿内及腹内下部各饰一周弦纹，沿外饰一周花纹带。敞口，直沿，圆唇，上腹斜直，下腹弧收，圈足，挖足较浅，中有一小突。口径13.2、高4.9、底径7.0厘米（图九六，4；图版六九，3）。

标本ⅥT22①：16，灰白胎，青白釉，器内外施釉，器内底有涩圈，釉面光亮。足沿有刮削痕、拉坯旋痕。青花绘纹，发色蓝黑，口沿涂青料，有晕散，腹饰青花线纹，腹下一周弦纹，腹外饰花卉纹，圈足上饰一周弦纹。敞口，直沿，圆唇，上腹斜直，下腹弧收，高圈足，足墙过肩，底中有一小突。口径14.5、高5.5、底径7.9厘米（图九六，5；图版六九，4）。

标本ⅣT0204②：7，灰白胎，青白釉，器内外施釉至器底，釉面光亮，釉面有铁锈、黑斑、棕眼。足沿有刮削痕、拉坯旋痕。青花绘纹，色暗，呈蓝黑色，釉面泛绿，沿下饰一周花草纹，其下饰三个菊花，晕散较严重。敞口，直沿，圆唇，上腹斜直，下腹弧收，高圈足，底部中间有一小突起。口径13.4、高4.7、底径7.0厘米（图九六，6；图版六九，5）。

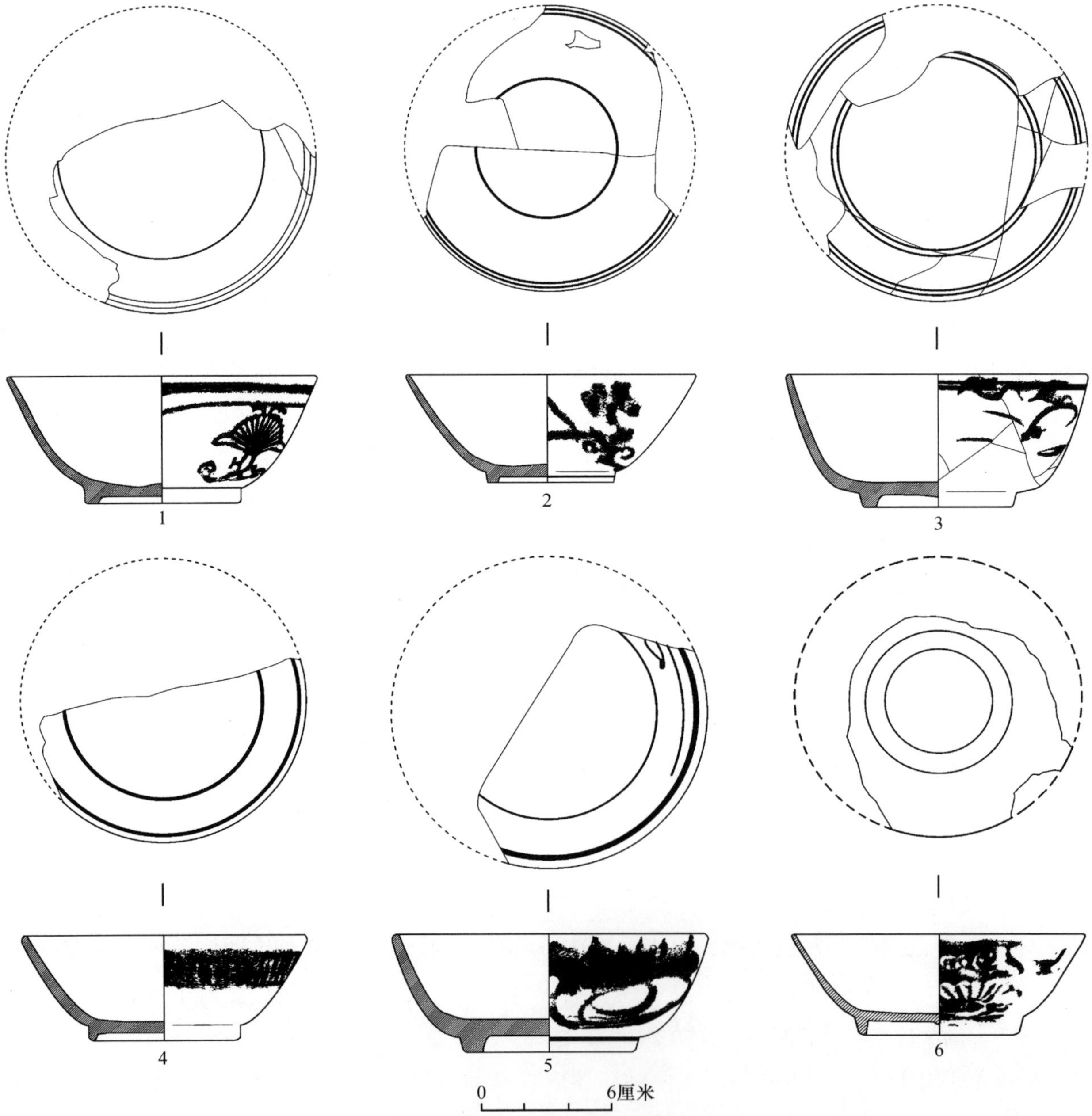

图九六　民国青花瓷器

1～6. Aa型青花瓷中碗（ⅥT3①：1、ⅥT9①：5、ⅥT19①：13、ⅥT22①：11、ⅥT22①：16、ⅣT0204②：7）

Ab型　上腹斜直，下腹折收。

标本ⅣT0206②：13，灰白胎，青白釉，器内外施釉至器底，内底有涩圈，足底施釉，釉面光亮、开片，釉面有铁锈、黑斑、棕眼。足沿有刮削痕、拉坯旋痕。青花绘纹，色暗，呈蓝色，釉面泛绿，沿内下及腹下部饰一周青花弦纹，沿外下饰一周竖线纹，晕散严重。敞口，直沿，圆唇，上腹斜直，下腹折收，高圈足，腹足交界明显，底中部有一小乳突。口径13.9、高5.1、底径7.1厘米（图九七，1；图版六九，6）。

标本ⅣT0303②：1，灰白胎，青白釉，器内外施釉至器底，器内底部有涩圈，釉面失透，釉面有黑斑、棕眼。腹部多处裂釉。足沿有刮削痕、拉坯旋痕。青花绘纹，发色暗，呈蓝黑色，釉面泛黄，沿下饰一条花草纹带，模糊不清。敞口，直沿，圆唇，上腹斜直，下腹折收，高圈足，腹足交界明显，底部中间有一乳突。口径14.5、高5.5、底径7.4厘米（图九七，2；图版七〇，1）。

标本ⅣT0304②：1，灰白胎，青白釉，器外施釉至器底，器内施釉，有涩圈，足底施釉，釉面失透，釉面有黑斑、棕眼。足沿有刮削痕、拉坯旋痕。青花绘纹，色暗，呈蓝黑色，釉面泛绿，沿下及腹足交界处饰一周花纹，将腹部等分，其间饰团花纹。敞口，直沿，圆唇，

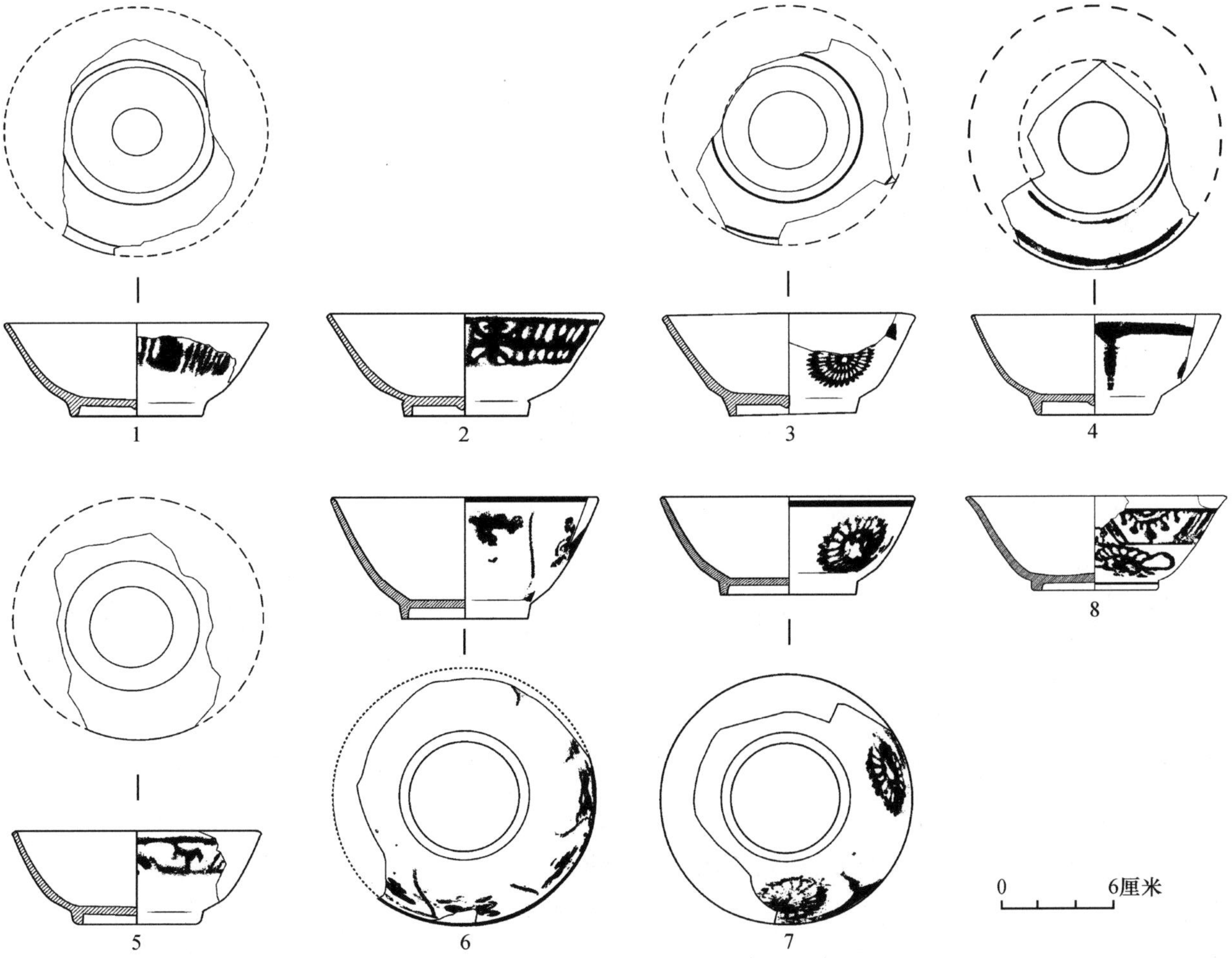

图九七　民国青花瓷器

1～7. Ab型青花瓷中碗（ⅣT0206②：13、ⅣT0303②：1、ⅣT0304②：1、ⅣT0306①：1、ⅣT0307②：3、ⅥH1：20、ⅥT34①：12）

8. B型青花瓷中碗（ⅥT17①：5）

上腹斜直，下腹折收，高圈足，鸡心底。口径13.2、高5.3、底径6.1厘米（图九七，3；图版七〇，2）。

标本ⅣT0306①：1，灰白胎，黄白釉，器内外施釉至器底，圈足底内施釉，釉面光亮，釉面有黑斑、棕眼、烧结痕，有流釉现象。足沿有刮削痕、拉坯旋痕。青花绘纹，发色暗，几近黑色，口沿内测及腹下部各饰一周弦纹，口沿外侧下饰一周宽弦纹，其下饰团菊纹。敞口，直沿，圆唇，上腹斜直，下腹折收，高圈足，底部中有一乳突。口径13.5、高5.2、底径6.5、足高1.2厘米（图九七，4；图版七〇，3）。

标本ⅣT0307②：3，灰白胎，青白釉，器外施釉至器底，器内施釉，有涩圈，圈足底施釉，釉面失透，釉面有黑斑、棕眼。足沿有刮削痕、拉坯旋痕。青花绘纹，色暗，呈蓝黑色，釉面泛绿，沿下饰一条青花纹。敞口，直沿，圆唇，沿部加厚一周，上腹斜直，下腹折收，高圈足。口径13.2、高5.0、底径6.7厘米（图九七，5；图版七〇，4）。

标本ⅥH1：20，灰白胎，青白釉，器内外施釉，器内有涩圈，釉面光亮。足沿有刮削痕、拉坯旋痕。青花绘纹，发色深蓝黑，口沿内外涂青料，有晕散现象，内腹下饰一周弦纹，外壁饰折枝灵芝纹。敞口，直沿，尖圆唇，上腹斜直，下腹折收，高圈足。口径14.0、高6.1、底径7.2厘米（图九七，6；图版七〇，5）。

标本ⅥT34①：12，灰白胎，青白釉，器内外施釉，器内底有涩圈，釉面失透开裂。足沿有刮削痕、拉坯旋痕。青花绘纹，发色蓝黑，外壁饰三个花瓣，其间饰团菊纹。敞口，直沿，圆唇，上腹斜直，下腹折收，高圈足，中有一小突。口径13.5、高4.9、底径7.0厘米（图九七，7；图版七〇，6）。

B型 敞口，沿部稍外侈。

标本ⅥT17①：5，灰白胎，青白釉，器内外施釉，器内底有涩圈，釉面光亮开片。足沿有刮削痕、拉坯旋痕。青花绘纹，色彩蓝黑，沿外下饰一周花卉纹带，下饰三个花篮。敞口，直沿，沿部稍外侈，圆唇，上腹斜直，下腹弧收，圈足，中有一小突。口径13.9、高5.0、底径6.7厘米（图九七，8；图版七一，1）。

小碗 27件，据其腹部形制可分四型。

A型 上腹内弧，下腹外弧收。

标本ⅢT17②：4，灰白胎，青白釉，器内外施釉至器底，足沿无釉，圈足底内施釉，有涩圈，釉面光亮，釉面有铁锈、黑斑、棕眼。足沿有刮削痕、拉坯旋痕。青花绘纹，发色暗，呈蓝黑色，沿外下饰一周弦纹，其下饰菊花纹。敞口，直沿，圆唇，上腹内弧，下腹外弧收，高圈足，腹足交界明显。制作粗糙。口径12.7、高5.5、底径6.8厘米（图九八，1；图版七一，2）。

标本ⅥT24①：12，灰白胎，青白釉，器内外施釉，器内底有涩圈，釉面光亮开片。足沿有刮削痕、拉坯旋痕。青花绘纹，发色蓝黑，外壁饰花卉纹。敞口，直沿，圆唇，上腹内弧，下腹外弧收，圈足，足壁内斜外直，中有一小突。口径12.6、高5.6、底径6.9厘米（图九八，2；图版七一，3）。

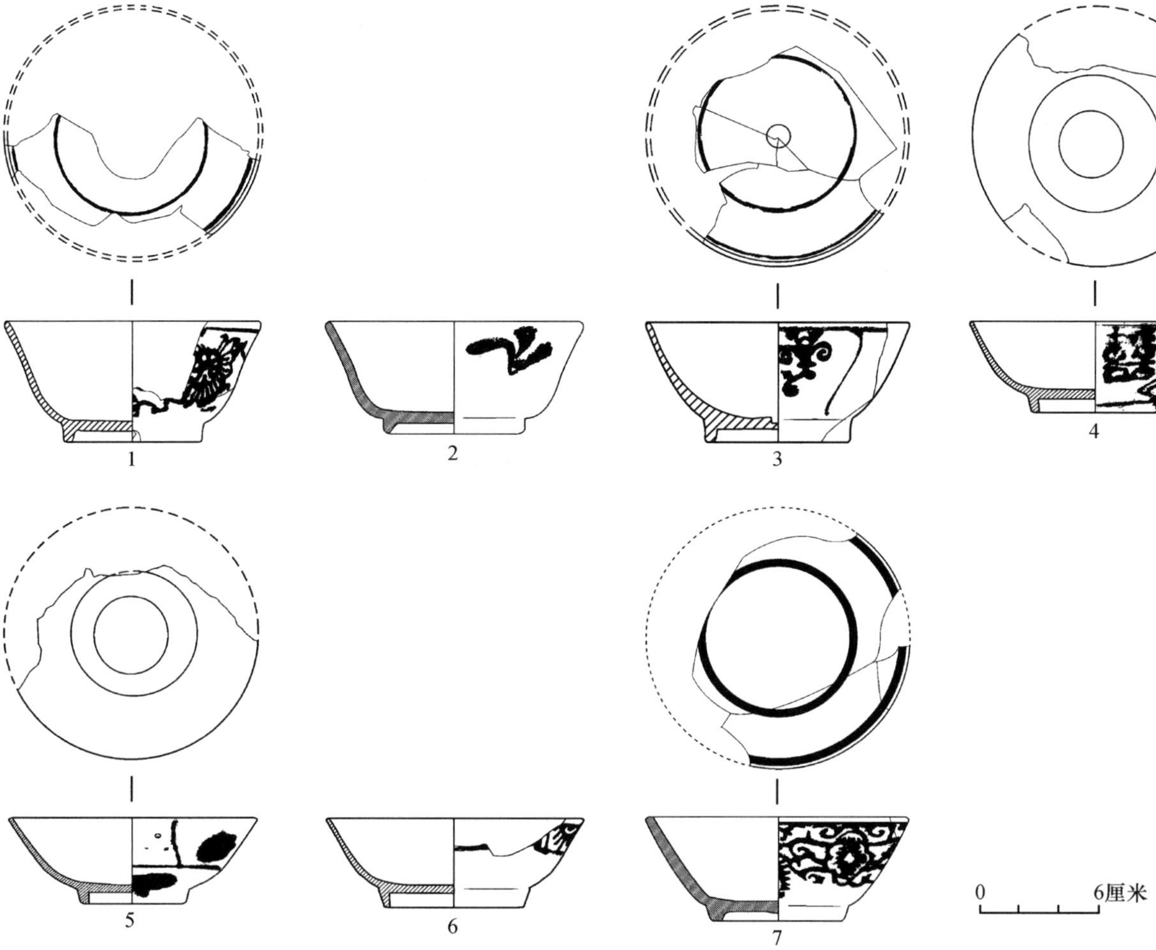

图九八　民国青花瓷器

1、2. A型青花瓷小碗（ⅢT17②：4、ⅥT24①：12）　3～7. B型青花瓷小碗（ⅢT15③：4、ⅣT0204②：9、ⅣT0205②：5、ⅣT0207②：5、ⅥT22①：12）

B型　上腹斜直，下腹弧收。

标本ⅢT15③：4，灰白胎，黄白釉，器内外施釉至器底，足沿无釉，圈足底内施釉，有涩圈，釉面光亮，釉面有铁锈、黑斑、棕眼。足沿有刮削痕、拉坯旋痕。青花绘纹，发色暗，呈蓝黑色，沿内、内腹下部及底心各饰一周青花弦纹，沿外饰一周弦纹，外壁饰灵芝纹。敞口，直沿，圆唇，上腹斜直，下腹弧收，高圈足，腹足交界明显，底心凹，底中部外凸。口径13.0、高5.4、底径6.9厘米（图九八，3；图版七一，4）。

标本ⅣT0204②：9，灰白胎，青白釉，器内外施釉至器底，足沿无釉，内底有涩圈，釉面光亮、开片，有铁锈、黑斑、棕眼。足沿有刮削痕、拉坯旋痕。青花绘纹，发色暗，呈蓝黑色，沿外饰一周弦纹，外壁缠枝菊纹，间有囍字纹，敞口，直沿，圆唇，上腹斜直，下腹弧收，高圈足，腹足交界明显，底部中间有一突起。口径12.6、高5.1、底径6.1厘米（图九八，4；图版七一，5）。

标本ⅣT0205②：5，灰白胎，青白釉，器内外施釉至器底，圈足底施釉，内底有涩圈，施釉不均匀，釉面失透、开裂，釉面有黑斑、棕眼。足沿有刮削痕、拉坯旋痕。青花绘纹，青料为洋蓝，发色淡，呈蓝色，外壁饰两周灵芝纹。敞口，直沿，圆唇，上腹斜直，下腹弧收，高圈足，底中部微凸。口径12.5、高4.8、底径5.3厘米（图九八，5；图版七一，6）。

标本ⅣT0207②：5，灰白胎，青白釉，器内外施釉未及器底，施釉不均，釉面光亮，釉面有黑斑、棕眼、烧结痕。足沿有刮削痕、拉坯旋痕。青花绘纹，发色暗，呈蓝黑色，口沿外侧下饰一周花草纹。敞口，直沿，圆唇，上腹斜直，下腹弧收，高圈足。口径12.6、高4.3、底径6.8厘米（图九八，6；图版七二，1）。

标本ⅥT22①：12，灰白胎，青白釉，器内外施釉，器内底有涩圈，釉面光亮开片。足沿有刮削痕、拉坯旋痕。青花绘纹，发色蓝黑，口沿涂青料，有晕散现象，内壁下部饰一周弦纹，外壁绘花卉团寿纹。敞口，直沿，圆唇，上腹斜直，下腹弧收，圈足，中有一小突。口径13.0、高5.2、底径6.7厘米（图九八，7；图版七二，2）。

标本ⅥT22①：13，灰白胎，青白釉，器内外施釉，器内底有涩圈，釉面光亮开片。足沿有刮削痕、拉坯旋痕。青花绘纹，色彩黑蓝，沿外饰一周花纹带。敞口，直沿，圆唇，上腹斜直，下腹弧收，圈足，中有一小突。口径13.0、高5.3、底径6.8厘米（图九九，1；图版七二，3）。

标本ⅥT22①：14，灰白胎，青白釉，器内外施釉，器内底有涩圈，釉面光亮开片。足沿有刮削痕、拉坯旋痕。青花绘纹，发色蓝，沿内及内壁下部各饰一周弦纹，沿外饰一周花纹带。敞口，直沿，圆唇，上腹斜直，下腹弧收，圈足，中有一小突。口径12.4、高4.5、底径6.4厘米（图九九，2；图版七二，4）。

标本ⅥT22①：15，灰白胎，青白釉，器内外施釉，器内有涩圈，釉面光亮开片。足沿有刮削痕、拉坯旋痕，足底胎体裂。青花绘纹，发色蓝黑，晕散严重。沿内涂一周青料，内壁下部饰一周弦纹，沿外饰一周弦纹，外壁饰五朵团菊花。敞口，直沿，尖唇，上腹斜直，下腹弧收，圈足，足底中部有一小突。口径12.7、高5.5、底径6.5厘米（图九九，3；图版七二，5）。

标本ⅥT23①：9，灰白胎，青白釉，器内外施釉，口沿、足沿酱釉，釉面光亮。足沿有刮削痕、拉坯旋痕，足底沾沙严重。青花绘纹，发色浓艳，呈蓝黑色，沿内涂青一周，内壁下部饰一周弦纹，内底饰团花纹，外壁饰花卉纹，晕散严重，足交界饰短线纹，外底饰两周弦纹。敞口，直沿，尖圆唇，上腹斜直，下腹弧收，腹足分界明显，圈足。口径12.4、高7.7、底径6.4厘米（图九九，4；图版七二，6）。

标本ⅦT1①：21，灰白胎，青白釉，器内施半釉，器外施釉，足沿无釉，釉面光亮。足沿有刮削痕、拉坯旋痕。青花绘纹，发色暗淡，呈黑褐色，外壁上部绘一周花纹，下部绘两个花篮。敞口，直沿，圆唇，上腹斜直，下腹弧收，圈足，底中部有一小突起。口径13.0、高4.7、底径6.4厘米（图九九，5；图版七三，1）。

标本ⅥH1：21，灰白胎，青白釉，器内外施釉，器内有涩圈，施釉不匀，局部露胎，釉面光亮。足沿有刮削痕、拉坯旋痕。青花绘纹，发色蓝黑。沿外饰一周弦纹，外壁饰花卉纹。敞口，直沿，尖圆唇，上腹斜直，下腹弧收，高圈足，足墙过肩，底中有一小突。口径11.8、高5.3、底径6.1厘米（图九九，6；图版七三，2）。

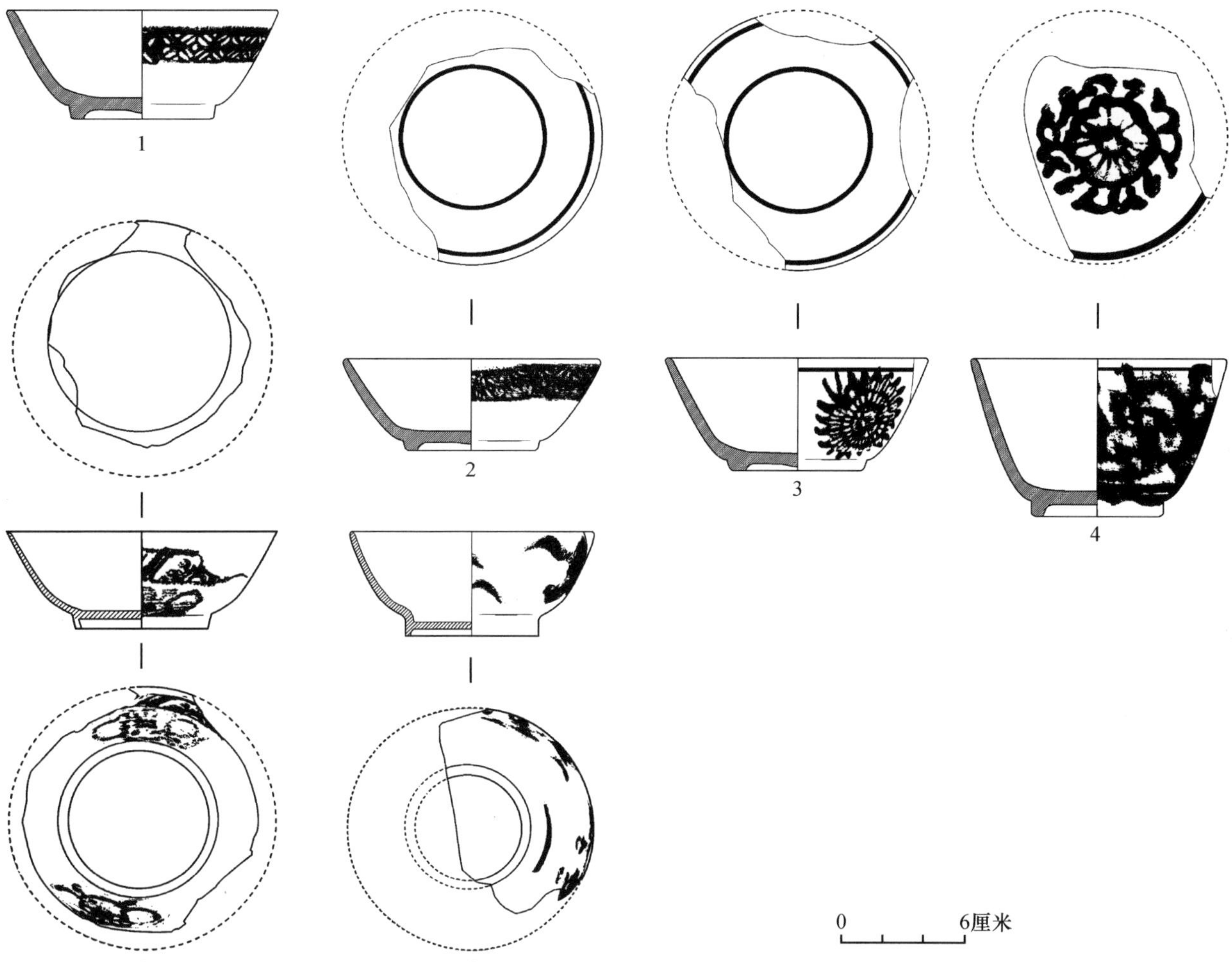

图九九　民国青花瓷器

1～6. B型青花瓷小碗（ⅥT22①：13、ⅥT22①：14、ⅥT22①：15、ⅥT23①：9、ⅦT1①：21、ⅥH1：21）

C型　上腹斜直，下腹折收。

标本ⅣT0303①：5，灰白胎，青白釉，器内外施釉至器底，器内底部有涩圈，足底施釉，足沿无釉，腹部多处裂釉，釉面光亮，釉面有黑斑、棕眼。足沿有刮削痕、拉坯旋痕。青花绘纹，发色暗，呈蓝灰色，口沿外饰一周弦纹，外壁饰灵芝纹。敞口，直沿，圆唇，上腹斜直，下腹折收，高圈足，底部中有一乳突。口径12.1、高4.8、底径6.0厘米（图一〇〇，1；图版七三，3）。

标本ⅣT0306②：1，灰白胎，青白釉，器内外施釉至器底，圈足底未施釉，有涩圈，施釉不均匀，釉面失透、开裂，釉面有黑斑、棕眼。足沿有刮削痕、拉坯旋痕。青花绘纹，青料为洋蓝，发色浓艳，呈蓝色，口沿涂青料，下部饰灵芝纹。敞口，直沿，方唇，上腹斜直，下腹折收，高圈足，底中部微凸。口径12.0、高4.0、底径6.7厘米（图一〇〇，2；图版七三，4）。

标本ⅥT19①：14，灰白胎，青白釉，器内外施釉不至器底，釉面光亮。足沿有刮削痕、拉坯旋痕，足底胎体裂。青花绘纹，色彩蓝黑，沿外饰一周弦纹，外壁饰花卉纹。敞口，直沿，尖圆唇，沿部加厚一周，上腹斜直，下腹折收，圈足外撇，足底中部有一小突。口径12.7、高5.2、底径7.2厘米（图一〇〇，3；图版七三，5）。

标本ⅥT28①：19，灰白胎，青白釉，器内外施半釉，釉面失透不匀，釉面薄。足沿有刮削痕、拉坯旋痕。青花绘纹，发色蓝黑，外壁存有花卉纹三处。敞口，直沿，圆唇，上腹斜直，下腹折收，高圈足，中有一小突。口径12.8、高4.2、底径6.9厘米（图一〇〇，4；图版七三，6）。

标本ⅥT30①：8，灰白胎，青白釉，器内外施釉，器内底有涩圈，釉面光亮开片。足沿有刮削痕、拉坯旋痕。青花绘纹，色彩蓝黑，沿外饰一周花卉纹带，不甚规整。敞口，直沿，圆唇，上腹斜直，下腹折收，圈足，中有一小突。口径13.0、高4.5、底径6.5厘米（图一〇〇，5；图版七四，1）。

标本ⅦT1①：20，灰白胎，青白釉，器内外施釉，器内有涩圈，足沿无釉，釉面光亮，有棕眼黑斑。足沿有刮削痕、拉坯旋痕。青花绘纹，发色暗淡，深蓝黑色，外壁上部饰一周花纹。敞口，直沿，圆唇，上腹斜直，下腹折收，圈足，底中部不平。口径12.8、高4.5、底径6.8厘米（图一〇〇，6；图版七四，2）。

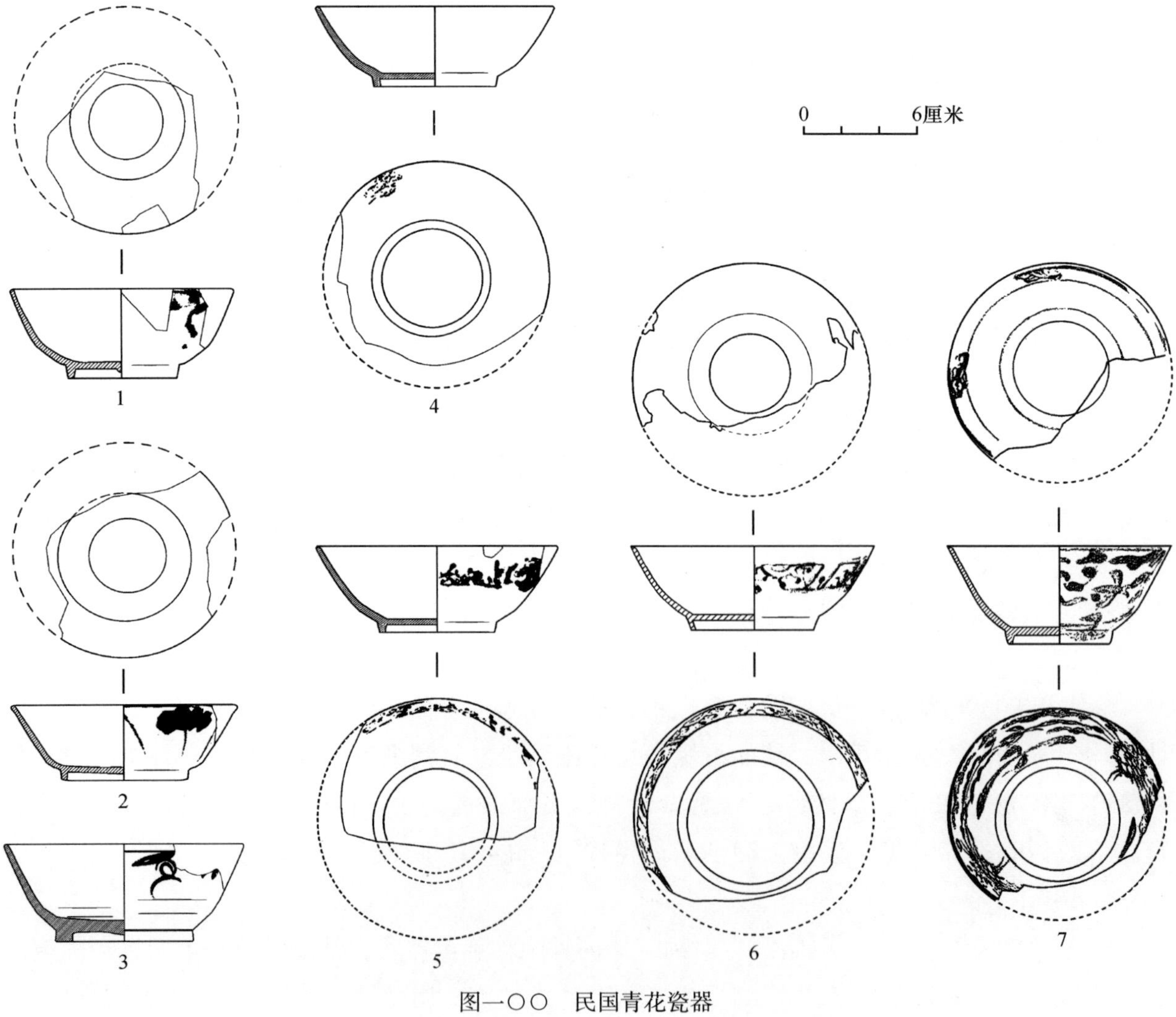

图一〇〇　民国青花瓷器

1～7. C型青花瓷小碗（ⅣT0303①：5、ⅣT0306②：1、ⅥT19①：14、ⅥT28①：19、ⅥT30①：8、ⅦT1①：20、ⅦT2①：28）

标本ⅦT2①：28，灰白胎，青白釉，器内外施釉，器内有涩圈，足沿无釉，釉面光亮，有棕眼、黑斑。足沿有刮削痕、拉坯旋痕。青花绘纹，发色甚浓，呈蓝黑色，口沿涂青料，沿内绘一周花纹，内壁下部饰一周弦纹，外壁饰折枝菊花纹，腹足交界饰一周弦纹。敞口，直沿，尖圆唇，上腹斜直，下腹折收，圈足，鸡心底。口径11.9、高5.5、底径5.4厘米（图一〇〇，7；图版七四，3）。

标本ⅦT2①：29，灰白胎，青白釉，器内外施釉，器内有涩圈，足沿无釉，釉面光亮，有棕眼、黑斑。足沿有刮削痕、拉坯旋痕。青花绘纹，发色甚浓，呈蓝黑色，口沿涂青料，沿内绘一周花纹，内壁下部饰一周弦纹，外壁饰折枝菊花纹，腹足交界饰一周弦纹。敞口，直沿，尖圆唇，上腹斜直，下腹折收，圈足，鸡心底。口径11.7、高5.1、底径5.3厘米（图一〇一，2；图版七四，4）。

标本ⅦT2①：32，灰白胎，青白釉，器内外施釉，器内有涩圈，足沿无釉，釉面光亮，有棕眼、黑斑。足沿有刮削痕、拉坯旋痕。青花绘纹，发色甚暗，呈蓝黑色，口沿涂青料，沿内绘一周花卉纹，内底饰一周弦纹，外壁饰菊花纹，下部饰一周弦纹，圈足外壁饰双圈弦纹。敞口，直沿，尖圆唇，上腹斜直，下腹折收，圈足，足壁外斜内直，鸡心底。口径11.6、高5.5、底径5.2厘米（图一〇一，1；图版七四，5）。

D型 斜弧腹。

标本ⅢT15③：3，灰白胎，青白釉，器内外施釉至器底，施釉不均，腹下部有两处露胎，釉面失透，有黑斑、棕眼。足沿有刮削痕、拉坯旋痕、外腹下部有放射状跳刀痕。青花绘纹，发色暗，呈蓝黑色，其间残存两朵花草纹。敞口，直沿，圆唇，斜弧腹，高圈足，鸡心底。口径12.2、高4.8、底径6.2厘米（图一〇一，3；图版七四，6）。

标本ⅢT18③：2，灰白胎，青白釉，器内外施釉至器底，足沿无釉，器内底部有涩圈，足底施釉，釉面失透，有黑斑、棕眼。足沿有刮削痕、拉坯旋痕。青花绘纹，发色暗，呈蓝黑色，沿外饰一周花草纹。敞口，直沿，圆唇，斜弧腹，高圈足，底部中有一乳突。口径12.2、高4.6、底径6.4厘米（图一〇一，4；图版七五，1）。

标本ⅣT0303①：3，灰白胎，青白釉，器内外施釉至器底，足沿无釉，器内底有涩圈，足底施釉，釉面失透，釉面开片。足沿有刮削痕、拉坯旋痕。青花绘纹，发色暗，呈蓝灰色，釉面泛绿，沿外饰缠枝花卉纹。敞口，直沿，圆唇，斜弧腹，高圈足，圈足外斜内直，足墙不及肩。口径13.0、高5.6、底径6.7厘米（图一〇一，5；图版七五，2）。

标本ⅥT17①：6，灰白胎，青白釉，器内外施釉，器内有涩圈，釉面光亮皲裂。足沿有刮削痕、拉坯旋痕。青花绘纹，发色黑略泛绿，沿外下方饰一周花卉纹带。敞口，直沿，圆唇，斜弧腹，高圈足，足底中部有一小突。口径12.9、高4.5、底径6.5厘米（图一〇一，6；图版七五，3）。

标本ⅥT26①：13，灰白胎，青白釉，器内外施釉，器内有色圈，器外有漏釉现象，器腹局部露胎，釉面光亮。足沿有刮削痕、拉坯旋痕。青花绘纹，色彩黄绿色，沿外下方残存四朵青花花卉纹。敞口，直沿，圆唇，斜弧腹，高圈足，足底中部有一小突。口径12.3、高4.7、底径6.2厘米（图一〇一，7；图版七五，4）。

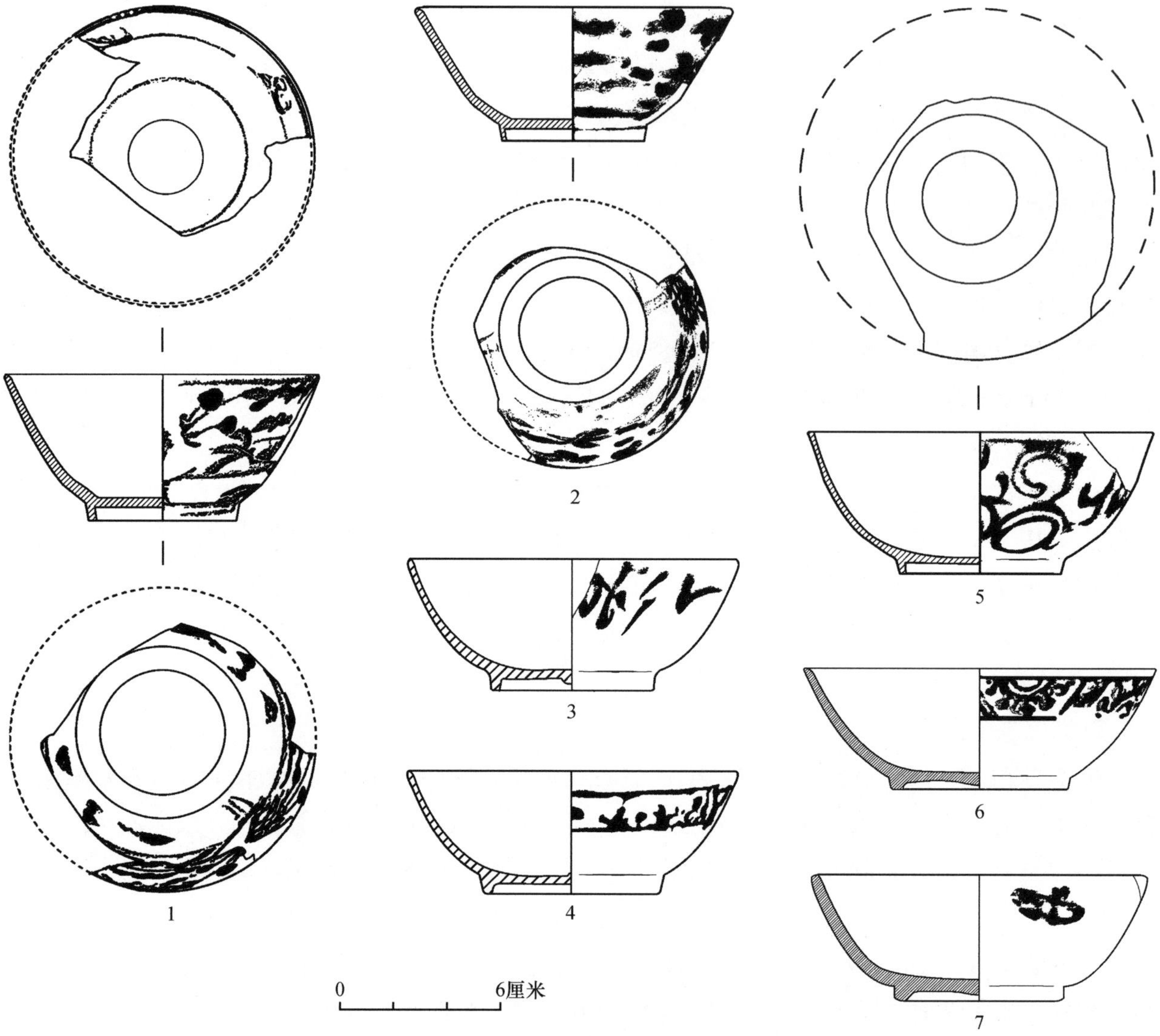

图一〇一　民国青花瓷器

1、2. C型青花瓷小碗（ⅦT2①：32、ⅦT2①：29）　3～7. D型青花瓷小碗（ⅢT15③：3、ⅢT18③：2、ⅣT0303①：3、ⅥT17①：6、ⅥT26①：13）

大盘　4件，据其腹部形制可分二型。

A型　上腹斜直，下腹弧收。

标本ⅣT0303①：6，灰白胎，黄白釉，器内外施釉未及器底，圈足底无釉，施釉不均匀，釉面光亮，釉面有黑斑、棕眼。足沿有刮削痕、拉坯旋痕。青花绘纹，色黑，呈蓝黑色，口沿外侧下饰折枝灵芝纹，有晕散。敞口，直沿，圆唇，上腹斜直，下腹弧收，高圈足，底部中有微突，器形不规整。口径15.5、高4.9、底径7.8厘米（图一〇二，1；图版七五，5）。

标本ⅥT18①：6，灰白胎，青白釉，器内外施釉，器内底有色圈，釉面光亮开片。足沿有刮削痕、拉坯旋痕。青花绘纹，色彩蓝，口沿涂青料，晕散严重，沿内下饰纹，底饰“福”字，腹外饰山水花草纹。敞口，直沿，圆唇，上腹斜直，下腹弧收，圈足，足外斜内直，中有一小突。口径15.3、高5.0、底径7.3厘米（图一〇二，2；图版七五，6）。

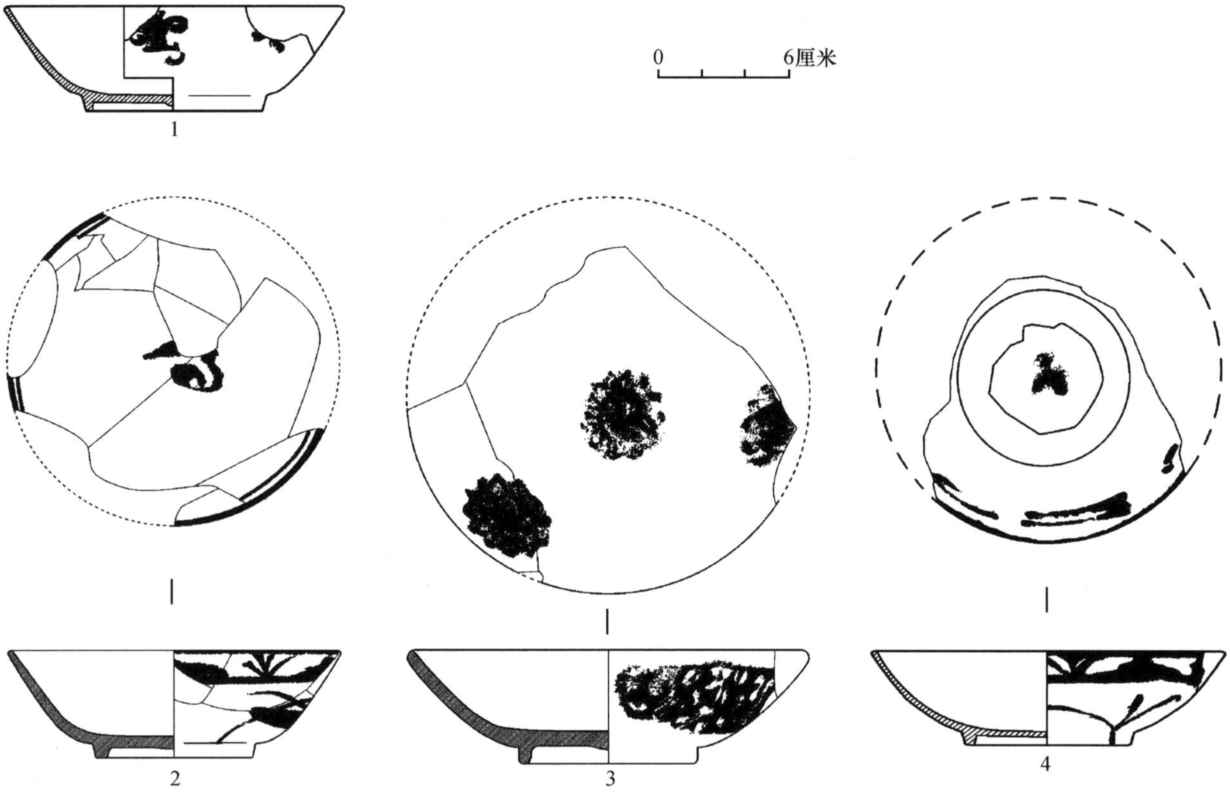

图一〇二　民国青花瓷器

1～3. A型青花瓷大盘（ⅣT0303①：6、ⅥT18①：6、ⅥT24①：13）　4. B型青花瓷大盘（ⅣT0303①：4）

标本ⅥT24①：13，灰白胎，青白釉，器内外施釉，器内有涩圈，釉面光亮。足沿有刮削痕、拉坯旋痕。青花绘纹，色彩蓝黑。腹内残饰两朵菊花，底心为一朵菊花，沿外饰三朵菊花，其间饰缠枝花卉纹。敞口，直沿，尖圆唇，上腹斜直，下腹弧收，高圈足，足墙过肩，底中有一小突。口径18.4、高5.3、底径8.2厘米（图一〇二，3；图版七六，1）。

B型　斜弧腹。

标本ⅣT0303①：4，灰白胎，青白釉，施釉不均匀，器内外施釉至器底，圈足底施釉，有涩圈，釉面光亮、开裂，釉面有黑斑、棕眼。足沿有刮削痕、拉坯旋痕。青花绘纹，发色浅，呈蓝色，口沿涂青料，有晕散，沿下饰“二”字短线纹，底心为花卉纹，外腹饰团菊、兰草纹。敞口，直沿，圆唇，斜弧腹，高圈足，底心微凸。口径16.4、高5.3、底径7.7厘米（图一〇二，4；图版七六，2）。

小盘　3件，据其腹部形制可分二型。

A型　上腹斜直，下腹弧收。

标本ⅣT0207②：3，灰白胎，青白釉，器内外施釉至器底，器内底部有涩圈，釉面失透，釉面有黑斑、棕眼。足沿有刮削痕，拉坯旋痕。青花绘纹，色暗，呈蓝黑色，沿下饰一条花草纹带，模糊不清，圈足底绘一周弦纹。敞口，直沿，圆唇，上腹斜直，下腹弧收，高圈足，底部中间有一乳突。口径13.2、高4.0、底径7.1厘米（图一〇三，1；图版七六，3）。

标本ⅣT0307②：5，灰白胎，青白釉，器内外施釉至器底，器内底部有涩圈，釉面光亮，釉面有铁锈、黑斑、棕眼。足沿有刮削痕、拉坯旋痕，器内部有多处沾沙。青花绘纹，发色暗，呈蓝黑色，沿下饰一周弦纹，其下饰三朵花草，晕散严重。敞口，直沿，圆唇，上腹斜直，下腹弧收，高圈足，腹足交界明显，底部中间有一乳突，底心微上鼓。口径13.4、高4.5、底径6.8厘米（图一〇三，2；图版七六，4）。

B型　上腹斜直，下腹折收。

标本ⅣT0304②：2，灰白胎，黄白釉，器内外施釉未及器底，圈足底内无釉，釉面光亮，釉面有铁锈、黑斑、棕眼、流釉。足沿有刮削痕、拉坯旋痕。青花绘纹，色暗，呈蓝黑色，沿外饰灵芝纹。敞口，直沿，圆唇，上腹斜直，下腹折收，高圈足，腹足交界明显，底心凸，底中部有一小乳突。口径12.4、高4.2、底径6.4厘米（图一〇三，3；图版七六，5）。

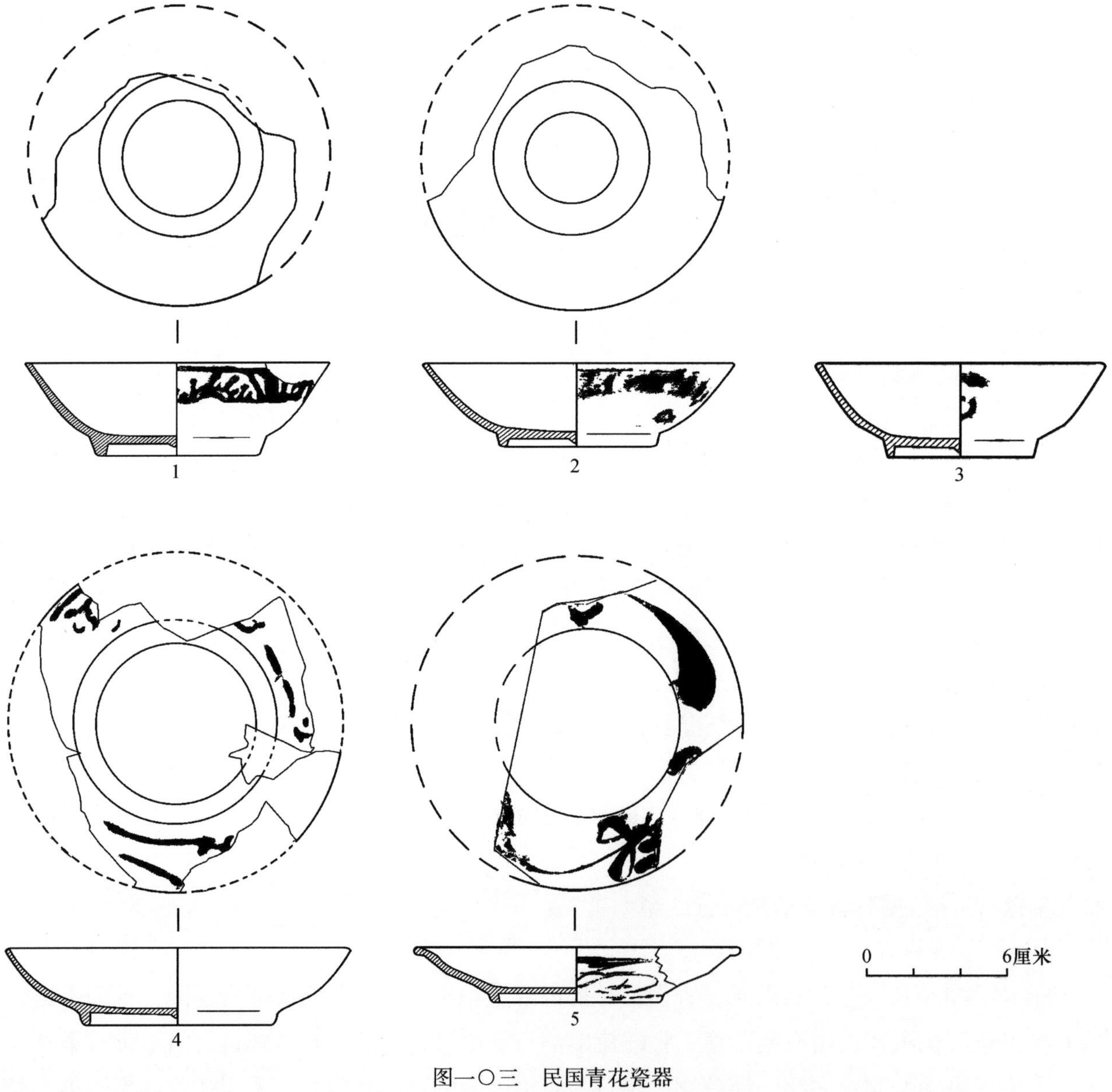

图一〇三　民国青花瓷器

1、2. A型青花瓷小盘（ⅣT0207②：3、ⅣT0307②：5）　3. B型青花瓷小盘（ⅣT0304②：2）　4. A型青花瓷碟（ⅣT0206②：15）　5. B型青花瓷碟（ⅣT0204②：2）

碟 2件，据其口部形制可分二型。

A型 敞口，直沿。

标本ⅣT0206②：15，灰白胎，青白釉，器内外施釉至器底，器内底部有涩圈，圈足底施釉，釉面失透，施釉不均，釉面有铁锈、黑斑、棕眼。足沿有刮削痕。青花绘纹，发色暗，呈蓝黑色，内外壁均饰灵芝纹，内壁下部及外壁足交界处各饰一周弦纹。大敞口，直沿，圆唇，腹足分界明显，圈足，底部中央有一乳突。口径14.9、高3.2、底径8.5厘米（图一〇三，4；图版七六，6）。

B型 敞口，折沿。

标本ⅣT0204②：2，灰白胎，青白釉，器内外施釉至器底，圈足底施釉，釉面失透，有铁锈、黑斑、棕眼。足沿有刮削痕。青花绘纹，发色暗，呈蓝黑色，内外壁均饰兰草纹，外壁腹足交界处饰一周青花弦纹。大敞口，宽折沿，尖唇，折腹，腹足分界不明显，圈足，足墙过肩。口径14.2、高2.3、底径7.3厘米（图一〇三，5；图版七六，7）。

杯 5件，据其腹部形制可分二型。

A型 上腹斜直，下腹弧收。

标本ⅢT2②：3，灰白胎，胎质疏松，青釉，器内施满釉，器外施釉不及器底，釉面失透，釉面有黑斑、棕眼。足沿有刮削痕、拉坯旋痕。青花绘纹，色暗，呈蓝黑色略微发绿，口沿涂青料，外腹饰有灵枝纹。敞口，直沿，圆唇，上腹斜直，下腹弧收，高圈足，足壁内斜外直。口径6.2、高3.6、底径3.2厘米（图一〇四，1；图版七七，1）。

标本ⅢT6③：3，灰胎，胎质疏松，青白釉，内外施釉不及器底，釉面失透，有黑斑、棕眼。足沿有刮削痕、拉坯旋痕。青花绘纹，发色暗淡，呈蓝黑色，有晕散现象。敞口，直沿，尖圆唇，上腹斜直，下腹弧收，圈足较高，足底有乳突。口径6.0、高2.5、底径2.8厘米（图一〇四，2；图版七七，2）。

标本ⅢT15③：2，灰白胎，胎质疏松，青釉，器内施满釉，器外施釉不及器底，釉面失透，有黑斑、棕眼。足沿有刮削痕、拉坯旋痕。青花绘纹，发色暗，呈蓝黑色，局部发绿，口沿涂青料，外腹饰有灵芝纹。敞口，直沿，圆唇，上腹斜直，下腹弧收，高圈足，足壁内斜外直。口径6.2、高3.2、底径3.0厘米（图一〇四，3；图版七七，3）。

标本ⅣT0205②：3，灰胎，胎质疏松，青釉，器内施满釉，器外施釉不及器底，釉面失透，釉面有黑斑、棕眼。足沿有刮削痕、拉坯旋痕。青花绘纹，发色暗，呈蓝黑色，局部发绿。敞口，直沿，圆唇，上腹斜直，下腹弧收，高圈足。口径5.6、高3.1、底径2.4厘米（图一〇四，4；图版七七，4）。

B型 斜弧腹。

标本ⅣT0307②：2，灰胎，胎质疏松，青釉，器内施满釉，器外施釉不及器底，釉面失透，釉面有黑斑、棕眼。足沿有刮削痕、拉坯旋痕。青花绘纹，色暗，呈蓝黑色略微发绿，口沿涂青料，外腹饰有灵枝纹。敞口，直沿，圆唇，斜弧腹，高圈足，足壁内斜外直，足底有一乳突。口径6.0、高3.1、底径3.1厘米（图一〇四，5；图版七七，5）。

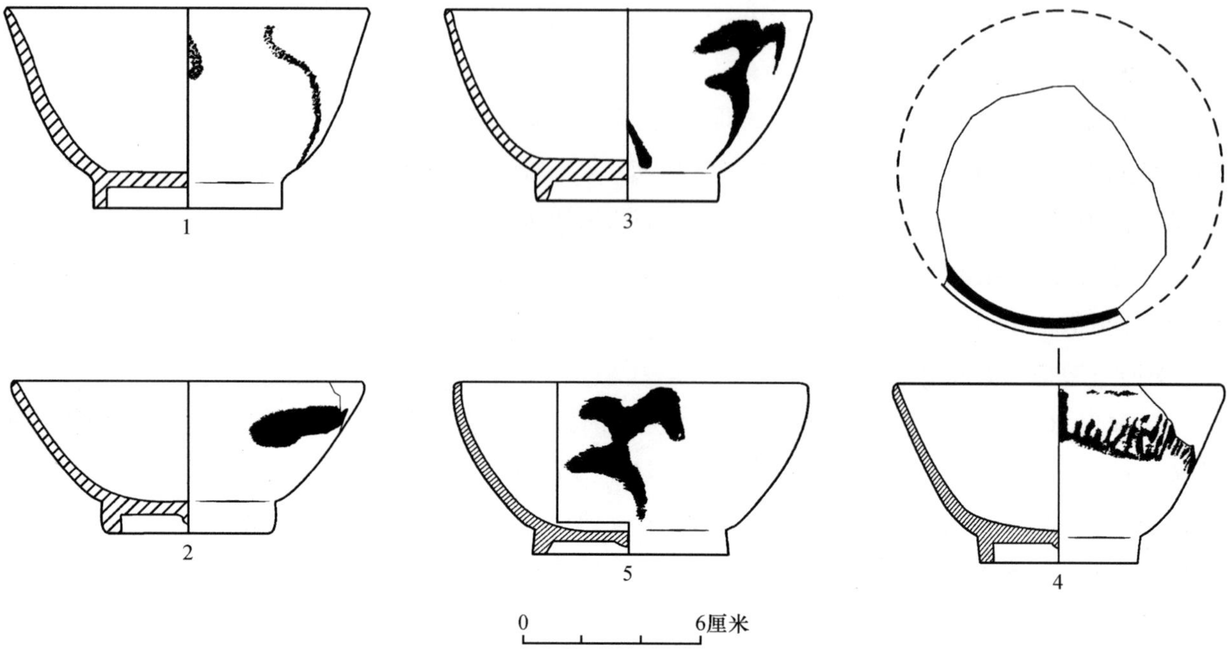

图一〇四　民国青花瓷器

1～4. A型青花瓷杯（ⅢT2②：3、ⅢT6③：3、ⅢT15③：2、ⅣT0205②：3）　5. B型青花瓷杯（ⅣT0307②：2）

（五）釉上绘彩瓷器

盏　2件。

标本ⅥT19①：12，灰白胎，青白釉，器内外施釉，足沿无釉，釉面光亮。足沿有刮削痕、拉坯旋痕。沿外下方一周描金弦纹，腹描金松鹤图。敞口，直沿，尖圆唇，上腹斜直，下腹弧收，高圈足，矾红四字印章款“段永发造”。口径10.8、高5.9、底径3.7厘米（图一〇五，1；图版七八，1）。

标本ⅥT18①：5，灰白胎，青白釉，器内外施釉，足沿无釉，釉面光亮。足沿有刮削痕、拉坯旋痕。沿外下方两周描金弦纹，上宽下细。敞口，直沿，斜弧腹，高圈足。口径11.0、高6.3、底径4.2厘米（图一〇五，2；图版七八，2）。

小盘　3件。

标本ⅢT2②：4，灰白胎，青白釉，器内外施釉至器底，圈足底施釉，釉面光亮，有铁锈、黑斑、棕眼。足沿有刮削痕。矾红彩，色较暗，呈矾红色，口沿、足沿施酱釉，腹内壁饰寿桃、寿字纹，底心为一寿桃。敞口，直沿，方唇，上腹斜直，下腹折收，高圈足，腹足交界明显，足底有一乳突。口径7.8、高2.4、底径4.2厘米（图一〇五，3；图版七八，3）。

标本ⅢT16②：3，灰白胎，足腹交接处胎体有裂痕，青白釉，器内外施釉至器底，圈足底施釉，釉面失透，釉面有铁锈、黑斑、棕眼。足沿有刮削痕。矾红彩，色浓艳，呈矾红色，釉面泛灰绿，口沿、足沿施酱釉，腹内壁饰寿桃、寿字纹，底心为一寿桃。敞口，直沿，方唇，斜弧腹，高圈足，腹足交界明显。口径7.4、高2.1、底径4.4厘米（图一〇五，4；图版七八，4）。

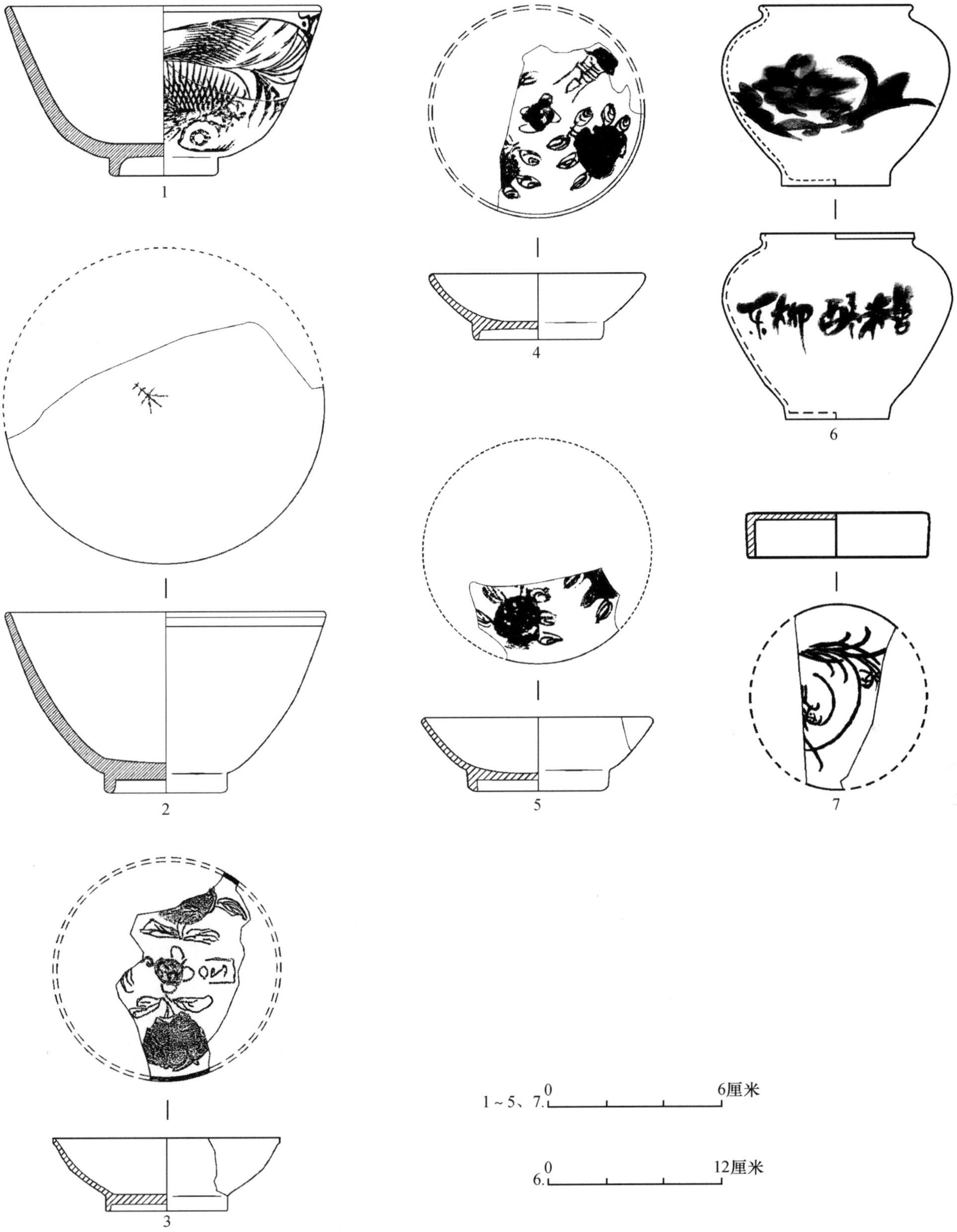

图一〇五　民国釉上绘彩瓷器

1、2. 釉上绘彩瓷盏（ⅥT19①：12、ⅥT18①：5）　3～5. 釉上绘彩瓷小盘（ⅢT2②：4、ⅢT16②：3、ⅢT18②：3）

6. 釉上绘彩瓷罐（ⅣT0302①：1）　7. 釉上绘彩瓷盖（ⅣT0206②：7）

标本ⅢT18②：3，灰白胎，足腹交接处胎体有裂痕，青白釉，器内外施釉至器底，圈足底施釉，釉面失透，釉面有铁锈、黑斑、棕眼。足沿有刮削痕。矾红彩，色浓艳，呈矾红色，釉面泛灰绿，口沿、足沿施酱釉，腹内壁饰寿桃纹。敞口，直沿，方唇，斜弧腹，高圈足，腹足交界明显。口径7.9、高2.4、底径4.6厘米（图一〇五，5；图版七八，5）。

罐　1件。

标本ⅣT0302①：1，灰白胎，黄釉，器内外施釉至口沿，器外施釉不及器底，釉面失透，施釉不匀，器内流釉严重，釉面有黑斑、棕眼。有刮削痕、拉坯旋痕。腹绘荷花，荷花为粉红色，叶子为黑色，相对一侧写有“东柳醪糟”四黑色字。直口，平沿，方唇，矮竖颈，鼓肩，腹斜收至底，底内凹。口径11.4、颈高0.8、最大腹底径18.8、底径7.6厘米（图一〇五，6；图版七八，6）。

盖　1件。

标本ⅣT0206②：7，灰白胎，器内外皆施青白釉，釉面光亮，釉面有铁锈、黑斑、棕眼，口沿内壁积釉处有火石红。矾红描金，色浓艳，呈矾红色，其上描金兰草纹，口沿及顶部外缘外侧描金一周。直口，圆唇，弧腹，高圈足，腹足交界明显。底中部凸起。制作粗糙。盖径6.4、器高1.6、口径厚0.1厘米（图一〇五，7；图版七八，7）。

二、釉　陶　器

盆　1件。

标本ⅥT19①：18，泥质红褐陶，黄褐釉，施釉不匀，器内施釉，器外施釉至腹下部，口沿红褐釉，有流釉。底内有刮削痕、拉坯旋痕。器腹部饰瓦棱纹。敛口，圆方唇，束颈，斜弧腹，小平底。口径28.3、底径14.9、高15.3厘米（图一〇六，1；图版七九，1）。

擂钵　1件。

标本ⅥT3④：1，泥质红褐陶，黄褐釉，器内无釉，器外施釉至腹下部，有流釉。底内有刮削痕、拉坯旋痕。器腹部饰瓦棱纹。敛口，圆方唇，斜弧腹，器内壁及底刻槽，小平底。施釉不匀。口径32.6、底径12.3、高16.6厘米（图一〇六，2；图版七九，2）。

高柄灯　3件。

标本ⅢT17②：3，缸胎，灯上部及柄大部施青釉，其余皆未施釉，釉面失透，施釉不匀。

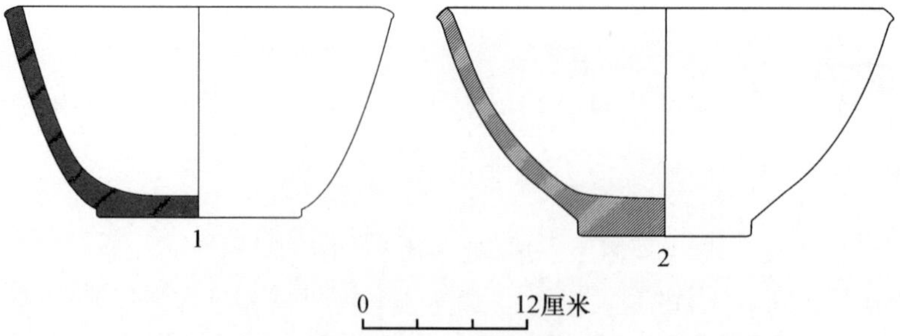

图一〇六　民国釉陶器

1. 釉陶盆（ⅥT19①：18）　2. 釉陶擂钵（ⅥT3④：1）

顶部为一小碗，晚上有三个灯锥状芯柱，高柄，柄上部有一把手，下接一盘形底。口径8.2、高18.5、底径14.8厘米（图一〇七，1；图版七九，3）。

标本ⅢT6③：4，缸胎，灯上部及柄大部施青釉，其余皆未施釉，釉面失透，施釉不匀。顶部为一小碗，高柄，柄上部有一宽扁把手，下接一盘形底。口径8.2、高18.5、底径14.8厘米（图一〇七，2；图版七九，4）。

标本ⅢT5①：3，缸胎，灯体施青釉，釉面光亮，柄部饰一缠枝花卉纹，灯座内部饰瑞草纹。顶部为一小碗，高柄，柄上部有一把手，下接一盘形底。口径9.5、高19.3、底径15.5厘米（图一〇七，3；图版七九，5）。

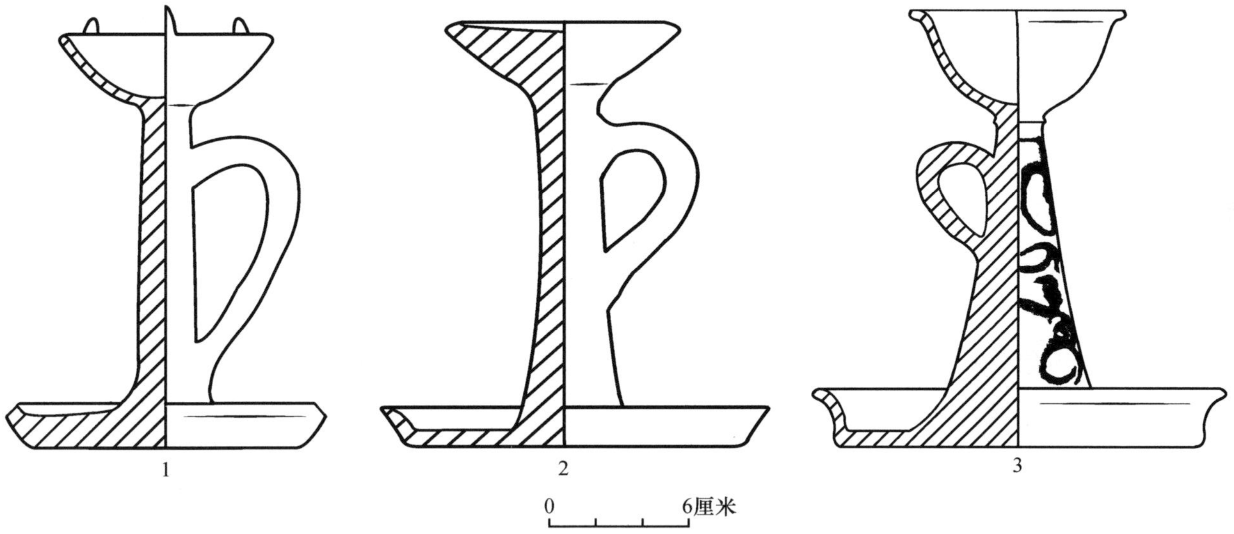

图一〇七　民国釉陶器

1～3. 釉陶高柄灯（ⅢT17②：3、ⅢT6③：4、ⅢT5①：3）

灯盏　5件，据其灯芯柱之有无可分二型。

A型　无柱。

标本ⅢT8②：4，褐色胎，青釉，器内施釉至器底，器外无釉，釉面失透，有流釉现象，施釉不匀，釉面有铁锈、黑斑。底内有刮削痕、拉坯旋痕。敞口微敛，方唇，斜弧腹，下腹斜收成小平底，平底不规整。口径10.3、高2.2、底径3.0厘米（图一〇八，1；图版八〇，1）。

B型　有柱，据其底部形制可分三亚型。

Ba型　平底。

标本ⅢT7③：2，灰胎，器内施满釉，釉面有铁锈、黑斑、棕眼。器身有刀削痕、拉坯旋痕。整体呈碗形，器内底心有一圆灯芯柱，中空，一侧斜削与底部相通，敞口方唇，弧腹内收，平底。制作粗糙。口径7.5、器高3.1、底径3.9、柱径0.8、柱高1.5厘米（图一〇八，2；图版八〇，2）。

Bb型　圈足。

标本ⅣT0205②：2，灰白胎，器内满施黑褐釉，器外施釉不及器底，施釉不均，釉层肥厚，釉面有铁锈、黑斑、棕眼。圈足有刀削痕、拉坯旋痕。整体呈圈足碗形，器内底心有一圆灯芯柱，中空，一侧斜削与底部相通，敞口，尖唇，弧腹内收，高圈足，足底中央有一乳突，足壁内斜外直。口径6.3、器高2.6、足径2.7、足高0.7、柱径0.8、柱高1.1厘米（图一〇八，3；图版八〇，3）。

标本ⅣT0206②：3，灰白胎，器内满施黑褐釉，器外施釉不及器底，施釉不均，釉层肥厚，釉面有铁锈、黑斑、棕眼。圈足有刀削痕、拉坯旋痕。整体呈圈足碗形，器内底心有一圆灯芯柱，中空，一侧斜削与底部相通，敞口尖唇，弧腹内收，高圈足，足底中央突起，足壁内斜外直。口径6.0、器高2.8、足径2.7、足高0.8、柱径0.8、柱高1.5厘米（图一〇八，4；图版八〇，4）。

Bc型　饼足。

标本ⅢT2②：2，灰胎，器内满施黑褐釉，器外施釉不及器底，施釉不均，釉层肥厚，釉面有铁锈、黑斑、棕眼，有流釉现象。圈足有刀削痕、拉坯旋痕。整体呈碗形，器内底心有一圆灯芯柱，中空，一侧斜削与底部相通，敞口方唇，斜弧腹，饼足。制作粗糙。口径7.0、器高3.0、足径3.6、足高1.1、柱径0.9、柱高1.2厘米（图一〇八，5；图版八〇，5）。

虎子　1件。

标本ⅢT6③：5，红胎，青釉，器内壁未施釉，外壁施釉未及底，釉面失透，施釉不匀，器外有流釉现象。腹上部有两周弦纹，腹部布满瓦楞纹。顶部一侧有口，口旁有一款把手，腹上部外鼓，下部内收小平底，平底内凹。制作粗糙。釉面有黑斑、棕眼。把手残（图版八〇，6）。

壶　3件。

标本ⅥH7：5，黄褐胎，褐釉，器内外壁均施釉，腹下部至底未施釉，施釉不匀有流釉。盘口，有流，细颈，溜肩，腹上部有把手，肩部外鼓，斜直腹，小平底，底不平。制作粗糙。釉面有黑斑、棕眼。口径5.2、底径7.2、高10.9厘米。

标本ⅥT2②：11，黄褐胎，青褐釉，器内外壁均施釉，釉面光亮，施釉不匀。腹部布满瓦楞纹。盘口，有流，细颈，溜肩，腹上部有把手，腹中部外鼓，腹下部急收，小平底，底不平。制作粗糙。釉面有黑斑、棕眼。口径7.4、底径6.5、高13.9厘米（图版八〇，7）。

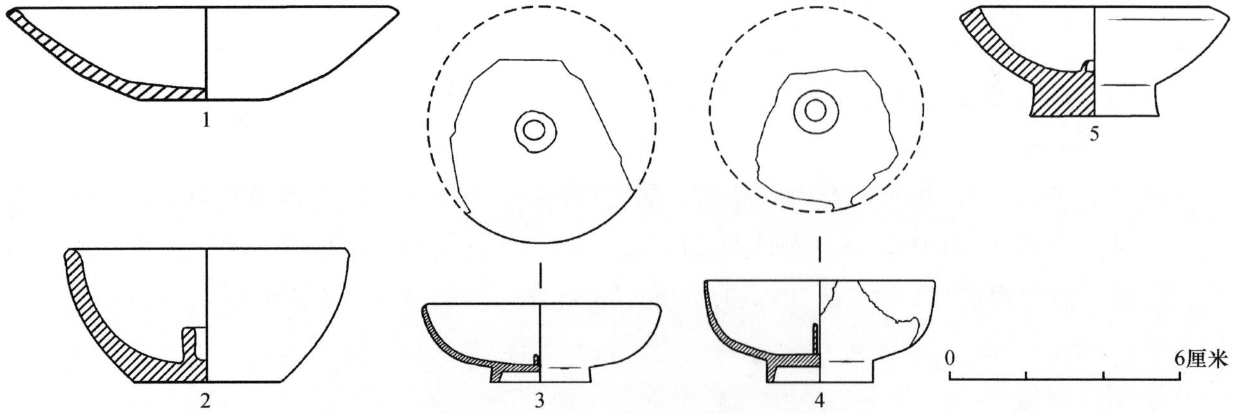

图一〇八　民国釉陶器

1. A型釉陶灯盏（ⅢT8②：4）　2. Ba型釉陶灯盏（ⅢT7③：2）　3、4. Bb型釉陶灯盏（ⅣT0205②：2、ⅣT0206②：3）　5. Bc型釉陶灯盏（ⅢT2②：2）

标本ⅥT2②：10，泥质灰胎，青褐釉，器内外均施釉，釉面失透，施釉不匀。腹部布满瓦楞纹。盘口，束颈，溜肩，腹上部有把手，其相对一侧有注，腹中部外鼓，腹下部急收，小平底出沿，底不平。制作粗糙。釉面有黑斑、棕眼。口径6.3、底径7.0、高14.1厘米（图版八〇，8）。

三、陶　　器

单耳罐　1件。

标本ⅥT19①：16，夹砂灰陶，器表粗糙。轮制。敛口，圆方唇，沿下管流，与流相对的一侧有一把手，弧腹，平底。口径10.5、口流12.5、高12.9、底径10.7厘米（图一〇九，1；图版八一，1）。

双耳罐　1件。

标本ⅢT1①：2，夹砂灰陶。手制。敛口，方唇，上腹较直，腹下部急收成小平底，沿下有两竖耳。口径24.0、口沿厚1.6、高15.4厘米（图一〇九，2；图版八一，2）。

菌状纽器盖　8件。

标本ⅣT0207②：6，夹砂黄褐陶。有明显的拉坯旋痕。整体呈盘形，斜宽沿，圆唇，浅斜腹，小平底，底心中有一菌状纽。口径20.3、高3.5、底径9.5、沿宽3.8、纽高1.4厘米（图版八一，3）。

标本ⅢT15②：3，夹砂红褐陶。有明显的拉坯旋痕。菌状器纽，圆形盖身，子口方唇内敛，自盖底观纽心中空与子口相通。盖径10.0、纽高1.4、器高3.9、子口径5.3、子口宽0.8厘米（图一〇九，3；图版八一，4）。

标本ⅢT15②：2，夹砂红褐陶。有明显的拉坯旋痕。菌状器纽，圆形盖身，子口方唇内敛，自盖底观纽心中空与子口相通。盖径11.0、纽高1.6、器高4.2、子口径6.1、子口宽0.7厘米

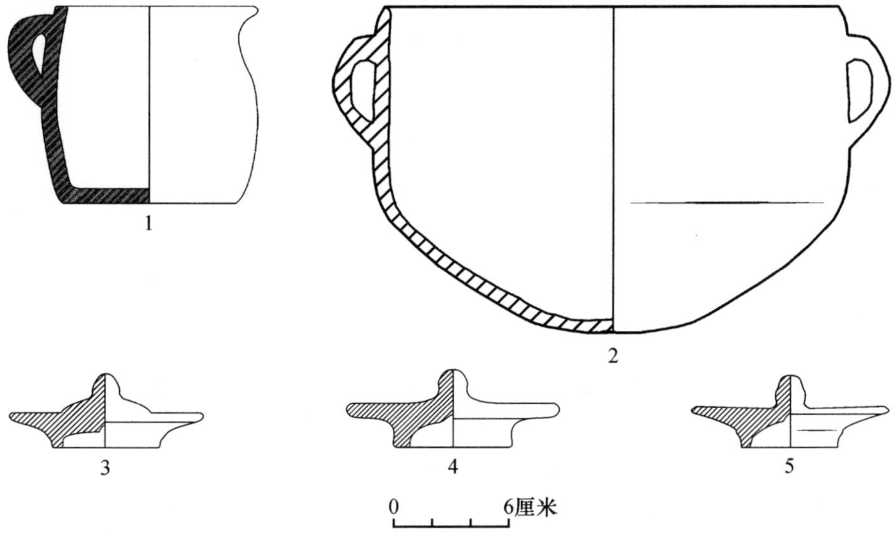

图一〇九　民国陶器

1. 陶单耳罐（ⅥT19①：16）　2. 陶双耳罐（ⅢT1①：2）　3～5. 陶菌状纽器盖（ⅢT15②：3、ⅢT15②：2、ⅢT2②：6）

（图一〇九，4；图版八一，5）。

标本ⅢT2②：6，泥质红褐陶。有明显的拉坯旋痕。菌状器纽，圆形盖身，子口方唇内敛，自盖底观纽心中空与子口相通。盖径10.4、纽高2.2、器高4.2、子口径5.0、子口宽0.5厘米（图一〇九，5；图版八一，6）。

标本ⅢT4②：4，泥质灰黑陶。有明显的拉坯旋痕。菌状器纽，圆形盖身，子口方唇内敛，自盖底观纽心中空与子口相通。盖径11.0、纽高1.6、器高4.8、子口径6.0、子口宽0.6厘米（图一一〇，1；图版八二，1）。

标本ⅢT6②：9，夹砂红褐陶。有明显的拉坯旋痕。菌状器纽，圆形盖身，子口方唇内敛，自盖底观纽心中空与子口相通。盖径9.8、纽高1.4、器高3.5、子口径5.4、子口宽0.8厘米（图一一〇，2；图版八二，2）。

标本ⅢT6③：6，泥质红褐陶。有明显的拉坯旋痕。菌状器纽，圆形盖身，子口方唇内敛，自盖底观纽心中空与子口相通。盖径10.5、纽高1.3、器高3.4、子口径7.0、子口宽0.7厘米（图一一〇，3；图版八二，3）。

标本ⅢT1①：3，泥质红褐陶。有明显的拉坯旋痕。菌状器纽，纽心中空与子口相通，圆形盖身，子口方唇内敛。盖径10.8、纽高1.4、器高4.0、子口径6.0、子口宽0.5厘米（图一一〇，4；图版八二，4）。

桥状纽器盖　1件。

标本ⅢT4②：5，夹砂灰陶，手制。桥状器纽，圆形盖身，顶部平，子口圆唇，子口壁呈倒三角形。制作粗糙，器形不规整。盖径8.6、纽高2.2、器高3.4、子口径6.2、子口宽0.5厘米（图一一〇，5；图版八二，5）。

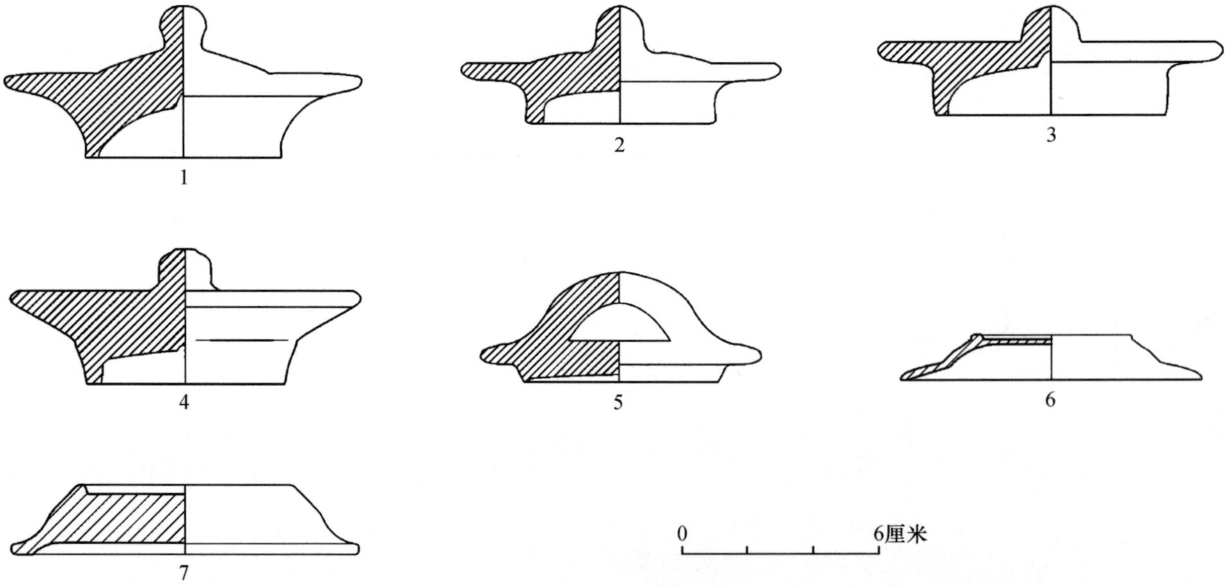

图一一〇　民国陶器

1~4. 陶菌状纽器盖（ⅢT4②：4、ⅢT6②：9、ⅢT6③：6、ⅢT1①：3）　5. 陶桥状纽器盖（ⅢT4②：5）
6、7. 陶无纽器盖（ⅣT0206②：6、ⅢT6②：8）

无纽器盖　2件。

标本ⅣT0206②：6，夹砂褐陶。有拉坯旋痕。器盖形制近盘形，宽折沿，尖唇，斜直腹，平底。制作粗糙。器表有铁锈、黑斑、棕眼。口径9.0、高1.5、底径5.3、沿宽1.9厘米（图一一〇，6；图版八二，6）。

标本ⅢT6②：8，夹砂褐陶。有拉坯旋痕。器盖形制近小盘，窄沿，方唇，斜直腹，平底。制作粗糙。器表有铁锈、黑斑、棕眼。口径10.9、高2.1、底径7.4、沿宽0.9厘米（图一一〇，7；图版八二，7）。

紫砂小罐　4件，据其腹底可分三型。

A型　圜底。

标本ⅣT0206②：10，紫砂陶，制作精细。直口，方唇，宽沿，高领，溜肩，腹中部外鼓，并穿有孔，底残。口径3.2、腹径4.0、残高5.0、领高1.8厘米（图一一一，1；图版八三，1）。

B型　带实足。

标本ⅣT0206②：17，紫砂陶，制作精细。口部有“福建”、“定做”两款字，直领下有覆莲纹。直口，方唇，直领，溜肩，腹中部外鼓，并穿有两孔，高饼足。口径3.3、高5.6、领高1.5厘米（图一一一，2；图版八三，2）。

C型　尖底。

标本ⅣT0206②：18，紫砂陶，制作精细。敛口，方唇，直领，方唇，溜肩，腹外鼓明显，腹下部急收为尖底，底中央有一洞。口径1.9、腹径4.4、高3.8厘米（图一一一，3；图版八三，3）。

标本ⅣT0206②：19，紫砂陶，制作精细。口沿周围模印有五个蝙蝠、五个“寿”字，意为五福捧寿，其下还印有一字，未能释读。敛口，方唇，直领，方唇，溜肩，腹外鼓明显，腹下部急收为尖底，底中央有一洞。口径2.4、腹径4.4、高4.4厘米（图一一一，4；图版八三，4）。

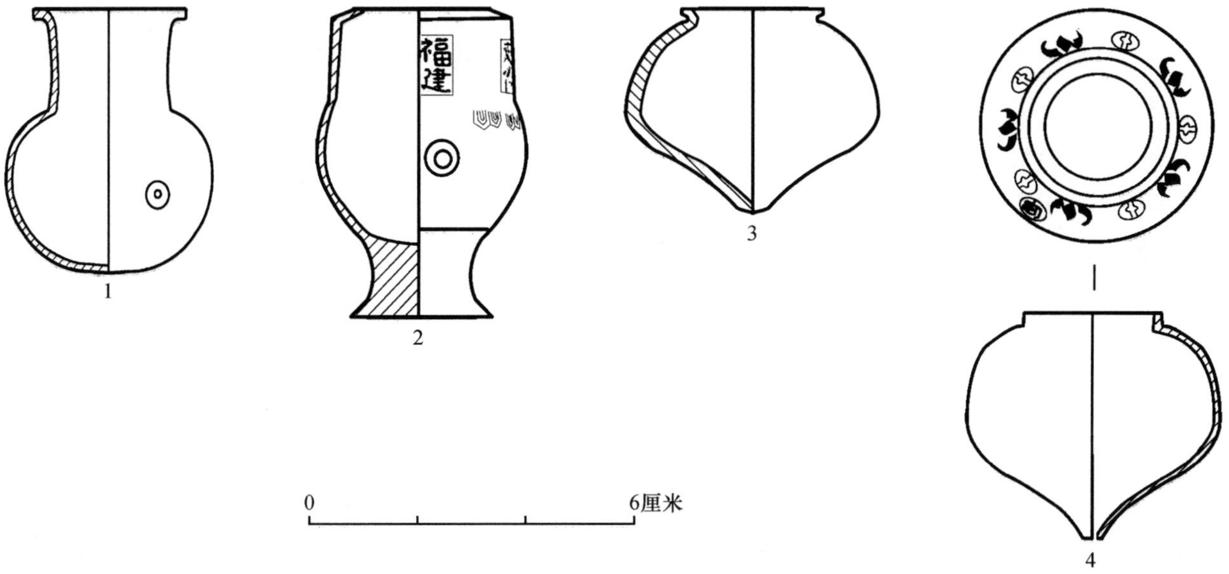

图一一一　民国陶器

1. A型陶紫砂小罐（ⅣT0206②：10）　2. B型陶紫砂小罐（ⅣT0206②：17）　3、4. C型陶紫砂小罐（ⅣT0206②：18、ⅣT0206②：19）

四、其他器物

铜烟嘴　3件

标本ⅥT21②：16，锈蚀严重，器形长，截面圆形。一端较粗，与烟管相套接，由于后期挤压变形，另一端较细，圆乳突状烟嘴头。残长3.8厘米。

标本ⅥT20①：8，锈蚀严重，截面圆形。器身前粗后细，烟嘴头残失，残长4.5、尾径1.2厘米。

标本ⅥT23②：28，锈蚀。整体细长，截面圆形。一端略粗，与烟管相套接，另一端略细，圆乳突状烟嘴头。长11.1、尾径0.8厘米（图版八三，5）。

铜烟斗　2件。

标本ⅥT18①：7，锈蚀。整体呈L形。斗口内壁陡直，外腹鼓形，下连斗管，斗管前端较细，后端较粗，与烟管相套接。长8.6、高3.2、斗口径1.1、斗管尾径1.4厘米（图版八三，6）。

标本ⅦT1①：22，锈蚀。整体呈L形。斗口内壁陡直，外腹鼓形，下连斗管，斗管前端较细，后端较粗，与烟管相套接。长7.6、高2.6、斗口径1.1、斗管尾径1.4厘米（图版八三，7）。

铜铃铛　1件。

标本ⅥT23①：10，锈蚀严重，整体形制如钟，截面圆形。圈足顶，溜肩，弧腹，敞口，中空，口外壁饰两周凹弦纹，铛佚。口径5.4、高3.1、顶径1.2厘米（图版八三，8）。

铜勺　1件。

标本ⅥT19②：31，锈蚀严重。勺部平面呈椭圆形，截面圆弧形，柄残。残长5.6、残宽4.5、残高1.2厘米。

铜杖鐏　1件。

标本ⅥT18②：5，锈蚀，形制不规整。上大下小剖面呈梯形，上部敞口，中空，与杖相套接，下部封口。上部近口处有三个小孔，应为钉眼。上部口径1.2、底径2.1、残高2.1厘米。

铜锁心　1件。

标本ⅣT0205②：8，残，整体呈L形，长6.1厘米。

铜钥匙　1件。

标本ⅣT0205②：9，细长条，截面呈方形。一端有一小孔。长7.8厘米（图版八四，1）。

铜片　1件。

标本ⅥT33①：28，锈蚀严重，方形，残长3.6、宽2.6厘米（图版八四，2）。

铜币　1件。

标本ⅠT5353②：12，锈蚀较重，圆形。正面币心图案已不清晰，周边楷书对读四字“四川銅幣”；上端楷书四字“軍政府造”下端楷书六字“当制钱□□文”。币廓凸起。背面币心圆形，内有小篆一字“漢”；外围18个小圆圈连成一大圆；上端楷书六字“中華民國二年”（图版八四，3）。

银币　1件。

标本ⅠT5353②：11，锈蚀较轻，圆形。正面币心一团花，周边楷书对读四字“四川銀幣”；上端楷书四字“軍政府造”；下端楷书二字“壹圓”。左右两侧各有一十字小花。币廓饰花边。背面币心圆形，内有小篆一字“漢”；外围18个小圆圈连成一大圆；上端楷书六字“中華民國元年”；左右两侧各有一十字小花。币廓饰花边（图版八四，4）。

铁刀　1件。

标本ⅥT9①：6，锈蚀严重，刀尖上挑，刀把残，截面呈倒三角形，残长33.1、宽5.1、厚0.5厘米。

第五章 结　语

一、发掘过程

开县故城遗址由于与当代开县县城——汉丰镇重叠，全部为当代建筑覆盖。2006年进场时，新县城的建设刚刚开始，旧县城的搬迁也刚刚启动；2007年和2008年的继续发掘是与新县城的建设和旧县城的搬迁同步进行的，考古发掘的选址和布方需要在废弃的旧建筑的原址和缝隙安排。2006年的两个发掘区分别选定在县政府大院刚刚搬迁的建筑废墟上和东城外南河与东河交汇处的临江阶地；2007年两个发掘区分别选定在环城路与东街之间的汉丰镇第一小学院内和人民路与西街之间的开县公安局院内；2008年的四个发掘区分别选定在人民路北侧的县体育场内、人民路南侧与西街北侧的县政府之南与县公安局之东处、人民路与外西街之间的第五小学操场、人民路与内西街之间的县委大院附近。

发掘工作的结果是，与当代建筑高度重合的第Ⅰ掘区、第Ⅲ掘区、第Ⅳ掘区、第Ⅵ掘区、第Ⅶ掘区和第Ⅷ掘区古代遗存比较丰富，而原本寄予厚望的地面没有当代建筑的第Ⅱ掘区和第Ⅴ掘区古代遗存却十分稀少。这样的事实说明民国之前的开县故城与中华人民共和国时期的开县县城高度重合，昔日人们的居住区域和活动场所与今日人们的居住区域和活动场所的空间位置是一致的，宋、元、明、清、民国至今，汉丰镇附近的地形地貌和自然环境没有发生大的改变。

恰恰是由于主要发掘区都位于当代建筑之下，发掘工作是在钢筋水泥建筑的废墟上进行的，发掘工作伊始，就要对这些当代建筑的废弃堆积进行清理，这种清理不仅是地表的清理，甚至在低于地表200厘米处，仍然要使用冲击钻、重锤、钢锯等非考古常规工具对付钢筋水泥。当代建筑遗存对民国之前的古代遗存，尤其是房屋、灰坑等遗迹的破坏是巨大的，严重地影响了遗迹现象的清理和遗物的提取，极大地影响了对古代遗存的认识。工作的难度之大是此前未遇的。

二、遗迹与遗物

开县故城遗址所在的汉丰镇，在清雍正《四川通志》、乾隆《开县志》、咸丰《开县志》和新编《开县志》等地方文献中，都将其历史追溯到三代，言“开县夏商属梁州。西周为庸国地”，实难稽考。故本报告的《建制沿革》节，是据晋《华阳国志·巴志》从战国写起的。将本次开县故城遗址考古发掘的收获与文献记载结合，对汉丰镇的历史有了更为确凿的认识。

本次发掘所获最早的遗物为一件昭明镜，这是铸造和流行于西汉时期的铜镜，出在第Ⅰ掘区的宋代堆积中。考虑铜镜可能为当地传世之物，有沿用至宋的可能，故本报告将其放在宋代遗物中报道。雍正《四川通志》卷二《建置沿革》认为，汉代“梁山、万县、云阳、开县皆朐忍地”。

本次发掘清理的最早一处遗迹为一座砖室墓，出在第Ⅶ掘区。该墓为刀把形券顶砖室墓，由墓道和墓室两部分构成，为东汉时期常见的墓葬形制。墓中随葬的8枚五铢钱，均为东汉时期的流行样式，其中1枚为剪轮五铢钱，表明该墓的年代上限不会超过新莽时期。三峡库区的考古工作表明，开县故城遗址周边有较多的汉代遗存。《后汉书》卷二十三《郡国》载：秦置巴郡，沿江设有江州、宕渠、朐忍、阆中、鱼复、临江、枳、涪陵、垫江、安汉、平都、充国、宣汉、汉昌十四县。开县境出现人烟稠密的繁荣景象。

《华阳国志》卷一《巴志》载，汉丰设县始于蜀汉：“汉丰县，建安二十一年置，在郡西北彭溪源。”今开县县治所在仍名“汉丰镇”。遗憾的是本次发掘未能遇见魏晋南北朝时期的考古遗存。

唐代的考古遗存没能发现原堆积单位，本报告所报道的少量唐代陶瓷器和铜钱，均出在晚期遗存的堆积单位中。其中两枚开元通宝，一枚出在北宋文化层——ⅠT5252⑥层，一枚出在明代文化层——ⅠT5252⑤层。本次发掘第Ⅷ掘区清理的开县故城西城墙，没有发现唐代遗存，仅凭城内发现的零散唐代遗物，尚不能支持新编《开县志·县城演变》关于开县“唐武德元年（618年）徙治建城”的说法。

宋代是本次发掘出土古代遗存的最丰富的时期之一，出有大量的瓷器、釉陶器、陶器、铜钱等生活用品和陶瓦、石柱础等建筑部件，表明宋代是汉丰镇的繁荣时期。出于第Ⅰ掘区F2的《开州守解题名记》石刻是本次发掘的重要收获，该石刻所出的F2，开口在第⑤层下，打破第⑥层，第⑤层出有明青花瓷片，为明代文化层，⑥层出有宋青白瓷片，为北宋文化层。F2的层位表明其年代上限为北宋，下限为明代。《开州守廨题名记》所刻年款最晚者为绍兴三十年，说明该房址的年代当在南宋初年。出有《开州守廨题名记》石刻的F2，平面呈方形，残存两间。东间房尚存部分铺地石板，石板最长者140厘米，宽20~50厘米，厚10~15厘米；西间房铺地建材已不存，现存地面为夹有少量炭末的红褐色黏土铺就，平整坚硬。两房之间以条石垒砌成隔墙，石隔墙之上残存有青灰砖，砖长28厘米，宽14厘米，厚4.5厘米。房内还出土一件大型雕花石柱础。以该房址的规模、形制并结合石刻内容推测，其应是宋代开州府治的官署建筑，宋代开州府治应在开县故城遗址所在的汉丰镇。F2和为其打破的第⑥层堆积表明，开县故城遗址的宋代遗存包括北宋和南宋两个时期。第Ⅷ掘区西城垣的墙体最下一层——第④层为灰褐色土，质地坚硬紧密，包含物的年代为宋代，表明开县筑城应始于宋代，这也与这里曾是宋代开州府治所相符。

《元史》卷六〇《地理志·夔路》记载：元代仍设开州，隶属夔路。本次开县故城遗址的发掘获得少量元代遗物，如同唐代的考古遗存一样，也没有发现原生堆积，均见于晚期堆积单位中。

明代是本次发掘出土古代遗存最丰富的时期之一，出有大量的瓷器、釉陶器、陶器、石臼、石砚台等生活用品和陶质板瓦、筒瓦、瓦当、滴水、脊饰等建筑部件，以及灰坑、房址等生活遗迹，表明明代是汉丰镇的繁荣时期。明代虽降开州为开县，但从考古发现看仍不失繁华。明代是开县故城建城的重要时期，从本次发掘的第Ⅷ掘区的情况看，西城墙第③层的灰褐色土，厚20～30厘米，质地紧密坚硬，有版筑夯窝，包含物除前期宋代瓷器外，主要是明代早期遗物，此与新编《开县志》所记“开县城垣明初用灰土版筑而成，较粗陋”相合。该层的红色砂岩条石墙体及灰褐色土中的明代中期的蕉叶纹碗等，则表明新编《开县志》“明成化二十三年全部改为砖石砌建”的记载可信。第②层浅黄色土，质地紧密，十分坚硬，有大量夯窝，包含较多的不规整的小黄砂岩石条和青石条，石条的作用是加固墙体有意放置。填土内包含的瓷片多属明代中期，此与《开县志》所记“明正德六年重修城垣，开凿护城河，将四面城门增高”相合。开县故城北城垣的调查情况表明，其始建年代与西城垣是一致的，但后期改动很大，其北面残存的部分灰砖墙体和东面及南面的台步可与新编《开县志》记载的“明正德六年重修城垣，开凿护城河，将四面城门增高，并修门楼，分别命名，北门曰盛山门”相合。

清代建制因袭前朝，仍为开县。清代的开县故城延续了明代的繁荣，这一时期的古代遗存也是本次发掘出土遗存最丰富者，包括大量的瓷器、釉陶器、陶器、铜勺、铜簪、石砚台、石碾盘、骨器等生活用具和生产工具，以及康熙、雍正、乾隆、嘉庆、道光等历朝钱币。同时还清理一些这一时期的灰坑和房址。从本次发掘的第Ⅷ掘区的情况看，西城墙第②层厚达260～300厘米，这包括明清两代的不断重修、增高、增厚。新编《开县志》记载，有清一代的乾隆七年、乾隆三十二年、嘉庆二年、嘉庆十三年、道光二十三年、咸丰三年都曾对开县城墙有过重修，北城垣多达8层的墙体内的填充堆积，应与乾隆、嘉庆、道光和咸丰历朝的重修工程相关。本次发掘第Ⅰ掘区清理的H1，出土近60件完整或可复原瓷器（图版八五）。这批瓷器主要为青花瓷器，大多为三峡地区常见的景德镇产清代民窑瓷器。器类主要是盘和碗，器物整体造型端庄规整，胎体厚重。底釉清亮，青花呈色稳定，画工精美。青花盘、碗的釉面呈色都各有青白色、豆青色两种，部分有脱釉现象，青花呈色分正蓝、青灰、灰黑三类。纹饰有云龙纹、螭龙纹、凤纹、狮戏球纹、阴阳鱼纹、花卉纹、婴戏纹、梵文纹、寿字纹等。其中，云龙纹多使用“过墙”绘画技法，描绘与晕染相结合，整体构图从瓷器内壁延伸至外壁，既突破了传统中国绘画的平面化布局方式，又反映了当时社会的时尚喜好，具有典型时代特征。盘类大器底部为砂底，碗类部分有底款，内容多为民窑瓷器中常见的花押款。另有少量单色釉瓷及彩瓷，其中“茶叶末”釉碗（ⅠH1：15）颇具时代特色，彩瓷碗（ⅠH1：10）底款为三行篆书“大清乾隆年制”。从出土器物观察，该坑为清代中期的灰坑，且使用时间不长。在本次发掘开县故城遗址中，出土钱币最多者为乾隆通宝，式样多达10余种。因此，可以看出清代乾隆朝是开县的一个繁荣的时期。

民国时期是开县故城遗址出土遗存最后一个丰富时期，包括大量的瓷器、釉陶器、陶器、铜勺、铜烟嘴、铜烟斗、铜锁、铜钥匙、铁刀等生活用具和生产工具。中华民国时期开县属四川省东川道，本次发掘所获的两枚民国初年军政府造四川铜币和四川银币，应是当地的通行货币，反映了民国时期开县的建制隶属。本次发掘第Ⅳ掘区清理的F6是一大型建筑，平面呈倒凹字形，坐北朝南，南北3排，房间总数11间。南部设有2米宽回廊，建筑材料主要是大石条和青砖，砖与砖之间用石灰糯米浆勾缝连接，墙体内外用石灰粉刷成白色，回廊地面用混凝土铺设。有石柱础18个，成排对称，位于南排房间和回廊。这样的大型建筑显然不是民居，应为官府衙署。据新编《开县志》记载，民国以后开县城墙再无重修，现存的第①层包含物属于近代、现代和当代，应为无意识的丢弃物，表明随着社会的进步，城墙的防御功能在居民的意识中逐渐淡薄。

由于发掘面积的限制，更由于发掘工作与搬迁进度的矛盾，本次发掘未能按开县故城的城区范围和布局进行大面积的揭露和全面的了解。虽然分为8个掘区开展工作，但是对于全面了解各时期的县城规模和布局还相去甚远。

位于故城北城墙之外的第Ⅴ掘区发掘层位是第②层为民国时期的垫土，其下即为浅黄色生土。这一情况表明，清代的开县县城范围在故城城垣之内，未超出北墙。

位于城东南的第Ⅱ掘区表明，这里确是边缘部位。只有较薄的清代堆积，不见早于清代的堆积，清代以前的开县县城尚未开发到这里。

位于城中心的第Ⅰ、第Ⅲ、第Ⅳ、第Ⅵ掘区是堆积最厚的地方，表明城中心位于此。饶有趣味的是南宋时期的开州府治所竟与中华人民共和国时期的县政府大院重合！

三、发掘收获

开县故城遗址2006年、2007年和2008年的三次发掘重要收获之一是获得了大量唐代、宋代、元代、明代、清代和民国时期的瓷器标本，完整和可复原的瓷器标本近400件，极大地丰富了学界对峡江地区唐代以来的瓷器认识。

唐代的瓷器无完整标本，所获的少量瓷片散见于后期的堆积之中，均为青瓷瓷片，胎色灰白或泛红，瓷胎较粗，青釉或褐色釉，素面，可辨器形主要有碗、钵、罐、执壶等，从瓷器的形制、釉色和胎质等方面观察，主要是长沙窑及邛窑烧制的产品。

宋代遗存在以往的三峡考古发掘中曾有发现，但是数量不多，这次发掘所获宋代瓷器形制之多样、制作之精美为历年峡江之最。其中出自第Ⅵ掘区H11的瓷器很有代表性，包括数量较多的白釉、酱釉、青釉瓷器，多为白釉，少量施青釉、酱釉，素面为主，部分器物上有莲瓣纹、菊瓣纹、鱼藻纹等纹饰，施纹方式主要有印花、刻花、剔花等，可辨器形主要有碗、盘、盏、碟、执壶等。从器形、釉色、施纹方式观察，故城遗址宋代瓷器主要为湖田窑、彭州窑、耀州窑、涂山窑、邛窑等窑口烧造。

元代瓷器发现较少，无完整或可复原标本，出自后期堆积单位中，为青釉瓷片，瓷胎较粗，青釉釉色灰暗，器形厚重，可辨器形有碗、盆等，这些器物具有元代龙泉窑瓷器的风格和典型特征，有些可能延续至明代初年。

明代瓷器多为灰白胎，少数为灰胎。胎体多致密，少量粗疏。根据釉色分青花、单色釉两大类。青花色调有深蓝、浅蓝、蓝中泛紫、蓝中泛灰等，原料来源有平等青、回青、浙料、珠明料。单色釉有青瓷、白瓷等类。纹饰题材丰富，主要有植物类、几何纹类、人物、动物纹类及其他纹饰。植物纹数量最多，有花叶、草叶、缠枝莲、折枝花卉、莲瓣、蕉叶、梅花等；几何类有短线、圆圈、花边、带纹等；人物类有东坡夜游赤壁、高士出行图等；动物类有太极阴阳鱼、凤鸟、螭龙、乳虎图等；其他类纹饰有飘带、卷云、波浪、宽带、圆涡纹等。圈足器多见，少量卧足。器底有“大明年造”、“富贵佳器”、“玉堂佳器”、“万福攸同”、“福”、“寿”等款识，另外还有少量的花押款。可辨器形有碗、盏、盘、杯、碟等。这一时期的陶器数量发现较少，以泥质陶为主，少量夹砂陶。多见灰陶，少量黄褐陶、红褐陶等。素面。可辨器形有单把罐、单把壶、瓮、钵、罐、器盖等。从器形、釉色、施纹方式观察，故城遗址明代瓷器中青花瓷、白瓷绝大多数为景德镇烧造，地方窑口烧制极少。青瓷器大多数为龙泉窑烧制。

清代瓷器为灰白胎，胎体多致密坚硬。青釉，釉色多明亮，灰暗者少，少数瓷器釉面有冰裂纹。釉上有棕眼、黑斑、砂眼等。根据釉色分青花、粉彩、五彩及单色釉。青花色调有艳蓝、翠蓝、蓝泛黑、蓝中泛灰等，青花器在所有瓷器中占近95%。纹饰题材繁杂多样，主要有植物类、几何纹类、人物类、动物纹类、文字类及其他纹饰。植物纹数量最多，有花草、灵芝、团花、缠枝莲、折枝花卉、莲瓣、蕉叶、梅花等；几何类有短线、圆圈、花边、带纹等；人物类有秘戏图等；动物类有凤鸟、龙纹等；文字类有梵文、“福”、“寿”、“囍”等字；其他类纹饰有飘带、卷云、波浪、宽带、圆涡纹等。圈足器多见，少量平底器。款识种类较多，青花款识多见，少量矾红款。款识以花押款为多，还有“大清乾隆年制”、“嘉庆年制”、“大清道光年制”、“同治年制”等年号款，文字款有梵文、“福”、“寿”、“丙”等。另有少量的图案款如四朵花、笔锭如意、灵芝等，体现出清代瓷器“画必有意，意必吉祥”的特征。可辨器形有碗、盏、盘、杯、碟、勺、灯、茶盖、虎子等。从器形、釉色、施纹方式观察，故城遗址清代瓷器主要为景德镇窑烧造，但地方窑口也占相当比例，约为30%。整体风格表现出了清代民窑瓷器的质朴、凝重和大方。

民国时期瓷器制作粗糙，多为灰黄胎，少数为灰胎，胎体粗疏。青釉，釉色灰暗，明显泛黄或泛绿，釉面多有冰裂纹，一般施釉不及器底。釉上多有棕眼、黑斑、砂眼、气泡等。青花发色或艳蓝、深蓝泛黑、青色泛黑、泛灰、泛黄，纹饰题材与前朝相比更为简约，甚至潦草。主要有植物纹、几何纹及其他纹饰。植物纹有花卉、灵芝、菊瓣、团花等；几何类纹有短线、圆圈、花边、带纹等；其他类纹饰有八卦纹等。花草纹带较为多见，晕散严重，有的花纹由于晕散而模糊不清，器形主要有碗、杯、盏、盏托、盘、碟等。圈足器为多。极个别器物底部有款识。从器形、釉色、施纹方式观察，故城遗址民国时期瓷器大件多为景德镇烧制，小件器物精细者多为景德镇烧制，地方窑口烧制品虽然数量占比较前朝更高，但因胎土、工艺原因，仍显相对粗疏。

附　　录

附录一　2008KGⅦM1人骨鉴定报告

原海兵

（四川大学历史文化学院）

2008KGⅦM1：6　人类牙齿一颗

该牙齿齿根缺失，仅保留齿冠，齿冠形态较完整。为一颗人类下颌右侧的第二臼齿，从齿冠釉质磨耗来看已达三级磨耗。死亡年龄大致在30～40岁。

2008KGⅦM1：7　人骨

该单位保留的为5块人类长骨的骨骼碎片，无骨骼病理表现。

2008KGⅦM1：8　人骨

该单位保留有一段人类胫骨的中段，长度约15厘米，上下两端均残断。骨骼受压变形，表皮酥松，后部与泥土粘连，保存很差。

2008KGⅦM1：14　人骨

该单位保留的为一段人类股骨的中段，上、下两端均残断，保留长度约18厘米，骨骼上无病理表现。

2008KGⅦM1：28　人骨

该单位完整保留有人类左侧第一跖骨，两端均完全愈合，从骨骼发育状况来看，当为一例成年个体，骨骼上无病理表现。还保留有人类右侧桡骨的中段，上下两端均残断破损，骨骼上无病理表现。此外，还有三段腓骨骨骼残段以及一段残断的趾骨，骨骼上无病理表现。

2008KGⅦM1：13　人骨

该单位保留有一块右侧残损的人类枕骨。在枕骨枕外隆突上方偏左侧有一块长约5厘米、宽2.5厘米呈纵向的椭圆形骨骼病变。病变骨骼外侧周围边缘有圆滑的骨骼修复痕迹，内壁凹陷，中间有穿孔。下部边缘还有骨骼病变延伸的痕迹。病理表现原因不详。

另外，还有一块残损的人类右侧顶骨，顶骨上无骨骼病理表现。

2008KGⅦM1：17　人骨

该单位保留有人类右侧尺骨的上半段，下端缺失，保留长度约10厘米，骨骼上无病理表现。另有一节人类桡骨的中段，长度约7厘米，两端均残断，无病理表现。此外还有一段两端残损的肋骨，骨骼上亦无病理表现。

综合判定该个体性别不详，死亡年龄大致在30～40岁。

附录二　重庆开县故城遗址2008出土的动物遗存研究

陈全家

（吉林大学考古学院）

一、地理位置

开县位于四川东部，万县市北。北依巴山，南进长江，地处大巴山南坡（占全境四分之一）与川东平行岭谷（占全境四分之三）的结合地带，介于北纬30°49′30″～31°41′30″与东经107°55′48″～108°54′之间。东临巫溪、云阳，南接万县，地形南北狭小，由西南向东北迤进，总面积3969平方公里。地貌结构大体是“六山三丘一分坝”。北部属大巴山南坡，地势高峻；南部是川东平行岭谷，丘陵起伏，地势平缓。

开县故城遗址即指重庆市开县汉丰镇（即开县旧县址）所在地，遗址坐落于长江左岸支流东河、南河交汇处的一级台地上，海拔170米，据考古调查遗址分布面积10万余平方米。

2008年3～6月，中山大学、宜昌博物馆联合考古队第三次对该遗址进行了大规模的抢救性考古发掘。此次发掘共分Ⅴ、Ⅵ、Ⅶ、Ⅷ四个小区，Ⅴ区位于体育场，Ⅵ区位于旧县政府，Ⅶ区位于汉丰第五学校，Ⅷ区为故城城墙。

本次发掘共揭露面积4016平方米，发掘灰坑16个、水池1个、墓葬1座、房屋3座，出土各类遗物500余件。遗址堆积丰富，延续时间长，根据遗迹之间的叠压打破关系和各单位出土的遗物特征，以及参考学术界已有的研究成果，可以确定该遗址包含有汉、唐、宋、元、明、清、民国等七个时期的文化遗存。

二、动物遗存出土情况

此次发掘共有七个时期的文化遗存，但只有汉、明、清和民国时期出有动物遗存。这次发掘的动物遗存很少，共计177件[①]，其中可鉴定种属的标本153件，可鉴定部位的标本14件（详见表1）。可鉴定种属的标本中哺乳类有146件，约占可鉴定种属标本总数的95%；鸟类有1件，雉科动物有5件，共约占4%；软体动物有1件，约占1%，具体情况详见表2。此次发掘中出土的动物遗存，明代占绝对数量，约为83%；其次是清代，约为12%；最次是民国和汉代，依次约为3%和2%。出土动物遗存的单位共有19个，其中可鉴定种属的动物标本主要发现于明代

① 文章中计算的数据均为2008年发掘的遗存数量，不涉及该遗址以前的发掘。

遗址范围中的Ⅵ区和Ⅶ区。在Ⅶ区中出土动物遗存较多的单位依次为H3、T5③层和T33③层，分别为36件、25件和15件。动物遗存的具体出土情况详见表3。

表1　动物遗存鉴定情况统计表　（单位：件）

时期＼类型	可鉴定种属*	可鉴定部位*	碎骨	合计
汉	3	0	0	3
明	127	14	6	147
清	17	0	4	21
民国	6	0	0	6
合计	153	14	10	177

*本文中指既可以鉴定种属，又可以鉴定部位的动物标本。

*本文中指仅可以鉴定部位，不能鉴定种属的动物标本。

表2　动物遗存种属统计表　（单位：件）

时期＼种属	牛①	黄牛	水牛	猪	马	驴	雉科	羊	狗	鹿	丽蚌	鸟类	合计
汉				1						2			3
明	49	9	4	27	20	12		3	1		1	1	127
清	2			9	1		5						17
民国	1			4					1				6
合计	52	9	4	41	21	12	5	3	2	2	1	1	153

表3　哺乳动物遗存统计表　（单位：件）

部位＼种属			汉		明								清			民国			合计
			猪	鹿	牛	黄牛	水牛	羊	猪	马	驴	狗	猪	牛	马	猪	牛	狗	
头骨	较完整																		
头骨	残块								2										2
头骨	上颌	左																	
头骨	上颌	右														1			1
头骨	上颌	联合部																	
头骨	下颌	左							2									1	3
头骨	下颌	右							2			1							3
头骨	下颌	联合部											1						1
零牙			1		4			2	16	20			6	2	1	3	1		56
脊椎											1								1
肋骨（残片）					32														32

① 文中的“牛”是指剔除了黄牛和水牛之后，余下的牛属动物的标本。

续表

部位				汉		明								清			民国			合计
				猪	鹿	牛	黄牛	水牛	羊	猪	马	驴	狗	猪	牛	马	猪	牛	狗	
前肢骨	肩胛骨	左																		
		右																		
	肱骨	左	近			1														1
			远			1				2										3
			完																	
		右	近					1												1
			远																	
			完																	
	尺骨	左				1								1						2
		右																		
	桡骨	左	近																	
			远			1														1
			完																	
		右	近			1			1											2
			远				1	1				1								3
			完																	
	腕骨	左					2													2
		右					5	2												7
	掌骨	左	近				1													1
			远																	
			完																	
		右	近																	
			远			1														1
			完																	
后肢骨	髋骨	左																		
		右												1						1
	股骨	左	近									2								2
			远			1				1										2
			完																	
		右	近			2														2
			远			1				1										2
			完																	

续表

部位			种属	汉		明								清			民国			合计
				猪	鹿	牛	黄牛	水牛	羊	猪	马	驴	狗	猪	牛	马	猪	牛	狗	
后肢骨	胫骨	左	近																	
			远									1								1
			完																	
		右	近			1														1
			远																	
			完																	
	跟骨	左										1								1
		右																		
	距骨	左										1								1
		右																		
	跖骨	左	近		1							2								3
			远		1															1
			完							1										1
		右	近																	
			远			1														1
			完																	
	跗骨	左										3								3
		右																		
	指\趾骨	左																		
		右				1														1
	髌骨	左																		
		右																		
合计				1	2	49	9	4	3	27	20	12	1	9	2	1	4	1	1	146

三、种属鉴定及描述

遗址中出土的可鉴定种属的动物标本共计153件，共分四个时期，分别为汉代、明代、清代以及民国。每个时期鉴定的详细情况如下。

（一）汉代

这一时期出土的动物遗存非常少，仅有3件，均为哺乳类。

猪　*Sus domestica*

该类可鉴定种属的标本仅1件，标本号为08KGⅦM1：3（填土），为雄性猪的右下犬齿，最小个体数为1。

鹿　*Cervidae* sp.

该类可鉴定种属的标本共2件，最小个体数为1。

跖骨标本08KGⅦM1：1（填土），左侧跖骨远端。通体有啮齿类啃咬痕迹，外髁残。经测量，骨体残长为129.84mm，远端最大宽为38.36mm。标本08KGⅦM1：1（填土），左侧跖骨近端。通体有啮齿类啃咬痕迹，外髁残。经测量，骨体残长为73.02mm（图版八七，9）。

（二）明代

牛　*Bos* sp.

该类可鉴定种属的标本共49件，分别为零散牙齿4件，肱骨2件，桡骨2件，尺骨1件，肋骨残片32件，股骨4件，胫骨1件，掌骨1件，跖骨1件，跖系骨1件。最小个体数为2。

肱骨　标本08KGⅦH3：11，左侧肱骨头。大小结节均残；骨体断口处有锯痕，可以断定肱骨头是被锯掉的。经测量，标本骨体残长为78.19mm，近端残宽为91.48mm（图版八八，15）。标本08KGⅦH3：16，左侧肱骨滑车部。后侧内上髁嵴未愈合。在在内外髁前侧各有2条砍痕；内髁前侧上方骨体断口处有锯痕。经测量，标本骨体残长为70.15mm，滑车远端残宽为73.65mm。

桡骨　标本08KGⅦH3：12，左侧桡骨远端。在其骨体断口处有1条锯痕，骨体外侧有1处齿划痕。经测量，标本骨体残长为78.98mm，远端宽为72.22mm（图版八八，18）。标本08KGⅦH3：8，右侧桡骨近端和右侧尺骨近端。在桡骨和尺骨的骨体断口处有锯痕和掰痕；尺骨内侧近端和内侧骨体中部分别有9条和4条划痕，尺骨外侧近端有5条砍痕，尺骨后侧近端的嵴上有1处剔刮痕，尺骨近端结节处有食肉类动物的啃咬痕迹。经测量，桡骨残长为95.70mm，近端宽为82.83mm，近端关节面宽为76.14mm；尺骨残长为159.74mm，鹰嘴残长为61.25mm，钩突到尺骨后缘的最短距离为71.56mm，鹰嘴残厚为55.29mm，近端关节面宽为50.46mm（图版八八，16）。

尺骨　标本08KGⅦH3：7，左侧尺骨近端。在其骨体断口处有锯痕和掰痕，尺骨结节处有1条砍痕。经测量，标本骨体残长为137.07mm，鹰嘴长为96.69mm，钩突到尺骨后缘的最短距离为72.85mm，鹰嘴厚为56.15mm，近端关节面宽为48.66mm（图版八八，10）。

股骨　标本08KGⅦT4③：2，右侧股骨近端。在其股骨头后侧有1条砍痕，经测量，标本近端残宽为104.27mm。标本08KGⅦH3：1，右侧股骨近端。其骨体后侧靠近股骨颈处有4条砍痕，骨体前外侧有1条砍痕；股骨头与小转子间的嵴有2处剔刮痕，前侧骨面和骨体前外侧各有1处剔刮痕；骨体断口处有锯痕；股骨颈处有食肉类动物的咬痕。该标本未保存股骨头。经测量，标本骨体残长为102.98mm，近端残宽为94.14mm（图版八八，11）。标本08KGⅦH3：4，左侧股骨远端。标本骨体断口处有锯痕和掰痕，骨体前内侧嵴有食肉类动物的咬痕。其前内侧嵴残。经测量，标本骨体残长为127.78mm，远端宽为105.90mm。标本08KGⅦH3：6，右侧股骨远端。骨体断口处有锯痕和掰痕；内髁关节面有7条割痕；外髁关节面有2条划痕；骨体前侧嵴有食肉类动物的咬痕，通体有动物爪痕。无前侧嵴。经测量，标本骨体残长为93.27mm，远端宽为94.22mm（图版八八，12）。

胫骨　标本08KGⅦT5③：1，右侧胫骨近端。在其后外侧嵴处有6条割痕，内外髁间隆突分别有1条和2条割痕。经测量，标本残长为111.26mm，近端宽为111.02mm（图版八八，13）。

跖系骨　标本08KGⅦH3：41，跖系骨。近、远端关节面附近有食肉类动物的咬痕。经测量，标本远轴侧最大长为55.40mm，近端最大宽为26.64mm。

跖骨　标本08KGⅦH3：22，右侧跖骨远端。跖侧有割痕，骨体断口处有锯痕，证明其远端是被锯掉的；在其骨体后侧1条割痕；另外在其骨体断口处还有食肉类动物的咬痕。经测量，标本骨体残长为60.66mm，远端最大宽为50.06mm（图版八八，14）。

黄牛　*Bos taurus*

该类可鉴定种属的标本共9件，分别为桡骨1件，腕骨7件，掌骨1件。最小个体数为5。

桡骨　标本08KGⅦH3：15，右侧桡骨远端。在其骨体断口处有锯痕。经测量，标本骨体残长为71.60mm，远端宽为79.13mm，远端关节面宽为67.63mm。

腕骨　标本08KGⅦH3：29，左侧愈合的第2、3腕骨。标本近端关节面略破损。其远端关节面外侧有3条割痕。经测量，标本宽为43.44mm（图版八八，5）。标本08KGⅦH3：35，左侧第4腕骨。标本近端关节面外侧略破损。其后外侧嵴处有2条割痕；骨体前外侧有1条划痕。经测量，标本宽为25.35mm（图版八八，2）。标本08KGⅦH3：33，右侧桡腕骨。其后侧突起有食肉类动物的啃咬痕迹。经测量，标本宽为43.20mm（图版八八，6）。标本08KGⅦH3：31，右侧中间腕骨。经测量，标本宽为39.04mm（图版八八，8）。标本08KGⅦH3：37，右侧尺腕骨。标本远端突起有食肉类动物的啃咬痕迹。经测量，标本宽为30.69mm（图版八八，3）。标本08KGⅦH3：30，右侧愈合的第2、3腕骨。标本通体有食肉类动物的啃咬痕迹。经测量，骨体残宽为39.21mm（图版八八，4）。标本08KGⅦH3：38，右侧第4腕骨。标本近端、远端关节面均有食肉类动物的啃咬痕迹。经测量，标本残宽为33.26mm（图版八八，1）。

掌骨　标本08KGⅦH3：27，左侧掌骨近端。标本关节面略破损。其骨体断口处有锯痕。经测量，标本骨体残长为24.55mm，近端宽为57.19mm。

水牛　*Bubalus bubalis*

该类可鉴定种属的标本共4件，分别为肱骨1件，桡骨1件，腕骨2件。最小个体数为2。

肱骨　标本08KGⅦH3：3，右侧肱骨近端。标本仅保留有一半的肱骨头，小结节残。在其小结节处有1条砍痕，骨体断口处有锯痕。经测量，标本骨体残长为108.77mm，近端残宽为119.48mm。

桡骨　标本08KGⅦH3：2，右侧桡骨远端。其骨体断口处有锯痕。经测量，标本骨体残长为107.50mm，远端宽为87.85mm，远端关节面宽为78.87mm（图版八八，17）。

腕骨　标本08KGⅦH3：36，右侧桡腕骨。标本远端关节面有食肉类的啃咬痕迹。经测量，标本宽为47.56mm（图版八八，7）。标本08KGⅦH3：32，右侧中间腕骨。经测量，标本宽为43.68mm（图版八八，9）。

猪 *Sus domestica*

该类可鉴定种属的标本共27件，分别为头骨残片2件，下颌骨4件，零散牙齿16件，肱骨2件，股骨2件，跖骨1件。最小个体数为2。

下颌 标本08KGⅦT5③：22，左侧下颌骨。标本牙齿保留有P_3-M_3，M_3未完全萌出，M_1磨耗较重，P_4、M_2均露出齿质点，P_3前侧颌体残。在其上升支处有食肉类动物的啃咬痕迹。经测量，骨体残长为96.32mm，P_3-M_3的齿列长为76.33mm，$M_{1\text{-}3}$的齿列长为53.81mm，M_1前下颌体高为33.61mm。标本08KGⅦH3：14，左侧下颌骨。标本牙齿保留有M_1、M_2，M_3尚在齿槽中，并未萌出；M_1前颌体、上升支均残；M_1已露出齿质点。经测量，骨体残长为101.07mm，$M_{1\text{-}2}$的齿列长为35.21mm。标本08KGⅦT5③：20，右侧下颌骨。标本牙齿保留有M_1、M_2，M_3尚在齿槽中，并未萌出；M_1前颌体、上升支均残；M_1已露出齿质点。经测量，骨体残长为70.79mm，$M_{1\text{-}2}$的齿列长为37.89mm（图版八六，1）。标本08KGⅦT5③：21，右侧下颌骨。标本牙齿保留有M_2、M_3，其余臼齿均断裂；M_2已露出齿质点；M_3萌出，但尚未使用；未保存M_3后颌体。经测量，骨体残长为111.44mm，M_3齿槽远口缘到犬齿齿槽远口缘的长为96.13mm，M_3-P_1的齿列长为95.00mm，M_3-P_2的齿列长为89.46mm，臼齿齿列长为59.94mm，$P_{1\text{-}4}$的齿列长为35.24mm，$P_{2\text{-}4}$的齿列长为21.52mm，M_3的长和宽分别为27.91mm和13.02mm，P_2齿槽口缘到I_3齿槽远口缘的长为7.11mm，M_1前下颌骨高为33.85mm，P_2前下颌骨高为27.82mm（图版八六，2）。

肱骨 标本08KGⅧG1②：5，左侧肱骨。标本无滑车，其骨体后内侧嵴处有2条砍痕。经测量，骨体残长为79.51mm。标本08KGⅥH10：6，左侧肱骨远端。标本无滑车，其远端有2条砍痕；近端骨体断口处有食肉类动物的啃咬痕迹。经测量，骨体残长为105.90mm（图版八六，4）。

股骨 标本08KGⅦH3：25，左侧股骨远端。标本远端脱落，其骨体远端前侧有1条砍痕；骨体断口处有掰痕。经测量，骨体残长为53.66mm（图版八六，6）。标本08KGⅥH10：7，右侧股骨远端。标本骨体前侧有1条割痕；骨体内侧有1条砍痕。经测量，骨体残长为71.87mm。

跖骨 标本08KGⅥT33③：16，左侧第4跖骨。标本远端脱落，近端前内侧关节面处略残、近端跖骨突起残。经测量，骨体残长为66.39mm，除跖骨突起的长为66.60mm，近端残宽为17.37mm，骨干中间宽为14.10mm，远端残宽为17.47mm（图版八六，9）。

马 *Equus caballus*

该类可鉴定种属的标本共20件，均为零散牙齿。

驴 *Equus asinus*

该类可鉴定种属的标本共12件，分别为腰椎1件，桡骨1件，股骨2件，胫骨1件，跟骨1件，距骨1件，跖骨2件，跗骨3件。最小个体数为3。

腰椎 标本08KGⅦH3：9，椎体多处受损，无棘突、横突、右侧前关节突。标本椎头关节面有5处割痕。经测量，椎体生理长度为63.12mm，横突残宽为62.70mm，前关节面宽为47.58mm，后关节面的宽为52.41mm，前关节面的高为38.41mm，后关节面的高为32.96mm，最大高为78.58mm。

桡骨　标本08KGⅦT1③：1，右侧桡骨远端。标本远端关节面残，内侧骨体有6条割痕。经测量，标本残长为259.04mm，远端宽为61.15mm，远端关节面残宽为55.20mm（图版八七，11）。

股骨　标本08KGⅧG2②：1，左侧股骨近端。标本股骨头处有1条砍痕。经测量，标本残长为87.32mm。标本08KGⅦH3：5，左侧股骨近端。标本股骨头处有多条砍痕，骨体断口处有锯痕。经测量，骨体残长为137.33mm，近端残宽为100.03mm（图版八七，12）。

胫骨　标本08KGⅦH3：20，左侧胫骨远端。标本前侧有锯痕。经测量，远端宽为62.52mm，远端厚为39.24mm。

跟骨　标本08KGⅦH3：10，左侧跟骨。标本骨体前、后侧嵴处各有4条割痕；内侧载距突与骨体相连处有1条割痕；外侧骨体处有3条划痕。经测量，标本长为100.03mm，宽为47.05mm（图版八七，13）。

距骨　标本08KGⅦH3：24，左侧距骨。标本内外髁嵴处各有2条和9条割痕；外髁远端有1处剔刮痕。经测量，标本高为52.96mm，宽为52.53mm，远端关节面宽为44.89mm，距骨内侧部的长为53.30mm（图版八七，5）。

跗骨　标本08KGⅦH3：39，左侧第4跗骨。该标本保存完好。经测量，标本宽为32.51mm（图版八七，1）。标本08KGⅦH3：28，左侧中央跗骨。该标本保存完好。经测量，标本宽为43.80mm（图版八七，3）。标本08KGⅦH3：26，左侧第3跗骨。该标本保存完好。经测量，标本宽为40.26mm（图版八七，4）。

跖骨　标本08KGⅦH3：34，左侧第3跖骨近端。标本骨体断口有1处锯痕；近端前侧有1处砍痕。经测量，骨体残长为22.41mm，近端宽为43.79mm（图版八七，2）。标本08KGⅦH3：40，左侧第4跖骨近端。标本骨体断口处有1条锯痕，前内侧有5条割痕。经测量，标本残长为27.73mm（图版八七，14）。

羊　*Caprinae* sp.

该类可鉴定种属的标本共3件，分别为零散牙齿2件，桡骨1件。最小个体数为1。

桡骨标本08KGⅧG1②：4，右侧桡骨近端。标本仅保留接近近端的部分骨管，近端有食肉类动物的啃咬痕迹。经测量，标本残长为88.64mm。

狗　*Canis familiaris*

该类可鉴定种属的标本仅1件，为下颌骨。最小个体数为1。

下颌　标本08KGⅦT5③：19，右侧下颌骨。标本牙齿保留有P_4、M_1。P_4刚开始使用，M_1外侧磨耗较重，且已露出齿质点；咬肌窝、上升支和下颌前侧残。标本下颌上升支外侧有1条割痕。经测量，标本残长为72.68mm，M_1后下颌体高为18.59mm，P_4-M_1齿列长为23.77mm，M_1齿槽长为16.13mm，M_1齿槽宽为6.46mm（图版八七，6）。

鸟类　Avesves

该类可鉴定种属的标本仅1件，为肱骨。最小个体数为1。

肱骨标本08KGⅦT1③：3，右侧肱骨。标本近端和远端均残。近端保留有部分大结节三角嵴，远端保留有部分冠状窝。经测量，标本残长为139.96mm（图版八七，10）。

丽蚌 *Lamprotula* sp.

该类可鉴定种属的标本仅1件，为左侧壳体。最小个体数为1。

壳体标本08KGⅧG2②：2，左侧壳体。标本壳体残破。经测量，标本残长为58.76mm，残宽为46.68mm，壳体厚为24.27mm（图版八七，8）。

（三）清代

牛 *Bos* sp.

该类可鉴定种属的标本仅2件，均为零散牙齿。

猪 *Sus domestica*

该类可鉴定种属的标本共9件，分别为零散牙齿6件，下颌骨1件，尺骨1件，髋骨1件。最小个体数为1。

下颌 标本08KGⅦT2②：1，下颌联合部。标本左侧下颌骨牙齿保留有I_2、P_{2-4}、M_1、M_2，P_2、P_3仅存齿根，P_4齿冠残；右侧下颌骨牙齿保留有I_1、I_2、C，P_{1-4}，M_{1-3}，C、P_4齿冠残，P_{1-3}仅存齿根。两侧M_1、M_2磨耗严重，嚼面已凹陷，右侧M_3已露出齿质点；左右两侧后侧的下颌体均残，左侧M_2后没有保留下颌体，右侧无上升支。经测量，标本残长为211.23mm，下颌联合部前缘到M_3后缘的长为153.50mm，M_3齿槽远口缘到犬齿齿槽远口缘的长为130.32mm，M_3-P_1齿列长为106.72mm，M_3-P_2齿列长为90.14mm，M_{1-3}齿列长为57.28mm，P_{1-4}齿列长为49.17mm，P_{2-4}齿列长为32.16mm，M_3的长为28.72mm，M_3的宽为14.95mm，P_2齿槽远口缘到I_3齿槽远口缘的长为39.92mm，下颌联合部长为71.42mm，M_3后下颌骨高为45.90mm，M_1前下颌骨高为44.54mm，P_2前下颌骨高为45.92mm（图版八六，13）。

尺骨 标本08KGⅦH5：1，左侧尺骨。标本无尺骨结节，骨体远端残。其内侧近端有多条割痕。经测量，标本残长为107.20mm，从钩突到尺骨后缘的最短距离为38.48mm，鹰嘴厚为29.58mm，近端关节面的最大宽为19.17mm（图版八六，3）。

髋骨 标本08KGⅥH5：3，右侧髋骨。标本髋臼窝残和坐骨均残，无耻骨和髂翼。经测量，标本残长为144.35mm，髋臼的长（包括唇缘）为34.76mm，髋臼的长为27.06mm（图版八六，5）。

马 *Equus caballus*

该类可鉴定种属的标本仅有1件牙齿。

雉科 Phasianidae

该类可鉴定种属的标本共5件，分别为肱骨2件，股骨1件，胫骨1件，跖骨1件。最小个体数为2。

肱骨 标本08KGⅦH5：1，右侧肱骨远端。标本远端残。经测量，标本残长为45.12mm，远端残宽为13.47mm。标本08KGⅦH5：6，左侧肱骨。标本近、远端脱落，后侧近端骨体略有破损。经测量，标本长为59.59mm，近端宽为14.30mm，远端宽为11.83mm（图版八六，7）。

股骨 标本08KGⅦH5：8，右侧股骨近端。标本近端脱落。经测量，标本残长为46.05mm，近端宽为13.99mm（图版八六，8）。

胫骨　标本08KGⅦH5：4，右侧胫骨远端。标本远端脱落。经测量，标本残长为61.87mm，远端残宽为11.11mm（图版八六，10）。

跖骨　标本08KGⅦH5：9，右侧跖骨。标本近端关节面脱落。经测量，标本长为62.58mm，近端宽为14.29mm，远端宽为13.96mm（图版八六，11）。

（四）民国

牛　*Bos* sp.

该类可鉴定种属的标本仅有1件牙齿。

猪　*Sus domestica*

该类可鉴定种属的标本共4件，分别为零散牙齿3件，上颌骨1件。最小个体数为1。

上颌　标本08KGⅥT26①：1，右侧上颌骨。标本牙齿保留有M^1、M^2，P^4尚在齿槽孔中，M^1已使用，但未见齿质点，M^2未使用。经测量，标本残长为45.34mm。

狗　*Canis familiaris*

该类可鉴定种属的标本仅有1件下颌骨，最小个体数为1。

下颌标本08KGⅥT19①：10，右侧下颌骨。标本牙齿保留有P_2-M_2，P_1缺失，且无P_1的齿槽孔，M_2后下颌体和犬齿前下颌体均残，牙齿仅M_1，M_2稍有磨耗。经测量，标本残长为73.71mm，P_2-M_2齿列长为52.93mm，$P_{2\text{-}4}$的齿列长为29.78mm，M_1长为17.31mm，M_1宽为6.6mm，M_1后下颌体高为22.49mm，P_2后下颌体高为16.41mm（图版八七，7）。

四、动物骨骼表面痕迹分析

动物骨骼标本表面的痕迹大致分为两类：一类是动物啃咬造成的，包括食肉类动物啃咬痕迹和啮齿类动物的啃咬痕迹；另一类是人工痕迹，包括割痕、砍痕、剔刮痕、锯痕。其中，所占比例较大的是食肉类动物啃咬痕迹、割痕、砍痕以及锯痕。

食肉类动物的啃咬痕迹约占总数的8%，多数集中在腕骨、股骨和肱骨上，表现为多个集中的小凹坑；割痕约占总数的7%，存在这种痕迹的骨骼比较多，表现为很细很浅的成组排列或不规则的痕迹，其目的主要是使骨肉分离或者割断骨与骨之间的筋腱，达到肢解的目的；砍痕约占总数的7%，多集中在长骨的两端部位，以及掌骨、跖骨位置，多呈V形抑或“√”状，目的主要是肢解动物；锯痕约占总数的10%，多集中在长骨位置，以及掌骨、跖骨的位置，目的主要应该是为了截取骨料。啮齿类痕迹仅有2件。

这些有痕迹的动物骨骼基本集中在明代，汉代仅有2件有痕迹的动物骨骼，清代有1件，民国无（表4）。

表4　开县动物骨骼痕迹分布表　　（单位：件）

痕迹＼时期	汉	明	清	民国
食肉类咬痕	0	14	0	0
啮齿类咬痕	2	0	0	0
割痕	0	12	1	0
砍痕	0	13	0	0
锯痕	0	18	0	0
剔刮痕	0	3	0	0

五、结　　语

通过上述的描述分析，我们得出以下几点认识。

1. 遗址性质

从遗址出土的动物遗存的数量和最小个体数来看（表2、表5），出土明代动物遗存数量是最多的，其余各时期较之明代少之又少，更是没有发现唐、宋、元时期动物遗存。从这次发掘的结果来看，汉、明、清和民国时期的动物遗存均有发现，并且在这四个时期内都有猪骨的发现，结合出土的遗迹、遗物，开县故城可能从汉代起一直是先民定居的地点。

表5　动物遗存最小个体数统计表

时期＼种属	牛	黄牛	水牛	猪	马	驴	雉科	羊	狗	鹿	丽蚌	鸟类
汉				1						1		
明	2	5	2	2	1	3		1	1		1	1
清	1			1	1		2					
民国	1			1					1			

2. 生业模式

该遗址中出土的明代动物遗存数量最多，不仅数量最多，而且种类也最丰富，尤其是牛、猪、马、驴的数量居多，羊、狗、丽蚌和鸟类则均很少。而出土汉代动物遗存甚少，仅有2件鹿骨和1件猪骨，此处的鹿骨应为野生的鹿，系先民狩猎或通过其他手段获得；出土了清代的牛、猪、马、雉科动物和鸟类遗存；民国时期仅见牛、猪和狗。

汉代的生业模式并不能确定，因为动物遗存出土数量极少。一定数量的猪的出现应当视为定居生活，但该时期仅出现1例猪骨，并且不具备野猪骨骼的特征，因此从动物考古的角度出发，尚不能确定该时期先民已经定居。明代可能是农业占主导地位，同时兼有渔猎。清代情况与明代相似，以农业为主。民国则主要靠农业发展经济。

3. 相关问题探讨

（1）关于各种家畜的用途：猪在各个时期的主要用途都是向人类提供肉食；而牛、马、驴应该是先民们的主要畜力来源；雉科动物可能是向先民提供肉食或蛋类；羊则可能向先民提供肉食，亦可能是用于产奶以及一些奶制品；狗可能是先民家养；鹿应为野生；丽蚌和鸟类应该为先民偶获。

（2）从可鉴定年龄的猪骨来看，该遗址出土的猪的死亡年龄都在12～18月龄之间，这也是其向人类提供肉食资源的最佳时间。另外，标本08KGⅥT33③：16（猪，第4跖骨）和标本08KGⅦH3：25（猪，股骨远端）的死亡年龄分别为24月龄、42月龄，属中老年个体，推测可能是预留的种猪或是用于繁殖的雌性猪。

（3）本文写作所获得的材料仅为2008年发掘中所出土的动物遗存。因此，有很多问题尚不能给出定论。为了免于错误的发生，只能做保守的推测，对于不能解决的问题还有待深入探讨。

参考文献

[1] 王钧昌、孙国斌：《动物年龄鉴别法》，中国农业出版社，1996年，第93页。

[2] 陈全家：《郑州西山遗址出土动物遗存研究》，《考古学报》2006年第3期。

[3] 陈全家、王善才、张典维：《清江流域古动物遗存研究》，科学出版社，2005年。

[4] 谭邦杰：《哺乳动物分类名录》，中国医药科技出版社，1992年。

[5] 〔德〕安格拉·冯登德里施著，马萧林、侯彦峰译：《考古遗址出土动物骨骼测量指南》，科学出版社，2007年。

附录三　《開州守廨題名記》釋讀及相關問題

劉業澧[1]　劉繼東[2]

（1. 南越王博物院；2. 重慶市文物考古研究院）

《開州守廨題名記》石刻于2006年，在重慶市開縣故城遺址出土。2007年我們曾對此通石刻的發現作過簡要報導①，但未抄錄碑文。現抄錄《開州守廨題名記》全文，稍作釋讀，并試論相關問題。

一、《開州守廨題名記》概況

《開州守廨題名記》石刻寬161釐米，高68釐米，厚14釐米，材質為灰砂岩，僅刻文一面打磨，其餘五面保留原石表面。保存完整。碑刻楷體陰文，字跡清晰整齊。碑文直書左行，35行，滿行16字，共503字（包括額題）。

石刻出土于ⅠF2。ⅠF2平面呈方形，殘存兩間。其東間房可見部分鋪地石板，規格大小不一，最長的有140釐米，寬20—50釐米，厚10—15釐米。西間房為夾有少量炭末的紅褐色粘土鋪就，地面平整、堅硬，似經拍打。兩房之間以條石壘砌成隔牆，隔牆殘長8.5米，殘高0.3米，寬0.2米。石隔牆之上殘存有青灰磚，磚長28釐米，寬14釐米，厚4.5釐米。以其規模和形制推測，ⅠF2可能是某官署的建築遺存。

ⅠF2的堆積在Ⅰ⑤層下露頭，疊壓Ⅰ⑥層。Ⅰ⑤層出青花瓷片，被定為明代地層、Ⅰ⑥層出青白瓷片，被定作北宋地層。而ⅠF2的堆積中，除石碑外還出土葵瓣口青白釉瓷碗，可知此房址的建造年代不早於北宋，廢棄年代不晚於明代，使用年代可能集中于兩宋時期。而《開州守廨題名記》的落款正可與之相互印證。

二、《開州守廨題名記》的內容及釋讀

現根據原石和拓片，抄錄石刻原文，附加句讀如下。

開州守廨題名記（七字）

1　春秋之法，以字褒，以名貶，以爵貴，日以（十五字）

2　謹之，時以略之，國邑以別之，大較不過（十五字）

① 許永傑、劉繼東：《重慶三峽庫區搶救發掘開縣故城遺址》，《中國文物報》2007年4月27日，第2版。

3 此數者。後世之有題名，其春秋之苗裔（十五字）
4 乎？書其姓氏，書其名字，書其歲月、爵（十四字）
5 里，而賢不肖孅惡，按圖可攷，非祖春秋（十五字）
6 者耶？乃若傳之不同，例之不一，情理之玄（十六字）
7 見，使學者窮年採討，弗究其業，則未（十四字）
8 若題名所著，捷而易見也。開之為郡，古（十五字）
9 也。守之姓名、行事具于史冊者，惟韋處（十五字）
10 厚、唐次、柳公綽、穆質四人耳。（十一字）
11 本朝自至道中，殿中丞宮自明以降，數（十五字）
12 十人僅見於石。至大觀後，罕見錄者。前（十五字）
13 此後此，不復知其何誰矣與。平遷隱攝（十五字）
14 以前，夏四月己丑孔丘卒以後，亦何以異（十六字）
15 乎？予竊嘆焉。是以特書，自不肖者始，以（十五字）
16 示後之君子。雖然吳楚僭王，而春秋貶（十五字）
17 之曰子。厥有大旨，世莫識也。直以名實（十五字）
18 論之，則名是而實非者，非經所深誅（十四字）
19 耶。百世之下，觀姓名，考行事者，其勿（十四字）
20 以爵求之。紹興六年丙辰八月二十二（十五字）
21 日，盧江何麒謹記。（七字）
22 何麒（二字）
23 字子應，長安人。紹興四年八月二十八（十五字）
24 日，以右宣義郎，權發遣軍州事到任。（十四字）
25 至紹興六年十月十九日，被（十一字）
26 勑就差知合州。（六字）

27 何慈（二字）
28 字寶卿，資中人。紹興二十八年十一月初（十六字）
29 八日，以左朝奉大夫，權知軍州事。至次（十五字）
30 年七月二十六日准（八字）
31 告磨勘，轉左朝散大夫於三十年十二（十五字）
32 月初十日解袟，准（七字）
33 勑赴（二字）
34 闕。（一字）
35 都作頭游舜錫刻字。（八字）

春秋之法，以字褒，以名貶，以爵貴，日以謹之，時以略之，國邑以別之，大較不過此數者。

此句指：《春秋》以姓名、爵位、時間、時令、國籍、籍貫等記錄和評價人物。

後世之有題名，其春秋之苗裔乎？書其姓氏，書其名字，書其歲月、爵里，而賢不肖、媺惡，按圖可攷，非祖春秋者耶？

“媺”同“美”，意為美好。此句指：後世作“題名”，記錄姓氏、名字、年齡、到任和離任的年月、爵位、籍貫，同時對其評價，這種做法是源自于《春秋》的。

乃若傳之不同，例之不一，情理之玄見，使學者窮年探討，弗究其業，則未若題名所著，捷而易見也。

此句指：歷史記錄往往難以探究清楚，而“題名”反而便捷且容易察看。第七行第十三字“業”，從原石和拓片看，字跡較為清晰，但其字形較特別。《隋賈珉墓誌》及《唐韋公去墓誌》中所見之“業”字[①]及《隋龍藏寺碑》所見之“葉”字[②]均與之相似，但存在差別。從上下文來看，此字作事業、功業解，似較為合適。故暫釋其為“業”。

開之為郡，古也。守之姓名、行事具于史冊者，惟韋處厚、唐次、柳公綽、穆質四人耳。本朝自至道中，殿中丞宮自明以降，數十人僅見於石。至大觀後，罕見錄者。前此後此，不復知其何誰矣與。

《隋書·地理志》“西流”一條載：

> 後魏曰漢興（豐）。西魏改焉，又置開州，及周安、萬安、江會。後周省江會入周安。開皇初郡并廢，大業初州廢。[③]

北宋樂史《太平寰宇記》“開州”一條載：

> 今理開江縣……後魏初得其地，于今達州新寧縣理立開州……後周天和……四年自東關郡城移開州於今理……大業二年廢開州。義寧二年於盛山縣置萬州……唐武德元年改為開州……天寶元年改為盛山郡。乾元元年復為開州。[④]

《太平寰宇記》“新寧縣”一條載：

> 西魏廢帝二年于此置開州，領東關郡……後周天和四年移開州于濁水北。[⑤]

---

① 秦公：《碑別字新編》，文物出版社，1985年。

② 秦公：《碑別字新編》，文物出版社，1985年。

③ 《隋書·地理志·卷二十九》，中華書局，1973年。

④ （北宋）樂史：《太平寰宇記·卷一百三十七》，中華書局，2007年。

⑤ （北宋）樂史：《太平寰宇記·卷一百三十七》，中華書局，2007年。

雖然《隋書·地理志》和《太平寰宇記》關於開州始置地點的記載有所不同，但設州的時間當在西魏無疑，故此則石刻稱“開之為郡古也”。

韋處厚[①]、唐次[②]、柳公綽[③]、穆質[④]四者均見於正史。此段主要提及姓名見於史冊或石刻的知州，感歎記錄之不全。

平遷隱攝以前，夏四月己丑孔丘卒以後，亦何以異乎？予竊嘆焉。是以特書，自不肖者始，以示後之君子。

“平遷隱攝”指周平王東遷和魯隱公攝政。“夏四月己丑孔丘卒”當取自《史記·孔子世家》：“孔子年七十三，以魯哀公十六年四月己丑卒。”此段感歎春秋時代開始以前，孔子去世以後，歷史的記錄不夠清晰全面，希望此文後世的州守得以記錄周全。

雖然吳楚僭王，而春秋貶之曰子。厥有大旨，世莫識也。直以名實論之，則名是而實非者，非經所深誅耶？百世之下，觀姓名，考行事者，其勿以爵求之。

此段舉春秋時期的吳越為例，兩國國君稱為王，“春秋”仍以子爵稱之。討論“名”與“實”的問題提醒後世“題名”，要考察其姓名及事蹟等因素來評價人物，而不應根據爵位評價。

紹興六年丙辰八月二十二日，廬江何麒謹記。

此句為撰者題款。紹興六年即1136年。

以下自二十二行起為“題名”部份。

何麒的事蹟主要見於南宋李心傳《建炎以來繫年要録》[⑤]。南宋王象之《輿地紀勝》[⑥]、南宋韓淲《澗泉日記》[⑦]、南宋洪邁《容齋隨筆》[⑧]等也散見有關於何麒的記載。南宋張擴《東牕集》[⑨]有“何麒除宗正少卿制”。南宋李流謙《澹齋集》[⑩]載有《上何少卿書》。

從以上的史料來看：何麒字子應[⑪]，青城人[⑫]。建炎元年（1127年）任宣教郎[⑬]。紹興十一

---

① 《新唐書·韋處厚傳·卷一百四十二》，中華書局，1975年；《舊唐書·韋處厚傳·卷一百五十九》，中華書局，1975年。

② 《新唐書·唐儉傳附唐次傳·卷八十九》，中華書局，1975年；《舊唐書·唐次傳·卷一百九十下》，中華書局，1975年。

③ 《新唐書·柳公綽傳·卷一百六十三》，中華書局，1975年；《舊唐書·柳公綽傳·卷一百六十五》，中華書局，1975年。

④ 《新唐書·穆寧傳附穆質傳·卷一百六十三》，中華書局，1975年；《舊唐書·穆寧傳附穆質傳·卷一百五十五》，中華書局，1975年。

⑤ （南宋）李心傳：《建炎以來繫年要録》，中華書局，1988年。

⑥ （南宋）王象之：《輿地紀勝》，中華書局，1992年。

⑦ （南宋）韓淲：《澗泉日記》，上海古籍出版社，1993年。

⑧ （南宋）洪邁：《容齋隨筆》，中華書局，2005年。

⑨ （南宋）張擴：《東牕集·卷六》，《景印文淵閣四庫全書》，臺灣商務印書館，1986年。

⑩ （南宋）李流謙：《澹齋集·卷一一》，《景印文淵閣四庫全書》，臺灣商務印書館，1986年。

⑪ （南宋）王象之：《輿地紀勝·卷一百七十九》，中華書局，1992年。

⑫ （南宋）李心傳：《建炎以來繫年要録·卷六》，中華書局，1988年。

⑬ （南宋）李心傳：《建炎以來繫年要録·卷六》，中華書局，1988年。

年（1141年）賜同進士出身，任提點湖南刑獄，未上任，轉任夔州路提點刑獄公事[①]。紹興十二年（1142年）任太常少卿[②]。紹興十三年（1143年）知嘉州，同年改知邵州[③]。紹興二十六年（1156年）任四川安撫制置司參議官[④]。

而此則石刻恰可補建炎元年到紹興十一年歷史記錄的部份空缺。紹興四年（1134年）以前，何麒任職右宣義郎，紹興四年知開州，到紹興六年（1136年）轉知合州。《輿地紀勝》稱何麒為青城人。但此則石刻題名稱何麒為長安人。而石刻題款處，何麒則自稱“廬江何麒”。何麒的籍貫尚待進一步考證。

另外，《建炎以來繫年要録》中有兩處關於“何麟”的記錄：

> 丙午，新除宗正少卿何麟依舊直秘閣，知嘉州，以殿中侍御史李文會論其浮薄誇誕也。[⑤]
>
> ……何麟腹心也……[⑥]

此二處，“何麟”當為“何麒”之誤。關於“何麒”和“何麟”的問題，已有學者討論[⑦]。

何慈不見於史，但志怪小說有其傳說故事。南宋洪邁《夷堅志》[⑧]甲志，記《魚腹佛頭》云：

> 資州人何慈妻范氏，事佛甚謹。家嘗烹魚，已刳腹，見脂裹一物，極堅韌，剖之，乃二佛頭也。其家□木為全體以承之，至今供養。慈以宣和甲辰登科，後爲開州守。

三、歷代相关的著錄及舉例

關於此類石刻的著錄，在唐代開始出現。如南宋王象之《輿地碑記目》著錄唐廣德元年（763年）《湖州刺史題名記》云：

> 唐廣德元年李紓撰後記。正（貞）元十六年顧況撰，又後題。正（貞）元十七年

① （南宋）李心傳：《建炎以來繫年要録・卷一百四十一》，中華書局，1988年。
② （南宋）李心傳：《建炎以來繫年要録・卷一百四十六》，中華書局，1988年。
③ （南宋）李心傳：《建炎以來繫年要録・卷一百四十九》，中華書局，1988年。
④ （南宋）李心傳：《建炎以來繫年要録・卷一百七十四》，中華書局，1988年。
⑤ （南宋）李心傳：《建炎以來繫年要録・卷一百四十八》，中華書局，1988年。
⑥ （南宋）李心傳：《建炎以來繫年要録・卷一百五十》，中華書局，1988年。
⑦ 房日晰：《读〈全宋诗〉札记（十七）》，《江海學刊》1999年第4期；房日晰：《读〈全宋诗〉札记（十八）》，《江海學刊》1999年第5期；房日晰：《读〈全宋诗〉札记（十九）》，《江海學刊》1999年第6期；余莎米，《〈全宋诗〉杂考（一）何麒、何麟、何宪考》，《北京大學中國古文獻研究中心集刊（第5輯）》，北京大学出版社，2005年。
⑧ （南宋）洪邁：《夷堅志・甲志・卷十七》，中華書局，1981年。

刺史李詞。晁公武《合州廳壁記》云：刺史聽壁記始於唐。而顧況、元結之文為著。按：湖州所記五百餘人，而名德如謝安、石顏，清臣之徒傑然，表見於史籍者凡數十公。故其地冠簪之盛常數天下三分之一。[①]

清陸心源《吳興金石記》引宋談鑰《吳興志》亦著錄《湖州刺史題名記》云：

石佚，《吳興志》：唐廣德元年補闕內供奉李紓撰。在州治。[②]

又如南宋陈思《寶刻叢編》[③]引宋赵明诚《諸道石刻録》[④]著錄有唐貞元八年（793年）《長安令題名記》。

唐代“題名記”刻見於著錄者不多，但內容接近的“廳壁記”和“壁記”則較多見。雖然關於“廳壁記”和“壁記”的著錄不見抄錄全文者，但根據著錄提及其簡略內容可知，某些“聽壁記”和“壁記”的內容與《開州守廨題名記》相近。《唐詩紀事》記載了《蜀州刺史廳壁記》的主要內容，《輿地碑記目》著錄石刻時，亦轉引之：

貞元十四年，皇甫澈刺蜀州時，賦四相詩，序云：蜀州刺史廳壁記云，居相位者前後四公：謨、明、弼、諧，遷歷止。顧已無取，忝跡於斯，景行遺烈，嗟嘆不足也。僅述其行事，詠其休美，庶將來君子知聖朝之德云爾。[⑤]

宋代，“題名記”成為主流。有全文見於著錄。

清陆增祥《八瓊室金石補正》著錄宋慶曆六年（1046年）《婺州題名碑記》云：

高廣未計。上截記十八行，行九字。下五截題名十八行，行字不一。正書，篆額題“題名記”三字。在金華。

□□□□□□□保有，更歷五代□□

國朝太平興國三季，錢氏納其土□。朝廷始以閻象知節度軍云，距今六百有九季，來為州者三十有四人。其人之賢不賢，其政之善不善，前此者不可知也，後此者可知也。然則何如曰：賢人善政，在民不在吏；不賢人不賢政，在吏不在民，自象而下可知也。自詠而下雖百世可知也，來者得不念之哉。故悉書其官氏名于石。時慶厤丙戌歲立冬日。領郡事關詠記。（以上第一截）

閻象　興國三年六月以殿中丞知

---

① （南宋）王象之：《輿地碑記目·卷一》，《景印文淵閣四庫全書》，臺灣商務印書館，1986年。

② （清）陸心源：《吳興金石記·卷三》，《石刻史料新編（第1輯）》，台灣新文豐出版公司，1977年。

③ （南宋）陳思：《寶刻叢編·卷七》，《石刻史料新編（第1輯）》，台灣新文豐出版公司，1977年。

④ 原書已佚。

⑤ （南宋）計有功：《唐詩紀事》，中華書局，1965年。

張獻可　六年四月以秘書丞知

張鑑　六年十二月以左賛善大夫知加著作郎

……①

此通石刻的額題與《開州守廨題名記》略異。但內容大致相同，均為追述先前任官的人物，強調題名記錄歷史的意義，記錄歷任州守的姓名、到任年月以及到任前官職等信息。可見兩者是同類石刻。

清朱士端《宜祿堂金石記》亦著錄此通石刻，而著录此碑额題與《開州守廨題名記》相似，為《婺州刺史題名記》：

士端按碑在浙江金華試院。金華宋屬婺州。試院即宋乾道時皇子魏王故第。今試院二堂扁題曰：宋自公堂。碑在堂后。《金華府志》卷十一《官師部》紀：宋知婺州軍事自閻象以下，至楊應誠以上，人數皆與碑合。政蹟如刁衎，以文學名，先判吳州，嘗上書請除兩浙身丁錢。關詠持身廉潔。盧革年十六登第。錢藻為吳越王錢元罐五代孫，見《宦蹟》。蘇頌，見《宦蹟》。朱服字行中，烏程人，元豐中為起居舍人。詹適居官廉正，有惠愛及人。攷志書以陳靖作陳靜，徐總作徐聰，蓋板本由音同而偽，要當。②

北宋張方平《樂全集》收錄北宋康定元年（1040年）《吳興郡守題名記》全文：

唐氏自天寶失馭，而忘其利器。……吳興二淛之佳郡，自江左以來，以處名流令望，為養才用之宅。寶元二年，南陽滕君宗諒子京以尚書郎來領符竹。子京文雅風采，士林推為卿材國器。早歷諫官以論事，諤諤無迴避，不得攵留，中換郎外補。至郡見吏民，問病苦。有隱咸照，無□不革。因其俗以教，獄市貼然。始大庠序，育人材。諸生負笈自遠方至雩水之上，既同洙泗矣。凡若因循，舉興悉復。嘗坐廳事，問前為郡者之名而不紀。曰：是非闕者歟。命録自錢氏奉圖，朝廷所除吏逮今三十人。推次備詳，見謁以序，盖聞諸長者。粗習朝家之故，惟皇祖經法之善，躬攬鑄柄以遏亂，略及生人之利，大郡長吏由是専於為政，賢不肖之迹以辨。今列其名，非徒載年月記到罷，亦俾覽之者得以善善惡惡，而懲勸存焉，實春秋之意已。至于紀星、土本、風俗，郡之廢置，吏之沿革，產毛之物，山水之勝，則於圖牒焉觀之可也。時康定元年夏四月記。③

① （清）陆增祥：《八瓊室金石補正·卷九四》，《石刻史料新編（第1輯）》，台灣新文豐出版公司，1977年。

② （清）朱士端：《宜祿堂金石記·卷六》，《石刻史料新編（第1輯）》，台灣新文豐出版公司，1977年。

③ （北宋）張方平：《樂全集·卷三十三》，《景印文淵閣四庫全書》，臺灣商務印書館，1986年。

此則“題名記”的前半部份講述趙匡胤“創制”，后半部份則與《開州守廨題名記》相似，陳述題名的原委，并強調題名不僅僅是記錄在職年月等，而是爲了存“懲勸”，使後人“得以善善惡惡”。推測宋代此類石刻存在相對固定的寫作範式。

到元代，此類石刻的著錄不多見，其額題範式以及內容與宋代的此類石刻相似。

清繆荃孙《江蘇金石志》著錄元至治元年（1321年）《無錫州官題名記》云：

……

且題名之所以作者，非直使人尊而敬之，乃欲俾世世子孫他日過之，瞻仰而取則也。若夫明者、□者、廉者、貪者，有州人之口碑在，僉曰：然。請刻諸石。旹至治甲子正月望日。承務郎常州路同知無錫州事南陽劉威立石。無錫州儒學教授吳門俞真卿記。[①]

再如清錢大昕《潛研堂金石文跋尾》著錄元元統年間《江東建康道廉訪司題名記》：

王士熙撰文，卜顏貼睦兒書。不著立碑年月，以題名證之，當在元統間。又有至元、至正續題者，則字畫不甚整齊矣。元時置江南諸道，行御史臺於建康，領廉訪司十道，江東建康其一也。廉訪司正官有使、有副使、有僉事，題名各為二列。乾隆甲寅六月宣城張惺齋拓一本，遺予云：碑現在寧國府署前，葢此司雖以建康繫銜而治所實在寧國路也。[②]

明代，此類石刻再次發展起來，在著錄中較多見。明代此類石刻多在縣，以題名縣令為主。如民國陳伯陶等《東莞縣志》著錄明《東莞縣題名碑記》[③]、民國劉樹鑫《南皮縣志》著錄萬曆三十年（1585年）《南皮知縣題名碑記》[④]、民國尚希賓《威縣志》著錄嘉靖二十八年（1549年）《知縣題名記》[⑤]。明代同題石刻在著录中多见原文。如民國向楚等《巴縣志》著錄明《張希召重慶府題名記》：

渝州於古為名郡，實五溪四蜀一都會也。在禹貢殷周為梁州之域，天文井鬼之星。秦漢唐宋為南平州郡。攷之傳志，守倅以循良偁者亦不多。蓋以職在近民，得人與否，利害輒應，而天下之治忽胥於此乎繫焉。厥任可謂重矣。我聖朝誕，一寰宇，建官分治，尤慎斯選。自洪武初以迄於今，閱歲滋久，期間名宦繼美，踵趾爭烈，而

① （清）繆荃孙：《江蘇金石志·卷二十四》，《石刻史料新編（第1輯）》，台灣新文豐出版公司，1977年。

② （清）錢大昕：《潛研堂金石文跋尾·卷十九》，《石刻史料新編（第1輯）》，台灣新文豐出版公司，1977年。

③ 國家圖書館善本金石組：《明清石刻文獻全編（一）》，北京圖書館出版社，2003年。

④ 國家圖書館善本金石組：《明清石刻文獻全編（一）》，北京圖書館出版社，2003年。

⑤ 國家圖書館善本金石組：《明清石刻文獻全編（二）》，北京圖書館出版社，2003年。

题名未有為之者。隆慶庚午春，余以地卿郎官出守茲郡。時貴陽戴子冕，泰和王子懷梅先後為少府，蒲圻熊子兆祥，淳化李子承熏為通判，河西馬子應乾，永昌鐵子篆相繼為推府，諸君子皆慈和宣懿，闓亮通敏，所謂循良之士也。迄萬曆癸酉夏，余與二三僚友小宴於金碧山堂，乘政暇稽往牒，詢遺跡，凡得守倅若干人，惕然作曰：此而弗識，何以示後。廼命巴縣儒學教諭趙文明，彙次其名址及履歷之概，謀刻諸石，以傳永久。竊按郡職志而品，題之曰：先哲世遠無攷已。由甲子而前，其政簡，其民淳；由乙丑而後，其政細，其民偷。何也？僉曰：愿有聞也。鳳樓子曰：巴郡黔廛萬户，輿圖千里。上世以來頗同渾朴，邇年蠱賊潛起，兵燹熇殃，舟馬漸衝，迎送始博，賦役寖見煩劇，州縣愈多事而瘡痍，日惙惙也。加之以郡守或汙或僻或闇或隨，任意競緣，不恤其下，欲民之不偷得乎？此無他也。在民淳事簡之秋，雖王成之偽，猶足以為。今天下閭閻凋瘵，風俗澆漓，匪昔者比，即以龔黃召杜治之猶不易。矧濟以中常之材，徒規規苟且，目前以需速化。而於民生休戚，國家利病，恬莫之顧。雖欲求理，不幾於諱病而忌醫哉。此余所以觸目激中，而亟為撫摩綏養之計，朝夕皇皇三年於茲矣。雖未必能政通人和，而安良懾宄，吏畏民懷，檢點行囊，琴鶴自娛，所可自誓者，秉公勅度，俾無負先大父清白之訓耳。是舉也，思以企前修而垂後鑒，誠非細故，嗣是蒞茲土者觀而警，循名責實，凜然知所趨向，以先代諸賢自期待。由是而上追虞周之盛，使他日修明史傳循良者有採焉。則於朝廷建官分治之初意，不因少慰其萬分之一耶。不然，吾恐後之人必有指其名而議之者，傳曰：竭澤而漁，明年無魚。吾儕可不懼哉？既立石，悉勒今昔同寅名氏，鵷鷺行列，仍空其餘，以俟後之君子。①

清代，此類石刻仍見於著錄，但所見不多。如清陳詩等《湖北通志》著錄乾隆五十九年（1794年）《荊州府知府題名記碑》：

知府之職主於糾察吏治，教養民生，為一方興利除害，責綦重哉。荊州地當衝要，東連吳會，西通巴蜀，南極湖湘，北控漢沔，雄據上流，屹然為三楚重鎮。古所傳循吏，自漢晉以下如左雄、胡質，輩代有其人。明太師張文忠公嘗作是邦題名記，距今二百餘載矣。乾隆五十三年，郡值大水，城隄沖潰，流亡者甚眾，賴聖恩發帑賑恤。一切樓櫓、城隍、堤堰、橋樑之屬，皆重加修築，頓改舊觀。而凋敝之餘，拊循尤亟。余以菲材忝守是邦，深懼不能稱職，以上負聖天子簡任之意。從政之暇，因舉國朝以來凡守茲土者姓氏、爵里，咸勒於石，紀遷除之歲月，攷政術之醇疵，自有足以垂法戒，而備監觀者。後之視今亦猶今之視昔，可弗慎歟。②

① 國家圖書館善本金石組：《明清石刻文獻全編（一）》，北京圖書館出版社，2003年。

② 國家圖書館善本金石組：《明清石刻文獻全編（二）》，北京圖書館出版社，2003年。

四、結　語

《開州守廨題名記》是同類石刻在田野考古發掘中首見，對深入認識此類石刻有重要意義。

（1）此類石刻可能始創於唐代，並在宋代發展成熟，元代稍顯衰微，明代又再次發展，到清代仍見於著錄。著錄所見的此類石刻最早屬唐代；同時前述《與地碑記目》著錄《湖州刺史題名記》引《合州廳壁記》稱“刺史聽壁記始於唐”。

（2）此類石刻的額題最初被命名為“某某廳壁記”，推測此類石刻可能放置在某建築內部的墻上。《吳興金石記》[①]著錄《吳興倅廳題名記》，引《吳興志》稱該石“在州治”。《吳興金石記》[②]著錄《添差通判廳題名記》，引《吳興志》稱該石“在縣”。《宜祿堂金石記》著錄《婺州刺史題名記》稱其存放在“試院”。《輿地碑記目》[③]著錄《和州刺史廳壁記》稱其“在設[④]廳西”。《吳興金石記》[⑤]著錄《德清縣令題名記》，引《吳興志》稱此通石刻“龕諸壁”。而《開州守廨題名碑》的發現地點是可能是宋代開州治所官署或附近，而且發現於房址內部，似可說明此類石刻的存放在作為政府機關的某類建築之內。同時，《開州守廨題名碑》石刻僅在刻字一面打磨平整，而另外五面均保留原石的表面，似可說明此類石刻嵌于牆壁之上。而到元代，此類石刻的存放地點可能有改變，前述《潛研堂金石文跋尾》著錄《江東建康道廉訪司題名記》，稱其在“寧國府署前”。到明代似乎有所恢復，前述《南皮縣志》著錄《南皮知縣題名碑記》，稱其在“縣署大堂內”。

（3）此類石刻的額題有較固定的範式，即常為“某地方+某官職+題名記”或者“某地方+某官職+壁記（廳壁記）”，《開州守廨題名記》屬前者，《蜀州刺史廳壁記》屬後者。某些額題與這個範式稍有出入，比如“太守題名記”、“長安令題名記”、“婺州題名碑記”，此類額題多見於唐代，可能與此類石刻出現之初，尚未成熟有關，也可能與著錄有關。另有額題為“某地方+題名記”的一類石刻，其內容也出入不大，《江蘇金石志》著錄的《無錫縣題名記》[⑥]即屬此類。在明代，“某地方+題名記”一類的額題較為常見。

（4）從《開州守廨題名記》和《婺州刺史題名記》著錄來看，此類石刻可分為兩截，即“記”和“題名”兩部份。

“記”一部份多是是陳述“題名”的原委，追述相關官職早前在職人員的情況，強調用石刻記錄歷史的意義，如《開州守廨題名記》和《婺州刺史題名記》。但也有陳述其他內容的例子，如《輿地碑記目》著錄《和州刺史廳壁記》：

---

① （清）陸心源：《吳興金石記·卷六》，《石刻史料新編（第1輯）》，台灣新文豐出版公司，1977年。

② （清）陸心源：《吳興金石記·卷九》，《石刻史料新編（第1輯）》，台灣新文豐出版公司，1977年。

③ （南宋）王象之：《輿地碑記目·卷二》，《石刻史料新編（第1輯）》，台灣新文豐出版公司，1977年。

④ 景印文淵閣四庫全書本作“後”。

⑤ （清）陸心源：《吳興金石記·卷六》，《石刻史料新編（第1輯）》，台灣新文豐出版公司，1977年。

⑥ （清）繆荃孙：《江蘇金石志·卷十九》，《石刻史料新編（第1輯）》，台灣新文豐出版公司，1977年。

在設（後）廳西。唐劉禹錫文，其略曰：曆陽古揚州之邑，于天文直南斗魁下。在春秋實吴之封，后楚所取。秦併天下以隸九江，而以為九江治所。晉平吴復隸淮南。至永興初，因析為郡，而益之以烏江。宋建臺目為南豫州，又益之𠮷龍亢。梁之亡也，北齊圖霸功，擁正陽侯淵明𠮷歸，王僧辯來迎，會于茲地。二國協和故更名和州。[①]

此文與《開州守廨題名記》陳述職官沿革不同，而是陳述和州的地理沿革和歷史沿革。這可能與唐代此類石刻的内容、結構尚未穩定有關。到宋代，著錄有收錄全文或主要内容的此類石刻，均類似于《開州守廨題名記》，這類石刻的“記”一部份，可能存在相對穩定的寫作模式，内容也大體相當。

而“題名”一部分則是記錄自立碑始，或包括立碑以前，所涉及職位的在職人員，及其基本信息。《開州守廨題名記》的題名始自立碑之時，而《嫠州刺史題名記》則從第一任嫠州刺史開始題名。

《吴興金石記》著錄《烏程縣令題名記》，引《吴興金石記》：

慶歷四年，縣令李從始立題名記。自咸平元年李團以前，皆追書之。繼李從之後者，相續而録，以至於今。[②]

《烏程縣令題名記》的題名雖非自首任縣令開始，但亦包括立碑前和立碑后的各任縣令。

從這類石刻“記”一部份文字的内容看，立碑題名是希望以後任職官員的基本信息得到記錄，如《開州守廨題名記》和《嫠州刺史題名記》。但《蜀州刺史廳壁記》則題名追述前人，目的是讓“將來君子知圣朝之德”。這則石刻年代也在唐代，可能也與此類石刻發展尚未成熟有關係。

題名的詳略也有別。《開州守廨題名記》的題名較為詳細，比如：“何麒字子應，長安人。紹興四年八月二十八日，以右宣義郎，權發遣軍州事到任。至紹興六年十月十九日，被勑就差知合州”，題名包括姓名、籍貫、到任日期、離任日期、到任前身居何職、離任后就任職位等信息。而《嫠州刺史題名記》則相對簡略，如“閻象興國三年六月以殿中丞知”，僅包括姓名、到任年月、到任前職位等信息。

（5）另有一类石刻，其額題往往較為固定，為“某地點+進士（先達）+題名記”或“某地點+教授+題名記”的範式。如《江蘇金石志》[③]著錄的《無錫州儒學教授題名記》。

這類石刻與前述一類石刻同樣有題名部份，但題名涉及的信息有所區別。“某地點+進士（先達）+題名記”，往往是某地區歷年“進士”的題名，往往會包括中試時間等信息。如《江蘇金石志》[④]著錄《京口先達題名》的第二截所見的題名：

① （南宋）王象之：《輿地碑記目・卷二》，《石刻史料新編（第1輯）》，台灣新文豐出版公司，1977年。
② （清）陸心源：《吴興金石記・卷六》，《石刻史料新編（第1輯）》，台灣新文豐出版公司，1977年。
③ （清）缪荃孙：《江蘇金石志・卷二十二》，《石刻史料新編（第1輯）》，台灣新文豐出版公司，1977年。
④ （清）缪荃孙：《江蘇金石志・卷十三》，《石刻史料新編（第1輯）》，台灣新文豐出版公司，1977年。

吴遵路龍圖閣直學士　顧祥
天聖二年宋郊牓
刁繹
天聖八年王拱辰牓
刁約直史館
寶元元年吕溱牓

而“某地點+教授+題名記”則是某地區的州學或府學歷任教授的題名。如《江蘇金石志》[①]著錄《嘉定州教授題名記》的第二截所見的題名，此類“題名”與《開州守廨題名記》中所見的關於某官職的“題名”較為相似：

朱孔昭　江西贛州路人氏至正十一年十二月廿七日之任
石渥　河南府路人氏至正十四年十二月十五日到任
陳公禮　汴梁人至正十七年四月之任
蔣堂　平江路人氏至正二十一年九月之任

而在“題名”前面的“記”一部份，則與前述一類石刻有一定的區別，往往與教育和學術有關係。如《江蘇金石志》著錄《嘉定州教授題名記》：

學校題名舊矣。故領教者當知其職有三：曰祭祀、曰教養、曰脩造。三者不廢，斯不曠厥職矣。余於至正辛卯冬，忝教兹學。適遭積弊之餘，廢馳已甚，即欲扶植碩材力不逮。遂撙節廢浮，量入為出。暨次年，倉廩既充，生徒日益。幸遇大名仲賢郭侯來牧是州，以其羡貲一新禮殿，兩廡儀門，無不周備。仍命生徒肄習雅樂，悉合古制，復增置弟子，員累百餘人。二三年間，人材迭出，學校興脩，是亦賢侯作成之效也。余將告满，代者甫臨。舊嘗立石于庭，自元貞初，校官鄉貫、姓氏悉紀之。至前教吴静觀書之，已無餘矣。苟不復立，以繼前志，則何以考某人之賢否，歲月之始終，豈非缺典歟。後之來者，請題于石，傳之悠久，是余志也。於是乎書。至正十四年四月朔日平江路嘉定州儒學教授朱孔昭謹題。[②]

此類石刻沿用時間較長，到明清兩代仍常見於著錄。

還有一類石刻，以“某人名+題名記”為額題範式。如清畢沅《關中金石記》著錄《章惇題名記》，内容為：

① （清）繆荃孙：《江蘇金石志·卷二十四》，《石刻史料新編（第1輯）》，台灣新文豐出版公司，1977年。
② （清）繆荃孙：《江蘇金石志·卷二十四》，《石刻史料新編（第1輯）》，台灣新文豐出版公司，1977年。

惇自長安率蘇君旦、安君師孟至終南，謁見蘇君軾者。[①]

這類石刻可能是個人題刻，與本文所研究的石刻不同。

（《宋〈開州守廨題名記〉石刻研究》，原刊於《文物》2013年第6期）

① （清）畢沅：《關中金石志·卷五》，《石刻史料新編（第1輯）》，台灣新文豐出版公司，1977年。

附录四　重庆三峡库区抢救发掘开县故城遗址

许永杰[1]　刘继东[2]

（1. 中山大学社会学与人类学学院；2. 重庆市文物考古研究院）

在三峡工程建设中，受重庆市文化局委托，在开县文物管理所的大力协助下，中山大学人类学系和宜昌博物馆联合对开县故城遗址进行了考古发掘。发掘从2006年2月至4月，完成勘探面积6万平方米，发掘面积3000平方米。此次发掘布方分两个区。Ⅰ区位于遗址中心部，Ⅱ区位于遗址东南部。

开县故城遗址位于三峡库区长江左岸支流小江的上游，隶属重庆市开县汉丰镇（即开县旧县城），现存面积约10万平方米。该遗址遗迹现象比较复杂，主要表现为灰坑和房址。

H2位于T5251西南部，不规则圆形，坑口长径390厘米，短径340厘米，深75厘米。坑内填土为松散状灰黑土，包含有大量石块、兽骨及草木灰。出土有少量酱釉陶和白釉瓷片。可辨器形有罐、碗等。

F2位于探方T5251和T5252内。房址平面呈方形，残存2间。其东间房可见部分铺地石板，规格大小不一，最长的有140厘米，宽20厘米～50厘米，厚10厘米～15厘米。西间房为红褐色黏土铺就，地面平整，土较坚硬，似经拍打，其间夹有少量炭末。另发现石柱础一个，上圆下方，圆径50厘米，通高24厘米。房间用一道条石垒砌成隔墙，隔墙残长8.5米，残高0.3米，宽0.2米。部分石隔墙上残存一排青灰砖，砖长28厘米，宽14厘米，厚4.5厘米。碑一通。灰砂岩，长161厘米，宽68厘米，高14厘米。碑文496字，楷体。碑文题为《开州守廨题名记》。

故城遗址一期文化遗存中发现的遗物主要为瓷器，有碗、盘、碟、杯、勺及铜钱等。一般多施白釉，少量施青釉、黑釉。部分器物上有莲瓣纹、菊瓣纹、卷草纹等。H2出土的3号罐、2号碗与秭归渡口遗址唐宋遗存的同类器相似，时代应大体相同。

二期文化遗存出土的遗物，包括生活用具和建筑材料。生活用具主要有碗、盘、杯、碟等。一般多施青白釉，少量施青黄釉、蓝釉，部分器物施釉不及底。多绘青花动物、植物图案，器底或器心有“富贵佳器”、“大明年造”、“玉堂佳器”、“万福攸同”、“宣德年制”、“福”、“寿”等款识。这些特征均为明代器物的典型特征。建筑材料有筒瓦、板瓦、瓦当、滴水、脊饰等。多为泥质陶，少量夹砂陶。陶色以灰陶为主，次为黄褐陶、红褐陶，器内面多饰布纹。

故城遗址三期文化遗存出土的遗物，器类与二期变化不大。可见器形有碗、盘、杯、碟、勺、釉陶罐、灯、高足杯、器盖、茶碗盖等。新发现粉彩这种艺术彩。部分器物底部有矾红“同治年制”印章款，青花“大清乾隆年制”、“嘉庆年制”印章款，“永庆堂制”堂名款。在第2层中还发现有“中华民国”元年铸造的四川银币。故判断其时代为清至民国早期，而A组遗物在时代上应早于B组遗物，A组遗物最迟不晚于清乾隆时期。

故城遗址一、二、三期文化遗存中还发现大量筒瓦、板瓦、瓦当、滴水、脊饰等建筑材料，充分说明自唐宋以来，该地一直有一定规模的建筑延绵不断。综合《开州守廨题名记》石碑及历代《开县志》的有关记述，可以推定该地自唐宋以来，是一处人口较多、经济发达的聚落中心。

（原刊于《中国文物报》2007年4月27日）

1. 动迁前开县汉丰镇全景

2. 动迁后开县汉丰镇全景

动迁前后开县汉丰镇景象

1. 第Ⅰ掘区布方照

2. 第Ⅲ掘区布方照

第Ⅰ、Ⅲ掘区布方照

1. 第Ⅳ掘区布方照

2. 第Ⅴ掘区布方照

第Ⅳ、Ⅴ掘区布方照

1. 第Ⅵ掘区布方照

2. 第Ⅶ掘区布方照

3. 第Ⅷ掘区西墙布沟照

第Ⅵ、Ⅶ、Ⅷ掘区布方（沟）照

1. 北城门照

2. ⅧG1西城墙北壁剖面图

北城门照及ⅧG1西城墙北壁剖面图

1. ⅥF3遗迹照（位于ⅥT27西北部分）

2. ⅥF2遗迹照（局部）

ⅥF3、ⅥF2遗迹照

1. 局部

2. 居住面及隔墙

3. 排水沟

4. 出土石雕

Ⅲ F4遗迹照

1. 全景

2. 东侧房间

3. 前排房间及回廊

4. 中排房间及前排部分

5. 中排房间

6. 后排房间

ⅣF6遗迹照

1. ⅥH11遗迹照

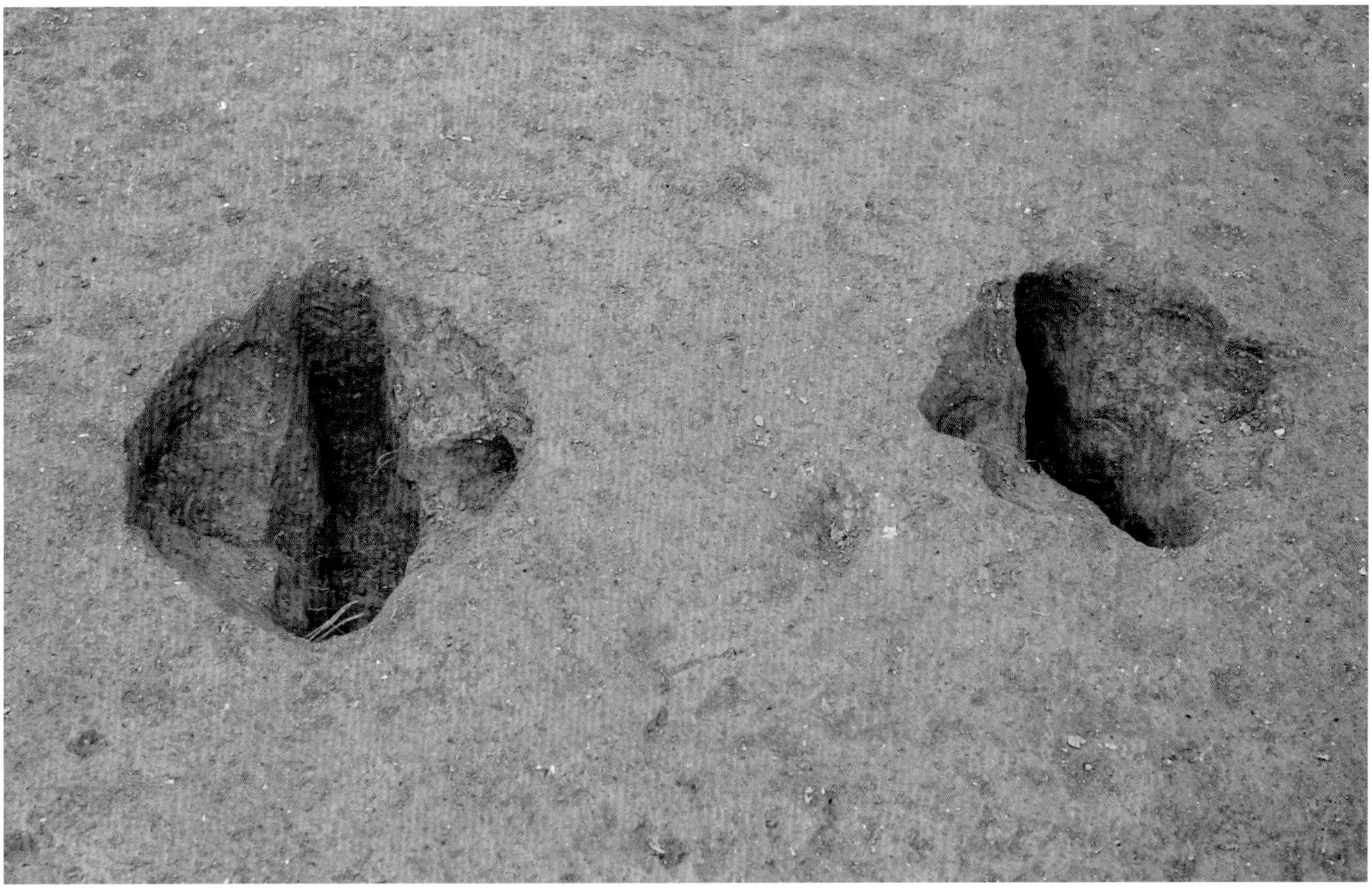
2. ⅢH8遗迹照

ⅥH11、ⅢH8遗迹照

1. ⅠH1清理照

2. ⅥH7遗迹照

3. ⅥH1遗迹照

ⅠH1清理照及ⅥH7、ⅥH1遗迹照

1. ⅦM1 全景照

2. 墓底照

3. 墓壁照

ⅦM1遗迹照

1. 陶罐（ⅦM1：30）

2. 陶罐（ⅦM1：22）

3. 陶罐（ⅦM1：16）

4. 陶钵（ⅦM1：12）

5. 陶匜（ⅦM1：18）

6. 陶豆（ⅦM1：15）

7. 陶灯（ⅦM1：20）

东汉陶器

1. 花纹墓砖（ⅦM1：32）

2. 花纹墓砖（ⅦM1：33）

3. 花纹墓砖（ⅦM1：34）

4. 榫卯墓砖（ⅦM1：35）

东汉墓砖

图版一四

1. 五铢（ⅦM1：1）

2. 五铢（ⅦM1：2）

3. 五铢（ⅦM1：3）

4. 五铢（ⅦM1：4）

5. 琉璃耳瑱（ⅦM1：5）

东汉五铢及琉璃耳瑱

1. 瓷壶颈残片（ⅥH11：26外壁）

2. 瓷壶颈残片（ⅥH11：26内壁）

3. 瓷壶颈残片（ⅥH11：25外壁）

4. 瓷壶颈残片（ⅥH11：25外壁）

5. 瓷罐底残片（ⅥH6：1外壁）

6. 瓷碗底残片（ⅥT19④：5外壁）

7. 瓷碗底残片（ⅥT19④：5内壁）

8. 瓷碗底残片（ⅥT14③：4外壁）

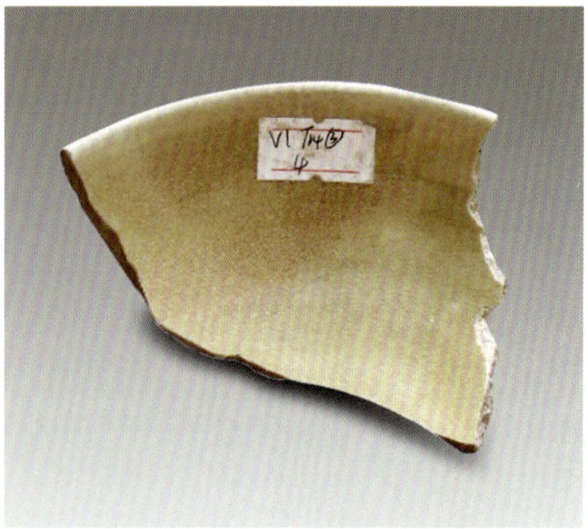

9. 瓷碗底残片（ⅥT14③：4内壁）

10. 开元通宝（ⅠT5252⑤：27）

11. 开元通宝（ⅠT5252⑥：1）

唐代瓷器及钱币

1. A型白釉小平底瓷碟（ⅥT10④：1）

2. 灰白釉瓷盏（ⅥH11：41）

3. 灰白釉瓷碗（ⅥH11：43）

4. 灰白釉瓷碗（ⅥH11：44）

5. 灰白釉瓷碗（ⅦT4③：61）

6. 灰白釉瓷碗（ⅦT4③：60）

宋代白釉瓷器及灰白釉瓷器

1. 灰白釉瓷盘（ⅥH11：38）

2. 青白釉瓷盏（ⅥT1④：7）

3. Aa型青白釉瓷碗（ⅥT14④：2）

4. Ab型青白釉瓷碗（ⅠH3：2）

5. Ab型青白釉瓷碗（ⅠT5452⑥：2）

6. B型青白釉瓷碗（ⅦT5③：45）

宋代灰白釉瓷器及青白釉瓷器

1. A型青白釉瓷盘（ⅥT14④：1）

2. A型青白釉瓷盘（ⅠF2：1）

3. 青白釉瓷壶腹底残片（ⅥH11：39）

4. 青釉瓷碗（ⅠT5452⑥：1）

5. 青釉瓷洗（ⅥT23④：1）

宋代青白釉瓷器及青釉瓷器

1. 青釉瓷罐口残片（ⅠH2：3）

2. 黄褐釉瓷碗（ⅦT5③：44）

3. 青褐釉瓷碗（ⅥT1④：8）

4. 青褐釉瓷碗（ⅥT26④：2）

5. 青褐釉瓷双耳罐（ⅦT4③：63）

6. A型黑褐釉瓷盏（ⅠH3：1）

宋代青釉瓷器、黄褐釉瓷器、青褐釉瓷器及黑褐釉瓷器

1. B型黑褐釉瓷盏（ⅦT4③：62）

2. 黑褐釉瓷碗（ⅥT26④：1）

3. 黑褐釉瓷碟（ⅥT4④：1）

4. 釉陶瓶（ⅠT5451④：8）

5. 釉陶壶（ⅦT5③：37）

6. 釉陶灯（ⅠT5452⑥：5）

7. B型陶盘（ⅥT26③：1）

8. 铜镜（ⅠT5252⑤：21）

9. 景德元宝（ⅥT26④：3）

10. 崇宁通宝（ⅠT5452⑥：10）

宋代黑褐釉瓷器、釉陶器、陶器及钱币等

1. 石碑（ⅠF2：2）照片

2. 石碑（ⅠF2：2）拓片

3. 石柱础（ⅠF2：3）

4. 石臼（ⅥF3：16）

宋代石碑及拓片、石柱础、石臼

1. 青釉瓷碗口沿（ⅥT33③：4）

2. 青釉瓷碗口沿（ⅥT33③：5）

3. 青釉瓷器底部残片（ⅥT33③：3）

4. 青釉瓷器底部残片（ⅥH4：12）

5. 青釉瓷盆口沿（ⅥT33③：6）

6. 黄褐釉瓷器底部残片（ⅥT33③：1）

7. 黄褐釉瓷器底部残片（ⅥT33③：2）

8. 青白釉瓷器底部残片（ⅥT12②：5）

9. 青褐釉瓷器底部残片（ⅥT27③：3）

元代青釉瓷器、黄褐釉瓷器、青白釉瓷器及青褐釉瓷器

1. 青白釉瓷盘（ⅦT2③：10）

2. 蓝釉瓷小盏（ⅥT19③：19）

3. A型青花瓷大盏（ⅢT5⑤：1）

4. A型青花瓷大盏（ⅥT9③：1）

5. A型青花瓷大盏（ⅥT19③：8）

6. A型青花瓷大盏（ⅥT21②：14）

明代青白釉瓷器、蓝釉瓷器及青花瓷器

1. A型青花瓷大盏（ⅥT23③：4）

2. A型青花瓷大盏（ⅥT24③：2）

3. A型青花瓷大盏（ⅢT18⑤：1）

4. B型青花瓷大盏（ⅥT2③：6）

5. B型青花瓷大盏（ⅢH3：1）

6. B型青花瓷大盏（ⅥT27③：19）

明代青花瓷器

1. B型青花瓷大盏（ⅥT27③：24）

2. B型青花瓷大盏（ⅥT28③：14）

3. Aa型青花瓷小盏（ⅥT2③：5）

4. Aa型青花瓷小盏（ⅥT24③：4）

5. Aa型青花瓷小盏（ⅥT23③：3）

6. Aa型青花瓷小盏（ⅥT23③：11）

明代青花瓷器

图版二六

1. Ab型青花瓷小盏（ⅥT27③：17）

2. B型青花瓷小盏（ⅢT18⑤：2）

3. A型青花瓷大碗（ⅥH10：6）

4. A型青花瓷大碗（ⅥT27③：25）

5. Ba型青花瓷大碗（ⅥH5：11）

6. Bb型青花瓷大碗（ⅥT23③：7）

明代青花瓷器

1. C型青花瓷大碗（ⅥT23③：10）

2. D型青花瓷大碗（ⅥT1③：7）

3. D型青花瓷大碗（ⅥT23③：5）

4. Aa型青花瓷中碗（ⅥT19③：9）

5. Aa型青花瓷中碗（ⅥT23③：12）

6. Ab型青花瓷中碗（ⅥH3：19）

明代青花瓷器

图版二八

1. Ab型青花瓷中碗（ⅥT27③：21）

2. Ab型青花瓷中碗（ⅦT5③：47）

3. Ba型青花瓷中碗（ⅥT1③：6）

4. Bb型青花瓷中碗（ⅥH4：27）

5. C型青花瓷中碗（ⅥT1③：8）

6. D型青花瓷中碗（ⅦT5③：46）

明代青花瓷器

1. D型青花瓷中碗（ⅥT1③：5）

2. D型青花瓷中碗（ⅥT23③：6）

3. A型青花瓷小碗（ⅢT7⑤：1）

4. A型青花瓷小碗（ⅥT24③：3）

5. A型青花瓷小碗（ⅥT19③：10）

6. A型青花瓷小碗（ⅥT27③：22）

明代青花瓷器

图版三〇

1. A型青花瓷小碗（ⅥT28③：12）

2. B型青花瓷小碗（ⅥT23③：1）

3. B型青花瓷小碗（ⅥT23③：2）

4. B型青花瓷小碗（ⅥT23③：8）

明代青花瓷器

1. 青花瓷大盘（ⅥT23③：9）

2. A型青花瓷中盘（ⅢT2⑤：2）

3. A型青花瓷中盘（ⅣT0206④：1）

4. A型青花瓷中盘（ⅥT28③：11）

5. B型青花瓷中盘（ⅢT2⑤：1）

6. 青花瓷小平底盘（ⅢT16⑤：1）

明代青花瓷器

1. 青花瓷碟（ⅦH5：8）

2. A型青花瓷杯（ⅢT6⑤：1）

3. B型青花瓷杯（ⅢT6⑤：3）

4. C型青花瓷杯（ⅥT2③：4）

5. C型青花瓷杯（ⅥT24③：1）

6. 青花瓷壶（ⅣT0303④：1）

明代青花瓷器

1. A型青花瓷器盖（ⅢT1①：1）

2. B型青花瓷器盖（ⅣT0204④：1）

3. B型青花瓷器盖（ⅣT0204④：2）

4. B型青花瓷器盖（ⅣT0204④：3）

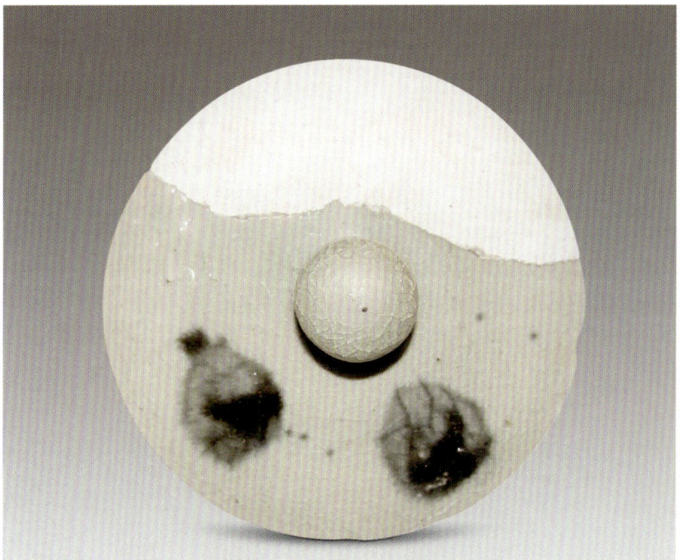

5. B型青花瓷器盖（ⅣT0401④：1）

6. 釉下青花釉上彩绘瓷盘（ⅥH4：28）

明代青花瓷器及釉下青花釉上彩绘瓷器

图版三四

1. 陶器盖（ⅢT4⑤：1）

2. 板瓦（ⅠT5252⑤：22）

3. 瓦当（ⅠT5252⑤：24）

4. 瓦当（ⅠT5252⑤：25）

5. 瓦当（ⅠT5252⑤：26）

6. 脊饰（ⅠT5451⑤：14）

7. 滴水（ⅠT5452⑤：4）

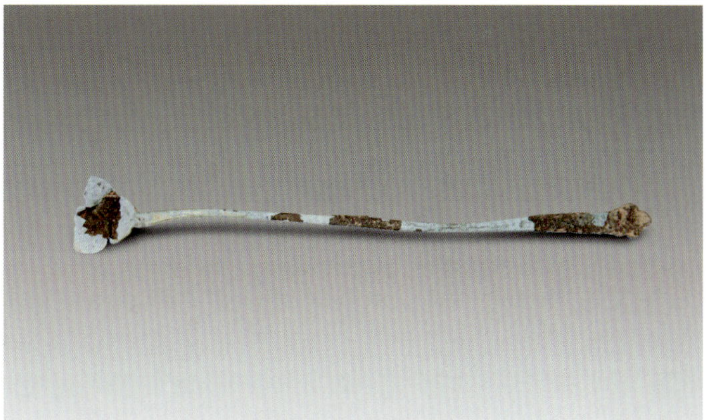

8. 铜簪（ⅦT1③：30）

明代陶器盖、板瓦、瓦当、脊饰、滴水及铜簪

1. 豆青釉瓷盏（ⅢT17②：1）

2. 豆青釉瓷大盘（ⅢT8④：2）

3. 豆青釉瓷小浅腹盘（ⅥT26②：3）

4. 豆青釉瓷小碟（ⅥT21②：17）

5. 白釉瓷大盘（ⅣT0307③：1）

清代豆青釉瓷器及白釉瓷器

1. Aa型青花瓷盏（ⅢT17②：2）

2. Aa型青花瓷盏（ⅢT5③：1）

3. Aa型青花瓷盏（ⅢT18④：3）

4. Ab型青花瓷盏（ⅥT24②：14）

5. Ac型青花瓷盏（ⅣT0306③：1）

6. B型青花瓷盏（ⅢT15④：1）

清代青花瓷器

1. B型青花瓷盏（ⅣT0204③：1）

2. B型青花瓷盏（ⅢT15③：1）

3. B型青花瓷盏（ⅢT5①：1）

4. C型青花瓷盏（ⅣT0204③：2）

5. A型青花瓷大碗（ⅢT6②：1）

6. A型青花瓷大碗（ⅥT1②：11）

清代青花瓷器

1. A型青花瓷大碗（ⅥT27②：68）

2. Ba型青花瓷大碗（ⅥT27②：66）

3. Ba型青花瓷大碗（ⅥT27③：18）

4. Bb型青花瓷大碗（ⅥT26②：1）

5. Bb型青花瓷大碗（ⅥT23②：26）

6. Bb型青花瓷大碗（ⅥT24②：11）

清代青花瓷器

1. Bc型青花瓷大碗（ⅢT7③：1）

2. Bd型青花瓷大碗（ⅥT2②：8）

3. Bd型青花瓷大碗（ⅥT27②：64）

4. Bd型青花瓷大碗（ⅥH1：14）

5. Bd型青花瓷大碗（ⅠH1：58）

6. Ca型青花瓷大碗（ⅢT18③：1）

7. Cb型青花瓷大碗（ⅥT19②：25）

清代青花瓷器

1. Aa型青花瓷中碗（ⅥH5：10）

2. Aa型青花瓷中碗（ⅥT27②：67）

3. Aa型青花瓷中碗（ⅥT27③：20）

4. Aa型青花瓷中碗（ⅦT2①：31）

5. Ab型青花瓷中碗（ⅢT3③：1）

6. Ab型青花瓷中碗（ⅢT5③：3）

清代青花瓷器

1. Ab型青花瓷中碗（ⅢT15④：4）

2. Ba型青花瓷中碗（ⅥT19①：11）

3. Ba型青花瓷中碗（ⅣT0307③：4）

4. Ba型青花瓷中碗（ⅢT16②：1）

5. Bb型青花瓷中碗（ⅥT19②：28）

6. Bb型青花瓷中碗（ⅥT19②：30）

清代青花瓷器

图版四二

1. Aa型青花瓷小碗（ⅥT23①：11）

2. Aa型青花瓷小碗（ⅥT23②：24）

3. Ab型青花瓷小碗（ⅥT34②：28）

4. Ab型青花瓷小碗（ⅥT3②：4）

5. Ab型青花瓷小碗（ⅥH1：15）

6. Ab型青花瓷小碗（ⅥH4：29）

清代青花瓷器

1. Ab型青花瓷小碗（ⅦT2①：30）

2. Ac型青花瓷小碗（ⅢT5③：2）

3. Ac型青花瓷小碗（ⅢT18②：2）

4. B型青花瓷小碗（ⅥT21②：18）

5. B型青花瓷小碗（ⅥT26①：15）

6. C型青花瓷小碗（ⅥT26②：2）

清代青花瓷器

图版四四

1. D型青花瓷小碗（ⅥT19②：24）

2. D型青花瓷小碗（ⅥT23②：27）

3. Aa型青花瓷大盘（ⅥT34①：13）

4. Ab型青花瓷大盘（ⅥT19②：29）

5. Ab型青花瓷大盘（ⅢT16④：2）

6. B型青花瓷大盘（ⅣT0307③：6）

清代青花瓷器

1. Aa型青花瓷小盘（ⅢT8④：1）

2. Aa型青花瓷小盘（ⅢT16④：1）

3. Aa型青花瓷小盘（ⅣT0206③：4）

4. Aa型青花瓷小盘（ⅢT2②：1）

5. Aa型青花瓷小盘（ⅢT15④：3）

6. Ab型青花瓷小盘（ⅢT6②：2）

清代青花瓷器

图版四六

1. B型青花瓷小盘（ⅢT8②：1）

2. A型青花瓷大碟（ⅣT0306③：2）

3. A型青花瓷大碟（ⅥT22②：5）

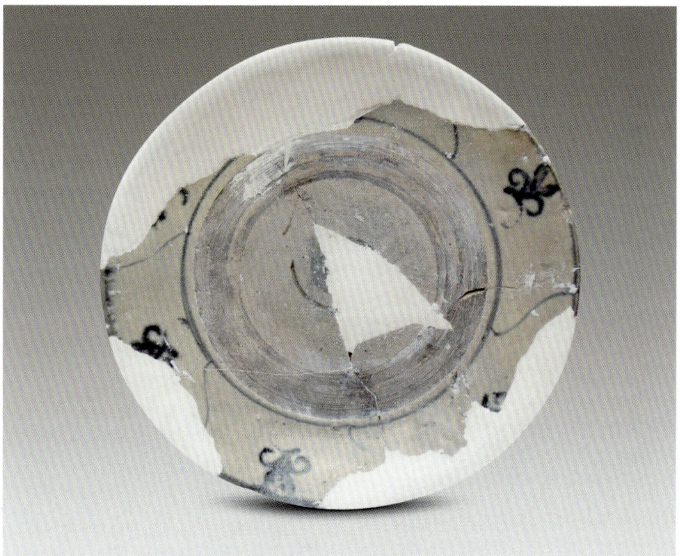

4. A型青花瓷大碟（ⅥT2②：6）

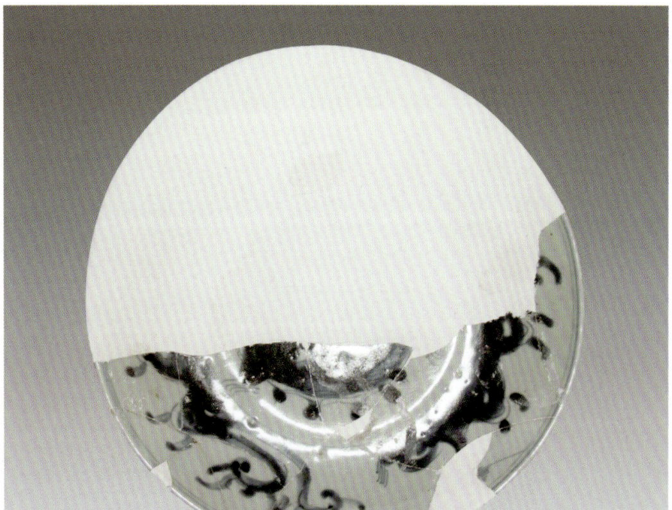

5. B型青花瓷大碟（ⅥT19②：27）

6. B型青花瓷大碟（ⅥT23②：25）

清代青花瓷器

1. A型青花瓷小碟（ⅥT27②：65）

2. A型青花瓷小碟（ⅢT18②：1）

3. A型青花瓷小碟（ⅢT18④：2）

4. A型青花瓷小碟（ⅥT34②：27）

5. B型青花瓷小碟（ⅣT0402②：1）

6. Aa型青花瓷杯（ⅣT0206③：5）

清代青花瓷器

1. Aa型青花瓷杯（ⅢT6②：4）

2. Aa型青花瓷杯（ⅢT5①：2）

3. Aa型青花瓷杯（ⅢT8②：2）

4. Aa型青花瓷杯（ⅣT0207③：2）

5. Aa型青花瓷杯（ⅣT0207③：3）

6. Ab型青花瓷杯（ⅣT0402①：1）

清代青花瓷器

1. Ac型青花瓷杯（ⅥT9②：4）

2. Ac型青花瓷杯（ⅥT24①：14）

3. Ac型青花瓷杯（ⅣT0304③：1）

4. Ac型青花瓷杯（ⅣT0206②：1）

5. B型青花瓷杯（ⅢT4④：2）

6. B型青花瓷杯（ⅥT6②：1）

清代青花瓷器

1. B型青花瓷杯（ⅢT6②：3）

2. B型青花瓷杯（ⅢT4④：1）

3. B型青花瓷杯（ⅢT6②：5）

4. B型青花瓷杯（ⅢT6③：1）

5. A型青花瓷盖缸（ⅥT9②：3）

6. B型青花瓷盖缸（ⅥT8①：3）

清代青花瓷器

1. 青花瓷盏托（ⅥH3：22）

2. 青花瓷盏托（ⅥH3：23）

3. 青花瓷盏托（ⅢT18④：1）

4. 青花瓷盏托（ⅣF6①：1）

5. A型青花瓷圈足状纽器盖（ⅥT24②：12）

6. A型青花瓷圈足状纽器盖（ⅣT0206③：1）

清代青花瓷器

1. A型青花瓷圈足状纽器盖（ⅣT0307③：2）

2. A型青花瓷圈足状纽器盖（ⅥT2②：7）

3. A型青花瓷圈足状纽器盖（ⅥH3：21）

4. Ba型青花瓷圈足状纽器盖（ⅥT17②：1）

5. Bb型青花瓷圈足状纽器盖（ⅥT24②：13）

6. Bc型青花瓷圈足状纽器盖（ⅥT30①：7）

1. 青花瓷菌状纽器盖（ⅣT0205②：1）

2. 青花瓷无纽器盖（ⅣT0206③：2）

3. A型青花瓷勺（ⅥT22②：4）

4. B型青花瓷勺（ⅢT15④：2）

5. 青花瓷虎子（ⅦT2①：21）

6. 青花瓷筒形杯（ⅢT4②：1）

清代青花瓷器

图版五四

1. A型釉上五彩瓷盏（ⅥT19②：26）

2. B型釉上五彩瓷盏（ⅥH1：16）

3. 釉上五彩瓷大碗（ⅣT0307③：5）

4. A型釉上五彩瓷小碟（ⅥT30②：1）

5. B型釉上五彩瓷小碟（ⅣT0202③：1）

6. Aa型釉上五彩瓷杯（ⅥH3：18）

清代釉上五彩瓷器

1. Ab型釉上五彩瓷杯（ⅢT3③：2）

2. B型釉上五彩瓷杯（ⅢT5④：1）

3. 釉上五彩瓷格盘（ⅣT0206③：3）

4. 釉上粉彩瓷大盘（ⅥT1②：12）

5. 釉上粉彩瓷小浅腹盘（ⅥT21②：13）

6. 釉上粉彩瓷小深腹盘（ⅣT0207③：1）

清代釉上五彩瓷器及釉上粉彩瓷器

1. 釉上粉彩瓷小深腹盘（ⅥT17①：7）

2. 釉上粉彩瓷小碟（ⅣT0303③：1）

3. 釉上粉彩瓷小碟（ⅢT17④：1）

4. 釉上粉彩瓷杯（ⅣT0307③：7）

5. 釉陶四系壶（ⅥH3：17）

6. 紫砂壶（ⅢH2：1）

7. 紫砂小罐（ⅣT0206②：17）

清代釉上粉彩瓷器、釉陶器及紫砂器

1. 铜勺（ⅦT5①：5）

2. 铜箸（ⅦT5①：6）

3. 铜箸（ⅦH2：7）

4. 康熙通宝（ⅥT2②：12）

5. 雍正通宝（ⅠT5451④：15）

6. 乾隆通宝（ⅠT5152③：16）

7. 乾隆通宝（ⅠT5252③：29）

8. 乾隆通宝（ⅠT5252③：28）

9. 乾隆通宝（ⅢH3：2）

清代铜器及钱币

图版五八

1. 乾隆通宝（ⅢT4①：1）

2. 乾隆通宝（ⅢT6②：10）

3. 乾隆通宝（ⅣT0303③：2）

4. 乾隆通宝（ⅣT0207③：6）

5. 乾隆通宝（ⅣT0306②：2）

6. 嘉庆通宝（ⅠT5154③：10）

7. 道光通宝（ⅢT5③：5）

8. 道光通宝（ⅠT5252②：31）

9. 骨器（ⅣT0207③：5）

清代钱币及骨器

1. 姜黄釉瓷盆（ⅢT16②：5）

2. 青白釉瓷大碗（ⅦT3①：7）

3. 青白釉瓷中碗（ⅦT3①：6）

4. 青白釉瓷中碗（ⅦT5①：4）

5. 青白釉瓷大盘（ⅣT0205②：6）

6. 青白釉瓷小盘（ⅥT19①：17）

民国姜黄釉瓷器及青白釉瓷器

图版六〇

1. A型青白釉瓷杯（ⅣT0206②：9）

2. A型青白釉瓷杯（ⅣT0207②：1）

3. A型青白釉瓷杯（ⅣT0207②：2）

4. B型青白釉瓷杯（ⅢT4③：3）

民国青白釉瓷器

1. A型青釉瓷杯（ⅢT5③：4）

2. B型青釉瓷杯（ⅣT0206②：8）

3. B型青釉瓷杯（ⅣT0307②：1）

4. B型青釉瓷杯（ⅣT0402②：2）

民国青釉瓷器

图版六二

1. Aa型青花瓷盏（ⅣT0204②：3）

2. Aa型青花瓷盏（ⅣT0205②：7）

3. Ab型青花瓷盏（ⅢT5①：4）

4. Ab型青花瓷盏（ⅢT15②：1）

5. Ab型青花瓷盏（ⅣT0303①：1）

6. Ab型青花瓷盏（ⅣT0402①：2）

民国青花瓷器

1. Ab型青花瓷盏（ⅣT0205②：4）

2. Ac型青花瓷盏（ⅣT0204②：8）

3. Ad型青花瓷盏（ⅣT0402②：3）

4. B型青花瓷盏（ⅢT16②：4）

5. C型青花瓷盏（ⅢT6②：7）

6. C型青花瓷盏（ⅢT18②：5）

民国青花瓷器

1. C型青花瓷盏（ⅣT0202①：1）

2. Aa型青花瓷海碗（ⅣT0303①：2）

3. Ab型青花瓷海碗（ⅥT27①：38）

4. Ac型青花瓷海碗（ⅣT0204②：12）

5. Ba型青花瓷海碗（ⅥT27①：39）

6. Bb型青花瓷海碗（ⅢT18②：4）

民国青花瓷器

1. A型青花瓷大碗（ⅣT0204②：6）

2. A型青花瓷大碗（ⅣT0206②：16）

3. A型青花瓷大碗（ⅣT0307②：4）

4. A型青花瓷大碗（ⅥT3①：2）

5. B型青花瓷大碗（ⅥH1：17）

6. B型青花瓷大碗（ⅥH1：22）

民国青花瓷器

1. B型青花瓷大碗（ⅥH8：5）

2. B型青花瓷大碗（ⅥH8：6）

3. B型青花瓷大碗（ⅥH8：7）

4. B型青花瓷大碗（ⅥH8：8）

5. B型青花瓷大碗（ⅥH8：9）

6. B型青花瓷大碗（ⅥT28①：10）

民国青花瓷器

1. B型青花瓷大碗（ⅦT3①：8）

2. C型青花瓷大碗（ⅢT6②：6）

3. C型青花瓷大碗（ⅥT19①：15）

4. D型青花瓷大碗（ⅥH1：18）

5. Aa型青花瓷中碗（ⅢT4②：3）

6. Aa型青花瓷中碗（ⅢT14②：1）

民国青花瓷器

1. Aa型青花瓷中碗（ⅣT0204②：4）

2. Aa型青花瓷中碗（ⅣT0204②：5）

3. Aa型青花瓷中碗（ⅣT0206②：11）

4. Aa型青花瓷中碗（ⅣT0207②：4）

5. Aa型青花瓷中碗（ⅣT0307②：6）

6. Aa型青花瓷中碗（ⅥT3①：1）

民国青花瓷器

1. Aa型青花瓷中碗（ⅥT9①：5）

2. Aa型青花瓷中碗（ⅥT19①：13）

3. Aa型青花瓷中碗（ⅥT22①：11）

4. Aa型青花瓷中碗（ⅥT22①：16）

5. Aa型青花瓷中碗（ⅣT0204②：7）

6. Ab型青花瓷中碗（ⅣT0206②：13）

民国青花瓷器

1. Ab型青花瓷中碗（ⅣT0303②：1）

2. Ab型青花瓷中碗（ⅣT0304②：1）

3. Ab型青花瓷中碗（ⅣT0306①：1）

4. Ab型青花瓷中碗（ⅣT0307②：3）

5. Ab型青花瓷中碗（ⅥH1：20）

6. Ab型青花瓷中碗（ⅥT34①：12）

民国青花瓷器

1. B型青花瓷中碗（ⅥT17①：5）

2. A型青花瓷小碗（ⅢT17②：4）

3. A型青花瓷小碗（ⅥT24①：12）

4. B型青花瓷小碗（ⅢT15③：4）

5. B型青花瓷小碗（ⅣT0204②：9）

6. B型青花瓷小碗（ⅣT0205②：5）

民国青花瓷器

1. B型青花瓷小碗（ⅣT0207②：5）

2. B型青花瓷小碗（ⅥT22①：12）

3. B型青花瓷小碗（ⅥT22①：13）

4. B型青花瓷小碗（ⅥT22①：14）

5. B型青花瓷小碗（ⅥT22①：15）

6. B型青花瓷小碗（ⅥT23①：9）

民国青花瓷器

1. B型青花瓷小碗（ⅦT1①：21）

2. B型青花瓷小碗（ⅥH1：21）

3. C型青花瓷小碗（ⅣT0303①：5）

4. C型青花瓷小碗（ⅣT0306②：1）

5. C型青花瓷小碗（ⅥT19①：14）

6. C型青花瓷小碗（ⅥT28①：19）

民国青花瓷器

1. C型青花瓷小碗（ⅥT30①：8）

2. C型青花瓷小碗（ⅦT1①：20）

3. C型青花瓷小碗（ⅦT2①：28）

4. C型青花瓷小碗（ⅦT2①：29）

5. C型青花瓷小碗（ⅦT2①：32）

6. D型青花瓷小碗（ⅢT15③：3）

民国青花瓷器

1. D型青花瓷小碗（ⅢT18③：2）

2. D型青花瓷小碗（ⅣT0303①：3）

3. D型青花瓷小碗（ⅥT17①：6）

4. D型青花瓷小碗（ⅥT26①：13）

5. A型青花瓷大盘（ⅣT0303①：6）

6. A型青花瓷大盘（ⅥT18①：6）

民国青花瓷器

图版七六

1. A型青花瓷大盘（ⅥT24①：13）

2. B型青花瓷大盘（ⅣT0303①：4）

3. A型青花瓷小盘（ⅣT0207②：3）

4. A型青花瓷小盘（ⅣT0307②：5）

5. B型青花瓷小盘（ⅣT0304②：2）

6. A型青花瓷碟（ⅣT0206②：15）

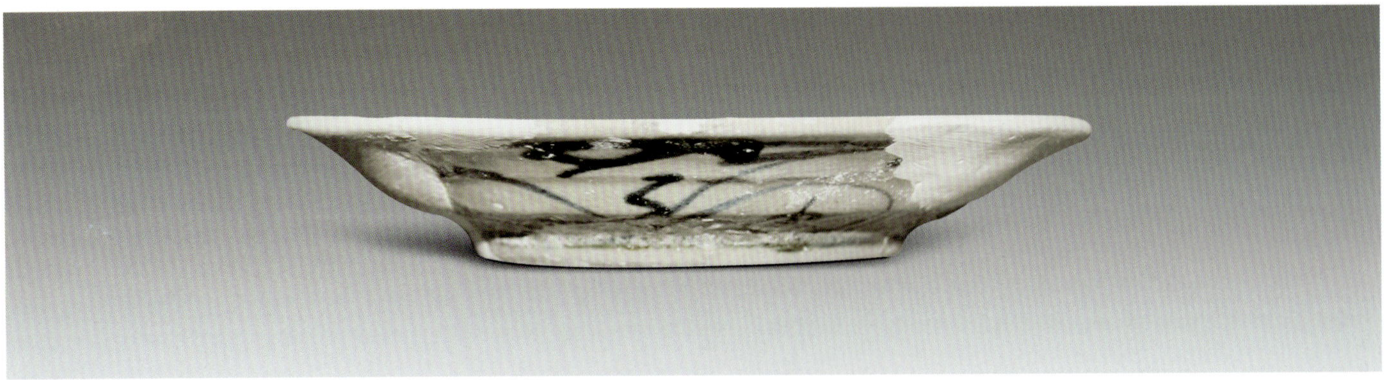

7. B型青花瓷碟（ⅣT0204②：2）

民国青花瓷器

1. A型青花瓷杯（ⅢT2②：3）

2. A型青花瓷杯（ⅢT6③：3）

3. A型青花瓷杯（ⅢT15③：2）

4. A型青花瓷杯（ⅣT0205②：3）

5. B型青花瓷杯（ⅣT0307②：2）

民国青花瓷器

1. 釉上绘彩瓷盏（ⅥT19①：12）

2. 釉上绘彩瓷盏（ⅥT18①：5）

3. 釉上绘彩瓷小盘（ⅢT2②：4）

4. 釉上绘彩瓷小盘（ⅢT16②：3）

5. 釉上绘彩瓷小盘（ⅢT18②：3）

6. 釉上绘彩瓷罐（ⅣT0302①：1）

7. 釉上绘彩瓷盖（ⅣT0206②：7）

民国釉上绘彩瓷器

1. 釉陶盆（ⅥT19①：18）

2. 釉陶擂钵（ⅥT3④：1）

3. 釉陶高柄灯（ⅢT17②：3）

4. 釉陶高柄灯（ⅢT6③：4）

5. 釉陶高柄灯（ⅢT5①：3）

民国釉陶器

图版八〇

1. A型釉陶灯盏（ⅢT8②：4）

2. Ba型釉陶灯盏（ⅢT7③：2）

3. Bb型釉陶灯盏（ⅣT0205②：2）

4. Bb型釉陶灯盏（ⅣT0206②：3）

5. Bc型釉陶灯盏（ⅢT2②：2）

6. 釉陶虎子（ⅢT6③：5）

7. 釉陶壶（ⅥT2②：11）

8. 釉陶壶（ⅥT2②：10）

民国釉陶器

1. 陶单耳罐（ⅥT19①：16）

2. 陶双耳罐（ⅢT1①：2）

3. 陶菌状纽器盖（ⅣT0207②：6）

4. 陶菌状纽器盖（ⅢT15②：3）

5. 陶菌状纽器盖（ⅢT15②：2）

6. 陶菌状纽器盖（ⅢT2②：6）

民国陶器

1. 陶菌状纽器盖（ⅢT4②：4）

2. 陶菌状纽器盖（ⅢT6②：9）

3. 陶菌状纽器盖（ⅢT6③：6）

4. 陶菌状纽器盖（ⅢT1①：3）

5. 陶桥状纽器盖（ⅢT4②：5）

6. 陶无纽器盖（ⅣT0206②：6）

7. 陶无纽器盖（ⅢT6②：8）

民国陶器

1. A型陶紫砂小罐（ⅣT0206②：10）

2. B型陶紫砂小罐（ⅣT0206②：17）

3. C型陶紫砂小罐（ⅣT0206②：18）

4. C型陶紫砂小罐（ⅣT0206②：19）

5. 铜烟嘴（ⅥT23②：28）

6. 铜烟斗（ⅥT18①：7）

7. 铜烟斗（ⅦT1①：22）

8. 铜铃铛（ⅥT23①：10）

民国紫砂器及铜器

图版八四

1. 铜钥匙（ⅣT0205②：9）

2. 铜片（ⅥT33①：28）

3. 铜币（ⅠT5353②：12）

4. 银币（ⅠT5353②：11）

民国铜钥匙、铜片、铜币及银币

Ⅰ H1出土瓷器

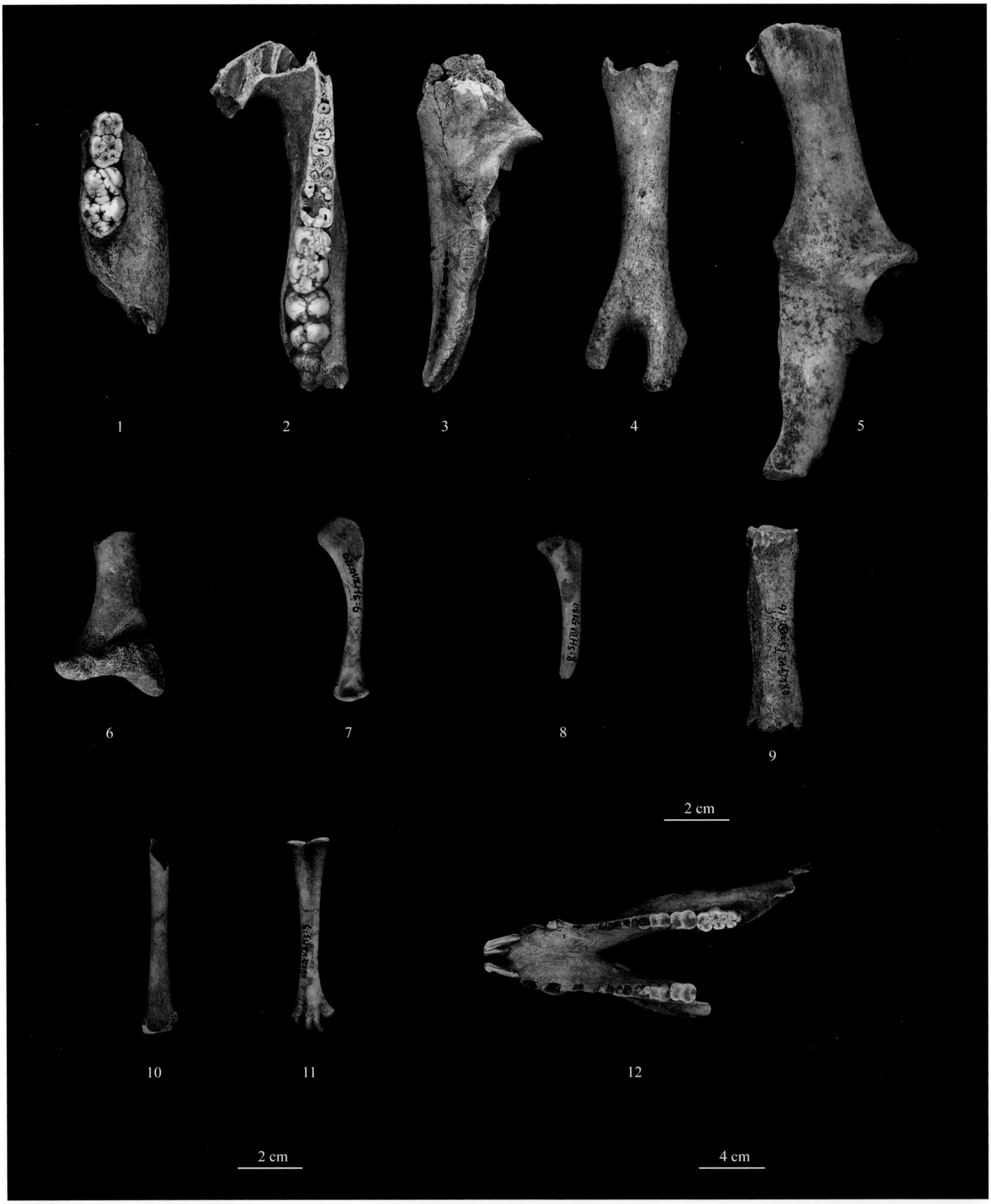

1. 猪右侧下颌骨（08KGⅦT5③：20）嚼面　2. 猪右侧下颌骨（08KGⅦT5③：21）嚼面　3. 猪左侧尺骨（08KGⅦH5：1）内侧　4. 猪左侧肱骨远端（08KGⅥH10：6）后侧　5. 猪右侧髋骨（08KGⅥH5：3）外侧　6. 猪左侧股骨远端（08KGⅦH3：25）后侧　7. 雉科左侧肱骨（08KGⅦH5：6）前侧　8. 雉科右侧股骨近端（08KGⅦH5：8）后侧　9. 猪左侧第4跖骨（08KGⅥT33③：16）背侧　10. 雉科右侧胫骨远端（08KGⅦH5：4）后侧　11. 雉科右侧跖骨（08KGⅦH5：9）背侧　12. 猪下颌（08KGⅦT2②：1）嚼面

猪、雉科骨骼

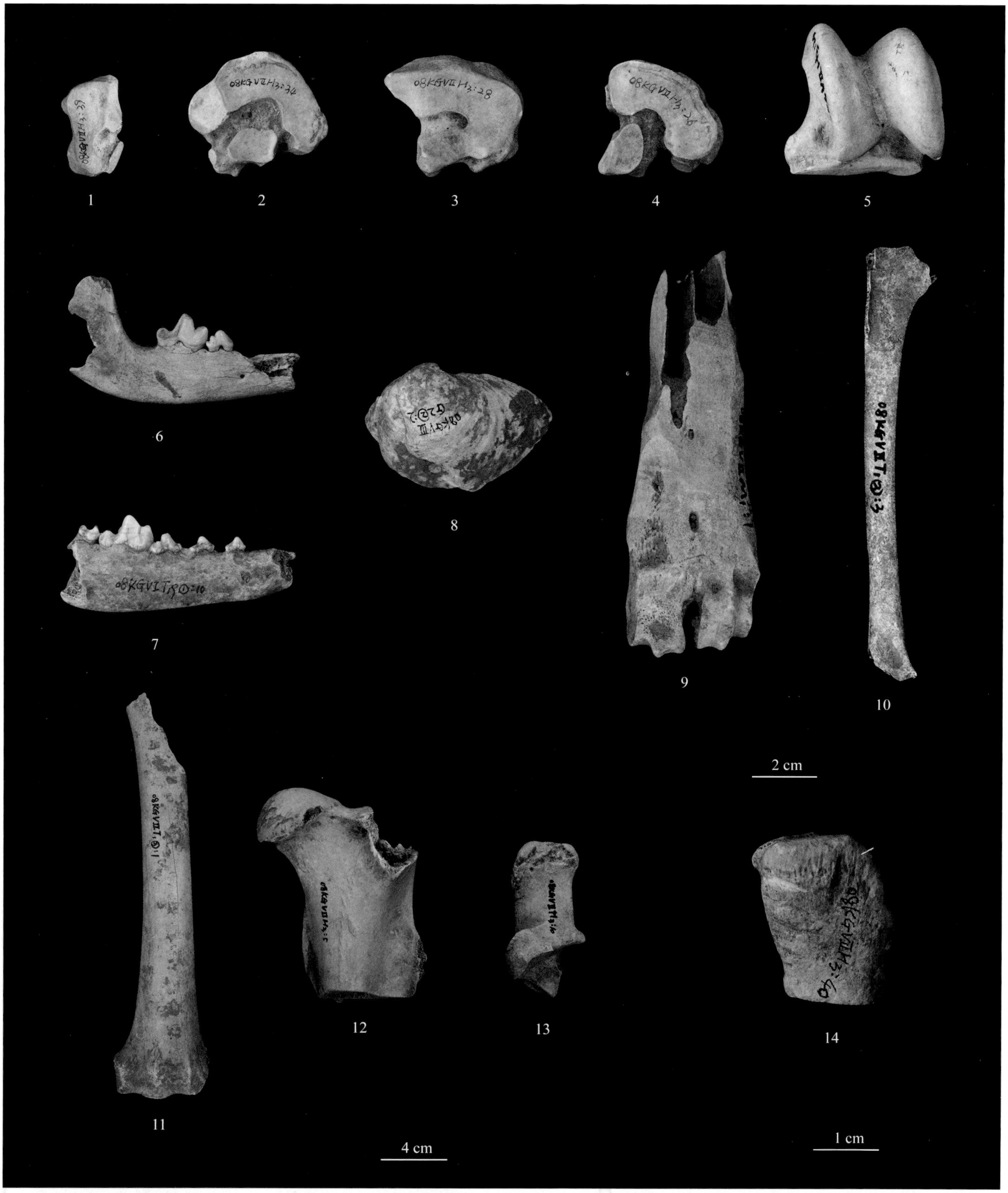

1. 驴左侧第4跗骨（08KGⅦH3：39）近端面　2. 驴左侧第3跖骨（08KGⅦH3：34）近端面　3. 驴左侧中央跗骨（08KGⅦH3：28）近端面
4. 驴左侧第3跗骨（08KGⅦH3：26）近端面　5. 驴左侧距骨（08KGⅦH3：24）背侧面　6. 狗右侧下颌骨（08KGⅦT5③：19）颊侧
7. 狗右侧下颌骨（08KGⅦT19①：10）颊侧　8. 丽蚌左壳（08KGⅧG2②：2）外侧　9. 鹿左侧跖骨远端［08KGⅧM1：1（填土）］跖侧
10. 鸟右侧肱骨（08KGⅦT1③：3）前侧　11. 驴右侧桡骨远端（08KGⅦT1③：1）前侧　12. 驴左侧股骨近端（08KGⅦH3：5）前侧
13. 驴左侧跟骨（08KGⅦH3：10）内侧　14. 驴左侧第4跖骨（08KGⅦH3：40）外侧

驴、鹿、狗、丽蚌骨骼

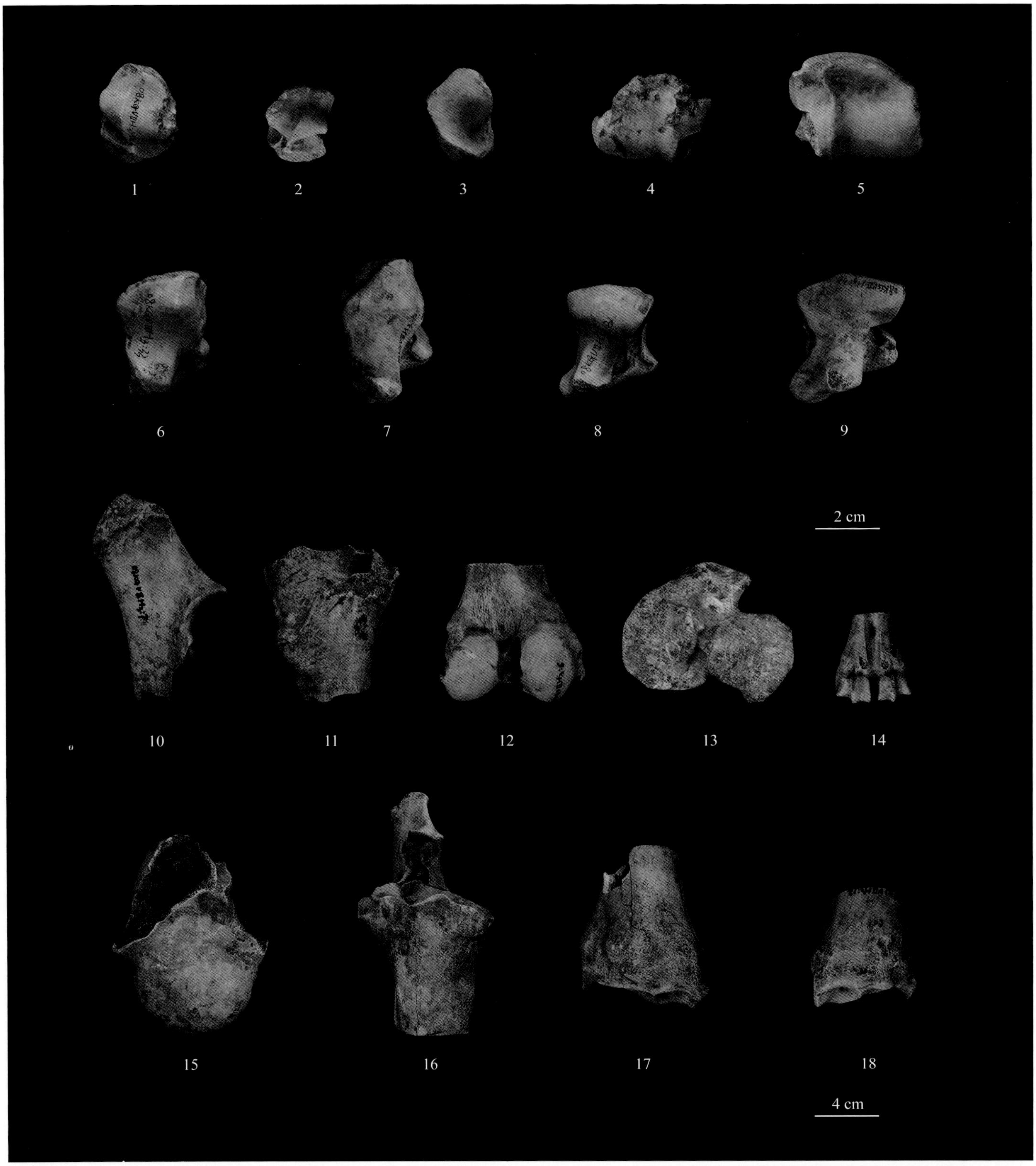

1. 黄牛右侧第4腕骨（08KGⅦH3：38）近端面　2. 黄牛左侧第4腕骨（08KGⅦH3：35）近端面　3. 黄牛右侧尺腕骨（08KGⅦH3：37）近端面　4. 黄牛愈合的右侧第2、3腕骨（08KGⅦH3：30）近端面　5. 黄牛愈合的左侧第2、3腕骨（08KGⅦH3：29）近端面　6. 黄牛右侧桡腕骨（08KGⅦH3：33）近端面　7. 水牛右侧桡腕骨（08KGⅦH3：36）近端面　8. 黄牛右侧中间腕骨（08KGⅦH3：31）近端面　9. 水牛右侧中间腕骨（08KGⅦH3：32）近端面　10. 牛左侧尺骨近端（08KGⅦH3：7）内侧　11. 牛右侧股骨近端（08KGⅦH3：1）后侧　12. 牛右侧股骨远端（08KGⅦH3：6）后侧　13. 牛右侧胫骨近端（08KGⅦT5③：1）近端面　14. 牛右侧跖骨远端（08KGⅦH3：22）背侧　15. 牛左侧肱骨近端（08KGⅦH3：11）近端面　16. 牛右侧桡、尺骨近端（08KGⅦH3：8）前侧　17. 水牛右侧桡骨远端（08KGⅦH3：2）前侧　18. 牛左侧桡骨远端（08KGⅦH3：12）前侧

牛骨骼

www.sciencep.com
(K-3662.01)
ISBN 978-7-03-072993-4
定 价：328.00 元